AXEL THORER

MALLORCA

LEXIKON DER
INSELGEHEIMNISSE

| Hoffmann und Campe |

1. Auflage 2005

www.hoffmann-und-campe.de
Schutzumschlaggestaltung: Steigenberger Grafikdesign, München
Satz: Dörlemann Satz, Lemförde
Foto: Ferdinand Graf von Luckner / picturepress
Druck und Bindung: GGP Media GmbH, Pößneck
Printed in Germany
ISBN 3-455-09499-6

HOFFMANN
UND CAMPE

Ein Unternehmen der
GANSKE VERLAGSGRUPPE

Was ist und soll dieses Buch?

Es ist kein Reiseführer, dennoch braucht es jeder, der Mallorca näher kennen lernen möchte. Und gerade diejenigen benötigen es, die an der Insel zweifeln. Denn dieses Buch löst alle Bedenken auf oder interpretiert sie positiv. Und wer Mallorca liebt, findet in den Einträgen unzählige Emotionen, die sein Gefühl begründen.

Das Wichtigste aber ist: Das »Lexikon der Inselgeheimnisse« stellt den Deutschen die Mallorkiner vor und den Mallorkinern die Deutschen. Das ist bisher leider nie richtig versucht worden, obwohl sie eine gemeinsame Geschichte haben, die vor über 2000 Jahren begann und in deren Verlauf sie sich gegenseitig eine Menge zu verdanken hatten und haben.

Ganz nebenbei: Ein bisschen wird in diesem Buch auch durchs Schlüsselloch geguckt. Woran die Tatsache schuld ist, dass Prominente auf der Insel wohnen, von denen man das nie gedacht hätte, und meist in einem so luxuriösen Ambiente, wie man es sich nur schwerlich vorstellen konnte.

Ich habe rund 1200 Personen erwähnt. Eine große Zahl, möchte man meinen – und doch nur ein Bruchteil. Denn vor allem in den letzten Jahren, etwa seit 1990, haben sich in aller Stille Menschen auf der Insel angesiedelt, die man eher in Südfrankreich, der Toskana oder auf Long Island vermutet: Unternehmer, Manager und Millionäre. Ich halte deshalb die Zahl von rund 120000 Deutschen mit Grundbesitz nicht für übertrieben. Das bedeutet: Bereits jeder Achte, der eine Immobilie besitzt, ist Deutscher. Und etwa jeder Zehnte von ihnen trägt einen klangvollen Namen. Da war ich beim Schreiben oft verzweifelt, weil sie schneller kauften, als ich recherchieren konnte – und weil sie sich besser verstecken als Steuerflüchtlinge.

Mehr noch: Auf der Hälfte der Strecke überwältigte mich eine geradezu sensationelle Erkenntnis – Mallorca ist ein Zentrum der Welt wie New York oder London. Denn wann immer jemand einen

Namen erwähnte, und mochte er noch so abwegig sein, sagen wir: **Kolumbus, Napoleon** oder **Yassir Arafat**, so fand sich eine Connection zur Insel. Es ist, als sei jeder bedeutende Mensch irgendwann einmal hier vorbeigekommen, habe Mallorca in seinem Werk erwähnt oder einen gekannt, der ihm berichtete, wie schön die Insel ist.

Mit besonderer Freude und Intensität habe ich mich Antifaschisten gewidmet, von denen ab 1932 mindestens 3500 Unterschlupf fanden – wenn auch nur knapp drei Jahre, bis der Spanische Bürgerkrieg ausbrach und **General Franco** an die Macht kam. Sie haben Mallorca durch ihre Anwesenheit geadelt, aber was ihnen in den meisten Fällen widerfuhr, ist ein vergessener Schandfleck der Inselgeschichte, und jedes einzelne dieser Schicksale wäre einen Roman wert.

Mein Text ist alphabetisch geordnet, wird aber durch Essays aufgelockert. Nur durch sie kann die ganze Skurrilität Mallorcas begriffen werden. Diese Skurrilität reicht von Heiterkeit über Sexualität bis Habgier – weil sie die Eckpfeiler sind, auf denen die Insel-Society ruht.

Sollten Leser, die mit Mallorca vertraut sind, einige Menschen vermissen, so geschah dies aus persönlicher Abneigung gegenüber diesen Personen, weil sie sich zu gut verbergen oder die Insel sogar verleugnen oder weil sie gute Gründe hatten, nicht erwähnt werden zu wollen – und ich gute Gründe, ihnen den Gefallen zu tun.

Vier Freunden habe ich zu danken für ihre nie versiegende Inspiration und tatkräftige Hilfe: dem britisch-österreichisch-ungarischen Gentleman und großen Künstler **Ben Jakober**, dem deutschen Gewissen auf Mallorca und in sich ruhenden Publizisten **Wolfram Seifert**, dem nimmermüde suchenden Antiquar und selten um Antworten verlegenen Büchermacher **Jürgen C. Aschoff** aus Ulm und dem leider viel zu früh verstorbenen deutsch-jüdisch-amerikanischen Schriftsteller und Gedanken-Riesen **Fred Grunfeld** aus Deià.

PS: Ohne meinen Sohn **Tim Thorer** hätte dieses Buch nie entstehen können. Denn immer wenn sein Vater, ein technischer Steinzeitmensch, zu dumm war für den Computer, sprang er ein und rettete das Manuskript.

PPS: Ich schreibe »Mallorkiner« und »mallorkinisch« mit -k-, weil ich nicht einsehe, warum ich mich der üblichen, aber auf Deutsch sinnlosen Schreibweise mit -qu- anpassen sollte.

Axel Thorer
Grünwald/Espinagar, im Herbst 2004

Abacanto

Die Filiale des »Abaco« im Industrie-Vorort Sa Indioteria von Palma (Sant Nicolau, s/n) ist nicht leicht zu finden, eine Art Landgut im Renaissance-Stil mit drei Etagen, Loggia und Originaleinrichtung, umgeben von 40000 Quadratmeter Park. Der Besitzer, der mallorkinische Kunstprofessor **Salvador Palao**, hat es noch pompöser dekoriert als sein →Abaco. In Pastelltönen gefärbte Tauben gurren in den Bäumen und versteckte Parfümdüsen, die im Park angebracht sind, versprühen zu jeder Stunde Duftwolken. Herrlich morbide wirken Räume wie etwa jene Art Kapelle, in der ein barocker Sarkophag als Gläserablage dient. Das »Abacanto« ist einen Besuch wert, auch mehrere, es ist nicht so überlaufen wie die Schwester-Bar »Abaco« und ideal für Verliebte aller Art, öffnet allerdings erst um 22.30 Uhr.

Telefon: +34971/430624.

Abaco

Eine derart populäre Bar, dass es inzwischen fast schon zum guten Ton gehört, sie nicht zu besuchen. Aber das ist falsch: Die Dekoration mit Zentnern von Obst, Gemüse und Blumen ist immer noch Atem beraubend, der Palast, in dem sich das »Abaco« befindet, eindrucksvoll (c/. Sant Joan, 1) und ein Drink im lauschigen Innenhof ein Erlebnis. Es heißt, dass die pflanzliche Dekoration Woche für Woche rund 3500 Euro kostet. Nachteil: Gaffende Touristen und stramme Preise – mit zehn Euro für einen Drink muss man mindestens rechnen.

Telefon: +34971/714939.

Horst Abel

Deutscher Wurstwaren-Fabrikant, der seit Jahren auf der Insel lebt. Er startete mal den vorlauten Versuch, eine eigene Partei auf Mallorca zu gründen, dieser Versuch mündete dann vernünftigerweise in der Gründung des integrativen Bürgervereins »Associació Alemanya i Mallorquina« (AAM). Dessen Präsident war Abel bis 2003.

Abriss

Zuvor waren →**Boris Becker** und einige Hotelbesitzer betroffen, und wie der juristische Beschluss, Häuser abzureißen, im Detail funktioniert – und wie ungerecht und willkürlich er oft ist –, veranschaulicht ein Beispiel aus Llucalcari. Dort waren Ende der achtziger Jahre vier Häuser, ein Nebengebäude und eine Zufahrtsstraße errichtet worden. Das störte niemanden, und nach Auskunft des Bürgermeisters von Deià gab es auch keine rechtliche Grundlage, ein Verfahren gegen die Besitzer einzuleiten. Obwohl kein Zweifel daran bestand, dass alle sechs Objekte illegal gebaut worden waren. Etwa zehn Jahre später – die Häuser waren längst bezogen – genehmigte sich die Gemeinde einen Flächennutzungsplan, nun existierte eine Handhabe gegen illegal gebaute Häuser und Straßen, der Umweltschutzverband →G.O.B klagte und erreichte vor dem Obersten Balearischen Gerichtshof ein Abrissurteil. Der Gemeinde Deià gefiel das Urteil nicht, sie ist solidarisch mit den Hausbesitzern, zumal deren Chalets niemanden stören, nicht einmal die Natur. Aber das interessiert scheinbar keinen, auch nicht, dass – wie im Fall Becker – ein neuer Flächennutzungsplan rückwirkend angewandt wird. Es trifft aber nicht nur Bauherren aus dem Ausland, in Santanyí musste der für Finanzen zuständige Stadtrat seine Finca durch Abriss wesentlich verkleinern: Statt den genehmigten neunzig hatte er 270 Quadratmeter Wohnfläche gebaut. Nette mallorkinische Nachbarn hatten ihn angezeigt …

Zayed von Abu Dhabi

Der Präsident der Vereinigten Arabischen Emirate entwickelte eine seltsame Leidenschaft für Mallorca: Er reiste seit 1967 mehrmals an, um in der Albufera, dem kostbarsten Naturschutzgebiet, jagen zu gehen. Dabei hatte er es auf Enten abgesehen, die ihm dann im Hotel »Formentor« gebraten serviert wurden. 1972 war endlich Schluss mit dem waidmännischen Spuk aus dem Orient – die Mallorkiner verbaten sich den arabischen Waidmann.

Paul Achleitner

Täglich bewegt der Österreicher (* 1956) Milliarden von Euro, ohne ihn würde wenig laufen in Deutschland (und rund um den Globus) – und doch kennt man seinen Namen meist nur in Fachkreisen: Achleitner war Chef der Elite-Bank Goldman Sachs, fädelte die Fusion von Daimler und Chrysler ein, Anfang 2000 wurde er der fast allmächtige Finanzchef des Weltkonzerns Allianz, dort wacht er zum Beispiel über die Beteiligungen an Beiersdorf, Münchner Rück und HypoVereinsbank. Würde man eine Liste der zehn international wirkungsvollsten Finanziers erstellen, wäre er immer dabei – das »Manager Magazin« führt ihn immerhin unter den »Fünfzig Mächtigsten«. Dass er auch auf Mallorca residiert, wusste man lange nicht. Dabei bewohnt er eine Villa mit Park oberhalb von Port d'Andratx, die zu den prachtvollsten Ferienbauten zählt.

Adel

Der balearische Historiker →**Josep Mascaró Passarius** hat die noblen Familien erforscht und kam auf 37. Das sind Dynastien, die auf Mallorca heimisch sind oder ihren Ursprung auf der Insel haben. Der Adel stammt meist aus der Zeit der christlichen Wiedereroberung der Insel im 13. Jahrhundert, sein Credo ist strenger Katholizismus. →**Ernst A. Rauter** schreibt: »Was Kriege und Bagger auf dem Kontinent unserer Vergangenheit getilgt, hier ist beinahe alles noch da, der ganze 7000-jährige Kalender. Man sucht sich einen Namen aus dem Geschichtsbuch, etwa Graf **Zavella**, Vizekönig des Königreichs Mallorca im 16./17. Jahrhundert, und schlägt im Telefonbuch nach. Da steht er, wohnt in seiner eigenen Straße, Hausnummer 2, im alten Palast.«

Wie liebenswürdig skurril der Mallorca-Adel sein kann, erlebte ich in eben jenem Palacio Vivot in Palma. Ich hatte mich für eine Fotoreportage angemeldet, der junge Conde **Pedro de Montaner** empfing mich und stellte seinen Vater vor, den alten Conde, der einen blauen Mechaniker-Overall trug und eine Werkzeugkiste schleppte. Meinen erstaunten Blick beantwortete der junge Herzog so:

»Mein Vater ist handwerklich sehr geschickt, und er dachte, Sie könnten einen Assistenten benötigen, wenn Sie Leitungen für die Beleuchtung legen, Leitern aufstellen oder wenn Fenster geöffnet werden müssen. Außerdem kennt er sich sehr gut aus in seinem Palast«.

Der Alte erwies sich tatsächlich als hilfreich. Besonders als er sich durchgerungen hatte, selbst mit uns zu reden …

Ägypten

Als der dicke König **Faruk** (1920–1965) im Jahr 1952 gestürzt wurde, ging seine Familie nach Mallorca ins Exil, einige kauften Immobilien, andere kamen im Hotel »Acapulco« in Ca'n Pastilla unter. Seine Witwe **Farida** begann aus lauter Langeweile zu malen und stellte 1975 sogar in einer Galerie von Palma aus. Die Resonanz war allerdings minimal. Zu einem Treppenwitz der Weltgeschichte kam es einige Jahre später: Da begegneten die Ex-Royals aus Kairo der Familie des ägyptischen Generals und Präsidenten **Gamal Abdel Nasser**, der Faruk gestürzt hatte. Die Familie des inzwischen ebenfalls entmachteten Generals lebte nun auch im Exil auf Mallorca …

Mehmet Ali Agca

In der Person des türkischen Attentäters streifte Mallorca ein Hauch von Weltgeschichte. Denn der Mann, der am 13. Mai 1981 **Papst Johannes Paul II.** niederschoss, war am 25. April in Palma mit einem gefälschten Pass gelandet, im Hotel »Flamboyan« in Magaluf abgestiegen – und bekam dort die Browning-Pistole, mit der er die Tat verübte. Zur Tarnung joggte Agca in der Umgebung von Magaluf und nahm sogar an Gruppenausflügen teil, die ein Busunternehmen anbot. Am 9. Mai flog er nach Rom und hatte ein paar Mallorca-Souvenirs im Gepäck.

Joan Aguiló Pinya

Der Pfarrer, Schriftsteller und Hobby-Archäologe (Palma 1860 – Manacor 1924) ist eine geradezu typische Figur unter den mallorkinischen Intellektuellen. Er schrieb beseelt religiöse Werke (»L'Angel de Natzaret«) und eine Biografie der Inselheiligen Catalina Tomás, versorgte seine Kirchengemeinde in → Manacor – und entdeckte 1912 die frühchristliche Basilika Son Peretó zwischen Manacor und San Llorenç (links fast neben der Straße). Die grub er derart akribisch aus, dass er sich eine riesige, bedeutende Privatsammlung an archäologischen Kostbarkeiten zulegen konnte, vor allem herrliche Bodenmosaiken. Erst nach seinem Tod ging sie in den Besitz der Stadt Manacor über und ist heute im Museum »Torre dels Enagistes« zu sehen.

Auch Son Peretó wäre ein lohnendes Ausflugsziel, denn die Basilika ist im Grundriss gut zu erkennen, es gibt den Altar und ein Taufbecken unter Glas. Aber wie so häufig auf Mallorca steht man da wie ein Kind vor dem Schaufenster des Bonbonladens – ein Zaun und ein Tor mit Vorhängeschloss versperren den Zugang.

Alaró

Das ist nicht nur eine nette Gemeinde, sondern auch eine dort angesiedelte, bedeutende Künstlergruppe mit den deutschen Malern **Alfred Lichter**, **Bambolo**, **Ingrid LaPlante** und **Dorothee Schäfer** sowie dem Bildhauer **Reinhold Röder**.

Isaac Albeniz

Spanischer Komponist (1860–1909), der einige Zeit auf Mallorca verbrachte und dem es gelungen ist, den Charakter der Insel in einigen Musikstücken sehr fein einzufangen, zum Beispiel mit »Mallorca« (opus 202), »Córdoba und Mallorca« und »Mallorca: barcarole«.

Miguel Alcalde

Der Argentinier produziert in S'Arenal Billardqueues per Hand, seine Stöcke gelten als Rolls-Royce-Modelle im Spitzensport – mit ihnen spielen die Weltmeister **Gian Rosana** (Italien), **Juan Reverchon** (Frankreich) und **Frédéric Caudron** (Belgien). Alcaldes Markenzeichen: Jeden Stock schmückt er so, dass er zum Unikat wird, und die Griffe sind achteckig. Preise: bis zu zwei Millionen Dollar, wenn sie ziseliert und Juwelen eingelegt sind.

Antoni Maria Alcover

Der Bauernsohn, genannt Mossen (= mallorkinisch für Monsignore), war Geistlicher in →Manacor, schrieb ein zehnbändiges Wörterbuch der katalanisch-mallorkinischen Sprache und begann ab 1889 die →**Märchen und Sagen** der Insel zu sammeln. Diese »Rondaies« veröffentlichte Alcover 1896 und rettete sie damit vor der Vergessenheit. Dafür wurde er später in Namen von Straßen und Plätzen verewigt und quasi zum »Bruder Grimm« der Insel. Allerdings gingen nebenbei rund ein Drittel der Märchen und Sagen verloren – als katholischer Priester weigerte sich Alcover, jene Rondaies aufzunehmen, deren Inhalt deftig, erotisch oder sexuell anzüglich war. Übrigens verfuhr ein Franziskanermönch, der die alten Volkslieder der Insel zeitgleich sammelte, fast genauso, auch hier überlebten leider nur die »sauberen« Texte.

Die »Rondaies Mallorquines« kosten selbst in der jüngeren Ausgabe von 1913–1930 ein Vermögen. Sie erschienen auf Mallorquin in Soller, Palma und Barcelona in 24 Bänden und sind reich illustriert von **Francesc de Borja Moll** und **Josep Moll i Casanovas.** Im Brockhaus-Antiquariat wurden im Dezember 2003 die elf ersten Bände (1. und 2. Auflage) für 650 Euro angeboten. Was den Preis zusätzlich in die Höhe trieb, waren die Widmungen von Alcover an seinen Freund, den Hamburger Volkskundler Prof. **Wilhelm Giese,** aus dessen Besitz die elf Bände stammen.

Algaida

Täglich kann man in Algaida (gesprochen »Algeida«) eine heitere, typisch mallorkinische Geschichte erleben: Ein Restaurant gehört zwei Schwestern, die sich spinnefeind sind. Deshalb kochen sie nicht gemeinsam, sondern abwechselnd – einen Tag die eine, am anderen Tag die andere. Die Speisekarte ändert sich dabei nicht, wohl aber die Zutaten: Am Abend »ihres« Tages holt jede Schwester die Zutaten aus dem gemeinsamen Kühlschrank und am nächsten Morgen legt die andere Schwester ihre Zutaten rein. Es schmeckt übrigens bei beiden hervorragend, und es wäre unfair, den Namen des Restaurants zu nennen.

Almudaina

Auf Arabisch heißt das »Zitadelle«, das Stadtschloss Palmas wurde aber erst Ende des 13. Jahrhundert, also nach der Herrschaft der Mauren, von **Pere Salva** in den heutigen Zustand gebracht. Und weil die Könige von Mallorca auch in Perpignan residierten, ist die Almudaina fast identisch mit dem dortigen Königspalast. Der spanische Monarch hat ein Büro in der Almudaina.

Internet: www.arsvirtual.com

Francesc Alomar

Radrennfahrer aus Sineu, der beim Training einem Verkehrsunfall zum Opfer fiel. Er ist einer von zwei Stars seiner Zunft, die von ihren Geburtsorten mit lebensgroßen Denkmälern geehrt wurden. Alomar steht in Stein auf dem Marktplatz von Sineu, das Monument wurde aus Spenden der Bürger finanziert. Das andere Denkmal ist **Jose Nicolau** gewidmet und in Lloret de Vista Allegre zu besichtigen – samt Lorbeerzweig und Rennbrille.

Antoni Aloy

Der mit Abstand wichtigste und erfolgreichste Filmregisseur der Insel. **Lauren Bacall** nennt ihn sogar den »**Roberto Begnini** Mallorcas«. Er drehte viel mit Hollywoodstars, die seinetwegen gerne immer wieder einflogen. Sein international bekanntester Film: »Der ewige Schlaf«.

Claude François von Alsfeld

Name des deutschen Militärs (1665–1743), der dafür verantwortlich ist, dass die Baleareninsel 1714 spanisch wurde und nicht französisch. Er war Generalleutnant in Diensten von König **Philipp V.**, nahm Palma ein – das kurioserweise auch von 1500 deutschen Söldnern verteidigt wurde – und übergab es unbeschädigt und ungeplündert der Krone. Alsfeld, der als Aspheld in einigen Lexika steht, wurde später Marschall von Frankreich und kämpfte bis zu seinem Tod quer durch Europa für die unterschiedlichsten Dienstherren.

Analphabeten

Erstaunlich viele (ältere) Mallorkiner können weder lesen noch schreiben. Die exakte Statistik wird verschwiegen, man spricht insgeheim von 25 % der Inselbevölkerung, das wären rund 190 000 Menschen. Das erscheint mir zu hoch, dennoch: Ich treffe immer wieder auf Zeitgenossen, denen ich etwas Schriftliches zeige, weil ich ihnen etwa Geld schulde oder sie mir – und merke, wie ihre Augen den Fokus verlieren. Wie geht man taktvoll damit um? Natürlich ist die Frage nicht erwünscht, ob sie Analphabeten seien. Es ist daher hilfreich, mit diesen Menschen immer im Beisein eines ihrer Familienmitglieder zu reden, der lesen und schreiben kann und ihnen das Schriftliche anschließend übersetzt. Übrigens: Analphabetentum hat nichts mit Dummheit oder mangelnder Cleverness zu tun – →Mallorkiner, die darunter leiden, sind eher noch wacher, besonders was Zahlen betrifft.

Wegen der vielen Analphabeten saßen noch vor wenigen Jahren (etwa bis Mitte der sechziger Jahre) vor dem Hauptpostamt in Palma in der c/. Concepció Schreiber an kleinen Tischen und fassten gegen Geld Briefe ab, die ihnen diktiert wurden.

Ricardo Anckermann

Maler (1842–1907) der späten Romantik: Sein Vater war preußischer Offizier, seine Mutter eine Bauerntochter von der Insel. Anckermann wurde 1872 Lehrer an der Kunstakademie Sant Sebastià in Palma, die er ab 1893 leitete. Sein Werk enthält Szenen aus dem täglichen Leben Mallorcas, etwa das Badebild »Molinar mit Leuten« von 1890, er malte gern Situationen aus dem Leben von →**Ramon Llull**, und in und an vielen Gebäuden kann man sein Schaffen bewundern: Fresken im Ballsaal des »Circulo Mallorquin«, im Speisesaal des Hotels »Son Vida« und dem Karyatiden-Saal des Parlaments sowie das Giebelfeld in der Fassade des Teatro Principal.

Andratx

Den Ort kennen wenige, immer nur ist die Rede von Port d'Andratx, dem Hafen des Städtchens. Dabei ist Andratx selbst ein entzückender Ort, schöner und landestypischer als sein Ableger am Meer. Kuriosum aus den Annalen von Andratx: 1983 wurde die persische Ex-Kaiserin Soraya Ehrenbürgerin der Gemeinde, keiner weiß warum. Das Festessen kostete damals 379000 Peseten, und die wollte niemand übernehmen. Es ist sogar unklar, ob sie je bezahlt wurden.

Simó Andreu

Mallorkinischer Schauspieler (*1. 1. 1941 in Sa Pobla, er wohnt aber in Madrid und hat ein Haus in Santa Maria). Obwohl Autodidakt, macht er allmählich Karriere in Hollywood. Er spielte in einigen Spaghetti-Western, ist auf Bösewichte spezialisiert und kam mit seiner bisher bekanntesten Rolle im Herbst 2002 in die Kinos: als schurkischer Mediziner im James-Bond-Film »Die Another Day«, in dem er von Oskar-Preisträgerin **Halle Berry** erschossen wird.

Hermenegild Anglada-Camarasa

Wohl der beste der verstorbenen Maler neben →**Joan Miró**, die je auf Mallorca gearbeitet haben – sein Stil ist eine Mischung aus **Gustav Klimt** und **William Turner**. Anglada wurde 1871 in Barcelona geboren und starb 1959 in Porto Pollenca, wo er seit 1948 lebte. Seine Tochter **Beatriu Anglada Huelin**, ebenfalls Malerin, richtete in seinem Haus ein Museum ein, aber 1988 kaufte die Caixa de Pensions seinen Nachlass für das Museum im →Gran Hotel in Palma und richtete eine Dauerausstellung ein.

Soraya Ansari

Noch eine Terroristin mit Mallorca-Connection: Die Palästinenserin überlebte als einzige der Täter die Entführung der Lufthansa-Maschine »Landshut« im Oktober 1977. Sie und ihre Komplizen waren in Palma an Bord gegangen, in Mogadishu befreite die deutsche Truppe GSG9 die Passagiere und verletzte Frau Ansari schwer. Sie wurde später frei gepresst, nach siebzehn Jahren in Norwegen verhaftet und zu zwölf Jahren Gefängnis verurteilt. Ihre Tatwaffe hatte sie im Hotel »Java« in Ca'n Pastilla in Empfang genommen und in einem Kinderwagen versteckt.

Francesc Antich

Ministerpräsident der Balearen aus Montuiri, der mit seiner rot-grünen Regierung ab 1999 ein Chaos auf Mallorca produzierte – mit Baustopp, Öko-Steuer und einem politischen Klima, in dem man von »Ausländerfeindlichkeit« sprach und der Tourismus schwerste Einbußen erlitt. Persönlich ein integrer und charmanter Mann, der sicher nur das Beste für seine Insel wollte, wurde er im Juli 2003 in einer erdrutschartigen Wahlniederlage abgewählt.

Antiquariat Antonio Gabres Moya

Neben der Kirche Santa Eulalia, c/. Santo Cristo, 4, findet man in Palma den »Bazar del Libro«. Eine Schatzhöhle mit genialischem Durcheinander, in dem Antonio Gabres köstliches Desinteresse gegenüber Besuchern zeigt. Doch man gebe sich keinem Irrtum hin – der Mann versteht etwas von alten Büchern zum Thema Mallorca, und wer Kontakt zu ihm aufbauen kann, findet neben Büchern auch Poster, Spiele, Reklame und sonstiges. Gabres besitzt ganz nebenbei die wohl größte Bleistiftsammlung: 50000 Stück aus aller Welt und vielen Jahrhunderten. Noch etwas: Von Don Antonios Nachnamen ist auch die Version ›Llabres Moya‹ bekannt, sogar gedruckt. Als ich ihn darauf ansprach, zuckte er mit den Schultern und sagte, das sei doch nun wirklich egal.

Antiquitäten

Es gibt wohl keinen Finca-Neubesitzer, der nicht ab und zu über die Insel streicht – die Nase im Wind auf der Suche nach lohnenswerten Antiquitäten. Vor allem solcher, die »echt mallorquin« sind und nicht eingeführt vom Festland oder, wie das hundertfach geschieht, nachgebaut in Indonesien. Es gibt die Mallorca-Antiquitäten noch, die Adelspaläste sind voll davon. Aber zu welchen Preisen? Die konnte man erahnen, als im Mai 1999 das Londoner Auktionshaus Christie's an zwei Tagen den kompletten Inhalt zweier nobler Palais auf Schloss Bendinat versteigern konnte. Bis zu fünfhundert Interessenten drängelten sich gleichzeitig im Auktionssaal, und die 818 Objekte erzielten einen Erlös von heute rund neun Millionen Euro. Da wusste man endlich, was ein echtes Stück wert ist. Ein paar Beispiele:

Blumenstillleben (spätes 16. Jh.)	1,2 Millionen Euro
Spiegeltisch (um 1800)	120000 Euro
Schrankpaar (1. Hälfte 18. Jh.)	345000 Euro

Selbst ein simpler Abstelltisch aus einer Olivenbaum-Scheibe war nicht unter sechshundert Euro zu bekommen, eine alte Kupferpfanne aus der Palastküche kostete rund dreihundert Euro und bäuerliche Steingut-Teller gab's ab 1800 Euro. *»Die Preise für Mallorquina«*, so das Fazit eines Christie's-Auktionators, *»sind jenseits unserer Vorstellungen explodiert.«*

Apostel Paulus

Ich habe das nie gelesen und auch nie gehört – außer auf Mallorca: dass Paulus auf seinen vielen Reisen auch auf die Insel gekommen sei und die Eingeborenen zu Christen bekehrt habe. Es wird sogar der Ort genannt, wo die ersten Taufen stattgefunden haben sollen: die Höhle Sant Marti bei Puerto de Alcúdia, und die sei somit die älteste christliche Stätte auf Mallorca. Bitte sehr, mir soll diese fast biblische Facette für mein Buch nur recht sein.

Arabisch

Die Mauren verbrachten ab 903 n. Chr. gut mehr als drei Jahrhunderte auf Mallorca und sind unvergessen: Im Mallorkinischen stecken Dutzende von arabischen Wörtern, und viele ahnen nicht einmal, woher sie stammen. Einige Beispiele:

Faulpelz	gandul
Getreidemaß (55,5 Liter)	faneca
Gewicht (46 Kilo)	quintal
Schöpfrad	siquie oder sinia
Wassermenge (1,953 Liter)	almud
Wasserreservoir	aljub oder safareig

Ricardo Aracil

Er ist der beste Ballonfahrer der Insel und die Nummer drei in Spanien. Viele haben ihn schon gesehen, ohne ihn zu kennen: Seine

Heißluftkugel ist häufig über Mallorca in der Luft, knallgelb, und trägt in lila Schrift die Namen der Balearen-Inseln rund herum. Aracil fliegt auch im Ausland und wurde im Sommer 2004 rheinland-pfälzischer Meister und Vizemeister in Katalonien.

Dominique-François-Jean Arago

Der bedeutendste Astronom Frankreichs (1786–1853). Er kam 1808 auf die Balearen, um einen Meridianbogen zwischen Dünkirchen und Formentera zu bemessen – aber den Mallorkinern erschien sein Tun wie Spionage oder Schwarze Magie. Sie verhafteten Arago und kerkerten ihn zwei Monate lang im Schloss →Bellver ein. Er aber flüchtete durch ein Fenster, mietete im Hafen von Palma unter abenteuerlichen Umständen eine Barke und entkam nach Algerien.

Archäologie

Wissenschaftler schätzen, dass es auf Mallorca etwa dreitausend Fundstätten gibt, bisher sind aber nur 1500 erforscht. Dazu kommen rund vierhundert →Talayots und hundert vorgeschichtliche Dörfer, in denen jeweils rund hundert Menschen gelebt haben dürften. Es gilt als gesichert, dass ständig an zehn bis zwanzig Fundstätten gearbeitet wird, die Zentrale der Ausgräber ist das Museo de Mallorca in Palma. Wer mehr wissen möchte: Archäologe **Javier Aramburo**, Schriftsteller **Carlos Garrido** und der Zeichner **Vincenç Sastre** haben im Verlag Olanetra das sehr schöne Buch »Guiá Arqueológica de Mallorca« publiziert.

In den vergangenen dreißig Jahren verschwanden rund elf Prozent der früher bekannten und sogar sichtbaren Fundstätten spurlos. Man vermutet, dass sie ausgeraubt, untergepflügt oder als Baumaterial verwendet wurden. Dazu zählt zum Beispiel ein Teil der riesigen, erst in letzter Minute geretteten Nekropole Son Real bei Can Picafort. Und: Rund um Sineu gab es 1967 noch 46 Fundstätten – achtzehn haben sich seither in Luft aufgelöst.

Auf der bekannten (roten) Firestone-Karte von Mallorca sind in der Nähe von Petra »Maurengräber« eingezeichnet. Man kann sich die Mühe schenken, sie zu suchen. Denn als ich mich zu ihnen aufmachte, ist mir Folgendes passiert: Ich sah einen Bauern auf dem Feld pflügen, auf dem ich die Gräber vermutete, fragte ihn danach, er parkte seinen Traktor und gab mir folgende längere Antwort: Die Gräber hätten seinen Großvater und Vater schon geärgert, denn immer hätte man darum herum pflügen müssen. Ja, am Anfang, da seien mal Archäologen da gewesen, aber seitdem habe sich kein Schwein für die Gräber interessiert, die ja auch nichts weiter gewesen seien als ein toter Haufen Steine. In diesem Sommer habe er sich endlich ein Herz gefasst und die Gräber untergepflügt. Bisher habe sie auch noch keiner vermisst, weder Archäologen noch Touristen, nun sei ihm richtig wohl, weil er nicht mehr darum herum pflügen müsse, er glaube sich der Zustimmung seines Großvaters und Vaters sicher zu sein, und jetzt müsse er weiterarbeiten und wünsche mir einen guten Tag …

Besonders interessant: Fundstätten, die das Meer an sich gerissen hat. Dort braucht man nicht einmal zu tauchen; man muss nur wissen, wo sie liegen, und kann im höchstens hüfttiefen Wasser zu ihnen waten. Zwei Tipps: Es gibt eine schöne Fundstelle bei Colonia de Sant Jordí und das Gräberfeld von Son Real bei Can Picafort.

Ein Schweizer Arzt spürte seit 1997 mit einem Metalldetektor auf dem Burgberg Santueri gut tausend Münzen aus der römischen, maurischen und mittelalterlichen Epoche auf. Seine Suche war mit dem Denkmalamt des Inselrates abgestimmt, er hatte seine Funde auch regelmäßig den staatlichen Stellen übergeben. Dennoch gibt es einheimische Querulanten, die behaupten, er müsse als Dieb angezeigt werden, und er hat alle Hände voll zu tun, den Vorwurf zu entkräften.

Erich Arendt

Fast vergessener deutscher Lyriker (1903–1984), der einige Zeit im mallorkinischen Exil verbrachte und dort zumindest zwei sehr signifikante Gedichte schrieb: »Das Inselfieber« und »Der Inselgarten«. Im Verlag Dietz ist sein Buch »Bergwindballade. Gedichte des spanischen Freiheitskampfes« erschienen.

→ Cala Rajada

Armando Armenteros

Jazzmusiker aus Kuba (* 1928), der Schuster war, aber mit seiner Trompete Legende wurde – er hat mit allen Größen seiner Zunft gespielt, und kommen sie nach Mallorca, ist ihre erste Frage: »*Wo ist Armando?*« Er wohnt in Palma, und solange es ihm gut geht, tritt er sechsmal die Woche mit seinem »Orquestra O. K. Big Band« im »Son Amar« bei Palmanyola auf. Dabei führte der Kubaner, der 1964 auf die Insel kam, siebzehn Jahre lang ein Doppelleben: Tagsüber leitete er seine Wäscherei im Carrer 31 de Deciembre, abends spielte er in Klubs. Was hält ihn in der Fremde? »*Ich bin Kubaner, deshalb ziehen mich Inseln an, und ich hatte nie den Mut, meine Koffer zu packen und zu gehen.*«

Armut

Gibt's die wirklich auf Mallorca? Ja, wenn man **Antonio Pons** glaubt, dem Geschäftsführer der Fundación Deixalles: »*Elf bis zwölf Prozent der Inselbevölkerung leben in Armut.*« Und was heißt Armut? »*Wenn die Einkünfte unter der Hälfte des mittleren Einkommens liegen.*« Im Frühsommer 2002 wurde sogar ein Verein namens »Asistencia Mallorca« gegründet, dessen einzige Aufgabe es ist, verarmten Deutschen auf Mallorca zu helfen. Gründer, Chef und Sprecher ist **Günther Röttgen** (* 1940), der Verkaufsmanager bei Osram war und seit einiger Zeit auf der Insel lebt.

Es ist also längst nicht mehr alles eitel Sonnenschein auf der Insel. Einer der Gründe: Mallorca hat die höchsten Lebenshaltungskosten von ganz Spanien, Madrid und Barcelona inklusive.

Problem Nr. 1: Die Rente reicht nicht aus, wenn man schwer krank oder pflegebedürftig wird.

Problem Nr. 2: Viele werden von ihren Kindern auf der Insel im Stich gelassen.

Problem Nr. 3: Vier Fünftel aller älteren Deutschen auf Mallorca sind nicht in das spanische Sozialnetz integriert und haben nur in Deutschland Ansprüche.

Fazit: Im Jahre 2000 etwa hatten sich 1600 Deutsche beim Konsulat gemeldet, die nicht mehr ein noch aus wussten. Aber mehr als ein Flugticket ausstellen darf das Konsulat nicht tun.

Bartomeu Artigues

Er ist der bekannteste Insel-Komponist von klassischer Musik (* 1957), hat 36 Werke geschaffen, darunter Sinfonien und Kantaten, und seine Musik kann man auch auf zwei CDs hören: »Aiguamarina« und »Volar dins l'aigua«. Er lebt in Pont d'Inca und unterrichtet nebenbei am Konservatorium in Palma.

Sebastià Artigues

Der verheiratete Mallorkiner ist ein sehr spezieller Wohltäter der Menschheit – im Untergrund. Denn Artigues versorgt als ambulanter Vertreter von Montag bis Freitag fast rund um die Uhr die Prostituierten von Palma mit Kondomen. Rund zweitausend Lieferungen bringt er jeden Monat ins horizontale Gewerbe ein, meist in Familienpackungen und fünf verschiedenen Geschmacksrichtungen. Nebenbei arbeitet er als Akquisiteur für Erotik-Anzeigen, das heißt: Er formuliert die Texte mit den Prostituierten und trägt sie den Insel-Zeitungen zu. Nach eigenen Angaben *»boomen beide Arbeitsbereiche«*.

Atlantis

Der sagenhafte versunkene Kontinent könnte zwischen Mallorca und Ibiza gelegen haben. Zu diesem Schluss kamen im Jahre 2000 die Wissenschaftler des Ozeanografischen Instituts in Palma. Ihre Theorie: Es gab eine Zeit, da waren Mallorca und Menorca miteinander verbunden und Ibiza und Formentera eine Insel. Damals lagen vier Inseln zwischen Mallorca und Ibiza, aber die versanken vor 14000 Jahren während einer Eiszeit. Drei der vier Inseln waren größer als das heutige Formentera, und ihre Erhebungen sind in 130 Meter Meerestiefe noch auszumachen. Wahrheitsgehalt? Die Theorie ist so gut wie alle zum Thema Atlantis.

Franz von Auersperg

Der Spross eines deutsch-österreichischen Adelsgeschlechts arbeitet als Unternehmer und Manager. Er hatte das goldene Näschen, aus dem Börsen-Abenteuer um die spekulative Medien-Firma EM.TV rechtzeitig mit gewaltigem Gewinn auszusteigen, und kaufte sich ein altes Bischofspalais in Alaró, wo er mit seiner Familie wohnt. Im Sommer 2004 erwarb er dazu ein Stadthaus in Binissalem und etablierte ein interessantes Projekt: Er zeigt zeitgenössische Kunst, die man auch kaufen kann, aber in erster Linie ist die fast museale Schau für Touristen gedacht, die nicht nur am Strand liegen wollen. Auerspergs Idee: *»Im Urlaub hat man Zeit, sich mit Dingen zu beschäftigen, zu denen man im Alltagsleben nicht kommt«* – etwa mit ultramoderner Kunst.

Aumallia

Landhotel mit vierzehn Zimmern in Son Prohens bei Felanitx, das der Familie **Gomila** gehört. Genau das macht das Haus jenseits aller sonstigen Annehmlichkeiten so interessant: Die Gomilas handeln seit rund zweihundert Jahren mit Musikalien, haben den ersten Flügel auf die Insel gebracht und sogar → **Frédéric Chopin** ein Klavier geliehen, als sein eigenes im Zoll hängen blieb. Das hat zu besten Kontakten in die Welt der Klassik geführt, und so singt etwa **Montserrat Caballé** Open air und gratis am Pool. Die Events werden nicht annonciert, man muss sich ab und zu erkundigen.

Telefon: +34971/582657.

Ausländer

2002 wurde die Ausländerquote der Balearen von der Regierung offiziell mit 12,6 % angegeben. Der Mallorkiner kennt drei Arten: »Forasters« – nichtkatalanische Spanier, die er nicht mag; »Catalans«, die seine Brüder sind; und »Estrangers« – alle anderen Fremden, die ihm lieber sind als »Forasters«.Vor kurzem schätzte ein Professor der Balearen-Universität die Zahl der Ausländer, die dauernd oder zeitweise auf Mallorca leben, auf 120000. Davon seien 49000 Deutsche, von denen 10500 ständig da sind. Eine andere interessante Zahl: Auf Mallorca gab es im Herbst 2001 offiziell

32 189 ausländische Arbeitnehmer, davon 7747 Deutsche. Tendenz? Steigend, denn 2001 wurden im Rathaus von Palma als Neubürger erstmals mehr Ausländer als Spanier registriert – 11 608 gegen 11 542. Noch erstaunlicher: Von 1999 bis 2001 erhöhte sich die Zahl der Insel-Neubürger um 56 807 und fast genau die Hälfte (28 829) sind Ausländer.

Autos

Bewegt man sich heute auf den überfüllten Straßen, möchte man kaum glauben, wie zögerlich die Motorisierung einsetzte: Das erste Auto wurde am 11. Oktober 1900 zugelassen, und zwar von **Josep Sureda Fuentes**. Es war ein De Dion Bouton, und auch die nächsten drei Autos stammten aus dem französischen Werk. Bis November 1906 gab es nur vierzehn Zulassungen, und erst die vierzehnte war ein deutsches Fabrikat, ein Benz.

Mittlerweile gibt es drei Oldtimer-Sammlungen auf der Insel, alle sind privat, aber in Maßen zugänglich:

1. **Antonio Batle Manresa** (* 1936) besitzt ein Museum in Cala Millor. Dort hortet er in einem riesigen Keller vor allem Oldtimer der französischen Marke Delage.

2. **Gabriel Ramis** hat seine Oldtimer, allesamt Cabrios, im »Showroom« seines Fünfsterne-Hotels »La Moraleja« in der Cala San Vicente geparkt.

3. Rechtsanwalt **Gabriel Ferragut** aus Alaró ersammelte bisher 21 Oldtimer (Autos, Motorräder, Militärfahrzeuge), parkt sie in einer ehemaligen Schuhfabrik und plant, sie bald auszustellen.

Damit sind wir bei einem Kuriosum: dem Insel-Auto Loryc. Im Jahre 1920 existierten weltweit mehrere hundert Autofirmen. Wenige haben bis in die Gegenwart überlebt, unzählige sind in Vergessenheit geraten. So auch der Loryc, das einzige Auto »Made in Mallorca«. Seine Geschichte begann zu der Zeit, als Palma gerade mit Strom versorgt wurde und die ersten fünfhundert Autos aus Frankreich und Amerika auf den Straßen der Hauptstadt fuhren. Der Atlantik wehte den Geruch des schnellen Geldes nach Europa, und vielleicht war das der Grund, warum vier Männer beschlossen, ein Insel-Auto zu bauen. Das Quartett, bestehend aus den

Mallorkinern **Rafael de Lacy Gual, Antoni Ribas Reus, Ferran Alzamora Goma** und dem französischen Ingenieur **Albert Ouvrard**, legte sein Erspartes zusammen, gründete mit 50000 Pesetas die Firma Lacy, Ribas i Copanyia. Den Firmensitz hatte man im Carrer dels Angels und die Werkstatt in der Avinguda d'Estanislau i Figueres, seit 1992 Av. Gabriel Alomar Villalonga. Zunächst wurde an Aussehen und Mechanik des Autos gefeilt, aber schon 1921 konnten die ersten acht Lorycs in Palma zugelassen werden. Mit drei verschiedenen Motoren: Scap, Ruby und EHP, die Ouvrard aus seiner Heimat importierte.

Das erste Modell war der »Torpedo«, ein schlichter Zweisitzer mit Stahlkarosserie und in zwei Ausführungen. Version eins: Sie war langsam, wurde wahlweise mit fünf oder sechs PS bestückt und schaffte sechzig oder achtzig Stundenkilometer. Version zwei: Der Sport-»Torpedo« mit acht, zehn oder zwölf PS und 140 km/h. Der Preis? Etwa achttausend Pesetas.

Der Erfolg war mäßig, erst nachdem Sport-Lorycs bei den Autorennen »IV Volta de Catalunya« und »Trofeo Armangué« gute Ergebnisse erzielt hatten, sprachen sich Existenz und Qualität der mallorkinischen Flitzer herum. Worauf die Verkaufszahl 1922 auf 22 Stück stieg. Wegen der jetzt wachsenden Nachfrage beschlossen die vier Eigner im selben Jahr, die Firma in eine AG umzuwandeln und sie fortan Lacy, Ouvrard, Ribas y Companyia S.A. zu nennen, kurz Loryc S.A. Das Kapital wurde auf 751000 Pesetas erhöht, außerdem verlegte man die Fabrik in die Nähe von S'Aigo Dolce am Hafen von Palma.

Die neuen Lorycs waren für drei bis sechs Personen gedacht und hießen Sedán, Carreras, Sport und Cabriolet. Doch die Zukunft verdüsterte sich: Durch ein königliches Dekret wurde ab 22. April 1922 weniger Zoll auf importierte Autos erhoben, dafür deutlich mehr auf importierte Teile wie Motoren. Somit kostete ein Citroën 5 CV plötzlich rund 500 Pesetas weniger als ein Loryc. Aber nach neuerlichen Erfolgen beim »Trofeo Armangué« und dem Rennen Barcelona–Saragossa–Barcelona stieg die Verkaufszahl 1923 auf 26 Stück. Loryc hätte sogar mehr Autos verkaufen können, mit nur sechzig Beschäftigten war die Firma jedoch überfordert.

Nur zwei Jahre später begann der Ausverkauf des Unternehmens, die importierte Konkurrenz war zu übermächtig. 1927 wurde das Fabrikgelände bei S'Aigo Dolce verkauft, Ouvrard kehrte in seine Heimat zurück, und Fabrikteile gingen in den Besitz der Brüder **Darder** über. Zwar wurden bis 1929 noch 62 Lorycs verkauft, womit die Gesamtverkaufszahl seit Firmengründung auf 117 Autos kletterte. Aber aufgrund hoher Produktionskosten, des zu hohen Preises und nicht zuletzt wegen des Börsencrashs am »Schwarzen Freitag« an der New Yorker Wall Street starben Wille und Mut, die Firma weiterzuführen. Das Kapitel »Mallorcas Autogeschichte« wurde 1930 beendet – nach nicht mal zehn Jahren.

Sieht man heute noch Lorycs auf den Inselstraßen? Ja, aber sehr selten. Es gibt zwei Sammler, die drei Exemplare besitzen, aber sie scheuen sich, ihre achtzig Jahre alten Kostbarkeiten dem irrwitzig gewordenen Verkehr anzuvertrauen – ein Loryc kostet mindestens 50000 Euro, und Ersatzteile sind weit seltener zu beschaffen als Fincas unter 20000 Euro.

Wer einen Loryc wenigstens mal im Bild sehen möchte, kann dies auf folgender Website tun:
www.pacocostas.com/evial14k.html

Bäckerei

Ein sehenswerter Laden mit kaufenswerten Produkten ist »La Gloria«. Die Bäckerei hat sich in den hundert Jahren ihrer Existenz nur minimal verändert, und die Besitzerfamilie **Camps** gedenkt auch nicht, den nostalgischen Schatz zu verändern. Adresse: Carrer Forn de la Gloria in Palma – benannt nach der Bäckerei …

Anthony Baekeland

Er ist die Hauptfigur in einem der bizarrsten Skandale, die sich im 20. Jahrhundert in der internationalen Society ereigneten – und Mallorca spielt darin eine tragende Rolle.

Skandal im Jetset

Der Großvater des schönen, extravaganten und schwulen Malers, Lyrikers, Playboys und Millionenerben **Leo Hendrik Baekeland** (1863–1944) hatte 1907 den ersten und jahrzehntelang einzig brauchbaren Kunststoff erfunden und nach sich benannt: Bakelite. Spielzeug, Schmuck, Industrieprodukte wie Autoteile, Küchengeräte und Waffenkomponenten – es gab bald kaum einen Gebrauchsgegenstand, der nicht eine Spur Bakelite enthielt. Daraus resultierte ein gewaltiges Vermögen, das die Erben bis heute zu einer der mächtigsten und angesehensten Familien des internationalen Jetsets macht – obwohl Enkel Anthony am 17. November 1972 seine Mutter mit einem Bratenmesser erstach, worauf er acht Jahre in einer geschlossenen Anstalt verbrachte, mit viel Geld und den politischen Beziehungen der Baekelands freigelassen wurde und ins Haus der Großmutter zog, zur Mutter seiner von ihm ermordeten Mutter. Nur wenige Wochen nach seiner Freilassung, am 27. Juli 1980, griff er diese Großmutter ebenfalls mit einem Messer an und wollte sie ermorden, aber sie überlebte, lebensgefährlich verletzt. Er kam in Untersuchungshaft und beging am 20. März 1981 mit 34 Jahren Selbstmord – auf eine Art, die sein zynischer Vater *»eigentlich passend«* nannte: Er zog sich eine Einkaufstüte über den Kopf und erstickte. Die Tüte bestand aus dem Material, mit dem die Familie reich und prominent geworden war – Plastik.

Viele aus der Insel-Society erinnern sich noch genau an Anthony Baekeland, denn mit seiner Mutter bewohnte er bis zum Mord 1972 Miramar, den alten Besitz von Erzherzog →Ludwig Salvator. Unter merkwürdigsten Umständen: Die Mutter versuchte, den Sohn von der Homosexualität »*zu kurieren*«, in dem sie mit ihm schlief – ein Inzest, der damals heftig diskutiert wurde in der Gesellschaft und zart angedeutet in Society-Kolumnen. Den britischen Hoffotografen **Cecil Beaton** brachte er sogar dazu, ein Theaterstück über die beiden zu schreiben: »Believed to be« (unveröffentlicht). Tragisch: Als Anthony endlich mal eine Freundin mit nach Miramar brachte, brannte sein Vater mit ihr durch, ließ sich scheiden und heiratete sie.

Als Anthony später in der geschlossenen Anstalt gefragt wurde, wodurch sein Geist so verwirrt worden sei, erwiderte er: »*Ich hatte auf Mallorca ein erschütterndes mystisches Erlebnis. Denn als meine Mutter und ich mal denselben Gedanken hatten, kollidierten diese derart heftig, dass die Wände von Miramar zu wackeln begannen und das ganze Haus einzustürzen drohte.*« →**Alistair Reid**, der die Tragödie live erlebt hatte, schrieb: »*Ich konnte mich schon immer des Eindrucks nicht erwehren, dass die Landschaft von Mallorca etwas an sich hat, das zu wahrhaft griechischen Tragödien führt.*«

Es gibt ein seltsames PS: Um weiteren Schaden von der Familie abzuwenden, wurde das vor Blut steife, nie gereinigte Chanel-Kleid, das die Mutter bei der Ermordung trug, von Verwandten in einer Voodoo-Zeremonie in einem Garten in Port-au-Prince auf Haiti eingegraben. Und bei den bizarren Umständen und der Beziehung des Falls zu Mallorca ist es kein Wunder, dass Palma Pictures den »Fall Baekeland« 2003/2004 verfilmte.

Balearen

Eine der siebzehn Regionen Spaniens. Sie heißt amtlich Islas Baleares und besteht aus den vierzehn Inseln Mallorca, Menorca, Ibiza, Formentera, Cabrera, Conejera, Dragonera, Aire, Ahorcados, Aucanada, Botafoch, Pinto, Pou und Rey. Streng geografisch betrachtet, gehören Ibiza, Formentera, Conejera, Aire, Ahorcados, Botafoch, Pinto, Pou und Rey allerdings nicht zu den Balearen, sondern sind ein eigener Archipel unter dem Namen Pityusen.

Statistik: Anfang 2003 hatten die Balearen 919968 Einwohner – 38341 mehr als 2001 (binnen zwölf Monaten eine Zunahme um 4,3 Prozent). Vierzehn Prozent aller Neugeborenen hatten keine Mütter mit spanischem Pass.

Ballermann

Strandkneipe in Arenal, deren Name die Verballhornung des Namens »Balneario 6« ist – die Baywatch-Station gegenüber am Strand. Durch dämliche Film- und TV-Produktionen bekam das Lokal den Ruf, Zentrum teutonischer Geselligkeit zu sein. Seriöse Deutsche und Mallorkiner empfinden den Ballermann-Kult und das Gebaren der Gäste, das bereits mit Gruppenbildung, Gegröle und Muscle-Shirts in Chartermaschinen beginnt, als peinlich. Der »Ballermann« gehört einem Mallorkiner, aber das Vermarktungsrecht am Namen dem deutschen Ehepaar **Annette** und **André Engelhardt** aus Rosenheim – und die verdienen prächtig mit Merchandising, etwa auf T-Shirts mit Sprüchen, die so brutal sind, dass sie beim bloßen Lesen wehtun (weswegen ich sie hier nicht zitiere).

Wer glaubt, er habe am »Ballermann« allen Unsinn gesehen, zu dem deutsche Touristen fähig sind, war noch nicht in einer gewissen Senioren-Kneipe in Illetes. Dort stellt der Wirt jeden Abend gegen 21 Uhr etwa fünfzig mit Sand und Steinchen gefüllt Cola- und Kas-Dosen auf die Tische, und nach dem Abendessen in ihren Hotels drängen Rentner in die Kneipe, bestellen Bierchen, balgen sich um die schweren Dosen – und dann geht's los. Was geht los? Der Wirt legt alte Schlager wie »Weiße Rosen aus Athen«, »Griechischer Wein« und »La Paloma« auf, die Rentner rütteln und schütteln den Takt dazu mit den Dosen, sie tun das bis etwa 23 Uhr, dann können sie nicht mehr vor lauter Lachen und lahmen Armen und verabreden sich für den nächsten Abend, weil's wieder so eine Mordsgaudi war. Da schämt man sich für die zauseligen Oldies und denkt, dass die »Ballermänner« doch recht intellektuell seien.

Antoni Barceló

»Capità Toni« nannten sie den erfolgreichen und deshalb sehr gefürchteten Korsaren Spaniens. Barceló wurde 1717 im Bergdorf Galilea geboren und starb 1797 in Palma, schaffte also ein gesegnetes Alter für Freibeuter. Er liegt in der Seefahrerkirche Santa Creu begraben.

Was heißt, er war Korsar? Dass er zwar Pirat war, aber ausländische Schiffe mit dem Segen des spanischen Königs kaperte – in Staatsdiensten sozusagen, als blutiger Arm der Politik. Und Barceló, der wie sein Vater eigentlich Post zwischen Palma und Barcelona transportierte, entwickelte ein solches Talent zur Seeräuberei, dass er im westlichen Mittelmeer Dutzende von Schiffen enterte, Millionen-Beute machte, Hunderte christlicher Galeerensklaven befreite und sogar den als unbesiegbar geltenden Piraten **Selim** aus Algerien fing und in Ketten heimbrachte. 1779, mit 62, griff Barceló die Briten in Gibraltar an und verbreitete Grausamkeit und Angst auf dem Felsen. 1793, mit 76, bombardierte er auf Befehl des Königs die Stadt Algier zum Teil in Schutt und Asche. Zu dieser Zeit war er längst taub vom Kanonendonner aus seinen eigenen Gefechtsluken, schreiben konnte er sowieso nur seinen Namen, und entstellt war er auch noch – vom Säbelhieb eines Piraten trug er eine Narbe quer übers Gesicht.

Leider war Barceló es auch, der eine Lovestory des 18. Jahrhunderts zerstörte – zumindest die legendärste Romanze der Inselgeschichte: Er kaperte das Schiff, auf dem der stramme Dragoner Manuel mit der schönen Nonne Margarita aus Mallorca geflohen war, brachte sie nach Palma zurück, der Dragoner wurde auf der Borne enthauptet, die Nonne verdammte man dazu, die restlichen vierzig Jahre ihres Lebens als Gefangene in einer Klosterzelle zu verbringen.

Wer Capità Toni in idealisierter Gestalt kennen lernen möchte, sollte zum Fährhafen von Palma gehen. Dort steht er als erzenes Brustbild auf einem Denkmal.

Miquel Barceló

Bedeutendster und teuerster lebender Maler Mallorcas, wenn nicht Spaniens. Sein Bild »Petjellides« erzielte 2001 bei Sotheby's in London 355000 Euro, wenig später zahlte ein Sammler mehr als 400000 Euro für ein Gemälde. Barceló wurde 1957 in Felanitx geboren, lebt in Ferrutx und besitzt in Paris eine ehemalige Kirche als Atelier. Seine Werke hängen in jedem bedeutenden Museum, einen historischen Auftrag bekam er 2001: Er gestaltete im Auftrag des Bischofs von Palma die →Kathedrale um, und zwar mit 22 neuen Wasserspeiern, modernen Fenstern in der Seitenkapelle des Heiligen Petrus und einem Gemälde mit dem Thema »Wundersame Vermehrung von Brot und Fisch«. Barceló zeichnet nebenbei auch die Speisekarten des Restaurants »Sa Sinia« in Porto Colóm (Wirt Toni Ramón ist sein bester Freund) – für Sammler nicht uninteressant. 2004 entstand bereits die fünfte Edition mit dem Motiv einer Meerjungfrau.

Barcelós Bruder unterhält kurz hinter Felanitx an der Straße nach Campos (links) einen Reitstall, der bei Prominenten beliebt ist: Son Menut.

Bars

Was die Anzahl von Bars betrifft, so können sich die Einwohner der Balearen glücklich schätzen: Auf 94 von ihnen kommt eine Theke. Der spanische Durchschnitt liegt bei 137:1, die Quote in Madrid ist noch schlechter – 168:1.

Die dank Einrichtung und Flair kurioseste, aber gemütlichste Insel-Bar befindet sich in Palma: »Bellver«, c/. Serina, 2. Öffnungszeiten: Montag–Freitag 20–1, Samstag 20–3 Uhr. Sie existiert seit 1920. Auch zu empfehlen, und sei es wegen der Jugendstileinrichtung: »Cristal« an der Plaça Espanya. Von außen hässlich, innen ein Kleinod mit tollem Angebot und guter Bedienung.

Society-Treffpunkt an der Ecke Borne-Weyler in Palma ist die »Bar Bosch«. Hier ist es laut, eng und ungemütlich, aber wer nicht einmal am Tag dort auf der Straße sitzt, verpasst das Leben der Insel. Profis versuchen, einen Tisch an der Hauswand zu bekommen, nur Amateure wählen einen Stuhl mit dem Rücken zum Platz. Die

Bar existiert seit Februar 1936. Kurios: Neulich stellte ein mallorkinischer Literat fest, dass auf der Terrasse der Bar noch nie eine Frau kellnern durfte. Daran ist Besitzer **Onofre Flexas** schuld, der über seine Kundschaft sagt: *»Ich mag Intellektuelle und Künstler. Politiker sind mir egal – die kommen und gehen.«*

Leo Bassi

Er ist der führende Heiterkeitslieferant der Insel und könnte jederzeit in den deutschen TV-Comedy-Shows auftreten, denn Bassi ist das, was man einen »Brachial-Komiker« nennt. Er entstammt einer Familie, die seit 130 Jahren Lachen produziert, Bassis Vater (auch Leo) trat in den USA – wo der Sohn 1952 geboren wurde – mit **Groucho Marx, Louis Armstrong** und **Ed Sullivan** auf. Dass der lebende Bassi weit über die Küsten Mallorcas bekannt ist, zeigt eine Ehrung aus dem Sommer 2003: Er bekam das »Henriettchen«, den »Comedy-Preis« der Stadt Moers. Wer ihn kennen lernen und schmunzeln möchte, klicke sich in seine Website ein:
www.leobassi.com – ein computerisches Meisterwerk.

Jean Batten

Sie war die bedeutendste Fliegerin Neuseelands und stellte zahlreiche Rekorde auf, die ihr jeder Pilot bis heute neidet: Miss Batten flog in den zwanziger Jahren als Erste von Australien nach England, von England nach Südamerika und von London nach Neuseeland. Mit 73 Jahren zog sie 1982 nach Mallorca, war völlig vergessen und starb am 22. November des Jahres an der Entzündung nach einen Hundebiss. Da sie kein Geld hinterließ und niemand sie kannte, wurde sie in Palma anonym in einem Massengrab beigesetzt. Erst 1987 kam die Wahrheit heraus – da benannten die Neuseeländer den Flughafen von Auckland nach ihr und holten die Leiche heim.

Franz Beckenbauer

Die Fußball-Legende hat keine guten Erinnerungen an die Insel – selten wurde einer, der es so gut meinte, derart über den Tisch gezogen. Denn mit pompösen PR-Aktionen, dem Ankarren ganzer Wagenladungen von Prominenten und riesigem Medienaufgebot wurde für seine Stiftung ein Golfturnier veranstaltet, hinterher präsentierte der Organisator einen fünfstelligen Scheck von etwa fünf Quadratmeter Größe, »Kaiser Franz« stellte sich beglückt daneben – und das war's dann! Das Geld kam nie bei ihm an. Ein Jahr bemühte er sich telefonisch und schriftlich, dann gab er auf. Der Scheck war die Pappe nicht wert, auf die er vergrößert worden war. Wo das Geld geblieben ist und ob es je vorhanden war, bleibt ein Rätsel. Der Veranstalter, dem nicht nur der Golfplatz, sondern auch Hotels und Urbanisationen gehören, zählt jedoch heute noch zu den geehrten Größen Mallorcas.

Boris Becker

Sein Schicksal ist so exemplarisch, dass es sich lohnt, einen tieferen Blick in die unglückliche Geschichte seiner Finca Son Coll bei Artà zu werfen.

1. Akt: 1997 kauft Becker die Finca, die aus acht Grundstücken besteht, als Familien- und Alterssitz.

2. Akt: Er verlässt sich auf seine Berater und die Gemeinde und umbaut 1999 genau 987,67 Quadratmeter Wohnraum. Erlaubt waren fünfhundert, aber ihm wird eine Genehmigung des Inselrates in Aussicht gestellt.

3. Akt: Im Mai 2001 wird ein Baustopp gegen Becker erwirkt. Artà informiert ihn jedoch nicht rechtzeitig.

4. Akt: Die Baukommission des Inselrates verweigert eine beantragte Ausnahmegenehmigung, was normal ist – sie wird bei Wohnraum grundsätzlich nicht erteilt.

5. Akt: Becker wird 2002 dazu verurteilt, rund die Hälfte seiner Finca wieder abzureißen.

6. Akt: Becker erhält 2003 von der Baukommission des Inselrates eine Strafe von 428 000 Euro – angeblich hundert Prozent des Wertes der illegal erbauten Gebäude. Zu weiteren 428 000 Euro wird seine Baufirma verurteilt.

7. Akt: Juni 2004 – Beckers Strafe wird gnädigerweise um die Hälfte auf 214 000 Euro reduziert, da er von der Gemeinde nicht rechtzeitig informiert worden war und freiwillig den Teilabriss akzeptierte.

8. Akt: Der Inselrat beschließt, die Strafe der Baufirma in voller Höhe (428 000 Euro) zu belassen. Über eine weitere Strafe der Baufirma als »Bauträger« wird später entschieden, ebenso über die Strafe für den Architekten.

9. Akt: Der Anwalt von Becker lehnt die Strafe ab, weil sie nicht der Bußgeld-Verordnung entspricht. Diese besagt, dass ein Vorsatz und/oder eine Bereicherungsabsicht vorliegen muss. Das ist nicht der Fall und bedeutet: Becker kann nur zu fünf Prozent des Wertes der illegal erreichten Gebäude verurteilt werden, und das sind 21 400 Euro Strafe.

»Sie haben meinen Mandanten erst mal ins offene Messer laufen lassen«, sagt Anwalt **Hans von Rotenhan.** *»Dabei hätten die Beamten den Bau mit ein bisschen gutem Willen durchaus legalisieren können.«* Aber an Becker sollte wohl ein Exempel statuiert werden.

Wolfgang Becker

Er ist der »Zimmererweiterer« der Insel, der Illusionist – dabei ist er eigentlich Anstreicher. Der Deutsche (* 1952), der in Camp de Mar lebt, kam 1997 nach Mallorca, machte sich selbstständig, entdeckte, dass er das Zeug zum Kunstmaler hatte – und spezialisierte sich dank der Nachfrage auf Trompe-l'Œil. Er malt Treppen, Türen, Täler, Buchten und tausenderlei Dinge so täuschend echt an Wände, dass man glaubt, sie existierten. Becker arbeitet für Privatleute, Restaurants und Bars, braucht für seine Illusionen etwa zwei bis acht Tage und verlangt zwischen achthundert und 1500 Euro.

Bellver

1. Alles, was man an Basiswissen zum Schloss kennen muss, steht in Reiseführern. 2. Der Bau ist wirklich siebenhundert Jahre alt, auch wenn er wie neu aussieht. 3. Der Name bedeutet »Schöne Aussicht«, das ist wörtlich zu nehmen und kann überprüft werden.

Ich möchte das Augenmerk der Leser auf einen sehr speziellen Aspekt richten: Die Wandkritzeleien im Kerker des Wehrturmes Torre de Homenaje, die erst vor ein paar Jahren entdeckt und 2001 von Archäologen restauriert wurden. Hier haben sich Kriegsgefangene von 1701 bis 1713 und von 1808 bis 1815 ihr Leid und ihren

Frust von der Seele geschrieben und gezeichnet. Ans Herz greifend: Die Graffiti befinden sich meist knapp über dem Boden, da die Gefangenen angeschmiedet in Ketten lagen.

Ben Abet Ibn Abbad

Er ist der beliebteste Araber der Mallorca-Geschichte – weil er ein Verräter seiner maurischen Brüder und ein Kollaborateur der Christen war. In der Chronik der Wiedereroberung (1229) wird er sogar als »Schutzengel des Eroberers«, König **Jaume I.**, bezeichnet. Ben Abet wurde im 12. Jahrhundert geboren und starb im 13., residierte in Alfabia, gebot über einen beträchtlichen Teil Mallorcas und muss König Jaume so viele und derart wertvolle Informationen geliefert haben, dass die Mauren vernichtend geschlagen werden konnten. Der Lohn war neben dem Überleben der Erhalt seines Besitzes, den später seine Frau **Abobehia** erbte, deren Nachkommen sich taufen ließen und angeblich in Familien wie Bennasar oder Benassar weiterleben.

Bedauerlich: In Alfabia wurde jahrelang ein Schwert gezeigt, das Ben Abet gehört haben soll, eines Tages verschwand es und ist seitdem nicht wieder aufgetaucht.

Manuel de Benavides

Der Schriftsteller aus Puenteareas in Galizien (1895–1947) wagte es 1934, alle kriminellen Legenden, die sich um → **Juan March Ordinas** (1880–1962) rankten, garniert mit seinen kapitalistischen Kabinettstücken, in seinem Buch »El último pirata del Mediterráneo« (Der letzte Pirat des Mittelmeers) zu veröffentlichen. March war damals einer der reichsten und mächtigsten Männer Spaniens, saß im Parlament und wehrte sich gegen das Buch: Er kaufte alle Exemplare auf und vernichtete sie, schaffte es, dass Benavides ins Exil nach Mexiko fliehen musste, und ließ ihn auch dort nicht glücklich werden – man sagt, der Schriftsteller sei mit nur 52 Jahren an Heimweh und Unterernährung gestorben. Heute, da March längst als Wohltäter gilt, die Legenden um seine Anfänge als die spanische Version von »Grimms Märchen« behandelt werden und seine Familie Highest Society ist, konnte »El último pirata del Mediterráneo« wieder in vollem Umfang veröffentlicht werden. Eine russische, stark zensierte Übersetzung kam zwar schon 1953 heraus, aber auch die stand auf dem spanischen Index, solange **Franco** lebte. Ich versuchte in den frühen sechziger Jahren ein Exemplar zu bekommen, aber selbst die Library of Congress in Washington, die eigentlich jedes Buch besitzt, musste passen – zu sorgfältig hatte March die Originalausgabe vernichtet. In seiner Bibliothek gab es natürlich ein Exemplar, aber meine Anfrage wurde 1966 nicht beantwortet. Das einzige andere Exemplar, von dem ich wusste, besaß mehr oder weniger zufällig ein Holzhändler in Felanitx; aber er wagte es damals nicht einmal, mich in seinem Haus reinschauen zu lassen.

Beängstigend kurios war, dass ich eines Tages einen Brief des spanischen Botschafters in Paraguay, **Rubén Darío**, bekam, der mir davon abriet, weiter nach dem Buch zu suchen, es sei ein »*Hetzpamphlet, geschrieben von einem Kommunisten in Diensten Moskaus*«. Wie kam ein Mann, dessen gleichnamiger Vater (1867–1916) der berühmteste Dichter Nicaraguas ist, den Klassiker »Das Gold von Mallorca« schrieb und in Palma auf einem Denkmal bei der Llonja steht, dazu, 1. von meiner Suche zu erfahren, 2. den Deutschen zu finden, der da suchte, und 3. ihm zu schreiben? Heute ist Daríos Brief natürlich ein Prunkstück meiner Sammlung.

Walter Benjamin

Der Philosoph und Essayist, einer der intelligentesten Feinde der Nazis, hat eine merkwürdige Verbindung zu Mallorca: Er lebte 1932–33 auf Ibiza, musste aber seinen Pass beim deutschen Konsulat in Palma verlängern lassen und reiste am 1. Juli 1933 per Schiff an. Da er nun schon mal da war, fuhr er nach Cala Rajada, um → **Franz Blei** zu treffen. Der Besuch gefiel ihm so gut, dass er wenig später wieder kam und vor allem Deià und Valldemossa genoss, wie aus seinen Aufzeichnungen hervorgeht. Literarisch kann man die Reisen in zwei Büchern nachvollziehen: »Der Briefwechsel von Walter Benjamin« und »Experiencia y pobreza« von **Vicente Valero**, einem Schriftsteller aus Ibiza. → Cala Rajada

Gaspar Bennassar

Er (1869–1933) war der kommunale Architekt der Stadt Palma und muss als ein großer und der letzte Baumeister des Jugendstils in der Insel-Variante »Modernismo« gelten. Der zwirbelbärtige Bennassar schuf das heutige Bild der Ciutat, auf ihn gehen die Avenidas zurück, und er plante die Neustadt jenseits der Avenidas. Sein Werk ist an vielen öffentlichen und privaten Bauten zu genießen, auch wenn sein Name fast vergessen ist. Zudem ist man brutal mit seinem Erbe umgegangen, hat es abgerissen, vernachlässigt und ruiniert durch grauenvolle Nebenbauten. Die zehn sehenswertesten »Bennassars«:

1. Haus El Aguila an der Plaça Marqués Palmer,
2. Palmas Stierkampfarena Coliseo Balear,
3. der ehemalige Schlachthof S'Escorxador,
4. Can Gaieta Segura an der Plaça Espanya,
5. die Barometersäule an der Plaça Espanya,
6. das Gebäude an der Borne mit dem Modehaus Zara,
7. Villa Schembri in El Terreno,
8. Hotel »Príncipe Alfonso« in Calamajor,
9. das Haus der Bar »Triquet« in den Avenidas,
10. die Hochbrücke am Ausgang des Bahnhofsplatzes.

Georges Bernanos

Der französische Schriftsteller (1888–1948) ließ sich 1934 mit seiner kinderreichen Familie erst in Sóller, später in Palmas Künstlerviertel El Terreno, unterhalb des Schlosses Bellver, nieder. Auf Mallorca entstand 1936 sein berühmtestes Buch, »Tagebuch eines Landpfarrers« – und das Leid seines Lebens: Durch einen Motorradunfall wurde er zum Krüppel. Eigentlich war Bernanos ein Freund des Faschismus, aber was er im Spanischen Bürgerkrieg auf der Insel erlebte – immerhin gab es mehr als dreitausend willkürliche Hinrichtungen –, stieß ihn derart ab, dass er sie im März 1937 verließ und 1938 die Abrechnung »Die großen Friedhöfe unter dem Mond« veröffentlichte: *»Ich nenne Terror jedes Regime, unter dem die Bürger dem Schutz des Gesetzes entzogen sind und die Entscheidung über Leben und Tod nur vom Ermessen der Staatspolizei abhängt.«*

Thomas Bernhard

Der als schwierig geltende Dramatiker aus Österreich (1931–1989) verbrachte ab 1979 regelmäßig ein paar Herbsttage in Pollença. Er wohnte aber auch im Hotel »Son Vida« und im »Illa d'Or« in Porto Pollença. Sein Werk enthält viele Reminiszenzen, so in »Zement«, »Beton«, und die TV-Journalistin **Krista Fleischmann** hat ihn auf Mallorca interviewt: »Thomas Bernhard. Un encuentro. Conversaciones con Krista Fleischmann«. Skurril: Als seine Lieblingsbar in Palma, das »Miami« an der Borne, »auf neu« renoviert wurde, kehrte er Mallorca für immer den Rücken und sagte: *»Palma ist für mich erledigt.«*

Sinto Bestard

Ein Seebär alter mallorkinischer Schule. 2003/04 schrieb er nautische Geschichte: Der weißhaarige Herr mit den buschigen Augenbrauen und dem **Hans Hass**-Bart segelte mit seinem Schiff »Snooty Fox« quer über den Atlantik, in die Antarktis und zurück – ein Trip, der fast ein Jahr dauerte. An sich schon eine beachtliche Leistung, aber Bestard ist blind und muss sich auf die Informationen seiner kleinen Besatzung verlassen.

Liliane Bettencourt

Die reichste Frau Europas, wenn nicht der Erde: Die Französin erbte den Kosmetikkonzern L'Oréal, baute ihn zu einem gigantischen Unternehmen aus, und heute wird ihr Privatvermögen auf rund fünfzehn Milliarden Euro geschätzt. Dass sie auf Mallorca wohnt, wissen nur Insider, obwohl sie neben einer Prachtvilla auf der Halbinsel Formentor auch noch eine stattliche Yacht besitzt – und ihr Ehemann **André** Minister in zwei französischen Regierungen war.

Beziehungen

»sind alles« – das gilt weltweit. Auf Mallorca ist der Spruch eine Binsenweisheit, denn hier läuft reineweg gar nichts ohne Vitamin B. Das hat viele Gründe, ein moderner ist, dass kaum eine Behörde und kaum ein Unternehmen (nicht mal die Hotelketten!) einen

Pressesprecher bzw. eine PR-Abteilung hat. Informationen oder »den richtigen Mann« bekommt man also nur – durch Beziehungen. Denn einen gibt es immer, der einen kennt, der was machen kann, und das ganz legal und ohne Bestechung; nun ja, der nächste Händedruck sollte schon etwas knistern. Ein ganz simples Beispiel: Guter Essig und wirklich erstklassiges Olivenöl in italienischer Top-Qualität sind Mangelware. Aber es gibt immer einen, der einen kennt, der gerade eine Mühle gemietet hat und dort nur für sich ein Olala-Säftchen produziert und bereit ist, ein paar Fläschchen abzugeben (in diesem speziellen Fall wende ich mich immer an **Norbert Deingruber** von der Casa dels Vins in Manacor).

Anderes Beispiel: Es war mir jahrelang nicht möglich, gleichzeitig Tiefkühltruhe, TV und Waschmaschine in Betrieb zu haben. Da haute es sofort die Sicherungen im 1,5 Kilometer entfernten Trafohäuschen raus. Dann lernte ich einen kennen, der einen kannte, der bei der Gesa – und der hatte kräftigere Sicherungen in der Hosentasche, und nun kann ich elektrisch anstellen, was ich will, sie bleiben drin. Und wer hat die Beziehungen? Die Mallorkiner. Und schon deshalb ist es so wichtig, sich mit ihnen gut zu stellen. Dabei reicht es durchaus, sie so zu behandeln, wie man selbst gerne behandelt werden möchte. Aber da hapert es bei vielen Deutschen so weit wie von Dragonera nach Formentera …

Bibliothek

Es gibt beeindruckende Büchersammlungen in den Adelspalästen von Palma, eine der schönsten besitzt der **Conde de Zavella** im Palacio Vivot, und gesegnet ist der, der die Chance hatte, sie und den Renaissance-Saal zu besichtigen. Hier könnte man sofort eine Fortsetzung von »Im Namen der Rose« oder die Biografie von **Galileo Galilei** drehen. Tipp: Höflich anklopfen und fragen, ob man rein darf. Die Chancen stehen 50:50.

Einfacher ist es, nach Fornalutx zu fahren, das zum Museum umgestaltete Haus der Amerikanerin **Elena Davis** zu suchen und ihre Bibliothek zu besichtigen – ein Erlebnis der besonderen intellektuellen Art.

Louis Pierre Alphonse Bichebois

Französischer Maler (1801–1850), der auf Mallorca bestechend schöne Bilder gemalt hat. Allein sein »Blick auf Palma« von 1840 ist mit das Beste, was je auf der und über die Insel geschaffen wurde. Leider wurde er nur 49 Jahre alt – was sein Schaffen limitiert und seine Bilder ebenso selten wie kostbar macht.

Bier

Es gab Zeiten, da tranken die Mallorkiner ihr eigenes Bier, und kein Mensch dachte daran, Bier aus dem Ausland einzuführen. Ein paar wenige Insel-Gebräue haben überlebt, etwa die Marke »La Rosa Blanca«, die es seit 1851 gibt. Ein leichtes Hitze-Bier, die Flaschen sehen schick aus.

Jim Bird

Designer, Grafiker und Maler der Stilrichtung »Abstrakter Realismus« (* 1937). Er stammt aus Wolverhampton und kam bereits 1967 erstmals nach Mallorca, aber da es damals keine nennenswerte Kunstszene gab, zog er lieber nach New York und siedelte sich erst 1996 permanent auf der Insel an, als er bereits Weltruhm erlangt hatte. Hier veranstaltete Bird zahlreiche Ausstellungen, die letzte 2004. Seine Bilder sind an einem Satz zu erkennen, mit dem Bird sie charakterisiert: *»Es gibt für mich zwei Farben – Schwarz und alle übrigen.«*

Blanes

Alte Familie von Großgrundbesitzern im Südosten der Insel, der das Privileg zuteil wurde, einem ganzen Küstenstrich samt dahinter liegenden Bergen und Urbanisation ihren Namen zu geben: Costa de'n Blanes. Aus der Familie gingen Banker, Bischöfe, Kaufleute, Lehrer, Maler und ein Gouverneur der Insel hervor.

Peter Blasi

Unternehmer aus Mahlberg in Baden-Württemberg, der mit Ehefrau **Claudia** ein Hügelhaus bei Felanitx besitzt. Blasi ist Chef einer Weltfirma, die nur Eingeweihte kennen: Sie produziert automatische Türen, und sicher sind Leser bereits durch viele von Peter Blasis Produkten geschritten. Denn sie führen zu DaimlerChrysler und Rolls-Royce, L'Oréal und Chanel, Samsung, Ferrari und Sony, ins Pariser Hotel »Ritz«, in den Berliner Reichstag, ins Londoner Unterhaus und das Moskauer Rathaus, ins Europa-Parlament, zu den Flughäfen der Welt – und zur pompösen Wörthersee-Villa des Milliardärs **F. K. Flick.** Dort hat Blasi 28 Türen eingebaut.

Blavets

Die Regensburger Domspatzen oder Wiener Sängerknaben Mallorcas. Ihre Singschule im Kloster Lluc besteht seit dem 16. Jahrhundert, und jeden Tag um 11.15 Uhr bejubeln sie die Größe Gottes in der Messe. Die Knaben singen ausgezeichnet – man sollte sich den Gottesdienst gönnen. Blavets (Blaue) heißen sie, weil sie noch immer in altmodischen blauen Röckchen auftreten.

Franz Blei

Schriftsteller aus Österreich (* 1871 in Wien, † 1942 in den USA), der 1933 vor den Nazis nach Mallorca floh, bis **Franco** 1936 den Spanischen Bürgerkrieg anzettelte. Da musste er weiterflüchten. Über seine Erfahrungen schrieb er den Roman »Lydwina«, der bei Biederstein veröffentlicht wurde. → Cala Rajada, → Faschismus

Brigitte Blobel

Schriftstellerin aus Hamburg, die sich 1997 die Finca C'an Lobo mit 30000 Quadratmeter Land bei Porreres kaufte – und bevor sie 1999 ganz auf die Insel kam, fast perfekt Mallorquin erlernte. Ihre ersten Eindrücke auf Mallorca schrieb sie in dem Buch »Die Liebenden von San Rafal« nieder. Interessant ist, wie sich ihre mallorkinischen Nachbarn ihr gegenüber verhielten: Sie fragten vorsichtig an, ob die Señora aus Deutschland und ihr Mann (»Spiegel«-Redakteur **Wolfram Bickerich**) die Finca nur als Feriendomizil benutzen wollten – oder für immer dort zu leben gedächten. Als Brigitte Blobel das bejahte, nahmen die Nachbarn sie herzlich auf und integrierten sie voll.

Für dieses Buch schrieb Brigitte Blobel einen Beitrag über ihr neues Finca-Leben bei Porreres, und ich habe ihn so betitelt …

Mein Platz im Pla

Gestern kam Miguel vorbei. Sein Jeep zog auf der Zufahrt zu unserer Finca – die immer noch nicht mit Schotter belegt ist – eine Staubfahne hinter sich her. »*Ah*«, rief Wolf, den hier alle »Lobo« nennen, »*unser regalo.*«

Miguel hatte uns vor Wochen ein Geschenk versprochen, sehr geheimnisvoll tat er damit. Miguel Moreno ist unser Baumeister. Er hat aus der hundertjährigen Ruine ein Haus geschaffen, in dem sich wunderbar leben lässt. Seit kurzem jedenfalls. Seit die Heizung, die während der kalten Tage immerzu streikte, funktioniert, das Wasser immer heiß aus den Hähnen fließt und Juan, unser Tischler, die Fenster so abgedichtet hat, dass der Regen nicht mehr hinein kann.

Miguel hat uns ein Bild gebracht. Öl auf Leinwand. Unsere Finca. Die Farben nicht ganz getroffen – die Persianas, die Rollläden, sind in Wirklichkeit dunkler als auf dem Bild, und die Palme hat der Maler auch vergessen. Jede Finca, die etwas auf sich hält, hat eine Dattelpalme, als »Landmark« sozusagen. Aber das Bild ist wunderbar. Vielleicht nicht gerade von großem künstlerischem Wert, dafür ist der emotionale Wert umso höher: Zeigt es doch, dass unser Baumeister uns immer noch liebt, nach so vielen Monaten mit Chaos, Stress und Katastrophen.

Es ist übrigens das zweite Geschenk von Miguel. Das erste schmückt unseren »Comedor«, das Esszimmer mit der Büchergalerie. Dort prangt, unter einem uralten Haremsfenster, das ich in einem Suk in Marokko gefunden habe, eine Stuckrosette. Wie man sie in jedem Baumarkt auf Mallorca kaufen kann. Eine Art Wappen, barockisiert. Damit müssen wir nun leben, aber wir tun es mit Würde.

Als wir uns entschlossen, die Ruine zu kaufen, sagten die Leute, die schon länger auf der Insel lebten, dass es mindestens zwei Jahre dauern würde, bis das Haus einigermaßen fertig ist. Wir glaubten das nicht. Schon weil wir es nicht glauben wollten. Im Januar 1999 fuhr der erste Betonmischer auf den Hof. An dem Abend tranken wir mit unserem Architekten und dem Baumeister eine Flasche Champagner darauf, dass wir Silvester 2000 mit den Kindern auf der Finca feiern würden. Dieser magische Moment, Silvester 2000, wo andere Leute mit der Concorde um den Planeten jagen, war für uns das absolute Fixum. Den Kindern sagten wir: *Bucht eure Flüge!* Den Tischler beknieten wir, schneller zu arbeiten. Die Gipser wurden aus Andalusien eingeflogen, weil andere Gipser auf Mallorca nicht zur Verfügung standen. Es herrschte der kollektive Wahnsinn. Jeder, der hier baute, wollte Silvester 2000 fertig sein. Die Gipser sauten unser Haus so ein, dass selbst mein Sohn, der als Student in Kambodscha zwischen Ratten und Kakerlaken schlafen musste, eine Krise bekam. Dann nahmen die Gipser eines Nachts das Auto von Miguel, fuhren in die Altstadt von Palma und soffen sich zu. Am Ende war Miguels Auto Schrott und die Gipser wieder auf der Fähre zurück nach Málaga.

Aber Silvester 2000 haben wir auf der Finca gefeiert! Ohne Heizung. Nachts war es zwei Grad unter Null. Die Küche noch im Rohbau. Ich habe Ochsenbrühe – damals konnte man das noch essen – auf dem Sparkocher der Gäste-Casita zubereitet, für zehn Leute. In die Esszimmersessel Daunendecken gestopft und jedem eine Wärmflasche auf den Bauch gelegt. Wir haben dennoch gefroren wie die Schneider.

Seitdem ist unser Verhältnis zu manchen Kindern – die weniger Humor haben, als ich glaubte – zerrüttet.

Wenn sie jetzt kämen, würden sie sich wundern. Um die Säulen ranken sich die Trepadores, Kletterpflanzen in Lila, Rosa und Hennarot. Wir pflücken uns jeden Morgen Orangen von unseren Bäumen und pressen den Saft. In dicken Glasflakons lagert unser selbst gepresstes Olivenöl, der Zitronenbaum im Patio ist schwer von gelben Früchten, und schneidet man sie auf, erfüllen sie alles mit einem unvergleichlichen Duft.

Im letzten Herbst haben wir sogar die Anschaffung eines Treckers getätigt. »*Cuarenta caballos*«, sagt Sebastian stolz, wenn die Nachbarn halten, um unser schickes rotes Spielzeug anzuschauen. 40 Pferdestärken. Wenn Sebastian sich auf den Traktor setzt, um das Land zwischen den Orangen- und Olivenbäumen zu pflügen, hat er immer einen Zahnstocher im Mund, das gibt ihm die Aura eines Großgrundbesitzers, davon hat er vielleicht schon als Junge geträumt, als er die Bauern auf ihren Traktoren beobachtet hat. Ein mallorkinischer Bauer kann ohne Zahnstocher gar nicht Traktor fahren. Damals, als wir einen Sitz-Motorrasenmäher kauften – alles Ausgaben, die vorher in unserem Etat überhaupt nicht vorkamen –, hat er sich weiße Handschuhe angezogen für den ersten Schnitt.

»*Como se vive en el campo?*«, fragen die Leute im Dorf, wenn wir einkaufen oder auf der Plaça einen Café solo trinken. Sie verstehen nicht, dass man mitten zwischen den Obstbäumen, dem Wein, den Oliven leben kann. Sie alle haben Land um unsere Finca herum. Bestellen dieses Land, ernten am Wochenende mit Freunden unter lautem Geschrei die Aprikosen, schneiden im Herbst die Bäume, aber kehren jeden Abend zurück ins Dorf, wo sie sich hinter hohen Mauern und dicken Portalen verschanzen. Da haben sie ihren kleinen Patio, mit einem Brunnen, einem Rosenstock und ein paar Kräutern, da ist es im Winter kalt, im Sommer kühl. Aber nie müssen sie den Winter ertragen, der, von der Tramuntana kommend, über unser Land streicht und an den Persianas rüttelt. Und im Sommer gibt es nicht so viel Staub. Aber wir sind glücklich. Jeden Morgen wandere ich um das Haus auf der Suche nach dem ultimativen Frühstücksplatz. Mit Aussicht, windstill, im Halbschatten, vor leuchtenden Blumen. Es gibt Orangensaft, Croissants und Milchkaffee, dazu ein »Diario de Mallorca«. Aber jedes Frühstück wird zelebriert wie ein Fest. Gegen Abend zieht Toni, der Schäfer, mit seinem »Pastor«, dem Schäferhund, und 250 Schafen vorbei. Und über das Gebimmel ihrer Glöckchen und das Blöken der Lämmer ist er eine Weile lauter als jeder Vogelschrei. Sonst hören wir nichts. Falls nicht das Telefon klingelt oder das Fax Nachrichten ausspuckt. Die sind selten angenehm. Wir lesen sie, legen sie beiseite, vergessen sie, lächeln uns an wie Kinder, die Schule schwänzen, räkeln uns in den Korbstühlen und trinken das unendliche Blau des mallorkinischen Himmels.

Stefan Blöcher

Ehemaliger Hockey-Nationalspieler (* 1960, zweimal Silber bei Olympia), Manager des Golfclubs Andratx in Camp de Mar. Er hat ein niedrig einstelliges Handicap – und die wahrscheinlich schönste Ehefrau der Insel.

Georg Bocskai

Einer der erfolgreichsten deutschen Galoppjockeys (* 1957 in Ungarn): Er ritt in 27 Jahren rund 10000 Rennen und gewann mehr als 1700, darunter 1984 das Deutsche Derby. Danach zog er sich nach Mallorca zurück und arbeitet im Restaurant »Los Arcos«, am Ortsausgang von Santa Ponca in Richtung Costa de la Calma – es gehört seinen Schwiegereltern.

Dieter Bohlen

Sänger, Komponist, Produzent und Ex-Star des Ex-Duos **Modern Talking**. Er hatte eine Eigentumswohnung in Port d'Andratx, und man sah ihn meist auf dem Golfplatz Camp de Mar, am Strand, auf Booten und in noblen Fisch- und Pasta-Restaurants. Bohlen hatte von Anfang an Schwierigkeiten mit der Akzeptanz, denn Mallorca ist eine zu alte Kulturinsel, um angebliche »Pop-Titanen« so zu würdigen, wie die sich das vorstellen. Die Insel hofiert keinen, man muss sie sich verdienen, und das einzige Rampenlicht, das hier angeknipst wird, ist der tägliche Sonnenaufgang. Um glücklich zu werden, muss man sich selbst genügen. Wer ständig Ablenkung oder Applaus braucht, endet in Depression oder Alkohol – dafür gibt es viele menschliche Belege auf der Insel. Insofern war es klug, dass Bohlen *»hammerhart«* (das Baumarkt-Wort ist das Maximum seines Sprachreichtums) seine Wohnung im Juli 2004 an Schönheitschirurg **Werner Mang** verkaufte und sich für Sylt entschied: Da ist ihm täglicher Applaus und VIP-Status sicher(er).

Seine kurze Insel-Biografie ist exemplarisch für viele, die hier heimisch werden wollten: Sie kamen als Einmann-Heiligdreikönige im Glauben, sie seien Myrrhe, Weihrauch und Gold in Person – und waren beleidigt, als man ihnen signalisierte: Solche wie dich haben wir ständig dreitausend Stück und zwar in wechselnder

Besetzung seit etwa fünftausend Jahren. Legenden ranken sich seitdem um Bohlens Flucht, kein Wunder auf dieser klatschsüchtigen Insel und bei den kolportierten Details seines Verhaltens. Man munkelt von »Essenspauschalen« und überteuerter Elektrizität, von Rabatt-Wünschen, nachlässigem Umgang mit Möbeln und Kosmetikerinnen, von Karriere-Versprechen und Nebenverträgen beim Verkauf der Wohnung.

Was wahr daran ist, weiß nur der weise Wind aus der Tramuntana. Aber je heftiger sich Bohlen nach seinem Abflug bösartig über Mallorca äußerte, desto hartnäckiger hielten sich die Gerüchte. Fazit: Der Weggang eines Deutschen ist selten so begeistert begrüßt worden, ein prominenter Bewohner von Port d'Andratx sagte: *»Da blieb uns ein Mann erspart, der nicht etwa einen Igel in der Tasche hat, sondern ein wütendes Stachelschwein, und der auch noch wollte, dass wir ihm einen Heiligenschein verleihen!«*

Fortunio Bonanova

Er hieß eigentlich **Josep Lluis Moll**, wurde 1896 in Palma geboren, sah aus wie →**Errol Flynn**, war Telegraphist, wurde Tenor und war jahrzehntelang der einzige Hollywoodstar, der von der Insel kam. Allein die Liste seiner bekannten Filme ist unglaublich: »Love of Sonya« (1927), »Citizen Kane« (1941, als verzweifelter Gesangslehrer), »For whom the bell tolls« und »Five graves to Cairo« (1943), »Double Indemnity« (1944), »The sun also rises« (1957), »The man who shot Liberty Valance« (1962) und »The running man« (1963). Bonanova starb 1969 in Woodland/Kalifornien.

Joan Bonet Nadal

Der Mann aus Manacor baut weltweit gerühmte Tabakspfeifen. Aus seinen Töpfchen, meist Mandel- und Olivenholz, rauch(t)en z.B. Maler →**Miquel Barceló**, Griechenland-Premier **Georgios Papandreou**, Österreichs Bundeskanzler **Bruno Kreisky** und Italiens Präsident **Sandro Pertini**. Die Pfeifen gehören zu den offiziellen Staatsgeschenken Spaniens.

Blai Bonet Rigo

Einer der bedeutenden Lyriker und Schriftsteller der Insel (* 1926). Berühmt ist vor allem sein Gedicht: »Plenitud de l'Amor«. Er starb 1997 in seiner Heimatstadt Santanyí, jetzt schaffte es der Inselrat, der Familie sein Haus mit dreihundert Quadratmeter Wohnfläche in der Calle de Palma für 210000 Euro abzukaufen – als Museum und Tagungsort.

Dietrich Bonhoeffer

Der Theologe (1906–1945) war bedeutender Erneuerer der protestantischen Kirche, ist aber bekannter als Mitglied des Nazi-Widerstandes vom 20. Juli 1944. Deswegen wurde er im Konzentrationslager hingerichtet. Was kaum einer weiß: Bonhoeffer war zeitweise Auslandspfarrer in Barcelona und damit zuständig für die Betreuung deutschsprachiger Christen auf Mallorca. Seine Gottesdienste hielt er im »Gran Hotel« in Palma.

Pilar de Borbón

Vier Jahre ältere Schwester von König → **Juan Carlos**. Eine liebenswürdige alte Dame, und doch fiel sie unangenehm auf: Sie besaß ein »schwarz« erbautes Haus in einem Vorort von Palma. Als das publik wurde, entschlossen sich die Borbonen zu einem königlichen Exempel: Sie ließen das Haus abreißen.

Borne

»*Sie ist das Eigelb der Insel, ihr Meridian, ihr Kern, ihr Herz und ihre Seele*«, schreibt der Maler und Schriftsteller → **Santiago Rusinyol** in seinem Buch »Mallorca. Die Insel der Ruhe« und widmet ihr unter der Überschrift »Es Born« die Seiten 21 bis 25. Unter ihr floss mal der Torrente La Riera, der zum Paseo Mallorca umgeleitet wurde. Seine Überschwemmung forderte am 14. Oktober 1403 mehr als fünftausend Tote, 1500 Häuser wurden zerstört. Aus der Katastrophe machte die Stadt jedoch das Beste: In der Schneise der Vernichtung wurden die luftige und helle Prachtstraße Paseo del Borne, die Rambla und die Calle de la Unión gebaut. Als **Tim Thorer**, damals Praktikant beim »Mallorca Magazin«, 2002 an der

Borne einen »Cortado« trank, fiel ihm folgende Geschichte ein bzw. auf:

Die Bühne von Palma

Alte Männer tapern gemütlich vor sich hin und füttern die Tauben. Bis sie sich setzen, den schicksten Frauen der Insel nachschauen und denken, dass es früher weniger von ihnen gegeben hat. Der Passeig des Borne ist die Flaniermeile der Ciutat, ihr Gedächtnis und generell eine vielseitige Angelegenheit. Für die einen ist sie ein Platz, für andere eine Straße, manchmal sogar Messehalle für Bücher und Delikatessen, ein gepflasterter Park, eine Fußgängerzone, ein Shopping-Paradies oder einfach nur der Schatten von 28 Platanen, die im Wind rauschen und in der Windstille flüstern. Was daran liegt, dass ihre Blätter so dicht wachsen. Auf jeden Fall ist sie das Zentrum von Palma, sie führt vom Meer ins Land, von oben nach unten und umgekehrt, von Café zu Café, von Bank zu Bank. Eingeborene verabreden sich hier, und Touristen betreten über sie die Stadt und wandern dabei von Königin zu König. Denn die Borne (das Borne, der Borne?) liegt zwischen Plaça de la Reina und Plaça Rei Joan Carles, der aber »Schildkrötenplatz« genannt wird.

Ein Tourist ist immer in Eile. Weil Urlaubsstunden so kostbar sind. Das ist eigentlich unsinnig, aber wahr. Die Eingeborenen sind klüger – sie tändeln auf der Borne. Der britische Urlauber in seinen kurzen Hosen zum Beispiel erlebt gerade eine Panikattacke, weil der Bus zurück zum Hotel gleich losfährt und seine Frau nicht da ist. Verschwunden in einem Laden. Der Brite schreit die Borne hinunter etwas, das nach *»Errjettt!!!«* klingt, sie heißt wohl Harriet. Sinnlos, sie bleibt verschwunden, und er rennt alleine zum Bus. Soll sie doch sehen, wie sie ins Hotel kommt. Ihr wird das auch lieber sein. Der Brite hatte kein Gefühl für die Schönheit der Borne und die Ruhe, die sie schenkt.

Obwohl Borne »Turnierplatz« bedeutet, was Rückschlüsse auf früheres Treiben zulässt, hat sie in der Neuzeit fast sakrale Züge bekommen. Die Borne ist ein Ort der Magie, ein Tempel – wie alle Orte mit grünem Laubdach. Man spürt die Magie auf merkwürdige Weise: Links donnert der Verkehr, rechts auch, und in der Mitte ist es geradezu kirchenschiffstill. Die Borne, lassen Sie uns ruhig mal schwärmen, ist eine Schleuse zum Seelenfrieden. Wenn nicht dauernd Handys klingeln würden wie eine Orchesterprobe der Philharmonie. Aber mit ein bisschen Fantasie nimmt man es als Zirpen der Zikaden.

Es fällt auf, dass sich Schritte verlangsamen, wenn man das Schattenreich betritt. Die Borne ist Zeitlupen-Zone. Innig kuscheln Liebespaare auf den Bänken, Einsame suchen nach Abhilfe, Ladys halten sich an Einkaufstüten mit Designer-Logos fest, einer fragt am Kiosk nach »Bild« von heute, ein Penner mit sanften Augen schiebt seine Habe im Einkaufswagen, Verkäufer erholen sich bei einer Zigarette, zwei Geschäftsleute diskutieren, wie sie einen Dritten übers Ohr hauen können. Hunde jagen Vögel. **Udo Walz**, der Friseur, und **Lambert Monet**, der Galerist, kommen aus dem wunderbaren Kaufhaus im wunderbaren Casal Solleric und streben ihren Läden in der Calle Feliu zu. Etwas weiter nördlich winkt eine grüne Neonschrift ins »Pilon«, wo man niedrig sitzt, aber hoch isst. Verbissen kämpfen lauf-faule Autofahrer um die wenigen illegalen Parkplätze.

Kosmos Borne, und fast Konstante. Drumherum verändert sich die Welt, die Borne nur unwesentlich. Wo jetzt die Mode-Boutique Zara ist, war früher ein Kino. Ein Reisebüro klafft an der Ecke Borne und Constituciò, wo bis 1984 das Café Formentor war, das der **Familie Miró** gehörte und die vornehme Version der Bar Bosch war. Mit denselben Korbsesseln übrigens. Habgier der Erben schloss das Café – wer reich wird, will sich nicht mehr um ungebetene Gäste kümmern. Sehr schade.

Zwischen Boutique Farrutx und Taschenladen Buen Gusto öffnet sich eine Tür. Ein alter Mann im feinen Zwirn steckt seinen Caesarenkopf heraus und prüft die Außenwelt. Die Luft ist rein, worauf sein Spazierstock erscheint, dann er. Die Stimme seiner Frau ruft ihm noch etwas zu, aber er will nicht hören, was sie sagt, schließt die Tür und taucht in die Kühle der Borne ein. Denn das Laub oben und der Stein unten sind Verbündete im Kampf gegen die Temperatur.

Steht man beim Zeitungskiosk und blickt zum Meer, verengt sich die Borne, hat Perspektive. Das ist immer so bei Alleen, aber diese Perspektive glänzt auch noch, weil ihr Bodengestein geschliffen wurde zum Edelstein von den Fuß- und Schuhsohlen, die sie seit 180 Jahren betreten.

Sie hieß nicht immer Borne, sie war auch schon politisch Kind, wie ein verblichenes Schild beweist, das als Antiquität in der oberen Etage einer Häuserzeile hängt: Plaça del Generalísimo steht da. **Franco**-Platz. Nun ja, was bedeuten schon Namen? Das obere Ende, der Platz des Königs, muss sich auch gefallen lassen, dass man ihn Schildkrötenplatz nennt. Weil der Obelisk im Kreisverkehr auf dem Rücken von vier Schildkröten steht. So umgeht das kluge Palma politische Zeitläufte.

An Anfang und Ende der Borne beäugen sich zwei Sphinx-Pärchen aus Stein. Sie liegen da wie Löwen auf ihren Pfoten und sind doch Frauen, die gekleidet sind wie Pharaonen. Man sagt, sie hätten der Aufklärung und Lust von Tausenden von Pubertären gedient, zumindest bis 1833, als ihre Brüste sehr viel üppiger und vor allem nackt waren. Dann schliff man sie auf Körbchengröße 75 A und steckte sie in Bustiers. Ein Festlandspanier muss das verfügt haben, sicher keiner dieser seit Tausenden von Jahren wild auf Busen fixierten Mallorkiner.

Wenn Sie das nächste Mal über die Borne flanieren, folgen Sie den Mustern im Gestein, diesem Parkett der Ewigkeit. Und träumen Sie nicht davon, hier zu wohnen. Hier an der Borne residiert das ganz alte, das sehr vornehme Palma in Erbpacht. Das ist so fein, dass ich noch nie einen kennen gelernt habe, der hier wohnt …

Jordi Bosch

Das ist der bedeutendste Orgelbauer Spaniens, und er hat bei seinen Gastspielen auf Mallorca herrliche Instrumente hinterlassen. Das beste ist die 1775 entstandene Orgel in der Pfarrkirche von Santanyí, die wegen ihrer raffinierten Technik als einmalig in der Welt gilt – und über horizontale Trompeten verfügt. Sie stand ursprünglich in einer Kirche von Palma, wurde aber in der Säkularisation heimlich ausgebaut und in der Provinz versteckt. Denn die Entmachtung der Kirche machte auch vor Orgeln nicht Halt, Dutzende wurden damals zerstört.

Brandy

Einen einheimischen Brandy zu finden ist schwer, aber es gibt einen, und der ist sogar so gut, dass er nur limitiert (30000 Flaschen/Jahr) verkauft wird: den »Suau« aus der mehr als 150 Jahre alten Bodega Suau in Pont d'Inca, die zur Reife 225-Liter-Fässer aus Eiche benützt, die aus den USA und dem Limousin stammt. Den Brandy gibt es in drei Sorten – der »Blanco« ist fünfzehn Jahre alt, der »Negro« 25 Jahre, der »Estrella« fünfzig Jahre. Für eine billige Flasche muss man mindestens 25 Euro zahlen. Mittlerweile ist der Mallorca-Brandy derart gesucht, dass einzelne Flaschen bei E-bay versteigert werden – und im Wert bis auf hundert Euro steigen.

Adresse: Carrer Cabana, 12.

Die versteckt liegende und in einem ehemaligen Militär-Arsenal untergebrachte Bodega ist nicht nur einen Besuch wert, um den Brandy an der Quelle zu kaufen, sondern ist auch als sehr interessantes Museum gestaltet.

Erika Brausen

Kaum einer kennt sie, und doch ist sie eine der größten Figuren der Kunstszene des 20. Jahrhunderts. →**Joan Miró** und **Francis Bacon** verdanken der deutschen Galeristin und Mäzenin ihre Karrieren. Sie hat deren Bilder schon ausgestellt, als wenige mit ihnen etwas anfangen konnten. Aus Verehrung für Miró zog sie sogar nach El Terreno, eröffnete eine Bar und ging später nach London, um Bacon zu helfen.

Heinrich Breloer

Regisseur, Drehbuchautor und Produzent anspruchsvoller TV-Serien und -filme (»Das Millionenspiel«, »Die Manns«). Gemeinsam mit Frank Schauhoff, der mit einer Mallorkinerin verheiratet ist, auch Autor des Buches »Mallorca – ein Jahr« (Kiepenheuer und Witsch, 1995). Mir gegenüber bestand der (verstorbene) Krimiautor **Hansjörg Martin** darauf, dass das Buch eine Adaption seines eigenen Werkes mit fast identischem Titel sei.

Marte Brill

Journalistin und Schriftstellerin (* 5. 9. 1894 in Köln), die im März 1933 wegen ihrer jüdischen Abstammung aus Deutschland floh und einige Monate auf einer Finca bei Alcúdia lebte. Im Exil begann sie den Roman »Der Schmelztiegel«, in dem sie anhand einer fiktiven Figur ihr eigenes Schicksal schildert – und das der »Marranen«, der zwangsgetauften Juden, auf Mallorca. Marte Brill starb 1969 in São Paulo, der bis dahin unveröffentlichte Roman erschien Ende 2003 erstmals – weil **Reinhard Andress** endlich einen Verlag (Edition Büchergilde) fand.

Briten

Sie sind mit rund 15000 Residenten und etwa 25000 Besitzern von Ferienimmobilien gut vertreten. Mitte der achtziger Jahre waren es erheblich mehr, dann setzte ihre Rezession ein. Schon in den zwanziger Jahren hatten die Briten Mallorca als Paradies der Neuzeit entdeckt, Cala d'Or war jahrzehntelang ihre Hochburg, Magaluf ist es heute. Dann wurde es still um sie – aber um 2002/3, als Deutsche sich etwas zurückzogen, »retteten« die wieder verstärkt einfliegenden Briten den Tourismus und den Immobilienhandel.

Bücher

Wie viele Bücher über Mallorca kann man antiquarisch im Internet finden? Im Frühjahr 2003 waren es 1616 Positionen, wobei natürlich Mehrfachnennungen dabei gewesen sind. Aber zwischen drei- und vierhundert Bücher kann man jederzeit rausholen.

Alles, was es auf Deutsch über Mallorca gibt, führt **Edgar Knerr** in seiner deutschen Buchhandlung »Dialog« in Palma.

Öffnungszeiten: Mo–Fr 10–13.30, 17–20 Uhr, Sa 10–13.30 Uhr.
Adresse: Carme, 14 (eine Nebenstraße der Rambla)

Im Frühjahr 2004 etablierte sich ein zweiter deutscher Buchladen, genannt »ex-libris«, der auch englische Insel-Literatur liefert und sich auf die Suche nach vergriffenen Werken macht.

Adresse: c/. Pes de la Farina, 6, Palma
Internet: www.exlibrispalma.com
Öffnungszeiten: 10–14 Uhr

Eine ganz besondere Adresse trägt den aufwändigen Namen »Centre d'Informació i Promoció de la Cultura Escrita a Mallorca«, ist aber fabelhaft. Denn das »Informations- und Verbreitungszentrum der Schriftkultur auf Mallorca« bietet sechstausend Bücher und Druckwerke, die auf der Insel verlegt wurden und sich im aktuellen Handel befinden. Es ist also eine einmalige Fundgrube für Mallorca-Fans.

Adresse: Plaça de l'Hospital, Palma
Öffnungszeiten: Mo–Fr 8–21, Sa 10–13 Uhr.

Auch in diesem Buch wird spekuliert, was das seltenste Mallorca-Buch der Neuzeit ist. Sicher die Nummer 2 oder 3 sind »Geschichten aus dem anderen Mallorca« von →**Robert Ranke-Graves**, und zwar in einer katalanischen Ausgabe von 2004, die der Insel-Künstler **Joan Bennassar** mit Zeichnungen illustrierte. Das Buch hat ein ungewöhnlich großes Format und schon deshalb eine Auflage von nur hundert Exemplaren. Eine Faksimile-Ausgabe folgt.

Nils Burwitz

Künstler (* 1940 in Swinemünde), der seit 1976 auf Mallorca lebt und arbeitet. Seine Aquarelle der Insel gehören zu den begehrtesten Sammlerbildern, daneben schafft er Fresken und Ölgemälde. Besonders schöne Exemplare seiner Kunst sind als Glasfenster in der Pfarrkirche von Algaida, in Santa Eulalia (Palma), in Lluc und Valldemossa zu sehen. Seine abenteuerliche Biografie, die auch den Kampf gegen das Apartheid-Regime in Südafrika enthält, steht in **Pamela Legges** 1995 erschienenem Buch »Enjoying Mallorca« (ab Seite 72). Er wohnt in Valldemossa. →**Kaiserin Sisi**

Gabriel Busquets

Der 1950 in Inca geborene Mallorkiner ist, sozusagen, der Chefdiplomat der Insel. Er steht in Diensten des Außenministeriums, war Botschafter auf dem schwierigen Posten Teheran, gehörte zu den geschicktesten Unterhändlern Spaniens in mehreren Missionen und bekam 2004 einen der diplomatischen Spitzenjobs – er wurde der Botschafter seines Landes in Berlin.

Busquets hat einen Kollegen ähnlicher Bedeutung, den 1945 in Palma geborenen Juristen **Jorge Dezcallar**. Er vertrat Spanien in Marokko, wurde 2001 als erster Zivilist Chef des Geheimdienstes CNI in Madrid und 2004 Botschafter im Vatikan.

Cabrera

Die Insel der Ziegen liegt exakt im Süden von Mallorca, ist von mehreren kahlen Fels-Eilanden umgeben, misst nur siebzehn Quadratkilometer und beherbergt, dem Namen zum Trotz, gar keine Ziegen mehr. Früher grasten etwa dreihundert Ziegen hier, aber die wurden längst aufs Festland umgesiedelt. Cabrera stand Jahrzehnte unter Militärverwaltung und wurde dann zum Naturschutzgebiet erklärt, weil seltene See- und Raubvogelarten sowie sieben unterschiedliche Eidechsenarten hier heimisch sind. Kuriosum: Eigentlich ist Cabrera Privatbesitz und gehört der **Familie Feliu.** Die wollte vom Militär etwa 2200 Euro als Kaufpreis, was man verweigerte – worauf die rechtliche Lage so ist: Ziehen die Soldaten ab, fällt Cabrera an die Familie zurück und Schadenersatz wird fällig – weshalb das Militär es beim Status quo belässt. Neben einigen wenigen Uniformierten bewohnt nur noch ein ziviles Ehepaar ständig die Insel.

Es gibt einen wunderschönen Bildband über die Insel (auf Mallorquin), der auch Luft- und Unterwasseraufnahmen enthält: **Jorge Moreno**, »Arxipelag de Cabrera, Parc Nacional« (Lunwerg Editores, Barcelona/Madrid 2001).

Zwei traurige Ausflüge in die Historie: Am 5. und 7. Mai 1809 setzte man sechstausend gefangene Franzosen aus den Napoleonischen Kriegen auf Cabrera aus. 5400 starben in den folgenden vier Jahren elendiglich, vor allem an Hunger, heute erinnert ein Kreuz an diese Tragödie. – Am 1. April 1944 stürzte eine Dornier 219 E5 der Luftwaffe vor der Südküste ab, von den vier Insassen starben drei, nur den zwanzigjährigen Piloten **Hans Kieffer** rettete nach mehr als acht Stunden ein Fischer aus dem Meer. **Alexander Sepasgosarian** vom »Mallorca Magazin« hat sein Schicksal wunderbar dokumentiert.

John Cage

US-Komponist und Pianist (1912–1992), der in den dreißiger Jahren auf Rat von →**Gertrude Stein** einige Zeit auf Mallorca verbrachte. Dass sich der Aufenthalt in seinem Werk niedergeschlagen hat, ist nur für Spezialisten in seiner 1939 entstandenen Komposition »Constructions in Metal« vage zu erkennen. Immerhin: Die erste Partitur, die er schrieb, entstand auf Mallorca.

Cala Murada

Wegen seiner sterilen Künstlichkeit eine sehenswert groteske Urbanisation an der Ostküste. Dabei existiert fast eine Infrastruktur mit Kirche, Postamt, Hotel, Supermarkt, Handwerksbetrieben, einem Dutzend Bars und Restaurants, Strand, Autoverleih und -werkstatt, Sportanlagen und Wäscherei. Bis 1955 existierte hier nichts – außer verlassenen Höhlenhäusern in den Klippen und einem Bunker aus der **Franco**-Zeit in kilometerweiter Macchia vom Meer bis zur nächsten Straße Porto Colom – Porto Cristo. Inzwischen stehen hier fast tausend Wohneinheiten, ohne Rathaus oder sonst eine regierende Institution. Cala Murada, das zu Felanitx gehört, liegt einfach so rum. Obwohl es im Hochsommer geschätzte dreitausend Einwohner hat und damit größer ist als viele gewachsene Gemeinden.

Fragwürdiger Rekord aus der Anfangszeit: In den sechziger Jahren lebte hier die größte Zahl von Wehrmachtsoffizieren außerhalb Deutschlands, unter ihnen ein Dutzend Generäle mit bekannten Namen. Sie waren durch Mundpropaganda angelockt worden, fühlten sich in Franco-Spanien sicher und unter Ihresgleichen wohl. Ausgerechnet in Cala Murada trafen die deutschen Offiziere dann auf eine Kolonie von Belgiern, den Ur-Siedlern des Ortes, die seit dem Zweiten Weltkrieg nicht gerade Freunde des deutschen Militärs waren. Aber die Sonne versöhnte sie, viel Kontakt hatten sie eh nicht, und das fortgeschrittene Alter löste vermutlich doch mal aufkeimende Konflikte durch Senilität und Tod. Bei den Nachfahren ist eine gewisse deutsch-nationale Haltung, ein Hang zum Krakeelen und Misstrauen gegenüber Andersartigen allerdings noch heute zu spüren.

Cala Ra(t)jada

Der Ort hieß immer Cala Ratjada – »Rochenbucht«. Dann kamen die militanten Verfechter des →Mallorquin und setzten durch, dass der Name ohne -t- geschrieben wird. Die »offizielle« Schreibweise ist aber wenig populär, die Bevölkerung zeigt ihre Meinung etwa auf T-Shirts, auf denen der Ortsname traditionell geschrieben, das -t- rot hervorgehoben ist.

Für Antifaschisten ist Cala Rajada fast ein heiliger Ort, nirgendwo sonst in Spanien versuchten so viele Gegner und Opfer des Faschismus aus Deutschland, Österreich und der Schweiz Jahre des Exils zu überstehen. Es ist hoch interessant, den schweren Lebensweg der Antifaschisten anhand der Akten im Archiv der zuständigen Gemeinde Capdepera zu verfolgen. Ab 1932 oder 1933 lebten sie zu Dutzenden hier, kamen zu Besuch, schier unglaublich für eine kleine Gemeinde wie Cala Rajada damals. Die Prominentesten alphabetisch:

1. →**Erich Arendt**, Lyriker,
2. **Hugo Baruch**, Schriftsteller, Maler und Abenteurer, genannt **Jack Bilbo**,
3. →**Walter Benjamin**, Philosoph,
4. →**Franz Blei**, Schriftsteller,
5. **Heinrich Maria Davringhausen**, Maler,
6. **Raoul Hausmann**, der berühmte »Dadasoph«,
7. **Friedrich Wilhelm Kleukens**, Typograph und Maler,
8. →**Heinz Kraschutzki**, Marineoffizier und Pazifist,
9. **Kurt Lachmann**, Redakteur der »Frankfurter Zeitung«,
10. **Werner Lansburgh**, Schriftsteller,
11. **Rudolf Levy**, Maler,
12. →**Conrad Alfred Liesegang**, Lektor,
13. →**Karl Otten**, genannt »Carlos«, Schriftsteller,
14. **Walther Pollatschek**, Journalist,
15. **Arthur Seehof**, Journalist,
16. **Arthur Segal**, Maler,
17. **Werner von der Schulenburg**, Schriftsteller.

Eigentlich müsste die Gemeinde Capdepera auf die Rückseiten der Ortsschilder von Cala Rajada gravieren, was Karl Otten im Roman »Torquemadas Schatten« von 1938 über seinen Exil-Ort geschrieben hat: »Die tiefe Stille ringsum, die satte Fruchtbarkeit und Schönheit des Tales, das mit Feldern gelb und grün, mit Pinienwäldern und Olivenhainen, mit schwärzlichen Orangenbüschen und braunen Felsbrocken einer sanft geschwungenen Muschel gleich zwischen dem Ostkap und der Sierra liegt, haben den Fremden verzaubert. Er atmet den Frieden der Insel, die Ruhe des letzten Paradieses, wie die Bauern hier sagen.«

Hugo Baruch schildert in seinen Erinnerungen, die erst 1963 veröffentlicht wurden, wen er damals in Cala Rajada so alles traf: »Liebespaare, davongelaufene Söhne angesehener Familien, Falschspieler, Menschen in politischer Verbannung, Menschen auf der Flucht und Menschen auf dem Weg zu sich selbst!« Bedenkt man das traurige Schicksal von Kapitänleutnant →**Heinz Kraschutzki**, so ist es ein tragischer Irrtum, was **Klaus Mann** bei einem Besuch notierte: »Es ist wirklich hübsch hier. Das Hotel ist sehr fein geführt. Nazis nicht in Sicht.«

Eine Aufgabe für an Kunst interessierte Schatzsucher: Die Maler, vor allem Davringhausen und Baruch, so erinnern sich Zeitzeugen, schufen viele Zeichnungen und Gemälde in Cala Rajada, es muss Wandbilder innen (Fresken) und außen (Lüftlmalerei) gegeben haben. Die Emigranten-Kunst, zumindest die Außenmalerei, scheint aber heute völlig verschwunden. Ich hoffe aber, dass Mallorkiner, deren Großeltern vielleicht Bilder in Zahlung genommen haben, diese Werke schätzen und weiter bewahren.

Als ich einmal bei Google einfach **Jack Bilbo** eingab, tauchte er mehrfach auf, auf einer Website sogar mit drei Gemälden, die an **Georges Rouault** erinnern. Dort standen auch die Lebensdaten von Bilbo alias **Hugo Baruch**: 1906–1967. Er war also sehr jung, als er nach Cala Rajada kam, und er wäre ein eigenes Buch wert. In seiner »Waikiki-Bar« trafen sich Exzentriker und arme Exilanten aus aller Herren Länder, durften auf Pump trinken, essen und feiern, bahnten wilde Beziehungen an – und irgendwie hatte Baruch-Bilbo auch etwas mit den Cognac- und Tabakschmugglern zu tun, die ihre Ware nachts in verschwiegenen Buchten löschten. Als die Faschisten am 17. August 1936 landeten, war die »Waikiki-Bar« letzte Hochburg des »linken« Widerstands, zumindest was alkoholisierte Sprüche betraf.

Man schätzt, dass ab 1933 auf Mallorca rund fünftausend deutsche Exilanten wohnten, 3500 waren allein in Palma registriert, fünfhundert Deutsche mehr als 2004 – eine riesige Zahl, die fast spurlos an der Insel und ihrer Geschichtsschreibung vorbeigegangen ist. Leider.

Damit sind wir beim Faschismus ganz allgemein: Viele versuchen es abzustreiten, andere flüchten in Interpretationen. Faktum ist: Mallorca stand stramm auf der Seite von **Franco**. Inzwischen hat man zwar den meisten Plätzen und Straßen ihre alten Namen wieder gegeben, doch ein paar faschistische Denkmäler sind geblieben: das Holzkreuz an der Kathedrale, das nur für Gefallene der Franco-Truppen steht, die Säulen in Artà, Pollença, Costitx, Sóller und Porto Cristo. In Santa Maria hat man eine heitere »Zwischenlösung« gefunden – das Heldenmal ist rosa angemalt. Einen Schlussstrich zog 2003 die Stadt Manacor: 67 Jahre nach seiner Errichtung wurde ein faschistisches Monument an der Fassade der Kirche dels Dolors entfernt.

Was geschah, wenn der Faschismus über ein Dorf hereinbrach, in diesem Fall →Cala Rajada, das hat der Emigrant →**Karl Otten** im September 1936 in der »Pariser Tageszeitung« geschildert: *»Der Tag der Landung … war der Tag der Rache an den Fremden wie an den letzten Republikanern, die noch in Freiheit waren. Wir werden alle verhaftet und im Rathaus wie Vieh zusammengepfercht. Männer und Frauen getrennt. Wir sind der Front ganz nahe, die Wände beben unter den Explosionen, das Geschrei der Kinder und Weiber gellt zu uns heraus: ›Arriba España – abajo los cobardes!‹ – ›Hoch Spanien, nieder mit den Feiglingen!‹ Die Feiglinge, das sind wir.«* Otten gelang es, Deportation und Verurteilung zu entgehen, und wie zahlreiche Emigranten, die in Cala Rajada lebten, konnte er Mallorca auf einem englischen Kriegsschiff verlassen. Andere gingen grausigen Jahren entgegen.

Bartomeu Caldentey

Er ist der erste mallorkinische Koch, der es (2003) zum Michelin-Stern brachte, und das in tiefster Provinz: Sein Restaurant »Es Molí d'en Bou« liegt in San Llorenç.

Alexander Calder

Der amerikanische Universalkünstler (1898–1976) war ein Freund von → **Joan Miró**, bei einem Besuch entstand das Mobile »Nancy«, das im s’Hort del Rei vor der Almudaina in Palma steht.

Camilla

Sie existiert auch auf Mallorca, seit Jahrhunderten. So nennen die Insulaner das wunderschöne, meist wollene Tischtuch, das bodenlang fällt und so die Hitze eines Kohleöfchens darunter (»Braser«) speichert, damit die Füße der am Tisch Sitzenden stundenlang warm bleiben.

Camper

Schuhmarke, die Ende des 20. Jahrhunderts weltweit Kult wurde. Sie hat ihren Ursprung in Inca (1974) und ist ein reiner Familienbetrieb. Camper zog neuerdings von Inca nach Alaró um und kaufte dafür die Finça Son Forteza an der Straße nach Lloseta. Um die Genehmigung der Gemeinde für eine befestigte Straße zu bekommen, überschrieb ihr Camper – typisch Mallorca – das Stadtpalais Can Beia. Der Seniorchef von Camper, **Antoni Fluxà**, wurde 2002 zum Ehrenbürger von Inca ernannt, sein Enkel **Llorenç Fluxà** führt die Firma heute. Wie kreativ die Familie ist, zeigt sich am zweiten Sohn **Miguel**: Er baute den Reiseriesen Iberia Viajes auf, zu dem die drittgrößte Hotelkette Iberostar gehört.

Ca’n Elena

Das berühmteste Bordell Mallorcas, wenn nicht Spaniens. Es existierte von 1915 bis 1955 und hatte seinen Namen von der legendären Puffmutter **Elena Palacios**. Das dreistöckige Haus im Zentrum Palmas (oben links an der Treppe, wenn man vom Teatro Principal zur Plaça Major hochsteigt) beherbergte zeitweise hundert Damen. Zahlreiche Dichter haben das Freudenhaus unsterblich gemacht, darunter **Jorge Luis Borges** in »Casa Elena« (1920), **Llorenç Villalonga** in »El Misantrop« (1972) und in »Falses memòries de Salvador Orlan« (1967).

Gibt es ein modernes Ca’n Elena? Da muss ich mich auf das verlassen, was mir Freunde erzählen: Sie halten das »American Tabledance« in Arenal für eines der schicksten und lohnenswertesten Bordelle der Welt. Zu saftigen Preisen: Eine Stunde kostet etwa 250 Euro. Übrigens: Laut Landesstatistik sind die Balearen-Männer die eifrigsten »Pufflatscher« in Spanien, vierzig Prozent geben zu, schon mal bei einer Prostituierten gewesen zu sein.

Can Joan de S'Aigo

Ältestes Lokal Palmas, ein Kaffeehaus seit 1700. Der Gründer **Joan Martorell** hatte sein Geld ursprünglich damit verdient, dass er den Bürgern Kühleis lieferte – Schnee, den er in den Bergen gesammelt hatte. Später ging er dazu über, Speiseeis zu produzieren, und das geschieht bis heute. Man probiere nur mal das handgemachte Mandeleis oder eine Tasse Kakao aus bester selbst produzierter Schokolade. Es gibt zwei Filialen, eine in der c/. Sans und eine in der c/. Baró de Santa Maria del Sepulcre. Die Familie unterhält auch eine recht luxuriöse Finca als Agrohotel im Hinterland von Cala Murada (zwischen Porto Cristo und Porto Colom).

Can Forteza Rey

Das Stadtpalais am Ende der Sindicat, nahe der Plaça Major und Plaça Marquéz, ist eines der schönsten Beispiele für mallorkinischen Jugendstil. Das Gebäude ist mit architektonischem Zierrat, Schmiedeeisen und Mosaiken geschmückt, als sei ein Gemälde von **Gustav Klimt** zu Stein geworden. Der Vergolder **Lluis Forteza-Rey** (1884–1920) ließ es sich 1909 bauen mit allem, was der →Modernismo zu bieten hatte. Später richtete sich dort ein Nachkomme eine Zahnklinik ein. Gelungen die 1987 ausgeführte Verbindung von Alt und Neu: moderne Läden im Erdgeschoss und Büros im Innern harmonieren mit der traditionellen Bausubstanz.

Antónia Cantallops Ferragut

Die damenhaft schöne Köchin aus Inca (* 1937) begründete die moderne Küche Mallorcas, indem sie selbst fabelhaft kocht (z.B. im »Celler Can Amer« in Inca) und außerdem alle alten Rezepte sammelte, deren sie habhaft werden konnte, und sie »aktuell übersetzte«. Auch zwei Söhne traten in ihre Fußstapfen und erwarben Ansehen als Wirte.

Castellers

Waghalsige Hobby-Akrobaten, die immer Mitte August in Alaró mehrstöckige Menschentürme bilden, sie gehören seit Jahrzehnten zur »Fiesta de Sant Roc« – und vermutlich seit Jahrhunderten zur Folklore auf Mallorca.

Castell del Rei

Alte Königsburg über der Cala San Vicente. Leider gehört das Gebiet der Familie →**March**, die im Sommer 2001 von ihrem →Wegerecht Gebrauch machte und den Zugang zur Burg sperren ließ. Es gibt aber zwei weitere, gut erhaltene Königsburgen: Santueri bei Felanitx, mit schönem Blick bis Cabrera, und das Castell auf dem südlichen Felsen von Alaró.

Tony Catany

Er gilt als bester Fotograf der Insel – der seine Bilder meist verfremdet, bemalt oder koloriert. Sein Credo: »*Für mich ist Fotografie dann gelungen, wenn ich den Zustand vermitteln kann, in dem ich mich befinde, während ich das Foto mache.*« Catany gewann 2002 den Nationalen Preis für Fotografie, in Katalonien den Nationalen Preis für plastische Kunst. Er stammt aus Llucmajor.

CDs

Mein Highlight: »The Bam Bam Explosion Vol. VII«. Darauf sind die 25 besten Gruppen Mallorcas zu hören, von denen einige sich bereits aufgelöst haben: **Blue Meany, The Deep South, La Granja, Los Malditos, Mineralwater, The Nash, Sunflowers** und **The Zinedines.** Die CD ist also eine akustische Pop-Geschichte der Insel. Zum anderen enthält das Booklet zur CD eine Ikonografie von 28 jungen Künstlern Mallorcas, was allein schon ein Kaufanreiz ist.

E-Mail: bambalam@arrakis.es
Telefon: +34971/793303.

Ein Genuss, besinnlich und heiter, erschien im Sommer 2002: Auf zwei CDs liefern sich **Robert Gernhardt** und **Peter Knorr** ein Duell durch Verlesen von Texten über ihre jeweilige südliche Wahlheimat: »Toskana : Mallorca«. Auch schön und bald Sammlerstück: **Hannelore Elsner** liest aus »Ein Winter auf Mallorca« von →**George Sand**. Passend umrahmt wird der Text mit Musik von →**Frédéric Chopin**, die der Hamburger Pianist **Sebastian Knauer** spielt (Berlin Classics).

Camilo José Cela

Spanischer Literatur-Nobelpreisträger von 1989. Er lebte von 1917 bis 2002, wohnte 35 Jahre auf Mallorca (z. B. in einer Wohnung in Palmanova), gab die Zeitschrift »Los Papeles de Son Armadans« heraus und beschäftigte sich auch literarisch intensiv mit der Insel. Über seinen Aufenthalt gibt es ein Buch von **Gabriel Ferret** und **Fernando Gonzales**: »Cela en Mallorca«. Eine nette Kunst-Geschichte: Cela hatte mal einen →**Miró** gekauft, ihn aber bald als Fälschung entlarvt und zerkratzt. Später malte der Künstler, der sein Freund war, ein neues, echtes Bild darüber. Ende Mai 2003 wurde dieser echte Miró in Venedig für zwei Millionen Euro angeboten.

Champagner

Sekt wird, wie überall in Spanien, »Cava« genannt. Nicht viel, aber immerhin etwa 20 000 Flaschen pro Jahr stammen aus mallorkinischer Produktion. **Jaume Mesquida** in Porreres gilt als Pionier des Insel-Champagners, auch **Jose Luis Ferrer** produziert eine anständige Perle, und Terra de Felanis ist die kleinste Kellerei. Preis einer Flasche: circa zwölf Euro.

Insider-Tipp: Wer mit →**Rainer Fichel** vom »Viena« in Cas Concos gut kann, bekommt ab und zu seine exzellente Hausmarke zum Trinken und Kaufen angeboten. Die lässt er speziell nach seinem (guten) Geschmack ansetzen, verfügt aber natürlich nur über kleine Mengen – man muss also den rechten Zeitpunkt erwischen, wenn Kartons da sind.

Geneviève Chauvel

Die französische Schriftstellerin und Fotografin lebt in Cala d'Or und schrieb mit »Ich, **Saladin**, das Schwert der Gerechten« 1991 einen in viele Sprachen übersetzten Bestseller. Aufsehen erregten auch ihre Reportagen als Kriegsberichterstatterin. Ihr Haus namens »La Cueva« besitzt ein einzigartiges Extra: Durch ein Loch im Garten steigt man über eine steile Treppe in die Erde – und steht in einer Höhle auf Höhe des Meeresspiegels. Übrigens: Madame Chauvel erwarb den Besitz in **Francos** Todesjahr (1975). Damals verließen einige politisch konservative Ausländer Mallorca geradezu hastig, weil sie glaubten, »*nun wird die Insel rot*«. Ein an sich schon dummer Gedanke, der sich auch nicht bewahrheitete.

Frédéric Chopin

Polnischer Komponist (1810–1849), der im Winter 1838–39 einige Wochen auf Mallorca verbrachte. Was kaum einer gemerkt hätte, wäre seine Lebensgefährtin → **George Sand** (1804–1876) nicht auf die Idee gekommen, ein nicht immer schmeichelhaftes Reisebuch über die Insel und diesen Aufenthalt zu schreiben: »Ein Winter auf Mallorca«. Es haben sich aber auch andere mit diesen leicht tragischen Urlaubstagen beschäftigt, eine besonders amüsante Episode findet sich bei **Gordon West**, »Jogging round Majorca« (Seiten 90 und 99).

Chopin komponierte in Valldemossa die 2. Ballade op. 38, das Scherzo op. 39, die beiden Polonaisen op. 40, die 2. Mazurka op. 41 und angeblich die Prélude »Die Wassertropfen« – was aber wohl eher eine scherzhafte Anspielung auf das damalige schlechte Wetter ist.

Aber was hat Chopin selbst über seinen Aufenthalt gedacht oder geschrieben? War er so kritisch wie George Sand? Da gehen die Meinungen auseinander, aber eines ist klar: Obwohl der Pole nicht gesund war, schilderte er die Insel und die Insulaner weit fairer als seine Lebensgefährtin. Er tat dies in seinen auf Polnisch und Französisch abgefassten Briefen an den besten Freund, Graf **Woychek Grzymala** (1793–1870), die – so wird immer wieder behauptet – fast nur in fehlerhaften Kopien, teilweise oder gar nicht mehr vorhanden sind. Vierzehn Kopien wurden vor einiger Zeit bei Christie's in London versteigert mit dem Hinweis, sie seien erst Jahrzehnte nach Chopins Tod entstanden. Dabei gibt es fünf Bücher, in denen die Korrespondenz auf Französisch, Englisch, Polnisch und Spanisch zu finden ist. Der 1952 in Palma gedruckte Band »Cartas de Mallorca« beschäftigt sich am stärksten mit Chopins Version vom Winter auf der Insel und ist **José-María Almagro-Martí** zu verdanken.

Antje Christ

Er fällt auf, dieser Grabstein hinter einer Brücke an der Straße nach Lluc – und das soll er auch. Darauf steht in deutscher Sprache:
Sie starb durch
einen Raser
Triathletin
Antje Christ
Geb. 19. 07. 1974
Gest. 16. 03. 2004

Sie hatte in den Bergen von Mallorca trainiert für die Olympischen Spiele 2004 in Athen, galt als Favoritin für eine Medaille, aber an jenem Dienstag fuhr ein Autofahrer zu schnell und unachtsam, übersah Antje Christ und tötete die 29-Jährige. Zur Gedenkfeier kam die Elite der deutschen Triathleten nach Mallorca.

Agatha Christie

Legendäre Schriftstellerin aus England (1891–1976). In den dreißiger Jahren lebte sie ein paar Monate in Pollença und schrieb dort ihren Krimi »Probleme in Pollensa«, der 1939 veröffentlicht wurde. Weitere Mallorca-Memoiren finden sich in ihrer Erzählung »The Regatta Mystery«. In folgender Geschichte allerdings spielte die Britin die Hauptrolle …

Die falsche Jubilarin

Im Juli 1963 erlebte Mallorca einen peinlichen Moment in seiner sonst glanzvollen Tourismus-Geschichte. Hauptperson: die weltberühmte englische Krimiautorin, damals 72, Schöpferin der Detektive Hercule Poirot und Miss Marple. Es war ein Jubeltag für die Insel, denn der einmillionste Fluggast sollte eintreffen. Die Honoratioren waren auf dem Rollfeld aufmarschiert, eine Blaskapelle schmetterte, das Fernsehen hatte Scheinwerfer und Kameras postiert – und man wusste über den Jubiläumspassagier nur so viel: Er saß in einer britischen Chartermaschine in Reihe zwölf, war Mitte zwanzig, hübsch und weiblich. Unter den ersten Urlaubern, die an der Tür erschienen, war eine ältere, auffallend resolute Dame. Als sie die Musik hörte, hob sie beide Arme, lächelte und dankte winkend. »*Wer ist denn das?*«, fragte der damalige Tourismus-Chef irritiert. »*Ich denke, die Millionste ist eine junge Frau?*« Er schickte seinen Assistenten zur alten Dame und ließ ihr ausrichten: Der Empfang sei nicht für sie, sie möge beiseite treten, um den Ehrenpassagier vorbeizulassen.

»*Oh*«, sagte die Lady, »*da habe ich mich wohl geirrt. Ich dachte, es sei … – wissen Sie, ich habe nämlich schon eine ganze Menge über Mallorca geschrieben.*« Und auf die Frage des Assistenten, wie sie heiße, sagte sie knapp: »*Ich bin Agatha Christie*« – und stolzierte erhobenen Hauptes auf das Flughafengebäude zu, während die Mienen der Honoratioren schneller welkten als ihre Blumen für den millionsten Passagier.

Tito Cittadini

Argentinischer Maler, der 1886 in Buenos Aires geboren wurde und 1960 in Cala Major starb. Er studierte bei →**Anglada-Camarasa**, kam 1913 nach Mallorca, lebte in Puerto Pollença und schuf herrliche Landschaftsbilder der Insel, die vor allem →**Adán Diehl** in Auftrag gab.

Charles Clifford

Der Brite war ein Glücksfall für die Insel. Er war Fotograf, kam bereits im September 1860 (!) und bannte auf Platten, was ihm vor die Linse kam. So lieferte er viele der frühesten Aufnahmen Mallorcas – in bestechender Qualität. Seine Negative werden im Stadtarchiv von Palma und im Palacio Real in Madrid aufbewahrt.

Club de Mar

Der »hintere« Yachtklub in Palma kurz vor dem Leuchtturm Porto Pi. Wer über die Molen wandert, kommt aus dem Staunen nicht raus und erlebt, was Reichtum wirklich bedeutet – und wer kein Neidhammel ist, hat daran Spaß. Hier liegen u.a. die riesige →»Lady Moura«, die sechs fast ebenso großen Motorboote des Herrschers von →**Katar**, die tiefblaue »Limitless« der Besitzer des Modehauses GAP (eine der schönsten Yachten der Welt), der Amazonas-Dampfer der **Württembergs** und der Windjammer »Creole«, der mal der **Gucci-Familie** gehörte.

Fulgencio Coll

Mallorkinischer General, der es nicht nur beim spanischen Militär, sondern auch international weit gebracht hat: Er war 2003 bis 2004 Oberbefehlshaber der multinationalen Koalitionstruppen im Irak – bis Spanien sich zurückzog.

Antoni Colomar Marí

Angestellter des Consell Insular, der die FODESMA leitet – eine Organisation für hervorragende Sozialarbeit. **Herbert W. Heinrich**, ein grundsätzlich kritischer Geist, sagte mir: »*Diesem Mann kann man bedenkenlos Spenden anvertrauen, er verwendet sie zu hundert Prozent sinnvoll.*« Es war u.a. Colomars Idee, Lehrwerkstätten einzurichten, in denen junge Mallorkiner und Ausländer traditionelle Handwerksberufe erlernen können.

Comics

Man glaubt es kaum: Mallorca ist Comic-Country. Die Zeichengeschichten sind sehr beliebt bei den Einheimischen, es gibt jede Menge Comics, die hier spielen, und rund ein Dutzend Künstler zeichnet für internationale Verlage. Wie aktiv die Szene ist, ersieht man auch daraus, dass es eine ›Asociación de Amigos y Víctimas del Comic‹ gibt – Verein der Freunde und Opfer des Comic. In Palma gibt es zwei Läden, die Hefte und Merchandising der Comic-Helden verkaufen:

1. Norma Comics, Carrer Nuredduna, 7
2. Gotham, Carrer Font y Monteros, 4.

Eine interessante Comic-Trilogie namens »Sofia« hat der Mallorkiner **Guillem March** begonnen. Sie beschäftigt sich mit dem Leben Jugendlicher in Palma. Der erste Band ist im Sommer 2003 bei Dolmen Editorial erschienen, hat 32 Seiten und kostet etwa drei Euro.

William Cook

Ein US-Maler, der 1959 in Palma starb und auf dem evangelischen Friedhof Genova liegt. Er hatte schon vor 1914 auf Mallorca gelebt und gearbeitet, → **Gertrude Stein** und **Alice B. Toklas** auf die Insel gebracht – und ihretwegen kam dann → **Robert Ranke-Graves.** 1936 kaufte sich Cook ein Haus in El Terreno und lebte dort bis zu seinem Tod. Vor allem seine Porträts sind großartig – aber heute leider kaum zu bekommen und noch weniger zu bezahlen.

Aloys Coppenrath

Mitinhaber der Konditorei Coppenrath & Wiese, sie ist Spitzenreiter in Europa auf dem Gebiet tiefgekühlter Backwaren. Jetzt ist der Firma der Sprung nach Mallorca gelungen: Das neu eröffnete »Café Pastel« an der Carretera Andraitx, 37, in Portals Nous (Tel.: +34971/684008) gehört Aloys Coppenrath, und seine Torten werden dorthin täglich frisch eingeflogen. Die nostalgischen Wandmalereien im Café stammen von **Rainer Reusch.**

Cossiers

Tanzgruppe, deren Ursprung vergessen wurde, deren Mitglieder aber als Schotten auftreten – »Escocia« heißt auf Spanisch Schottland, Cossiers ist davon abgeleitet. Um 1970 gab es fünfzehn Gruppen, jetzt noch vier – in Algaida, Manacor, Montuiri und Pollença. Jede Gruppe besteht aus sechs Männern plus einem als »Dame« verkleideten Mann. Die heidnische Bedeutung der elf Tänze, die wohl keltisch sind, hat die katholische Kirche für ihre Zwecke umgemodelt, heute geht es darum, zu Dudelsack-, Flöten-

und Tamburin-Klängen den Teufel zu vertreiben. Die schottischen Gewänder werden von den Gemeinden gestellt.

Miquel Costa i Llobera und Remigia Caubet

Der Schriftsteller (1854–1922) und die Bildhauerin (* 1919), die sich gar nicht kannten – wie geht das zusammen? Durch das mehr als vier Meter hohe Denkmal der nur spärlich bekleideten phönizischen Priesterin, es steht an der Abzweigung zum Hafen an der Esplanade von Can Pere Antoni in Palma. 1972, zum fünfzigsten Todestag von Costa, hatte die Stadt die Skulptur bestellt. Remigia Caubet beschloss, eine Figur aus dem Buch »Tradicions i fantasies« zu nehmen, das der Schriftsteller 1903 veröffentlicht hatte. Sein Thema: Traditionen und Legenden Mallorcas. Auf Mallorca gilt Costa als der größte Schriftsteller der Insel (was man diskutieren kann). Er liegt in einem Prachtgrab bei der Pfarrkiche von Pollença, sein Haus ist nebenan in der Straße zu besichtigen, die seinen Namen trägt: c/. Costa i Llobera.

Bartomeu Cursach

Der Unterhaltungs-Großunternehmer Mallorcas. Er wurde 1948 in Palma geboren und gilt als extrem scheu, dennoch besitzt er auf die Öffentlichkeit ausgerichtete Betriebe wie die Nachtklubs →»Tito's«, »BCM«, »Pacha«, »Riu Palace«, »Paradies« und »Mega-Arena«, den Biergarten »Mega-Park«, das Riesen-Restaurant »Asadito«, das Freizeitgelände »Western Water Park« und das größte Fitnessstudio der Insel: »Mega-Sport«. Außerdem hält keiner mehr Anteile am Fußballklub →RCD Mallorca. Über die ist er aber wegen der Dauerquerelen im Klub nicht sehr glücklich, für ein gutes Gebot sind sie zu haben.

Peter Dames

Der Unternehmer gründete den »Safari-Park« zwischen Porto Cristo und Cala Millor, der zum Pflichtprogramm der Touristen gehört und ab und zu auch für Dauerbewohner interessant ist. Dames sieht sich aber wegen zum Teil entwürdigender Käfighaltung wachsender Kritik gegenüber. Mich stört vor allem der Mangel an Aufsehern, so dass Kinder und Jugendliche ungehindert die hilflos in ihren Mini-Zellen kauernden Tiere – vor allem Affen – mit Stöcken und Wurfgeschossen in die Raserei treiben können.

Jean Dausset

Der Franzose (* 1916 in Toulouse) ist der Doyen der Wissenschaftler-Kolonie, die auf Mallorca im Ruhestand lebt: 1980 bekam Dausset, ein Spezialist für Hämatologie, den Nobelpreis für Medizin, 2003 einen Ehrendoktor der Balearen-Universität. Er hat mit seiner spanischen Frau seit Jahrzehnten zwei Wohnsitze auf der Insel: in Palma und in Biniaraix. 2004 wurde er Ehrenbürger von Sóller.

Anna David

Künstlerin (* 1955 in Linnich bei Düren), seit 1985 auf Mallorca. Ihre Spezialität sind reizende, witzige, z. T. ökologisch inspirierte Bilder und Objekte aus Strandgut und Wegwerfdingen.

Johannes Dede

Zahlreiche Deutsche versuchten in der Nazizeit, auf Mallorca zu überleben. Was schwierig war, denn der deutsche Konsul, ein strammer Nationalsozialist, hatte offensichtlich Spaß daran, den Exilanten das Leben schwer zu machen. Er lieferte Antifaschisten gnadenlos den spanischen Militärbehörden aus, überredete Landsleute mit Lügen, nach Deutschland zurückzukehren, wo sie vor Gericht gestellt wurden oder im KZ verschwanden, denunzierte sie, ließ den Zoll ihr Hab und Gut konfiszieren, ermöglichte Gestapo-Agenten die Einreise und Treffen mit den Flüchtlingen. Unglaublich, aber wahr: Der Konsul blieb nach dem Krieg als wohlhabender Rentner auf Mallorca und wurde von keinerlei Gewissensbissen geplagt: Er habe nur seine Pflicht getan, sagte er, auch im Sinne der Franco-Regierung, die ja an der Macht blieb, bis er starb. Touristen, die wussten, wer er war und was er angerichtet hatte, beobachteten sprachlos, mit welch fröhlicher Nonchalance er seinen Lebensabend genoss.

Defla

Besitz des Herzogs **Fernando de España** bei Sineu. Obwohl weit über neunzig, hat er sein Haus gut bestellt: Der Sohn erbt Titel und Landwirtschaft, die Tochter, eine Kunsthistorikerin, betreut Palast und Pretiosen. Ich schätze es sehr, mit dem Conde beim Wein zu sitzen und seiner Weisheit zu lauschen, wir taten dies oft, solange er gesundheitlich auf der Höhe war.

Das älteste Haus der Insel

»Ach, dieses Mallorca«, pflegt der alte Conde de España y Morell immer zu seufzen. Ein Mann, der im Briefkopf eine blaue Krone und das schlichte Wort España führt. Dafür unterschreibt er seine Briefe selten, nach den herzlichen Grüßen klafft eine Lücke. Der Conde schaukelt meist auf einem antiken Kufenstuhl in seinem Salon. Von Zeit zu Zeit wirft er einen Olivenast ins Kaminfeuer. Draußen scheint die Sonne und das Thermometer zeigt dreißig Grad im Schatten. Drinnen jedoch, hinter tausend Jahre alten und bis zu achtzig Zentimeter dicken Mauern, herrscht das Frösteln der Jahrhunderte. Das meint der Conde mit *»Ach, dieses Mallorca«* …

Es ist eine hügelige Gegend rund um Sineu. Der gebirgige Rand Mallorcas verebbt hier in einen fruchtbaren Teller. Kein Hotel steht in diesem Teil der Insel. Dafür sitzen in Sineu die alten Leute am Abend noch an den Straßen und warten, dass passiert, was nie passiert. Auf dem Marktplatz steht das Denkmal des ersten spanischen Meisters im Radrennfahren, der von der Insel kam. Hier liegt Defla: ein Palast hinter zwei konzentrischen Mauerringen mit eingelassenen Portalen. Ums Jahr 960, so sagen die Geschichte und der alte Herzog, haben die Mauren Defla gegründet. Seitdem steht der wuchtige Turm mit seinen drohenden Zinnen, in dem der Hausherr Tauben züchtet. »*Alle Landadeligen züchten Tauben*«, sagt der Conde.

Oleander teilt sich den riesigen, mit nachlässiger Sorgfalt ungepflegten Garten mit hellblauer und blutroter Bougainvillea, die in Kaskaden über die erdfarbenen Mauern poltert. Ab und zu legt der Wind verwitterte Wappen frei, die in die Steine gemeißelt wurden, von 1634 zum Beispiel. Defla ist eine mallorkinische Variante des verwunschenen Dornröschen-Schlosses. Der äußere Mauerring umschließt Oliven- und Mandelbäume, der innere fünfhundert Schafe. Der Bäume und Tiere wegen wird der Herzog später kokett sagen, er sei »*Landwirt und Schäfer*«.

Als ich zum ersten Mal auf Defla war, sollte eigentlich Frühling sein. Für den Herzog und seinen ältesten Sohn war jedoch gerade die »Dritte Jahreszeit« angebrochen. Eine vierte haben sie nicht: Den Sommer verbringen sie mit Frau/Mutter und Tochter/Schwester auf Mallorca, den Winter im Palais in Madrid, und zwischendurch sehen die Männer auf Defla allein nach dem Rechten. Sie benützen dabei nicht etwa die Herrschafts-Räume rund um den Turm, sondern leben in der Küche und einem bescheidenen Gemach daneben. Das Haus »*aufzumachen*«, so nennen sie das, wäre zu viel Mühe. Als ich den Herzog frage, wie lange seine Familie schon auf Defla residiere, antwortet er mit jener Nonchalance, die nur in Spanien möglich ist: »*Seit der Reconquista.*« Also seit 1229, seit dem Sieg der Christen über die Araber. Da weiß man erst, was Geschichte ist.

Aus der Zeit der Mauren ist auf Defla der einzige wild wachsende Bambushain der Insel erhalten, der wuchtige Wehrturm und der Rest einer kleinen Moschee mit einem schönen 1001-Nacht-Portal. Der Herzog, sonst Purist, hat sie zum Badehaus seines fünfzehn Meter langen und fünf Meter breiten Swimmingpools entweiht – eine der seltenen Konzessionen an die Neuzeit. »*In diesem Haus*«, sagt der Herzog, den ich Don Fernando nenne, »*ist seit siebenhundert Jahren nichts verloren gegangen.*« Als der gut tausendjährige Olivenbaum im Hof eines Nachts vom Wintersturm entwurzelt worden war, ließ ihn der Herzog ins Haus schleppen und als Sims über dem Kamin einmauern. »*Schließlich war er älter als meine Fa-*

milie und der letzte Zeuge«, begründet er diesen Respekt. Zeuge wofür? »*Für Leben und Sterben«*, sagt er.

Man kann stundenlang außen und innen um die Mauern wandern und hat sich dabei an griechischen und römischen Büsten zu orientieren *(»Bei Sokrates links, dann gleich rechts bei Plato, auf den Marc Aurel zu.«)* Weiße Tauben fliegen auf zwischen Palmen, Steineichen, Platanen, Orangenbäumen und Feigen. Rund ums Haus ist der Wald dicht und dunkel wie Dschungel. Am Abend geht Licht an in vielarmigen alten Straßenlaternen, und der Jüngste der betagten Diener des Herzogs schließt die verwitterten Fensterläden.

Wir reden meist über Adel und Politik. Der Herzog mag natürlich »*die Roten«* nicht, schon weil sie in der kurzen Zeit, in der der Spanische Bürgerkrieg (1936–1939) Mallorca erreichte, seinen steinernen Vorfahren draußen am äußeren Mauerring die Nasen abschlugen. Wie konnte so ein Besitz 34 Generationen unbeschadet überdauern? »*Wenn die Reichen kein Geld mehr haben, haben die Armen keine Arbeit«*, antwortet der alte Herzog. Da mache sich einer einen Reim drauf, aber das ist seine Philosophie. Dreihundert Granden-Titel gibt es in Spanien. Einige Adelige besitzen sechs auf einmal (wie die **Herzogin von Alba**), Don Fernando hat nur einen, aber der genügt ihm. Trifft er den König, auch ein Sommerbewohner Mallorcas, verkehren sie unter ihresgleichen: »*Ich sage Señor zu ihm, und er Fernando zu mir.«*

»*Wissen Sie«*, mischt sich da die Tochter ein, »*mein Vater ist in solchen Sachen nicht sehr strikt, auch Sie könnten Fernando zu ihm sagen.«* Das gefällt der Herzogin, ihrer Mutter, nicht: »*Na ja, vielleicht doch mit einem kleinen Don davor, nicht?«*

Wir wandern über die groben ziegelroten Fliesen im Innern des Hauses, das als das älteste, durchgehend bewohnte auf Mallorca gilt. Betrachten die Sammlung antiker Spazierstöcke, Landkarten, Gemälde und eine Küche voller Kupfertöpfe – es sind Hunderte. Der Herzog besitzt den einzigen **Hieronymus Bosch** in Privathand und ein goldenes Gewehr, das hoch oben unerreichbar an einer Wand hängt. »*Ein Geschenk des spanischen Königs an einen Vorfahren nach siegreicher Schlacht«*, sagt der Herzog. In Gebäuden, die den Hinterhof säumen, sind Dutzende alter Kutschen und Oldtimer geparkt, die gesammelte Mobilität der Españas der vergangenen dreihundert Jahre.

Auch nach Tagen finde ich mich nicht zurecht in dem Gewirr mäandernder Gänge, sehr niedriger oder sehr hoher Zimmer, auf Treppen so schmal wie Wandschränke, mit steilen Stufen wie Leitersprossen. Acht Zentimeter dick sind die Holztüren, oft stammt das einzige Licht von nackten Glühbirnen an bloßen Kabeln. *»Der Landadel geht mit den Hühnern ins Bett und steht mit ihnen auf, unser Licht ist die Sonne«*, belieben der Herzog zu scherzen.

Die Sitzmöbel und Kissen von Defla sind mit Stoff bezogen, der auch als Gardinen an den Fenstern hängt: ein fahles Weiß mit Kornblumenblau, Ochsenblutrot mit gelblichem Grün, fast schwarzes Braun mit brennendem Orange. Die geometrischen Muster verlaufen wie ein mit Tinte geschriebener Brief, der im Regen lag. Es gibt auf Mallorca nur noch eine Weberei, die diese Stoffe produziert. Man braucht Unmengen davon für ein Sofa, da sie nur neunzig Zentimeter breit liegen. Das ist das Maß der antiken Webstühle aus Olivenholz. Natürlich kann jeder, der viel Zeit mitbringt, diese Art Stoff kaufen – nur nicht in dem Muster von Defla. Das gehört dem Herzog von Spanien, so wie bestimmte Kilt-Muster den schottischen Adeligen.

Wenn ich mich nach einsamen Wanderungen durch Defla (der Herzog hatte sich zum Nickerchen hingelegt) verabschieden möchte, sitzt die Familie meist unter der gewaltigen Platane rund um den Ziehbrunnen hinterm Haus im Schatten. Die Damen stricken, der Herzog studiert ein Geschichtsbuch von 1793, die Zeit scheint stehen geblieben – und ich schleiche auf Zehenspitzen davon. Warum? Weil ich Angst habe, dass die Idylle zu Staub zerfällt, wenn ich mich heftig bewege.

P.S.: In Defla sieht man ein Kuriosum – eine Kette, die in zwei Teile zerrissen am Portal hängt. Dies bedeutet, dass der **König von Spanien** zu Gast war und sein Besuch so freundschaftlich verlief, dass die symbolische »Kette der Leibeigenschaft« gesprengt ist – zum Beweis gestattet der König das Anbringen der Kettenglieder.

Albrecht Demitz

Maler (* 1947 in Hannover), der seit 1990 in Pollença lebt, geheimnisvoll figürlich und märchenhaft allegorisch malt und ziemlich häufig auf der Insel ausstellt.

Denkmäler

Die Mallorkiner lieben sie, es gibt mehr als zweihundert und die Deutschen haben sich mit vielen Beispielen daran beteiligt. Stellvertretend möchte ich zwei nennen:

Zwischen Palma und Paguera steht seit 1887 ein eisernes Kreuz. Es erinnert an die Adeligen **Ramon** und **Guillermo Moncada**, die bei der Rückeroberung Mallorcas (1229) im Kampf gegen die Mauren fielen. Und 2001 wurde im Verkehrskreisel an der Einfahrt nach El Arenal eines der seltsamsten Denkmaler der Insel postiert: ein Kellner mit Serviette über dem rechten Arm, der den Betrachtern mit offenen Armen entgegenschreitet. Er soll an die Bediensteten der Hotels und Restaurants erinnern, die den Tourismus ermöglichen – ein Werk des Bildhauers **Jaume Mir** (eine zweite Skulptur von ihm, »Ikarus«, steht im Eingangsbereich des Militärmuseums).

Antoni Despuig

Der Mallorkiner, der es in der katholischen Kirche am weitesten gebracht hat – wenn man → **Papst Clemens VIII.** nicht mitrechnet, einen halben Mallorkiner. Despuig wurde am 30. März 1745 in Palma geboren, war seit 1802 Kardinal und starb am 2. Mai 1813 in Lucca. Er hinterließ eine Bibliothek mit 13 000 Bänden und eine große Sammlung antiker Skulpturen (leider auch mit Fälschungen), die im Schloss → Bellver zu sehen ist. Die Gärten des Landguts Raixa, das dem Kardinal gehörte, ließ er nach Vorbild der Gärten der Villa d'Este am Comer See gestalten.

Deutsche

2003 waren es offiziell 43600 Deutsche, die ganzjährig auf Mallorca wohnten, und bis zu 70000 haben nach amtlichen Angaben Grundbesitz – es dürften jedoch inzwischen mehr als 100000 sein. Jeder zweite Landsmann ist älter als fünfzig, rund 15000 sind Rentner. Die Balearen-Universität schätzt den Bevölkerungsanteil der Deutschen auf achtzehn Prozent, was bedeutet: Fast jeder Fünfte! Die Universität veröffentlichte auch nette Statistiken: 63 Prozent der Deutschen nutzen das Internet, 57 Prozent schauen deutsches, 52 spanisches Fernsehen, 46 Prozent lesen eine deutsche und 52 eine spanische Zeitung, 42 Prozent sprechen regelmäßig Spanisch und 1,7 Prozent Katalanisch.

Kuriosum: Gibt es einen »deutscheren« Namen als **Eberhard Grosske**? Wohl kaum. Der Politiker trat im Oktober 2002 als Arbeitsminister zurück, um (erfolglos) bei der OB-Wahl in Palma zu kandidieren. Grosskes Vater hatte eine Mallorkinerin geheiratet, sie aber noch vor der Geburt des kleinen Eberhard verlassen. Daher hat er den Vater nie kennen gelernt, spricht kein Wort Deutsch – und will sich auch gar nicht bemühen.

Der Spitzname der Deutschen lautet in Spanien »Cabeza cuadrada« – Quadratschädel. Mallorkinern ist der Begriff zu lang, sie benutzen die abgewandelte Form »Caps quadrats«, aber noch lieber die nicht gleich erkennbare Abkürzung »Quads«.

Kuriosum zwei: Es handelt sich um einen Anschlag an einem Baum, der auf dem öffentlich begehbaren Grundstück eines Deutschen an der Küste bei Cala Rajada steht. Auf diese Weise versucht er sich dagegen zu wehren, dauernd und auf unverschämte Weise von Landsleuten begafft zu werden – einige nehmen sogar auf seiner Terrasse Platz:

Sehr geehrte Damen und Herren,

wegen der vielen Fragen an uns: Der Weg geht weiter, an der Mauer entlang – auch wenn es von hier nicht so aussieht. Sie kommen auf einem Umweg zum Leuchtturm. Wir wünschen Ihnen einen angenehmen Urlaub. Wir sind Ihnen dankbar, wenn Sie hier nicht lagern. Sie befinden sich hier auf Privatgrund. Das ist unser Zuhause, wir wohnen hier seit 25 Jahren. Dieser Anschlag wurde schon von einem von Ihnen zerrissen, aus unbegründeter Wut wahrscheinlich. In der Kürze der Zeit, die wir uns hier begegnen, werden wir uns fremd bleiben, es sei denn, Sie würden unser Gast, was auszuschließen uns leichtfertig schiene. Der Grundeigentümer

Er ist ein bekannter Schriftsteller.

Dichter

Die Poesie ist auf Mallorca eine Domäne der Frauen und dabei derart populär, dass in Lloseta ein Klub der lebenden Dichter gegründet wurde, dessen Mitglieder einander regelmäßig vorlesen, sich auch kritisieren und so mit ganz feinen Verbal-Skalpellen an der lebenden Sprache arbeiten. Der Klub heißt »Poetes Joves a Lloseta«. Was wiederum ein Beweis ist, wie unglaublich stark die Kultur auf Mallorca ist – und kaum ein Ausländer merkt's.

Adán Diehl

Der argentinische Unternehmer, Mäzen und Künstler kam schon in den zwanziger Jahren, kaufte die halbe Halbinsel Formentor, investierte Millionen in die Landwirtschaft, gründete das Hotel »Formentor«, machte es zur besten Prominenten-Herberge der Insel – und musste am Ende verarmt in seine Heimat fliehen. Dort starb er im Mai 1953. Dass er scheiterte, hatte zwei Gründe: Am »Schwarzen Freitag«, dem Börsencrash der Wall Street 1929, verlor er sein Vermögen, und 1936, als Mallorca faschistisch wurde, begegnete ihm erheblicher politischer Widerstand. Aber wie weitsichtig Diehl war, sieht man daran, dass das Hotel »Formentor« immer noch in aller Schönheit und mit allem Luxus existiert – auch wenn seit Jahren gemunkelt wird, es stehe zum Verkauf, weil es sich nicht mehr rentiere, zumal es über den Winter schließt.

Harald Dietl

Vielseitiger Schauspieler, sein Talent reicht vom Bauernschwank bis zum Hollywoodfilm. Er hat mehr als hundert TV-Hauptrollen (u.a. dreizehn Jahre lang den Kalle Feldmann in »Die Männer vom K3«) gespielt, stand in vier Kontinenten auf der Theaterbühne, tourte mit einem Wanderensemble zu Schiff, Bahn, Bus und Pferd durch Südamerika, trat für das Goethe-Institut in Asien, Afrika, Australien, Nordamerika und Europa auf, schrieb Reportagen für Zeitungen, Magazine, Fernsehen und Hörfunk – und sogar Abenteuerromane: »Treibgut«, »Der Krieg entlässt seine Kinder« und »Der Lord von Kenia«. 1975 kaufte er mit Ehefrau **Helga** eine Liegenschaft bei Arenal, das damals noch nicht der Remmidemmi-

Ort von heute war. Dietl selbst, von mir gebeten, beschreibt seine Beziehung zur Insel so:

Weihnachten 1974 spielte ich Theater auf Mallorca für die deutschen Überwinterer. Nachdem ich in der freien Zeit sämtliche Sehenswürdigkeiten mit meiner Familie absolviert hatte, wollte ich auch in die Gegend östlich von Arenal fahren, obwohl jeder sagte, dort gäbe es nichts zu sehen. Dieses Nichts wollte ich sehen. So kam ich durch die wunderschöne Urbanisation Cala Blava, übrigens die älteste auf der Insel, wo nach wie vor achtzig Prozent Spanier leben. Direkt am Meer sah ich an einem gerade fertig gestellten Haus ein Schild: *Piso piloto.* Ja, und das wurde uns zum Schicksal. Seit 1975 ist es unser Paradies. Die ganze Bucht von Palma liegt vor uns, abends sieht es aus wie ›Little Rio de Janeiro‹, zum sauberen Meer sind es keine fünfzig Schritte, und über die Autobahn sind wir in zehn Minuten in Palma. Golf spielten wir anfangs in Son Vida, jetzt sind wir Mitglied im sieben Kilometer entfernten Son Antem. Da wir das winterliche München auch sehr lieben, verbringen wir das wärmere Halbjahr auf der Insel. Der Blick, die Ruhe, unsere liebenswerten spanischen Freunde, die Vielfältigkeit, die Nähe zur Stadt Palma mit ihrem kulturellen Angebot – all das lässt uns uns jedes Mal wieder auf unser südliches Zuhause freuen. Und noch etwas: Auf Mallorca erkennen mich nur deutsche Touristen, und nicht nur aus diesem Grund meide ich Ballermänner und Bierstraße.

Hasta luego Ihr Harald Dietl

Raymond Doan de Champassak

Eine der interessantesten, weil mysteriösesten Figuren, die Mallorca betraten. Doan war Fürst aus Laos, in den sechziger Jahren mit Woolworth-Erbin **Barbara Hutton** als siebter und letzter Ehemann verheiratet und lebte seit den frühen Dreißigern mit Unterbrechungen auf der Insel. Er galt als Millionär, Gentleman-Schmuggler, Aristokrat, Thronerbe von Laos. Bei Escorça gehörte ihm eine Finca mit 60000 Quadratmeter Wald. Sein Verdienst ist es, mallorkinische Bastschuhe im Jetset hoffähig gemacht zu haben – er trug grundsätzlich kein anderes Schuhwerk.

Carolina Domènech

Sie ist als Mallorkinerin und Frau eine Besonderheit: Die Blondine (* 1976) arbeitet als Fußball-Schiedsrichterin, pfeift Spiele der Dritten Liga und hatte sogar einen internationalen Einsatz: Sie leitete 2000 die Begegnung der deutschen Nationalelf gegen Real Mallorca. Ihr Vater **Jose** war der langjährige Schiedsrichter-Obmann auf Mallorca, im Herbst 2003 trat Carolina seine Nachfolge an, was Unruhe auslöste: Kollegen forderten eine demokratische Wahl.

Domino

Das Schönste, was es auf Mallorca gibt, ist aus Holz und in einem Kasten untergebracht, überdimensional und ungewöhnlich: Statt Zahlen sind auf den Steinen die rätselhaften Details aus den Gemälden von → **Joan Miró** zu sehen. Weshalb dieses Spiel auch »Domiro« heißt. Ein findiger Kopf in der Fundació Pilar i Joan Miró hat es sich ausgedacht, in ihrem Museumsladen wird es verkauft – und taucht häufig in Antiquariaten und Kunsthandlungen auf.

Doppel-L

Dieser mallorkinische Laut (eigentlich katalanisch) bereitet Kopfzerbrechen. Klar ist, wie man das Fischerboot Llaut oder die Stadt Llucmajor ausspricht – mit einem stummen J wie Jaut oder Jucmajor. Aber was passiert, wenn der Name des Philosophen → **Llull** auftaucht? Dann stimmt das mit dem J nicht mehr, sonst hieße der Mann Juj, und das ist unaussprechlich. Also nennt man ihn (ungefähr) Ju-iii oder Jull …

Was die Sache nicht einfacher macht, ist ein ganz spezielles Doppel-L, das auf Wegweisern erscheint. Man schreibt es so: l.l – also zwei l mit einem Punkt dazwischen. Der Name der Ortschaft El Pil.lari an der Autobahn Palma-Santanyí wird z. B. so bezeichnet. Das wiederum bedeutet, dass das Doppel-L als Doppel-L ausgesprochen wird: Pil.lari ist Pillari.

Michael Douglas

Der Hollywood- und Ex-TV-Star (»Die Straßen von San Francisco«) teilt sich auf Mallorca das Gut S'Estaca mit seiner Exfrau **Diandra**. Dort pflegt er 750 Weinstöcke, die weißen und roten Malvasier liefern, und eine Eselin, die sogar schon Fohlen bekommen hat. S'Estaca war übrigens die Villa von →**Catalina Homar**, Geliebte des Erzherzogs →**Ludwig Salvator.** Über sein Verhältnis zu Mallorca und den Mallorkinern sagt Douglas: »*Ich habe mich mit der Mentalität und den Spielregeln vertraut gemacht und weiß, dass ich hier lediglich zu Gast bin.*«

Um Schwierigkeiten zu umgehen, nachdem er S'Estaca gegen die Denkmalschutzvorschriften illegal umgebaut hatte, gründete er in Valldemossa das Kulturzentrum »Costa Nord«. Als es ihm lästig wurde (auch finanziell), schloss er mit der Regierung ein Abkommen: Sie übernimmt »Costa Nord« für ca. 4,4 Mio. Euro, er wirbt dafür seit 2003 für fünf Jahre auf Tourismus-Messen für die Balearen. Das Abkommen führte zu Kopfschütteln und Protest – man sah nicht ein, dass Douglas Geld verdient, anstatt als Bausünder der Insel eine Geldbuße zu zahlen. Damit nicht genug, gelang ihm zusätzlich, der Regierung mehr als eine Million Euro abzuschwatzen für einen Werbefilm, bei dem er selber Regie führte.

Hein Driessen

Maler, Illustrator, Bildhauer und Keramiker (* 1932 in Emmerich), der sich großer Beliebtheit bei kunstsinnigen Deutschen erfreut und seit den siebziger Jahren in der Cala Figuera bei Santanyí (von dieser Gemeinde bekam er 1995 den Ehrenpreis) lebt. Dort hat er einen Atelier-Laden auf der Strandpromenade und pendelt alle sechs Wochen zwischen Niederrhein und Mallorca. Breiterem Publikum wurde Driessen bekannt, als er das Weltjugendlager der Olympischen Spiele 1972 in München gestaltete und in der TV-Serie »Hotel Paradies« sich selbst spielte.

Druckerei

Die mit den schönsten Publikationen heißt »New Seizin Press«, logiert in Palma und gehört **T(h)omas**, dem Sohn von →**Robert**

Ranke-Graves. Ihm ist es unmöglich, keine kleinen Kunstwerke herzustellen.

Julien Duvivier

Der französische Regisseur (»Rififi«, »Sonntags nie«) drehte 1949/50 den Film »Jack the Black« auf Mallorca. Hauptdarsteller: → **George Sanders** und **Agnes Moorhead.** Drehorte: Jonquet, Club Náutico und Torrent de Pareis.

eBay

Wer bei dem Internet-Auktionshaus das Stichwort »Mallorca« eingibt (ebay.de oder ebay.es), ist genervt. Da werden zwar jederzeit rund 850 Dinge angeboten, aber oft handelt es sich nur um Pornofilme a la »Nackich am Ballermann« oder billigen Schmuck mit Mallorca-Perlen. Außerdem gibt es Olivenöl, Einrichtungs-Kitsch, Gartenzwerge (»Max von Mallorca«), Last-Minute-Flugtickets, Leihwagen-Offerten und Hotel-Angebote, Kapazitäten auf Miet-Fincas und einige ältere Postkarten. Etwas anspruchsvoller ist die spanische eBay-Auktion, sie krankt aber daran, dass viele Angebote aus Argentinien stammen. Interessant wird es bei Kunst, die ab und zu auftaucht, da sollte man besonders auf die Fünfziger-Jahre-Aquarelle des Künstlers **Alfonso** achten. Nichts Großartiges, aber saubere Arbeiten eines Könners – oft unter zehn Euro. Es wäre dumm, da nicht mitzubieten.

Zu einem veritablen Auktions-Krimi kam es im September 2004, er dauerte sieben Tage und fand auf der 17. von achtzehn »Mallorca«-Seiten statt. Da bot ein als seriös bekannter Antiquitätenhändler aus Karlsruhe 144 alte Schwarzweißfotos samt abgegriffenem Album an. Ein Profi habe sie geschossen, hieß es, »alt« seien sie, von erstklassiger Qualität. Man konnte das sehen auf den Abbildungen: Viermaster vor der Kathedrale, Feste in Volkstrachten, Szenen in antiken Küchen und Landarbeiter. Anhand der Motive konnte man das Alter der Fotos schätzen – siebzig Jahre mindestens. Vier Tage blieb der Schatz aus Mallorca unbeachtet, trotz des Niedrigpreises von 5.99 Euro. Dann stieg der erste Bieter ein und trieb den Preis bis zum fünften Tag auf 25.10 Euro. Der nächste Bieter riskierte 50,10 Euro, aber nichts passierte, es blieb bei 25,10 Euro. Der zweite Bieter mochte bereits gejubelt haben, aber zu früh. Denn in den letzten zwei Stunden der Auktion, am Samstag, 4. September, 18 bis 20 Uhr, begann der Krimi: Acht Bieter kämpften in Minuten-Abständen um den Schatz. 101,20 Euro war der nächste Preis, einer erhöhte auf 150,10 Euro, wurde mit 200,10 Euro ausgestochen, ein Dritter stieg sofort mit 250,10 Euro ein, ein überbotener Bieter schlug mit 300,10 Euro zurück, dann zog einer mit 350,10 Euro davon – und in letzter Sekunde siegte einer mit 351,10 Euro …

Immer noch kein unverschämter Preis: 144 alte Fotos, nahezu einmalige Trouvaillen aus Mallorca, für 2,44 Euro pro Stück – Museumsware als Schnäppchen. Aber wer hatte die Fotos gemacht? Woher stammten sie? Darüber gab es keine Auskunft. War der »Profifotograf« vielleicht sogar →**Conrad Liesegang** gewesen, der ab 1932 in →Cala Rajada ein kärgliches Leben gefristet hatte mit Fotos, die er mit seiner Rollei geknipst und, von Tür zu Tür gehend, verkauft hatte? Und von denen der Großteil spurlos verschwand? **Andreas Liesegang**, der in Kanada lebende Sohn, hält das für möglich. Mir sagte er: *»Es wäre zu schön, wenn die Fotos meines Vaters auf diese Weise wieder aufgetaucht wären.«* Leider wird man es nie wissen, die Spur des Schatzes verlor sich nach der Auktion am Samstag, 4. September, um 20.01 Uhr.

Der Krimi endete als ungelöster Fall.

Klaus Eberhard

Der Bayer und ehemalige Besitzer einer Kfz-Werkstatt ist landwirtschaftlicher Selbstversorger und Obstbauer mit 650 Orangenbäumen sowie verschiedenen Gemüse- und Gartenanlagen bei Campanet. Von seiner Sorte gibt es nicht viele auf der Insel, zumal Eberhard etwas Hochinteressantes anbietet: Orangen zum Selbstpflücken. Preis: etwa zehn Euro für vierzehn Kilo.

Josef Egger

Er ist, sozusagen, der »Oberösterreicher« der Insel (* 1925 als Sohn eines bekannten Volksschauspielers) – er ist Gründer und Vorsitzender des Österreichischen Vereins der Freunde Mallorcas. Egger besitzt als Unternehmer (Schokolade, Waschmaschinen, Atomkraftwerke) und rühriger Senior erheblichen wirtschaftlichen und gesellschaftlichen Einfluss. Mit Ehefrau **Elfy** bewohnt er bei Esporles das seit dem 13. Jahrhundert bestehende Gut Son Noguera mit zwei Millionen Quadratmeter Land und erlaubt sich einen geografischen Scherz: Die Gebirgsformation hinter dem Anwesen heißt »Jose-Felsen«.

Alfred Ehlers

Der Bildhauer und Lehrer an der Berliner Kunstakademie (* 1885 in Wechselburg/Sachsen) war der erste einer langen Reihe jüdischer Emigranten, die sich auf Mallorca niederließen – und dort scheiterten. Ehlers kam 1933 mit seiner Tochter, zahlte in Buger den Hügel Es Pujol an und begann, sich ein Haus mit Arkaden zu bauen. Da er aber verarmte, musste er Grundstück samt Rohbau an den Vorbesitzer zurückgeben, blieb jedoch in Buger. Als 1936 der Spanische Bürgerkrieg ausbrach, floh er mit Hilfe des US-Konsuls in Palma nach Marseille, gelangte nach England – und dort verliert sich seine Biografie. Man nimmt als Todesjahr 1955 an. Auf der Insel hinterließ Ehlers drei Spuren: 1. das von ihm entworfene Haus in Buger, es wurde in den sechziger Jahren fertig und dient heute einer deutschen Familie als Feriensitz (erkennbar an den Arkaden). 2. einen Tisch, den er sich unter einem schattigen Baum mauern ließ und an dem er oft grübelnd und Pfeife rauchend saß. 3. das extrem seltene Programmheft eines Konzertes, das seine von ihm getrennt lebende Frau **Alice**, eine gefeierte Cembalistin, 1935 im Almudaina-Palast gab, als sie Mann und Tochter besuchte. Ehlers steht sogar in der »Gran Encyclopedia de Mallorca«, aber man findet ihn nur, wenn man Folgendes weiß: Er wurde in grob spanischer Lautmalerei registriert – als deutscher Architekt ›Alfred Heller‹. Dass seine Geschichte in allen Details überliefert ist, verdankt sich **Alexander Sepasgosarian**, dem »Historiker« beim »Mallorca Magazin« (nachzulesen in Ausgabe 8/2004 ab Seite 16).

Ehrenbürger

Ja, so etwas gibt's: Der Inselrat kann Menschen zu Ehrenbürgern erklären, Einheimische wie Ausländer, und das auch noch posthum. Die Ehre traf z. B. 2004 drei längst verstorbene Neu-Mallorkiner, → **George Sand**, → **Robert Ranke-Graves** und → **Adán Diehl**.

Einbrecher

Geheimnisumwitterter Berufsstand, um den verängstigte Ausländer Legenden gewoben haben. Da heißt es etwa, im Sommer zögen organisierte Banden aus Rumänien oder dem alten Jugoslawien über die Insel, die Kinder einsetzen, weil diese nicht strafmündig sind und durch kleine Spalten kriechen können. Die Wahrheit sieht anders aus, wie ich aus eigener Erfahrung berichten kann: Die Einbrecher, die mein Haus knackten, waren Saisonarbeiter aus Andalusien, die sich ihren kargen Lohn aufbessern wollten – sie wurden aber überrascht und flohen ohne Beute. In einem anderen Fall hatten drogensüchtige deutsche Jugendliche, die sich obdachlos herumtrieben, gerade unbewohnte Villen aufgebrochen. Wobei der Schaden durch Vandalismus größer war als durch Diebstahl. Im Mai 2002 fasste die Polizei eine vierköpfige Bande in Santa Ponça, die planmäßig Villen aufbrach und ausraubte. Dabei handelte es sich um Berufsganoven, einen Deutschen, einen Türken, zwei spanische Gehilfen. Fazit: Neunzig Prozent der Täter sind Gelegenheitsdiebe, zehn Prozent Profis, die Mehrheit Festlandsspanier.

Ein sehr spezielles Täterprofil hat Krimiautor Hansjörg Martin in seinem Buch »Zwölf Monate Mallorca« gegeben: Köche, Kellner und Saisonarbeiter, die vom Festland aus für fünf, sechs Monate nach Mallorca gehen, verlassen die Insel im Oktober. Einige fahren nicht weg, ohne zuvor noch diese oder jene wohlhabend aussehende Behausung aufzubrechen und nach Beute zu durchsuchen … oder auf sonst wie illegale Weise den Sommerverdienst noch aufzubessern … weil der Abflug oder die Abreise per Schiff ideal sind, um Spuren zu verwischen.

Einsiedler

Fast unglaublich: Trotz der touristischen Hektik haben sich Einsiedeleien (Eremitá) erhalten. Es sind zwar keine Gesellen mit langen Bärten mehr, die in Höhlen leben, während Vögel in ihren Gewändern nisten – aber es sind immer noch heilige Männer, die sich allein Gott verschrieben haben und nicht freundlich reagieren, wenn man sie aus ihren Klausen läutet oder klopft. Es gibt die Eremitaños noch an fünf Orten (früher waren es siebzig), und was die Aussicht betrifft, sind es nicht die schlechtesten: Bonanyi bei Petra, Valldemossa, Santa Magdalena bei Inca, Kloster Randa und Betlem hoch über Artà.

11. September 2001

Der 11. September 2001 hatte für Mallorcas Natur ähnlich verheerende Wirkung wie der 11. 09. 2001 für die USA. Zwar traf kein Terroranschlag die Insel, aber ein Jahrhundert-Unwetter, von dem das Land verwüstet wurde wie nie zuvor. Die Spuren, die Sturm und Regen hinterließen, zeigen sich nicht nur am Verlust von Pflanzen und Schäden an Häusern, sondern auch im künstlerischen Geschehen: Maler und Bildhauer (z. B. →**Ben Jakober** und →**Yannick Vu**) haben Werke zum Gedenken an den Trauertag geschaffen.

Els Calderers

Prachtvolles Landgut bei Montuiri, das die Familie **de Sentmenat**, Nachfahren der **Grafen Veri**, seit 1993 der Gemeinde als Museum zur Verfügung stellt – zumindest teilweise, denn im Hinterhaus wohnt immer noch die Prinzipalin der Familie, **Gräfin Roig**, samt Gesinde. Man sollte es unbedingt besichtigen, denn es ist im Originalzustand belassen – jenes Tages, als der Vater der Gräfin starb: Von seiner Hose, die über dem Stuhl am Bett hängt, bis zur gedeckten Frühstückstafel, an die er sich am Morgen setzen wollte. Wer Einrichtungstipps für seine Finca braucht oder mal sehen will, wie Wohlhabende früher wohnten, und sein Auge schulen möchte für den Kauf von Antiquitäten, wird hier auf nobelste Weise bedient. Els Calderers besitzt außerdem einen Zoo mit Tieren, die nur auf Mallorca vorkommen: vom Pferd bis zur Ziege. Wegweiser: Ctra. Palma–Manacor, km 37.

Els Valldemossa

Eine der besten A-capella-Gruppen der Welt, die auf fast allen Kontinenten gastierte, 1959 gegründet wurde und eine riesige Fan-Gemeinde besitzt. Seit 1997 hörte man leider meist nur noch zwei Mitglieder, **Genia Tobin** und ihren Mann **Tomeu Estarás**. Allerdings gibt es immer wieder Versuche, die Gruppe als Quartett auferstehen zu lassen.

Ulfert Engels

Der Mann (* 1943) ist eine Besonderheit, um nicht zu sagen – Kuriosität. Denn er ist Experte im Dienste der Balearen-Regierung und laut Visitenkarte »Mitarbeiter für die Vorbereitung eines Verbindungsbüros der Regierung der Balearischen Inseln mit den Konsulaten«. Das heißt: Engels ist die Nahtstelle zwischen diplomatischen Vertretungen und Regierung – und das als Deutscher! Engels hat zwei Doktortitel (Jura in München und Salamanca, Öffentliche Verwaltung in Paris), spricht Deutsch, Englisch und Katalanisch fließend, ist vereidigter Übersetzer für Spanisch und Französisch und – wen wundert's – beherrscht Mallorquin in Sprache und Schrift.

Ensaimada

Ein Pauschaltourist aus Hamburg gab die beste Erklärung: *»Das ist ein großes, rundes Gebäck, das mit Puderzucker bestäubt wurde, sich in der Faust zu einem Ball knüllen lässt, und zweimal gedreht ist: von außen nach innen, und von unten nach oben.«* **Jose Maria Salaverria** schrieb: *»Hat man erst mal Ensaimada gegessen, ändert man Gang und Gewohnheiten.«* Der historische Tag der Ensaimada ist der 3. Oktober 1996: Da wurde verfügt, dass die echte Ensaimada den Zusatz »Ensaimada de Mallorca« tragen darf. »Saim« heißt übrigens Schmalz.

Eine sportliche Verwendung entdeckten im Juli 1957 auf einer Party in Deià die Herren →**Robert Ranke-Graves**, **Alec Guinness**, →**Alan Sillitoe**, →**Alistair Reid** und →**Mati Klarwein**. Sie hängten eine Ensaimada in einen Baum – und benutzten sie, da sie ja wie eine Schnecke geformt ist, als Zielscheibe beim Pfeil-und-Bogen-Schießen.

Entdeckungen

Im März 2002 machte der deutsche Taucher **Dieter Möhring** einen ganz besonderen Fund: Nur zweihundert Meter vom Ufer entfernt in der Cala Sant Vicenç entdeckte er ein fünfzehn bis zwanzig Meter langes, recht gut erhaltenes, nicht geplündertes griechisches Handelsschiff aus dem 5. Jahrhundert vor Christus. Amphoren,

Vasen, Öllampen, Geschirr und eine Schöpfkelle aus Bronze lagerten darin, es war das bis dato älteste Wrack in mallorkinischen Gewässern.

Besonders skurril ist eine Wiederentdeckung: In Port d'Andratx gab es seit 1739 einen Wehrturm, der aber seit Jahrzehnten als verschwunden galt. Zumindest war der Torre de Sant Francesc nirgends zu sehen, und keiner erinnerte sich an ihn. Jetzt haben Forscher ihn gefunden: Integriert in ein viergeschossiges Wohnhaus, verfremdet bis zur Unkenntlichkeit und seiner eigentlichen Funktion völlig entkleidet. Jetzt wird eine Gedenktafel angebracht. Übrigens: Das Buch »Die Balearen« von Erzherzog → Ludwig Salvator enthält einen schönen Stich, auf dem der Turm noch 1871 als frei stehendes und kolossales Gebäude zu sehen ist.

Entfernungen

Schaut man sich die → Landkarte genauer an, fällt etwas auf: Die Entfernung zwischen den Städtchen beträgt immer etwa zwölf km – gut, mal sind es elf, dafür ein andermal dreizehn. Messen Sie ruhig nach – so weit ist es von Felanitx nach Porto Colom, von Palma nach Llucmajor, von Sa Pobla nach Santa Margalida, von Manacor nach Porto Cristo und von Inca nach Santa Maria. Nun beschäftigen sich Sozio-Ethnologen seit langem damit, wie weit Siedlungen voneinander entfernt sein müssen, damit es zu friedlicher Nachbarschaft kommt und nicht zu Streit oder gar Krieg. Es mag sein, dass für Russen viele tausend Werst zwischen zwei Städten liegen müssen, während in Bayern Sichtweite die korrekte Dorf-Distanz ist – und auf Mallorca eben das Dutzend Kilometer.

Woher das kommt? Es ist ein Erfahrungswert im Eselstrott aus Jahrhunderten. Denn diese Strecke schaffte ein Bauer mit seinem zweirädrigen Karren von Sonnenauf- bis Sonnenuntergang. Hin zum Markt mit Kartoffeln, Paprika oder Weintrauben, zurück nach Hause mit erneuerten Freundschaften, aktuellem Klatsch und ein paar Duros. Das ist die Währung, in der die Alten der Insel heute noch rechnen – ein Duro waren fünf Peseten, ehe der Euro kam. Die Bauernkarren sind fast ausgestorben. Nur auf dem flachen Land hinter Sineu sieht man manchmal noch eine der hölzernen Kutschen, die knarren wie Stalltüren. Der Bauer trägt einen Strohhut gegen die Sonne, und sein Hund trottet angeleint im Schatten unterm Wagen. Von Zeit zu Zeit nehmen beide einen Schluck aus dem Tonkrug, der so raffiniert porös ist, dass sein Wasser durch Verdunstungskälte kühl bleibt. Schleicht man im Auto hinter so einem Karren her, könnte man verrückt werden. Aber wenn es das nächste Mal passiert, genießen Sie ein paar Minuten lang den alten Rhythmus von Mallorca: zwei mal zwölf km pro Tag.

Erté

Legendärer russisch-französischer Jugendstilkünstler, der eigentlich **Romain de Tirtoff** hieß – aus dem R und T machte er Erté. Er brachte das Kunststück fertig, von 1938 bis zu seinem Tode 1990 jedes Jahr im Hotel »Cala Fornells« und im selben Zimmer Urlaub zu machen.

Robert Esnault-Pelterie

Der französische Ingenieur und Luftfahrtpionier (1881–1957) steht in jedem Lexikon, und das zu Recht: Esnault konstruierte das erste Metallflugzeug, die erste Maschine mit Frontmotor, das Düsentriebwerk, und bereits 1930 wies er darauf hin, dass Raketen die Zukunft gehöre. Viele Erfindungen und Entdeckungen erarbeitete er in seinem Haus an der Küste von Formentor, wo er fast sechzig Jahre lang lebte.

Bernd Ewert

Maler und Autor, der in Es Capdella lebt und mit seinem Freund **Andreas Grimm** auch mal eine Galerie in Palma besaß. Er ist u.a. der Verfasser der Bücher »Kulinarische Wanderungen auf Mallorca« und »Die schönsten Landhotels Mallorcas«.

Klaus Exner

Er war Techniker bei VW, sattelte um zum Werbefotografen, kam 1996 mit 54 Jahren und Ehefrau **Uta** nach Mallorca, siedelte sich an der Costa de Canyamel an und wurde – ja, wie soll man's nennen? – Spezialist für herrliche Rezepte. Er hat ein Kochbuch geschrieben bzw. seine Frau tat das, handschriftlich, Künstlerfreunde haben es illustriert und es enthält nicht ein Foto. Kurios für einen Fotografen, aber das macht das Buch noch ungewöhnlicher – und kostbar.

Douglas Fairbanks Jr.

Der schöne Filmstar (1908–2000) verbrachte den Sommer 1961 im Hotel »Villamil« in Peguera – und bis heute ist ungeklärt, was er dort gemacht hat. Er sei einer geheimnisvollen Schönen gefolgt, munkelt man, aber »Doug«, wie Freunde ihn nannten, war seiner Ehefrau in Liebe treu ergeben. Dann wiederum heißt es, er habe Stierkampf geliebt und besonders einen bestimmten Torero. Die Wahrheit ist (er hat sie mir mal erzählt): Fairbanks hatte seinen besten Freund **David Niven** in London besucht, sie waren dort Mitglied bei »White's«, dem exklusivsten Klub der Welt, er hatte seinen Patensohn in München gesehen und dann das getan, was Millionen andere auch tun im Sommer: Urlaub auf Mallorca gemacht – allein.

Manuel de Falla

Auch der wohl größte Komponist Spaniens (1876–1946) erlag dem kreativen Impuls der Insel, dabei war er eigentlich zur Linderung seines schmerzhaften Rheumaleidens gekommen – leider vergeblich. Aber er schrieb »Balada de Mallorca«, eine Hymne auf die Insel, auf der er 1933 und 1934 lebte, und wurde Chef der »Capella Classica«. De Falla hielt sich in San Armadans (Palma) und Son Batle (Genova) auf.

Faschismus

Viele versuchen es abzustreiten, andere flüchten sich in Interpretationen – Fakt bleibt: Mallorca stand stramm auf Seiten von Franco und seiner Falange. → **Denkmäler**, → **Cala Rajada**

Fata Morgana

Was hat dieser Begriff in einem Mallorca-Buch zu suchen? Viel. Denn es war der Insel-Dichter **Torroella**, der ihn im Mittelalter erstmals erwähnt, wenn nicht sogar erfunden hat in seinem Werk »La Faula«. Der Fata Morgana begegnete er als Schiffbrüchiger: Torroella wurde – angeblich – auf dem Rücken eines Wals übers Mittelmeer nach Sizilien getragen und sah in der Straße von Messina nicht nur den rauchenden Ätna, sondern lange vorher die Reflexion des Vulkans in der See.

Hassan Fathy

Der weltberühmte Architekt aus Kairo (* 1900) ist auf Mallorca mit einem Bauwerk vertreten, das er realisierte, als er bereits 78 war: Sa Bassa Blanca, das orientalische Palais von → **Ben Jakober** und → **Yannick Vu**. Für mich ist es, samt Umgebung, das prachtvollste Haus der Insel. Jeder Aufenthalt dort ist ein Geschenk des Himmels.

Felanitx

Schön ist es nur da, wo's schön klingt, hat mal einer gesagt. Wie Felanitx, wenn man's richtig ausspricht: Fe-la-nitsch, Fe-la-nitsch – Akzent auf der letzten Silbe, auf dem -i-. Ein Porträt.

's fehlt an nix

Ein uraltes Städtchen. Als andere noch gar nicht gegründet waren, wurde Felanitx bereits zerstört – so um 1200 noch was. Weil's arabisch war und die Christen gesiegt hatten. Emsig bauten die Bürger es auf. Immer wieder. Bis Ende des 18. Jahrhunderts pisackten es Landräuber, die aus Manacor kamen, und Seeräuber, die aus Algerien herübersegelten. Erst dann war Frieden. Selbst schuld, sagten die Nachbarn, was seid Ihr so eklig fleißig. Die Felanigenser taten dabei nur das, was sie heute noch tun: Obst, Gemüse und Wein anbauen, schöne Kacheln brennen. Wie ihre Vorfahren das bei den Arabern gelernt hatten. Wenn sie nicht selbst Araber waren. Wie die Ahnen meines Freundes **Cristobal**, der **Bennasar** heißt. Vor Jahrhunderten war das Ben Nasar, Sohn des Nasar.

Felanigenser gründeten im 19. Jahrhundert eine Volksbank, ein paar Aktiengesellschaften, ein Kulturzentrum, eine schöne Markthalle aus Schmiedeeisen, die bezaubernde Stierkampf-Arena »La Macarena« – und dann lief ihnen eins von den Tieren, die es nur hier gibt, vors Messer: das schwarze Schwein. Sie verarbeiteten es, nahmen nur das beste Fleisch, das sie durch den Wolf drehten, taten Paprika dazu und hatten eine Delikatesse erfunden: die rote Wurst Sobrassada. Da sind die in Manacor nicht drauf gekommen, die fabrizieren lieber Möbel. Die in Inca auch nicht, die fabrizieren lieber Schuhe.

»*Muy facil*«.

Dafür starb ihnen der →Wein im Glas. Noch 1991 produzierten sie neunzig Prozent des Weißweins von Mallorca. Damals hatte ich immer ein Mini-Barrique zu Hause. Man musste ihn schnell trinken, denn sonst gehörte er zum Öl in den Salat. Er hielt sich nicht, war zu leicht im Fass, zu schwer im Kopf. Obwohl – ganz frisch aus einem dickwandigem braunen Becher von Portol perlte er über die Zunge: frisch, herb, erdig, leicht. Seit Herbst 1992 importieren die Felanigenser ihren Vin aus Petra, Porreres, Binissalem. Denn als die Menschen nur noch Weinflaschen wollten, die zwanzig Euro kosten, machten sie Garagen aus ihren Weinkellereien, auch wenn man immer noch ein paar Fläschchen Eigengewächs bekommt.

»*Molve* …«.

13500 Einwohner hat Felanitx. Man sieht sie nicht oder selten, oder nur wenn Markttag ist. Es ist eine stille Stadt mit unscheinbaren Häusern, die sich nach hinten raus zu Palais mit Gärten erweitern. Es gibt Alleen aus wispernden Platanen und kurzen, fetten Palmen, eine rotgoldene Kirche (1248) mit dramatischer Freitreppe, einen nie versiegenden Brunnen (Barock), eine Tankstelle mit Handpumpe und Tankwart auf einem Plastikstuhl (beide sechziger Jahre), die Friseuse **Kiska**, die vor 35 Jahren ein Popstar war, und ein Café (Jugendstil), das so nett ist, »Colombofila« zu heißen – das bedeutet Taubenfreunde. Und nur in Felanitx gab es jahrzehntelang drei freundliche Mönche, »Fósfores« genannt, die für Gottes Lohn und Almosen den Friedhof derart akribisch pflegten, dass sie ein Blumenparadies schufen – und die schönste, weil duftende und bunte Gräberstätte Mallorcas.

»Die Schönheit seiner Mädchen ist sprichwörtlich …«, heißt es in einem alten Buch. So viele wunderschöne Mädchen gibt es nicht in Felanitx, aber alle Mädchen sind stolz auf das Buch. Tun so, als seien sie schön, und plötzlich sind sie tatsächlich schöner. Obwohl – meine Freundin Nati ist ziemlich schön. So schön zumindest, dass sie zu schön war für jeden Mann. Jetzt ist sie fünfzig, wird gerade Großmutter – und hat immer noch keinen.

So sind sie in Felanitx.

PS: Als ich neulich mit meinem Freund Ulli durch Felanitx fuhr, kam er auf eine geniale Idee. Er fragte mich nämlich, ob es sein könne, dass der Name Felanitx auf Deutsch »*'s fehlt an nix*« heißen könnte. Ja, so ist es – für mich ist das von nun an die Übersetzung für Felanitx.

Lawrence Ferlinghetti

US-Lyriker und Schriftsteller (* 1919). Er war einer der ersten prominenten Bewohner von Port d'Andratx, in seinem Werk finden sich viele Erinnerungen an Mallorca, etwa das Gedicht »A Far Rockaway Of The Heart« (1997).

Fernando Fernández

Der städtische Uhrmacher von Palma. Zu seinen Aufgaben gehört die Wartung des 1863 aus Paris importierten Zeitmessers »En Figuera« am Rathaus.

Pep Ferragut

Buger ist eine winzige, hübsch gelegene Gemeinde abseits der Hauptstraße, ein lebendiges und interessantes Dorf. Und als ich neulich durchfuhr, erzählten sie mir etwas, das ich nicht glauben wollte – bis sie mir den Herrn zeigten: **Pep Ferragut**. Er ist Angestellter der Gemeinde und traditioneller Luxus: Pep ist Dorfbüttel alter Schule. Das heißt: Er geht durch die paar Straßen und liest Bürgern Verordnungen laut vor. Natürlich hat er auch andere Aufgaben (Rathaus-Aushang, Botengänge), aber als Ausrufer ist er der Letzte seiner Zunft.

Rainer Fichel

Erfinder des »Aktien-Essens«: Als er sein Restaurant »Viena« in C'as Concos eröffnete, finanzierte er es durch Ausgabe von Anteilsscheinen im Wert von 25000 Mark (rund 12000 Euro), die von Kommanditisten im Laufe der Jahre »abgegessen« werden konnten. Sein Plan ging auf, das »Viena« wurde erste Adresse. Fichel lässt eine Cava-Sorte keltern (→Champagner), seit 2003 auch einen

Kräuterschnaps – Hierbas – der Geschmacksrichtung »Extra seco« (→Mitsch-i-Mitsch). Eigentlich ist Fichel Fotograf, einer der besten: Jedes seiner Bilder ist ein komponiertes Stillleben, das man sich an die Wand hängen kann.

Film

Mallorca kommt in Dutzenden von Filmen als sonniger Flash vor, und leider auch in Hunderten von unsäglichen TV-Produktionen. Aber ernst zu nehmende Kinofilme, die die Insel als Basis nutzen und zum Thema haben, gibt es nur rund ein Dutzend. Hier vier besondere:

- »Bahia de Palma« von **Juan Bosch Palau** aus dem Jahr 1962 mit **Elke Sommer.**
- Das Hercule-Poirot-Abenteuer »Das Böse unter der Sonne« mit →**Peter Ustinov.**
- »Bearn« von 1982 mit **Fernando Rey.**
- Ein Schatz ist der 1925 gedrehte Film »El Secreto de la Pedriza« von **Francisco Aguilo**. Er gilt als frühestes Kinowerk von der Insel, wurde von Balear Film produziert, und der Filmoteca Nacional in Madrid gelang 1989 eine Restaurierung. Das Thema des Films: der Schmuggel vor der Küste und die Liebe zwischen einer Ganovin und einem Polizisten.

Filmplakate

Anderswo sind sie fast so rar wie Südseeperlen. Auf Mallorca nicht. Da werden die bunten Handzettel zu alten Filmen noch angeboten – und am liebsten en bloc. Natürlich sind die Texte dieser Mini-Poster, die aus einem einzigen, beidseitig bedruckten Blatt bestehen oder aus einer vierseitigen Faltkarte, auf Spanisch gedruckt. Aber das macht die Grafiken nicht weniger hübsch, den Wert nicht geringer.

Das Kino im Wohnzimmer

Das Sammeln der Handzettel ist mehr als preiswert. Wenn man bereit ist, Zeit in eine fast schon orientalische Basarfeilscherei zu investieren. Das geht so: An einem Samstag im Juli sah ich bei einem Händler in der c/. Mateu Enric Llado in Palma, der Hauptstraße des Flohmarkts, einen Schuhkarton voller Papier. Er stand auf dem Gehsteig, halb versteckt zwischen einer Stellage mit Rolex-Uhren ohne Zeiger, Kamin-Werkzeug aus Schmiedeeisen und Stapeln von Hotelgeschirr. Ich hob den Schuhkarton auf, weil altes Papier, das überlebt hat, mich immer interessiert, da nichts so brennbar und wieder verwendbar ist. Wenn einer es aufhebt, dann muss was dran sein – oder besser: drauf.

Was ich in der Hand hielt, war eine Sammlung von Film-Handzetteln. Jeder etwa 14 × 10 Zentimeter groß, der älteste von 1951 und keiner jünger als 1964. Vierzig Jahre, das ist schon was unter Papiersammlern, aber es war nicht das Alter, das faszinierte – es waren Eigenwilligkeit und Anspruch dieser Kleinkunst, die expressive Verwendung der Farben, um Kunden ins Kino zu locken, und die Fantasie der Künstler, meist aus nur einer Filmszene ein Plakat schaffen zu müssen. Es gab Stars unter den Malern wie den Mann mit dem Kürzel mac oder spezielle grafische Werkstätten wie Marases in Madrid. Ich fragte den Händler, einen freundlichen alten Herrn, was die Sammlung kosten solle.

»*120 Stück*«, erwiderte er, »*dafür will ich hundert Euro.*«

»*Sie wissen, dass das zu teuer ist*«, warnte ich ihn.

»*Ja*«, sagte er, »*aber die Sammlung ist einmalig.*«

Ich widersprach: »*Von den 120 Handzetteln zeigen mindestens achtzig Filme, die außerhalb Spaniens keiner kennt. Oder es sind C-Movies, für die sich die Mitwirkenden längst schämen – wenn sie nicht sogar tot sind.*«

Der Händler sah mich lange an, dann sprach er ein paar bedeutsame Worte unter Sammlern: »*Sie haben natürlich Recht. Handzettel von ›Casablanca‹ und ›Vom Winde verweht‹ könnte ich im Dutzend verkaufen. Wenn ich sie hätte. Aber die würden Sie auch nicht für weniger als einen Euro bekommen. Nur, in diesem Schuhkarton sind ein paar Trouvaillen, das haben Sie sicher bereits erkannt. Gerade für Sie als Deutschen …*«.

Ich hatte es erkannt. Da gab es einen Handzettel von Mittwoch, 4. Januar 1961, aus dem »Palacio Avenida« in Palma. Der Film hieß »El Puente« und zeigte einen blutjungen **Fritz Wepper** mit einem gelb und rot halbierten Gesicht: links mit Blondschopf, rechts mit Stahlhelm – »Die Brücke« von **Bernhard Wicki**, sein Meisterwerk auf Spanisch. Schön auch der Film, der am Freitag, 1. März 1957, in der »Sala Augusta« in Palma gezeigt wurde: »Svangali« mit **Hildegard Neff.** So hieß die **Knef**, als sie in den USA drehte, die Spanier hatten die Amerikanisierung übernommen. Es gibt auch Kuriositäten, etwa den Film »Vals Real«. Er lief am Donnerstag, 4. Oktober 1956, in der »Sala Astoria« in Palma, und seine Vorführung wird auf der Rückseite des Handzettels als »Gran Gala Aristocrática« bezeichnet. Aha, es handelt sich also um den »Königswalzer« von 1955, und da kamen nun deutsche Stars mit herausgehobenem Namen zu Poster-Ruhm, die zu Hause eher Nebenrollen gespielt hatten: **Marianne Koch** und **Michael Cramer**, dazu der unvergessene **Joe Stöckl** und die im Nichts versunkene **Linda Geiser.**

Es ist also durchaus erheiternd, die Handzettel mit Verstand zu kaufen und darauf zu achten, ob und welche filmischen Gags darin verborgen sind. Natürlich ist das ein mallorkinisches Sammelgebiet für Spezialisten, oder sagen wir: Cineasten. Aber rahmt man sich mehrere der Handzettel in Passepartouts und nimmt dazu diejenigen, die Welterfolge anpreisen, bekommt man eine Top-Dekoration. Für ein paar Cent. Denn als ich mit dem Händler einig war, zahlte ich ihm sechzig Euro für den Karton mit 120 Handzetteln – die Hälfte dessen, was er erst verlangt hatte. Die kleinen Kunstwerke sind damit nicht ausverkauft. Ich habe mittlerweile viele Händler gesehen, die sie anbieten, in Palma, Binissalem und anderswo. Wer möchte, kann hier eine Sammlung von etwa fünfhundert Filmen zusammenbringen. Noch eins: Ich habe diejenigen Handzettel, die ich doppelt hatte oder die mich nicht interessierten, bei eBay ins Internet gestellt. Sie gingen weg wie eisgekühltes Freibier bei vierzig Grad am Strand von S'Arenal.

Finca-Bibliothek

Würde ich zu einem Insel-Deutschen kommen, müsste ich meinen Hut ziehen und sagen: »Ja, Sie haben wirklich Interesse an Mallorca!« – wenn er folgende elf Bücher in seinem Regal stehen und gelesen hat. Es sind die interessantesten, die auf dem Markt sind, in jedem Fall die wichtigsten und unterhaltsamsten für einen Ausländer. Sie bilden die Finca-Bibliothek des Connaisseurs und kosten zusammen etwa 300 Euro:

- →**Heinrich Breloer/Frank Schauhoff**, »Mallorca, ein Jahr«
- →**Robert Ranke-Graves**, »Geschichten aus dem anderen Mallorca«
- →**Ludwig Salvator von Habsburg-Lothringen**, »Die Balearen in Wort und Bild«
- →**Michael Imhof**, »Trauminsel Mallorca«
- **Gabriele Kunze**, »Das große Mallorca-Buch«
- **Alexander Mehdevi**, »Märchen aus Mallorca«
- →**Donald G. Murray/Miguel Segui Aznar**, »El Modernismo y su Tiempo«
- →**E. A. Rauter**, »Mallorca, das Land hinter der Bühne«
- →**George Sand**, »Ein Winter auf Mallorca«
- →**Albert Vigoleis Thelen**, »Die Insel des zweiten Gesichts«
- **Gaspar Valero i Martí**, »Walking Tours Around The Historical Centre of Palma«.

Bobby Fischer

Das seit Jahrzehnten immer mal wieder abgetauchte Schachgenie aus den USA spielte im Dezember 1970 im Auditorium, siegte – und so wurde Palma zum Sprungbrett für seine Weltmeisterschaft. Fischer wohnte im »Hotel de Mar« in Palma und gab sich liebenswürdig.

Fischen (Hobby)

Es gibt an die 30000 Angler, die zu 47 Prozent von Booten aus fischen, zu 36 Prozent vom Land, 17 Prozent gehen mit Harpunen auf Unterwasserjagd. Als Bester gilt der mehrfache Meister diverser Kategorien, **Sebastià Terrasa** (* 1960). Sein Kollege **Pedro Carbonell** wurde 2001 Weltmeister und 2003 zum dritten Mal Europameister im Harpunenfischen, und bei diesem Wettbewerb belegte ein anderer Mallorkiner, **Albert March**, auch noch den vierten Platz. 2002 gewann March die erste »Masters«. Carbonell ist übrigens der Neffe von **Pep Amengual**, der im Fischen drei WM-Medaillen und zwei EM-Titel nach Palma holte.

Fischen (Profi)

Mallorca ein Paradies für Fischfans? Ja, doch nur jeder vierte Fisch stammt aus dem Meer um die Balearen, drei Viertel der Fische werden importiert – meist frisch von der Atlantikküste oder tiefgekühlt aus Nordeuropa. Dabei gibt es rund 1500 Fischer in siebenhundert Booten auf den Inseln, die circa fünf- bis siebentausend Tonnen im Wert von zwanzig Millionen Euro anlanden. 27000 Tonnen werden aber insgesamt benötigt, und auf den Tisch kommen 83 Arten Meeresgetier. Bedauerlich: Seit 1994 ist jedes zehnte Boot der balearischen Fischfangflotte außer Dienst gestellt worden.

Flohmarkt

Der beste findet immer samstags in Palma statt. Wegweiser: Vom Meer aus in die Avenidas einbiegen, gleich nach der Tankstelle links ab in die kleine Plaça Porta des Camp und irgendwo parken, denn hier beginnt die Flohmarktstraße c/. Mateu Enric Llado mit der Abzweigung c/. Jaume Lluis Garau. Ideale Zeit: 10–12 Uhr. Der Flohmarkt ist ebenso eine Fundgrube für Bastler wie für Sammler und es ist häufig möglich, Schnäppchen zu kaufen. Grandioses Beispiel: Ein Deutscher erwarb 1995 sechs signierte Stühle aus der Werkstatt von →**Antonio Gaudí** für nur 10000 Pesetas, das waren rund sechzig Euro.

Achtung: Den gleichzeitigen Markt auf der Avenida kann man vergessen, da gibt es nur Schrott.

Weitere Flohmärkte existieren freitags in Llucmajor, samstags in Magaluf, Campos und Alaró, und sonntags in Binissalem, Inca und Consell. Sie sind aber kleiner, leiser, weniger interessant und – eigenartigerweise – teurer.

Einen permanenten Flohmarkt findet man in der c/. Ca'n Asprer in Palma: »Remedon«. Das ist eigentlich der Laden eines Flickschusters, aber in den vergangenen Jahren hat er sich zu einer Fundgrube für Stücke aus Wohnungsauflösungen entwickelt.

Zu einer für uns heiteren, für den Betroffenen bedauerlichen Episode kam es im Frühjahr 2004: Egon F. aus Niedersachsen kehrte nach zwanzig Jahren auf Mallorca in die Heimat zurück, bestellte die Möbelpacker, flog, um sie zu beaufsichtigen, noch einmal zurück auf die Insel – und stand vor einem Haus mit leeren Wänden: Alle Bilder waren verschwunden. Es war aber nicht eingebrochen worden, seine Tochter hatte sie abgeräumt. Als er sie zur Rede stellte, erklärte sie kühl, sie habe sich einen Vorgriff aufs Erbe erlaubt, und für Vorwürfe sei es eh zu spät, sie habe die Bilder auf dem Flohmarkt in Consell verkauft. Worauf Egon F. ein Foto seines wertvollsten Gemäldes herauskramte und eine illustrierte Anzeige im »Mallorca Magazin« aufgab: Wer kaufte dieses Bild in Consell? Ein großformatiges Gemälde in Öl: Seeschlacht aus dem 18. Jahrhundert von einem ziemlich bekannten holländischen Meister. Auf die Anzeige hin meldete sich ein deutscher Rentner von der Costa de la Calma. Er habe die Seeschlacht gekauft, aber sie interessiere ihn als Kunstwerk gar nicht, er sei aber selber Hobbymaler und die Seeschlacht sei auf eine schöne Holzplatte aufgezogen, die wolle er selber bemalen. Das konnte ihm Egon F. mit dem Versprechen ausreden, für den Kaufpreis aufzukommen und eine ähnliche Holzplatte zu liefern. Jetzt besitzt er die Seeschlacht wieder, aber sie kam ihn teuer zu stehen. *»Die Tochter«*, sagte Egon F. mir am Telefon, *»hat mit keinem weiteren Erbe zu rechnen.«*

Flughafen

Wegen unendlicher Wegstrecken eine schreckliche Fehlkonstruktion – aber wenigstens kommt der Kunstfreund auf seine Kosten: Die Betreibergesellschaft AENA hat 57 Bilder von Malern des 20. Jahrhunderts gekauft und stellt sie in den langen Gängen aus. Darunter Arbeiten von → **Miquel Barceló, Joan Bennassar, Ramon Canet, Fabrizio Plessi, Mateu Bauza, Menéndez Rojas.**

Flüsse

Es soll sie ja offiziell nicht geben – und wenn doch, dann heißen sie Torrent und sind trocken, selbst wenn sie nach Regengüssen für ein paar Tage zu reißenden Bächen anschwellen. Rund neunzig Torrents gibt es, die Mallorca wie ein Netz überziehen. Der längste ist der Aumedra, der 42,4 Kilometer lang vom Puig Major über Binissalem, Costitx, Llubi und Muro bis in die Lagune von S'Albufera verläuft. Erstaunlicherweise sagte **Carlos Garau** vom balearischen Umweltministerium: »Noch bis in die Anfänge des 20. Jahrhunderts führten viele Torrents das ganze Jahr über Wasser.« Dann nahm die Inselbevölkerung zu und damit die Brunnenbohrung, worauf der Grundwasserspiegel sank. Bester Beweis für die Existenz zumindest eines ständig Wasser führenden Flusses: die Römerbrücke von Pollença über den Torrent Sant Jordi.

Errol Flynn

Tasmanischer Hollywoodstar der vierziger und fünfziger Jahre (* 1909, »Der Herr der sieben Meere«), der sich gern auf Mallorca aufhielt, 1956–57 sogar permanent an Bord seiner Yacht »Zaca«. Als Flynn 1959 mit fünfzig Jahren in Vancouver (Kanada) starb, lag sie im Real Club Náutico von Palma, inkl. eines Regiestuhls mit dem Namen des Stars auf der Rücklehne. Das Schiff, das meist neben der »Black Swan« von **Tyrone Power** ankerte, war vergessen worden, heute ist es angeblich verschollen. In Illetes wird ein »Errol-Flynn-Haus« gezeigt, das er bewohnt haben soll, wenn er nicht auf der Yacht nächtigte. Die Mallorkiner **Eduardo Jorda** und **Pere Joan** veröffentlichten 1988 ein Buch über Flynn auf der Insel. Titel: »El cel de setembre«.

Formentor

Das legendäre Hotel ist die Kopie des Eisenbahnhotels in Parknasilla bei Kerry in Irland. Der deutsch-argentinische Millionär → **Adán Diehl** (1891–1952) eröffnete es 1929. Immer wieder gibt es Gerüchte, die Besitzer wollten es verkaufen. Ein anderes Gerücht besagt, dass Diehl gerade einen Neunlöcher-Golfplatz rund um das Hotel eröffnen wollte, als 1936 der Spanische Bürgerkrieg begann. Ein Kriegsschiff feuerte eine Granate auf einen der Fairways ab, Diehl war beleidigt – und der erste Golfplatz Mallorcas verfiel, ohne je bespielt worden zu sein.

Foro Formentor

Eine der erlesensten Veranstaltungen der Welt. Dabei treffen sich jedes Jahr zu Anfang November, kurz bevor das Hotel für die Wintersaison schließt, Politiker und Weltwirtschaftsführer im »Formentor« zu einem informellen Kongress, um die Weltprobleme zu diskutieren. Um ein Beispiel zu geben: In den letzten Jahren kamen u. a. **Otto Schily, Yassir Arafat, Shimon Peres** und **Hosni Mubarak.** Sponsor ist der spanische Ölkonzern Repsol.

Brigitte Förster

Rührige und kompetente Deutsch-Mallorkinerin aus Burscheid in Nordrhein-Westfalen, die 1967 auf die Insel kam und seit 1993 Geschäftsführerin des Agrotourismus-Verbandes ist. Unter ihrer Leitung stieg die Zahl der Landhotels auf 115 (Stand: Winter 2004), und wer beim Verband anruft, muss nicht mal Spanisch sprechen: Sie ist selbst am Apparat. Sehr gut ist auch der von ihr eingerichtete Internet-Auftritt, bei dem man sich unter www.topfincas.com über jedes einzelne Hotel informieren kann. Deutsche stellen übrigens rund die Hälfte der Gäste.

Marc Fosh

Britischer Sternekoch im Hotel »Read's« in Santa Maria del Camí. Er besitzt die Michelin-Auszeichnung seit 2002. Fosh, der mit einer Spanierin verheiratet ist, zeichnet sich durch herrlich britischen Humor, kahl rasierten Schädel und kreative Gerichte aus – etwa Ente in Kürbissaft mit Anis oder Litschis mit Red Bull. 2003 schrieb Fosh ein winziges Kochbuch zum Ausklappen, das man bekommt, wenn man »Flor de Sal«-Dosen kauft. → Spezialitäten

Rainer Frederic

Autorenname des Volkswirts, Journalisten und Verlagskaufmannes **Rainer F. Brinkschulte**, der nach erfolgreicher Karriere bei »Die Zeit«, »Capital«, Gruner + Jahr, »Wirtschaftswoche« und »Horizont« einen Traum realisierte: Romane schreiben. Also erfand er den Hobbydetektiv Michael Blau und lässt ihn auf Mallorca knifflige Abenteuer erleben. Der erste Fall erschien im September 2003 und hieß »Herr Blau und die Affäre Gallé«.

Freimaurer

Die geheimnisvolle Herrengesellschaft, oft verleumdet, oft verfolgt, hat auch auf Mallorca eine Loge. Dort sind auch Deutsche Mitglieder. Wer Kontakt möchte, kann sich bei **Karlheinz Mendrzyk** melden, einem Ex-Landarzt (* 1941) aus Port d'Andratx, der 1999 auf die Insel kam. Seine Loge heißt »Catena Fraternitatis« und besteht aus sieben Herren im Rentenalter.

Shaul Friberg

Der Rabbiner der jüdischen Gemeinde auf Mallorca ist ein interessanter Mann: Er wurde in Schweden geboren, war Protestant, konvertierte zum mosaischen Glauben, lebte vier Jahre in München und kam 2003 auf die Insel. →Juden

Gabriel Frontera

Steinschleudern ist der alte Nationalsport der Mallorkiner, darin waren sie so gut, dass die →Römer sie als Söldner in ihren Legionen anheuerten. Noch heute werden die Schleudern kunstvoll aus Leder, Naturfasern, Tierdarm oder Rosshaar hergestellt. 1906 wurde der Sport verboten, nachdem einer versucht hatte, einem Mann die Pfeife aus dem Mund zu schießen, der dabei ein Auge verlor. Ein Mallorkiner kämpft unermüdlich für die Anerkennung als internationale Sportart: **Gabriel Frontera** mit dem Verein »Federació de Tir amb Fona«. Zentrum ist Campanet, ein sehr aktiver Club ist auch in Lloseta zu Hause, und in vierzig Schulen wird der Nationalsport auch als Unterrichtsfach gelehrt.

Fundación Pilar i Joan Miró

Seit 1981 eine Stiftung in Son Abrines (oberhalb von Palmanova), von **Pilar** und →**Joan Miró** gegründet. Sie verfügten, dass in den 14-köpfigen Stiftungsrat zehn Mitglieder aus den Reihen der Stadtverwaltung von Palma kommen und vier Angehörige der **Familie Miró**. Die Fundación soll den Nachlass des Malers verwalten,

Studien seines Werkes ermutigen und finanzieren sowie moderne Maler mit Ausstellungen fördern. Der Besitz der Stiftung: etwa 112 Gemälde, dreihundert Zeichnungen, vierhundert Drucke und tausend Arbeiten auf oder mit Papier von Miró, ferner einige besondere Werke anderer Maler. Denn Miró hatte mit ihnen getauscht und dabei ganz bewusst auf Bildern bestanden, die »untypisch« für seine Kollegen waren.

Fußball

Eine eigene »Nationalmannschaft« der Balearen? Nicht möglich! Im Dezember 2002 absolvierte sie sogar ein »Länderspiel« gegen Malta und verlor 0:2.

Mannschaften, Einzelspieler, Greise, Jugendliche, Jungen, Mädchen können bei Neckermann einen Kluburlaub buchen, um zu lernen, wie man besser spielt. Der Kurs wird von **Rudi Völler** geleitet, ihm assistieren Kickergrößen wie **Andy Brehme**, **Ulf Kirsten** oder **Axel Lange**. Das Ganze findet im »Club Monte Safari« in Cala Millor statt und dauert fünf Tage.

Zsa Zsa Gabor

Die Schauspielerin aus Ungarn richtete bei ihren Besuchen viel Unheil an. Im September 1949 war sie etwa mit Ehemann → **George Sanders** erschienen, betrog ihn aber sofort mit einem jungen Mallorkiner im Hotel »Mediterraneo«. Einige Jahre später quartierte sie sich im »Son Vida« ein, ließ sich Geld für Einkäufe vorstrecken – und verließ das Hotel, ohne ihre Schulden zu begleichen. Da es um 70 800 Peseten (etwa 600 Euro) ging, ließ das Management sie aus einer Air-France-Maschine holen, sie kam vor Gericht, musste zahlen – und zur Wiedergutmachung vier Hunde und eine Katze aus dem Tierheim »adoptieren«.

Galatzó

Hübsch anzusehender Berg, eine Art Fudschijama Mallorcas, der eine ähnliche Bedeutung für die Insel wie der Brocken für den Harz hat: Es ist der Gipfel der Geister. Hunderte von Legenden um Hexen und bedrohliche Vorkommnisse sind hier beheimatet. Ein besonders unangenehmer Geselle ist der »Comte mal« – der böse Graf. Er soll im 17. Jahrhundert gelebt haben und reitet seitdem nachts rastlos um den Galatzó herum. Zu sehen, sagt man, sei er in der Abenddämmerung, wenn auch nur für Sekundenbruchteile, und immerhin habe man beobachtet, dass sein Pferd grün sei. Der Graf wird laut Legende von seinem schlechten Gewissen umher getrieben, er quetschte Geld und Blut aus seinen Untertanen und schreckte auch vor Mord nicht zurück. So hat auch Mallorca seinen Fliegenden Holländer. Auffallend: Wie alle Berge der Insel wirkt der Galatzó gewaltiger, als er mit 1027 Metern eigentlich ist.

Carme Garcia

Die vierfache Mutter aus Alcúdia erfand Weihnachtskrippen mit rein mallorkinischen Motiven und bis zu 200 Figuren mit Insel-Tracht und fertigt sie in Handarbeit. Sie brennt ihre Figuren im eigenen Ofen und bemalt sie nach alter Art. Mir sagte die Autodidaktin: »*Es gibt jetzt schon Sammler vom Festland, aus Deutschland, Österreich und der Schweiz, die mir alles aus der Hand reißen.*« Auch das Museum in Lluc erwarb eine Krippe.

Germa Garcia i Boned

Schriftsteller, Sprachwissenschaftler und Historiker aus Palma, der ebenso gut Deutsch wie Spanisch und Mallorquin beherrscht. 2004 veröffentlichte er das Werk »Mallorca vista per viagers alemanys« – Mallorca, wie es deutsche Reisende sehen. Darin begibt sich Garcia auf die Spuren der ersten Inselgäste, die gegen Ende des 19., Anfang des 20. Jahrhunderts kamen. Eine seiner Erkenntnisse: »*Diese Deutschen waren meist studierte Leute mit einer technischen oder naturwissenschaftlichen Laufbahn. Den Aufenthalt nutzten sie für Doktorarbeiten, in denen sie einen Aspekt der bisher unbekannten Insel erforschten.*«

Francisco Garcia Fullana

Das einzige moderne Wunderkind Mallorcas. Er wurde 1990 in Palma geboren, ist Violinvirtuose und studiert am Konservatorium in Madrid. Seit frühester Kindheit gibt Garcia Konzerte mit großen Orchestern und tritt häufig auch in Deutschland auf.

Ava Gardner

Hollywoodstar (1922–1990), eigentlich Lucy Johnson, »Schnee vom Kilimandscharo«). Sie war mit →**Robert Ranke-Graves** befreundet und flüchtete immer dann zu ihm, wenn es ihr schlecht ging. Deshalb lebte sie seit März 1956 mehrere Monate auf Mallorca. An eine Episode ihres Aufenthaltes erinnert sich der Schriftsteller **Carlos Garcia Delgado**, und deren Helden sind der typisch mallorkinische Stolz und **Tomeu Rigo**, ein Wachtmeister der Guardia Civil: Es geschah Mitte der fünfziger Jahre in Deià. Man erzählt, dass Ava Gardner an einem Sommerabend Gast einer Fiesta war, die Tomeu am Eingang bewachte. Ava, deren Verführungskünste bekannt waren, gefiel der junge Mann, und sie forderte ihn wiederholt zum Tanz auf. Vergeblich. Der Wachtmeister, seriös und diszipliniert, lehnte ab: Er sei im Dienst. Jeder weiß, dass er es aus Stolz tat (»Was glaubt die denn, nur weil sie Ava Gardner ist …?«). So viel Standhaftigkeit weckte Bewunderung unter den Mallorkinern, von da an nannten sie ihn nicht mehr Tomeu Rigo, sondern verliehen ihm einen Titel für Tapferkeit im Kampf: Wachtmeister Gardner.

Carlos Garrido

Autor aus Palma, der Standardwerke zur Volkskunde der Balearen verfasst hat. Außerdem führt er Interessenten auf einem mehrstündigen makabren Rundgang, »Todeslegenden« genannt, durch die Ciutat, bei dem es um historische Hinrichtungen, Verliese, Gespensterhäuser, Morde, Raubüberfälle und andere schaurige Begebenheiten geht – die Altstadt ist voll davon. Zeit: sonntags ab 10.30 Uhr. Treffpunkt: Carrer de la Pau, 3.

Gärten

Die Araber hatten eine hohe Gartenkultur auf der Insel entwickelt. Nach dem Ende ihrer Herrschaft war die grüne Kunst mehr oder weniger auf die Umgebung von einigen Palästen beschränkt – wie Alfabia oder Raixa. In jüngster Zeit haben sich die zugewanderten Ausländer bemüht, das Klima zur Anlage von musealen Ziergärten zu nützen. Und zwar so erfolgreich, dass die deutsche Autorin **Charlotte Seeling**, einige Spanier und vor allem gartenkundige Engländer mehrfach Fotobände über die Gärten von Mallorca veröffentlichen konnten.

Ich empfehle als mallorkinischen Superlativ ein öffentlich zugängliches, privates Paradies: Den Rosengarten von →**Yannick Vu** an ihrem Palast Sa Bassa Blanca bei Port d'Alcúdia. Man sollte ihn im Mai besuchen, dann blühen alle Blumen.

Antonio Gaudí

Jugendstilkünstler aus Barcelona (1852–1926). Ein Teil seines Werkes entstand zwischen 1899 und 1914 auf Mallorca, etwa der Baldachin des Hauptaltars und der Hintergrund des Bischof-Thrones aus Porzellan in der →Kathedrale von Palma wie sakrale Gegenstände im →Kloster Lluc. Kaum zu glauben, aber wahr: Seit dem Jahr 2000 wird die Seligsprechung Antonio Gaudís durch den Vatikan betrieben … →Son Carrió

Gefängnis

Es steht in Palma, und deutsche Ex-Insassen berichten von legaler, aber harter Disziplin. Mitte 2003 saßen rund 1200 Gefangene ein, knapp zehn Prozent davon Frauen. Fast achtzig Prozent waren Spanier, der Rest Ausländer, darunter fünfzehn Deutsche (Stand: Ende August 2003). Dass Palmas Knast doch netter ist als sein Ruf, bewies die Direktion bei der Gastro-Messe »Mostra de Cuina 2004« auf der Borne: Häftlinge waren mit einem Stand vertreten, kochten unter Anleitung von **Koldo Royo** das Fischgericht »Frit de Peix« und verkauften die Portionen zugunsten HIV-kranker Insassen.

Dass Mallorcas Gefängnisse auch für internationale Investoren interessant sein können, zeigt das Beispiel Illetes: Der Bau aus dem 19. Jahrhundert wurde 2003 von einem britischen Unternehmen für immerhin vier Millionen Euro erworben. Er gehörte neun Geschwistern, darunter der Mutter von **Carlos Delgado**, Anwalt und seit 2003 Bürgermeister von Calvià.

Antoni Gelabert Massot

Eine der liebeswürdigsten und erstaunlichsten Erscheinungen der Kunstgeschichte. Er wurde 1877 in Palma geboren und starb 1932 in Deià. Gelabert war zu Lebzeiten erfolgloser Maler und verdiente sein Brot als Barbier im eigenen Laden an der Plaça Cort in Palma. Aber: Er war ein vorzüglicher Künstler, seine Bilder gehören zum Besten, das zu seiner Zeit in Spanien entstand. Leider entdeckte das erst die Nachwelt – heute ist Gelabert fast unerschwinglich.

Gent Gran

Klassik-Orchester, das im April 2001 von dem Violinisten **Diego López** mit dreißig Musikern der Altersgruppe 60 bis 75 Jahre gegründet wurde – daher der Name: »Gent Gran« (Große Leute) heißen auf Mallorca Pensionisten. Dirigent ist **Rafael Nadal**, Ex-Leiter des Orchesters von Manacor, Mitglieder sind Deutsche, Spanier, Briten, Rumänen, Bulgaren und Holländer.

Germans

Ein kurioses Wort: Spricht man es Englisch aus, sind es wir Deutschen. Spricht man es Deutsch aus, klingt es nach unseren Vorfahren, den Germanen, auf Schwedisch. Das Wort ist aber Katalanisch-

Mallorquin und bedeutet Brüder. Spanisch: Hermanos. Beispiel: ›Germans Alcover‹ heißt die große Vertretung von Landrover auf der Insel.

Gerüchte

Wie auf jeder Insel, die man mit dem Auto in etwa einer Stunde überqueren kann, schwirrt es auch auf Mallorca nur so von abstrusen oder konkreten Gerüchten. Grund: Gerüchte vergrößern das Weltbild und erweitern den Horizont. Fünf Beispiele:

Golf: Es sollen vierzig Plätze gebaut werden …

2003 gab es neunzehn Plätze, von denen bis auf einen alle bespielbar waren – Andratx, Aucanada, Bendinat, Canyamel, Capdepera, Pollença, Poniente, Pula, Rotana, Santa Ponça (3), Son Antem (2), Son Muntaner, Son Servera, Son Termens, Son Vida, Vall d'Or. Pläne für fünfzehn weitere Plätze liegen in der Schublade, es wird mit Gemeinden verhandelt oder letzte Einsprüche werden diskutiert. Genehmigt sind vier Plätze – bei Llucmajor, an der Playa de Muro, in Manacor und in der Pla (in der Ebene, der genaue Ort steht noch nicht fest). Erweitert auf achtzehn Löcher werden Pollença und Son Servera. Ein dritter Platz in Son Vida ist der nächste, der bespielbar sein wird. Die Zahl vierzig scheint also hoch gegriffen, die Zahl dreißig ist durchaus denkbar. *Realitätsquote*: zwanzig Prozent.

König →Juan Carlos: Er hat eine Insel-Freundin. Das wird seit Jahren gemunkelt. Es gibt sogar Leute, die ihren Namen kennen (M…), ihr Alter (Mitte vierzig), und sie beschreiben können (dunkel, selbstbewusst, sehr lieb). Undenkbar? Man wäre verlacht worden für den bloßen Verdacht, →**Prinz Charles** liebe **Camilla** und betrüge **Diana**. Dennoch: Das spanische Königshaus ist eines der wenigen, dessen Mitglieder völlig skandalfrei und vernünftig leben. Auch die libidinöse Meerluft auf Mallorca sollte daran nichts geändert haben. *Realitätsquote*: zehn Prozent.

Korruption: Mallorcas Politiker sind bestechlich. Eine Behauptung, bei der Insider die Brauen lupfen und von oben herab fragen: »*Ach, das wissen Sie nicht?*« Nun, geredet wird viel, bewiesen wenig. Vor allem stimmt die Generalisierung nicht: »mallorkinische

Politiker«. Es wird sicher einige schwarze Schafe geben, wie anderswo auch. Worüber konkret gemunkelt wird, sind nicht seltene Fälle persönlicher Bereicherung, sondern Versuche, die Parteikasse mit Spenden aufzufüllen, für die man dem Spender eine Gefälligkeit erweist. Das ist illegal, natürlich, aber entsprechende Gerichtsverfahren verlaufen fast immer im Sand. Fazit: Jeder weiß viel und keiner kann's beweisen. *Realitätsquote*: 99 Prozent.

Russen: Es gibt auf Mallorca Mafiastrukturen.

Das ist zu viel gesagt. Fakt aber ist, dass russische Kriminelle auch hier ihr Schmutzgeschäft Mädchenhandel treiben. Bordelle und Kleinanzeigen sind voll von geschundenen Wesen, die zur Prostitution gezwungen werden. Und: Russen kaufen Land für viele Millionen Euro und bauen sich Paläste, wie sie früher bei ihnen zu Hause nur der Zar bewohnte, man schaue sich etwa die drei nebeneinander stehenden Prunkvillen in der Cala Vinyas an. Ich befürchte, dass mallorkinische Politiker einen Irrtum begehen, der eventuell später schwer wiegen könnte: *Wir bekommen unser Geld immer, und bleiben Deutsche aus, nehmen wir es eben von den Russen.* Die natürlich wie Menschen aller Nationalitäten nur im Ausnahmefall kriminell sind, aber die Frage stellt sich doch: Welcher Russe hat das Geld, sich solche Paläste zu bauen? Da fördert oder verschläft Mallorca möglicherweise eine ungute Entwicklung. *Realitätsquote*: fünfzig Prozent.

Wetter: Das Inselklima ändert sich dramatisch.

Stimmt. Leider. Experten sind zwar vorsichtig mit ihrer Einschätzung, aber mein Freund Tofol aus Porto Colom hat längst erkannt: »*Früher hatten wir oft drei Monate ohne einen Tropfen Regen, jetzt sind wir froh, wenn's mal drei Tage nicht schifft.*« Meine Großeltern empfanden keine Notwendigkeit, Ende der fünfziger Jahre eine Heizung in unser Haus zu bauen, und haben es nie bereut – ich wäre heute froh darum. Bauern erinnern sich noch gut, dass es immer nur am Ende des Sommers, in den beiden ersten Septemberwochen, regnete, stürmte, donnerte und blitzte. Das gilt nicht mehr: 2004 fiel das Unwetter bereits im August über die Insel her, 2000 im November. Niemand kann sich mehr darauf verlassen, dass es von Juni bis September heiß ist – ebenso wenig darauf, dass es im Januar und Februar eisig kalt sein kann. Jederzeit muss neuerdings mit sintflutartigen Regenfällen gerechnet werden. Die jahrhundertealten und bisher konstanten Regeln des Bauernkalenders sind durcheinander geraten. *Realitätsquote*: hundert Prozent.

Saddam Hussein: Exil auf Mallorca? Das Gerücht kam im März 2003 auf, und nicht aus heiterem Himmel: Die spanische Regierung erkundigte sich bei einem Großgrundbesitzer in Manacor, ob ein Immobiliengeschäft *»mit einem Diktator aus dem Nahen Osten mit äußerster Diskretion«* abgewickelt werden könne. Allen Beteiligten war schnell klar, dass es sich nur um den irakischen Despoten handeln könne, denn hinter der Anfrage steckte die irakische Botschaft in Madrid. Aber mehr passierte nicht, zumal Hussein auch bald in seinem Erdloch, in US-Gewahrsam und im Orkus der Geschichte verschwand. *Realitätsquote*: anfangs siebzig, jetzt null Prozent.

Pep Girbent

Ich habe nirgendwo einen Hinweis auf diesen Künstler gefunden, das ist schade: Girbent hat die schönsten Jugendstil-Plakate gemalt. Ich konnte vier Exemplare entdecken – Costa de la Calma, Palma, Pollença und Sóller. Sie zeigen romantische Szenen mit viel Farbe, Menschen in der Mode damaliger Zeit und eine ursprüngliche Insel, der man beim Betrachten unwillkürlich nachtrauert. Eine neue Edition der Plakate ließ eine Druckerei in Santa Maria del Camí 1998 herstellen. Der Mann sollte nicht verwechselt werden mit **Pep Girvent**, einem Bildhauer, der 1957 in Llivia bei Girona geboren wurde, auf Mallorca lebt und arbeitet. Bekannt ist seine Skulpturensäule »Faro de la Sal« (Leuchtturm des Salzes) in Colonia de Sant Jordi.

Archie Gittes

US-Maler aus Boston (1903–1991), der in breiten Kreisen fast unbekannt ist, unter Kennern aber als bedeutender Künstler gilt. Er lebte von 1932 bis 1948 in Genova, war Freund von →**Ranke-Graves** und hinterließ zahlreiche Landschaftsbilder, obwohl die nicht seine eigentliche Stärke waren – aber er galt in der **Franco**-Zeit als »entartet« und zog sich in unverfängliche Insel-Ansichten zurück. Ab 1980 kehrte Gittes mehrfach nach Mallorca zurück, schon um seinen Sohn zu besuchen, der in Palma lebt. Die Werke des Amerikaners befinden sich in Museen und privaten Sammlungen, →**Pere A. Serra** zeigt in seinem 2004 eröffneten Museum Es Baluard einen großen Akt, im Museo de Mallorca hängt ein Ranke-Porträt. Wie populär Gittes ist, zeigen immer wieder Ausstellungen, etwa in Porto Colom und Port d'Andratx.

Glücksspiel

Leider kann ich aus rechtlichen Gründen die Namen nicht nennen, aber am Kartentisch ist neulich Folgendes passiert: Der nicht mehr junge Erbe eines großen und bekannten deutschen Industriekonzerns verlor sein Haus in Son Vida an einen adoptierten Adeligen mit klangvollem Doppelnamen. Weil dieses Verlusthaus Millionen wert ist, vereinbarten die beiden einen Ausgleich: Der durch das verlorene Spiel obdachlose Industrieerbe bekam dafür das sehr viel bescheidenere Haus des Kaufadeligen in Portals Nous geschenkt – eine große Siegergeste. Jetzt wohnt der eine da und der andere dort.

Glühwürmchen

Dies ist eine Geschichte, die – so glaube ich – nicht ganz zufällig gerade auf Mallorca passiert ist. Es geht um Natur und Technik, Liebe ohne Zukunft und die Nacht auf dem Lande. Und es geht um Blinkzeichen.

Eine Liebe auf Mallorca

Ich hatte wie immer gut gegessen und gesessen im Garten des »Bona Taula« in Calonge und fuhr beschwingt nach Hause. Da der Vollmond aufgegangen war, knipste ich das Licht nicht an, als ich mein Haus betrat. Vom Schreibtisch her grüßte mich der blassgrüne Lichtpunkt, mit dem mein Laptop zeigt, dass er lebt, und das Blinken spiegelte sich im Wohnzimmerfenster, aus dem man zum Meer blickt, an dessen gegenüberliegender Küste Italien liegt. Aufs

Meer hatte der Vollmond eine glitzernde Bahn geworfen, die am Horizont begann und an meiner Küste in der Dunkelheit vertrauter Schattenrisse mündete. So ist das in Mallorca und anderswo, wenn der Mond ungehindert dem Meer begegnet. Dann entsteht dieser Lichter-Boulevard, der an Las Vegas erinnert, wenn man es im Dunkeln überfliegt.

Ich trat ans Fenster und bemerkte etwas: Das Echo des Computer-Blinkens hörte nicht auf, wenn ich zwischen das Licht und das Glas trat. Es hätte stoppen müssen, weil ich die Reflexion beendete. Aber es zuckte weiter und ich kam auf den Gedanken, durchsichtig zu sein, denn das Blinken im Fenster hatte die Farbe des Lebenszeichens am Laptop und auch seinen Rhythmus. Ich schaute mir das seltsam gewordene Blinken näher an – es lebte. Bewegte sich. Zog winzige Kreise, stürzte unmerklich ab, stieg wieder auf. Wie ein Hubschrauber, der klein war wie ein Stecknadelkopf. Das Blinken benahm sich, als wolle es Aufmerksamkeit erregen. Wie einer, der »*Huuuhuuu!*« ruft und mit den Armen fuchtelt.

Das Blinken war ein Glühwürmchen. Oder das, was wir so nennen, denn Glühkäfer wäre besser. Er hatte sein Hinterteil illuminiert und tanzte außen an der Scheibe. Da begriff ich: Das Glühwürmchen war verliebt. Na ja, eher geil. Es hatte das Blinken meines Laptops gesehen und den Rhythmus seines Blinkens auf den Takt des Computerlichts eingestellt – und sich gewundert: Dass es antwortete, aber unerreichbar blieb. Weil es nicht näher kam und der Freier nicht näher konnte wegen der Fensterscheibe. Eine unerfüllte, unglückliche Liebesgeschichte, Romeo und Julia im 21. Jahrhundert: *Lamprohiza splendidula*, spanisch *Alumbranoche*, begehrt Macintosh Powerbook 1400cs/166. Lebewesen buhlt um Hightech-Instrument. Die Nacht macht aus Computern Glühwürmchen, aus Glühwürmchen Technik-Fans. Das Laptop bekommt ein Geschlecht und wird begehrenswert als Sexobjekt …

Ich liebe diese Episode aus der mallorkinischen Nacht. Und sinniere: Hätte ich das Fenster geöffnet und die beiden würden sich gepaart haben, hätte ich eine Kiste Glühbirnen bekommen müssen …

Domenico Gnoli

Italienischer Künstler (1934–1970) und erster Ehemann von → **Yannick Vu**. Er besuchte Mallorca in den Fünfzigern und ließ sich 1963 hier nieder. Gnoli und Vu waren die ersten, die in S'Estaca wohnten, dem Besitz → Ludwig Salvators, den später → **Michael Douglas** kaufte.

G.O.B.

Die unnachgiebige, aber an sich wertvolle Organisation der Insel-Ökologen. In ihrem Bemühen, Mallorca zu retten, macht sie seit 1973 manchmal zwar den Eindruck von Ausländerfeindlichkeit, geht aber ebenso heftig gegen spanische oder mallorkinische »Sünder« vor. Der »Grup Balear d'Ornitologia (i Defensa de la Naturalesa)« ist es zu verdanken, dass bislang weder der Strand Es Trenc und das Feuchtgebiet S'Albufera noch die Inseln → Cabrera und Dragonera bebaut werden dürfen. Hauptsitz ist Palma, eine Filiale gibt es in Manacor, Delegationen in Alaró, Alcúdia, Andratx, Artà, Bunyola, Campos, Deià, Felanitx, Llucmajor, Pollença, Santanyí, Sóller und Son Servera. Die G.O.B. hatte 2003 rund sechstausend Mitglieder, jeden Monat kommen rund hundert neue dazu, und sie publiziert Bücher und Broschüren in Mallorquin und Englisch und hat eine Website, über die man auch Mitglied werden kann: www.gobmallorca.com

Golf

Nach Anzahl der Plätze ist Mallorca eine gute Destination. Der erste Golfplatz wurde 1936 rund um das Hotel → Formentor gebaut, aber nie bespielt, da ihn eine Granate im spanischen Bürgerkrieg verwüstete. Der nächste Golfplatz entstand erst 1964 in Son Vida.

Eine landschaftliche Sensation ist der Golfplatz von Aucanada bei Port d'Alcúdia mit achtzehn Löchern am Meer sowie Blick auf die Leuchtturm-Insel und jenseits der Bucht auf die Berge von Betlem, die Stars unter den internationalen Golf-Architekten, **Robert Trent-Jones Sr.** und **Jr.**, haben ihn gebaut. Der Platz war jahrelang fast fertig, erst Ende November 2003 wurde er eröffnet. Erstaunlich sind die Besitzverhältnisse: Nur Santa Ponça, Son Servera, Son Termens, Pula und Vall d'Or gehören Spaniern, bei den anderen Golfanlagen sieht es so aus:

Aucanada	–	**Hans-Peter Porsche** (Porsche-Design)
Andratx	–	**Herbert Ebertz** (Hauptaktionär Dorint)
Bendinat	–	Ein Drittel der Aktionäre sind Ausländer, darunter viele Deutsche
Canyamel	–	**Erwin Müller** (Drogerie-König)
Capdepera	–	**Ingolf Böx** (Anwalt in Hannover)
Pollença	–	zeitweilig **Georg Kofler** (Premiere)
Poniente	–	**Klaus Graf** (20 %, Unternehmensberater)
Rotana	–	**Juan Ramon Theler** (Winterthur-Versicherungen)
Son Antem	–	US-**Familie Marriott**
Son Vida und Son Muntaner	–	**Stefan Schörghuber** (Hotels, Bier und Bau)

Auf Mallorca erfunden: die »Green Bee«, ein einsitziger Golfwagen, der mit Chipkarte funktioniert und von **Eberhard von Württemberg** entwickelt wurde. Eines der ersten Exemplare schenkte er König →**Juan Carlos.**

Elena Gómez Servera

Das Mädchen aus Manacor (* 1985) ist eine mallorkinische Sport-Sensation: 2002 wurde sie – mit 17 – Weltmeisterin im Bodenturnen, 2003 noch mal Dritte. Was ihr beim Turnen hilft, ist die elfenhafte Figur: Die Señorita misst 1,46 m und wiegt 36 Kilo …

Vicenç Grande Garau

Der Unternehmer, dem die Hotelkette »Drac« gehört, hat etwas Großartiges getan: Er richtete im Internet eine Website ein, auf der man unveröffentlichte Texte (Gedicht bis Roman) auf Mallorquin findet: www.JoEscric.com

Gran Hotel

Früher war das wirklich ein Hotel (1903–1944). Jetzt ist es Bank, Kulturzentrum, Buchladen, Restaurant, Bar – und ein Haus, das einen Besuch lohnt. Das Gran Hotel ist ein Prachtbau des →»Modernismo«, des Jugendstils mallorkinischer Prägung, erbaut von **Lluís Domènec Montaner** und **Jaume Alenyar Ginard** von 1901–1903. Es enthält u.a. das Lebenswerk des Malers →**Anglada-Camarasa.**

Übrigens: Man kann sich das Gran Hotel selbst bauen – im Buchladen im Parterre gibt es Bastelschnitte, aus denen sich das filigrane Haus kleben lässt.

Nancy und Florian Grimm

Sie waren die ersten Deutschen, die sich nach dem Krieg ein Häuschen kauften – 1950. Er ist Ur-Urenkel des Malers **Ludwig Emil Grimm,** Bruder der Märchenerzähler **Brüder Grimm.** Sie hat sich davon inspirieren lassen und schreibt Märchen, die auf Deutsch und Spanisch erschienen sind. Sie leben immer noch auf der Insel, 2004 war Nancy 81, Florian 83 Jahre alt.

Sebastian Grimm

PR-Mann, Reiseleiter, Autor (* 1965) und einer der wenigen Deutschen, der wirklich Fachmann für Mallorca ist und selbstverständlich auch die Sprache spricht. Für »Insel-Anfänger« hat er ein hübsches und lehrreiches Büchlein veröffentlicht, dem man Kapitel für Kapitel nachreisen kann: »Warum eigentlich Mallorca?«

Hans-R. Grundmann

Autor und Verleger, dessen Begeisterung für Mallorca so weit geht, dass er Insel-Bücher auch dann veröffentlicht, wenn er genau weiß, dass sie nur Minoritätenprogramm sind. Ihm verdanken wir **Gordon West**, »Mallorca 1929«, und → **Robert Ranke-Graves**, »Anderes Mallorca«.

Frederic Grunfeld

In Berlin geborener US-Autor, der mit seiner Frau **Annie** und Maler → **Mati Klarwein** (1932–2002) in einem Festungs-Bauernhof hoch über Deià lebte. Seine Familie (Grünfeld) gehörte zu den großen Unternehmerfamilien Vorkriegsdeutschlands: Sie produzierte Stoffe – bis die Nazis kamen. Grunfeld gelang es, Standardwerke unterschiedlichster Wissensgebiete zu schreiben, etwa die Biografie zu **Auguste Rodin**, das Gitarrenwerk und das Buch über »Spiele der Welt«. Eines Tages brach Grunfeld, ein großer, starker Mann mit kahlem Caesaren-Schädel, in Barcelona auf der Straße tot zusammen – ohne Vorwarnung und mit nicht mal sechzig Jahren. Ich erinnere mich noch lächelnd, was Fred tat, wenn er sich geärgert hatte: Er öffnete die Fenster und begann, seine Sammlung riesiger Tempelgongs derart mit Klöppeln zu schlagen, dass unten im Dorf die Scheiben klirrten und sie in Ibiza gedacht haben müssen, Außerirdische feierten Fruchtbarkeitsfeste. »*Wir kriegen gleich Besuch*«, sagte Fred dann – tatsächlich kroch wenig später ein Auto zu ihm rauf, ein Gemeinde-Sekretär stieg aus und bat, den Lärm zu unterlassen, damit Deià nicht Schaden erleide.

Für den »Esquire«, dessen Chefredakteur ich war, verfasste Fred 1987 eine Geschichte über die Frühzeit des Tourismus, die mit zum Besten gehört, was je über die Insel geschrieben wurde. Hier ist sie.

Die Schatzinsel

Können Sie sich vorstellen, dass es eine Zeit gab, in der man auf Mallorca an Einsamkeit sterben konnte?

Eine Insel muss, um sich als solche zu qualifizieren, ein Ort sein, an dem man sich vor der Welt zurückziehen kann. Darum zählt auch Manhattan nicht als echte Insel: Niemand will sich dorthin zurückziehen, alle wollen weg. Mallorca dagegen ist nicht Manhattan – zumindest war es das nicht, als ich vor 26 Jahren *(= 1961)* ankam. Man traf weder seinen Zahnarzt noch seinen Präsidenten.

Heute ist das anders. Wer damals nach Mallorca kam, brachte Plastikboote, Schweizer Käse und Campbell-Suppen mit, denn jeder wusste, dass Mallorca eine öde Insel war. Ich erinnere mich noch gut an den Tag, als die erste Ladung Schweizer Käse eintraf: Sie wurde in Palma von einer 14-köpfigen Delegation der eidgenössischen Kolonie in Empfang genommen. Sie sangen »Fühlst du mein Alpenglüh'n«, »Sei mir gegrüßt, mein Appenzeller« und ähnliche Lieder, man hielt Ansprachen auf Schwyzerdütsch und deutete voller Stolz auf die Löcher im Käse, die so viel größer und eleganter waren als die winzigen Löcher im Mallorquiner Käse, der zwar gut und handfest ist und den wir alle gern aßen – der jedoch nicht die gleichen patriotischen Gefühle vermittelt wie der Schweizer Käse mit seinen aristokratischen Löchern. Der einheimische Käse, in Campos oder Llombarts hergestellt, war zwar schmackhaft, jedoch geringer gegoren.

Heutzutage ist alles anders. Jeder kommt jetzt nach Mallorca, und im Sommer residiert hier ein Bourbonen-König wie einst in Versailles. Wir haben nicht nur einen Supermarkt, sondern die Großmutter aller Supermärkte, größer als der Nürburgring, es gibt so viel Schweizer Käse, wie man nur essen kann, und weitere 119 Sorten. Auch wenn jemand Jodelunterricht in Kandersteg genommen hätte, würde seine Stimme nie von einem zum anderen Ende des Supermarktes tragen. Wahrscheinlich ist das passiert, was man Fortschritt nennt. Ich nenne das eine scharfe Messerklinge am Herzen der mediterranen Zivilisation. Früher war Mallorca so majestätisch und unantastbar wie eine →Ensaimada. Das ist ein Zuckergebäck, nach innen und oben gewunden – als Darstellung der Insel. Die Mallorquiner essen das zum Frühstück, und bei Kinderfesten übergießt man die Ensaimada mit heißer Schokolade.

Damals waren nur einige Hauptstraßen asphaltiert, und wenn man im Sommer im offenen Wagen fuhr, waren Gesicht und Haare bald von einer zwei Zentimeter dicken hellbraunen Staubschicht bedeckt – wie Talkumpuder und ebenso erfrischend. Im Winter, nach dem Regen, sah das Auto aus, als sei man aus dem Schlammbad gekommen.

Aber jetzt ist alles »propre«, wie man in Frankreich sagt.

Im US-Staat Virginia besteht eine Organisation, deren Mitglieder stolz auf ihre Abstammung von den ersten Siedlern sind, den Kolonisten, die Bäume fällten und sich bei den Indianern unbeliebt machten. Auf Mallorca war ich einer der ersten Siedler jener Pionierzeiten um 1960, als es in Deià weder Elektrizität gab noch Müllabfuhr, Kanalisation und fließend Wasser. Genau genommen gibt es auch heute noch *(= 1987)* keine Kanalisation und Wasserversorgung, aber der Fortschritt kann ja nicht überall gleichzeitig kommen. Wir waren die »Voortrekkers« der großen Völkerwanderung nach Mallorca und mussten Entbehrungen auf uns nehmen, zusammen mit zahlreichen Vorteilen – blaues Meer, tausendjährige Olivenbäume, der Sternenhimmel, der billige Brandy. Wie **Jean Cocteau** es mit lapidarer Prägnanz ausdrückte: »*Der Künstler führt in einer Limousine voran, das Publikum fährt im Bus hinterher.*«

Die kleine Gemeinde Deià war in jenen Tagen das Reservat von Künstlern und Schriftstellern. Um überhaupt hineinzukommen, musste man zwei schlanke Gedichtbände oder ein überzogenes Bankkonto nachweisen können. Oder beides. Bekannte man in Palma, dass man dort wohnte, schnellten die Augenbrauen hoch, und es hieß: »*Was, in Deiiiaaa …?*« – und das klang wie beim Zahnarzt: »*Spülen, bitte!*«

In Deià wohnten einige Maler und Dichter in Häusern, für die sie eine Monatsmiete von drei- bis fünfhundert Peseten zahlten *(rund 25 Euro)*. Gewöhnlich waren sie jedoch drei bis vier Monate im Rückstand, was aber nicht von Bedeutung war, denn die Vermieter waren äußerst verständnisvoll, belieferten die Säumigen kostenlos mit Orangen, kochten ihnen Tee und versorgten sie mit Wärmflaschen, wenn sie krank waren. Einige der wohlhabenderen Vermieterinnen akzeptierten sogar Gemälde (aber keine Gedichte!) statt Miete, wenn ein paar Monate lang gar kein Geld da war.

Mein erster Kontakt mit Deià war eigentlich als zweiwöchiger Urlaub gedacht. Wir fuhren an Frauen vorbei, die am Dorfbach in Steintrögen Wäsche wuschen, und setzten uns in ein Terrassencafé mit Korbstühlen und Marmortischen unter einer mächtigen

Palme. Plötzlich sah ich ein bekanntes Gesicht – **Esteban Francés,** Bühnenbildner für **Georges Balachines** New York City Ballet. Er schien nicht besonders erfreut zu sein, mich hier zu sehen, denn außerhalb der Ballett-Saison war er gern allein, um eine surrealistische Riesenkulisse auf Sandpapier zu malen, die jedoch nie fertig wurde.

Francés wohnte in einem wundervoll heruntergekommenen Haus in der Dorfmitte mit Einsitzkamin und einer riesigen Ölpresse, die am Zusammenbrechen war. Die Fußböden waren aus dem alten, steinharten grauen Pflaster, das man heute nicht mehr herzustellen versteht. Die weiß getünchten Wände blätterten ab, das Dach war undicht. Doch das machte ihm nichts aus. Er verbrachte seine Tage in fröhlicher Abgeschiedenheit, malte und spazierte in den Olivenhainen. Ich hielt das für eine ideale Lebensweise und bezog ein Haus in der Nähe. Wenn er nicht malte oder spazieren ging, pflegte Francés traurige Lieder zur Gitarre zu singen, und dann saß gewöhnlich eine Freundin dabei, die ihm aus New York gefolgt war – eine sehr große, sehr dünne Frau, von Beruf Fotomodell, die breitkrempige Strohhüte trug und nie in die Sonne ging, um ihre professionelle Blässe zu bewahren.

Der Volksmund nannte sie »La Hormiga Blanca«, die weiße Termitin, weil kein Einheimischer je eine so hagere, blasse Frau gesehen hatte. Sie erfanden damals Spitznamen für jeden, denn die Mallorquiner kannten nicht die richtigen Namen und konnten sie auch gar nicht aussprechen, und deshalb erhielten vor allem die Fremden neue Namen aufgrund ihrer Eigenschaften. So wurde aus dem ungeduldigen Engländer, dem nichts schnell genug gehen konnte, »El Rápido«, der Eilige, und der laute Amerikaner, der dauernd mit etwa hundert Dezibel sprach, war »El Altavoz«, der Laut-Sprecher.

Auch für sich erfanden sie Spitznamen, die haften blieben, manchmal bis zur nächsten Generation. »Señor Gelat« – Herr Eis – war der Sohn eines Mannes, der in den dreißiger Jahren eine Eisfabrik gebaut hatte, die längst nicht mehr existierte. Jetzt besaß Herr Eis einen Autobus, der zweimal täglich nach Palma und zurück fuhr, sowie einen seltsamen Stromgenerator mit einem PS, der von Quellwasser angetrieben wurde und nur zur Regenzeit funktionierte. Infolgedessen konnten die Maler von Deià in den sechziger Jahren nur bei Tageslicht arbeiten, denn Señor Gelats Stromnetz produzierte nur fünfzig bis sechzig Volt, so dass man ein Streichholz entzünden musste, um festzustellen, ob die Glühbirne überhaupt brannte.

So wie Esteban Francés als Mittelpunkt des Dorfes angesehen wurde, war der Maler →**Mati Klarwein** der Star der gesamten Küste. Er hatte sich in Deià ein geradliniges Haus gebaut und empfing gelegentlich Besuch von Avantgarde-Mädchen, die den ganzen Tag in der Sonne lagen und →**Anaïs Nin** lasen. Er war ein »magischer Realist«, das heißt, er konnte mit atemberaubendem Naturalismus malen und sich gleichzeitig in eine Scheinwelt alter und naiver Dimensionen versetzen, die seinem Hirn entwuchsen wie schöne Träume. Viele der Beauties von Paris hatten herausgefunden, dass Mati die schönsten naturalistischen Porträts malen konnte, und reisten in Scharen an, um sich vor einem Hintergrund von speienden Vulkanen, Elmsfeuer und den Steinterrassen von Deià verewigen zu lassen. Mati malte zuerst das Porträt und im Laufe von mehreren Tagen jeden einzelnen Stein – wie ein »Bancalero«, ein mallorquinischer Terrassenbaumeister. Er besaß unzählige Freunde, die oft uneingeladen aus Wien und Paris kamen, um im prä-elektrischen Zeitalter zu malen.

Ernst Fuchs, damals um die dreißig, hatte bereits den unverkennbaren Stil eines Grand Maître, aber in letzter Zeit wird er häufig als »Professor Fuchs« angeredet, und jedes Mal, wenn er anreist, geraten Hoteliers aus dem Häuschen. Damals konnte er wundervoll tanzen und erzählte seine aufregende Lebensgeschichte mit dröhnender Stimme, die eine einschläfernde Wirkung hatte. Er zeichnete Selbstporträts und hervorragende Aktstudien seiner Frau, die wie die römische Fruchtbarkeitsgöttin Ceres aussah, obgleich sie ein eher nordischer Typ war. Seine Zeichnungen mit Silberstift bestanden aus fein gesponnenen Linien, hauchdünn wie Spinnweben. Mit dreißig waren ihm bereits Engel erschienen, er hatte sie gemalt in den leuchtenden Farben von Edelsteinen wie Saphiren und Rubinen.

Eines Tages in der Sommersaison tauchte → **Domenico Gnoli** auf Mallorca auf, weil er einen Umweg gemacht hatte von Italien nach New York. Seine Ähnlichkeit mit → **Chopin** war verblüffend, und ich musste immer an **Liszts** Beschreibung von Chopin denken, *»dessen Auftreten so vornehm und aristokratisch war, dass er überall wie ein Prinz empfangen wurde«*. Gnoli war eine ungewöhnliche Mischung aus Energie und Verträumtheit, was dazu führte, dass er sich über seine Arbeit als Maler ernste Gedanken machte. Einmal beim Abendessen erklärte er mir, dass Maler ihre Objekte seit dreihundert Jahren immer aus etwa der gleichen Entfernung betrachten: Landschaften von einem bestimmten Punkt aus, Stillleben aus einer anderen Entfernung, menschliche Gestalten wieder von woanders. Was würde wohl geschehen, wenn man ganz einfach näher ranginge? Zur Erläuterung zeigte er mir einen Hemdkragen, Größe 42, in immenser Vergrößerung und einen Pyjama-Knopf, größer als der Sankt-Bernhard-Tunnel. Gnoli brachte die Menschen dazu, Gegenstände mit den Augen von Kindern zu sehen, denen man noch keine Normen aufgezwungen hat. Und er hörte nicht auf, von der magischen Anziehung des Mondlichts zu sprechen. Der englische Dichter → **Robert Ranke-Graves**, für den Gnoli Zeichnungen angefertigt hatte, erklärte ihm daraufhin, dass das Mondlicht nirgendwo in Europa so stark sei wie in Deià mit seinem Zauberkreis magischer Berge. *»Und unser Mondlicht ist bekannt dafür, dass es den Geist verwirrt«*, sagte von Ranke-Graves.

Gnoli gefiel es auf Mallorca sogar noch besser, nachdem ihn Mati Klarwein mit → **Yannick Vu** bekannt gemacht hatte, dem schönsten Mädchen der Welt. Bald malten die beiden gemeinsam in inniger Harmonie in den szenischsten Gegenden der Küste von Lluch Alcari bis Porto de Valldemossa. Schließlich fand Gnoli ein Haus, erbaut von Erzherzog → **Ludwig Salvator von Habsburg** auf einer Felsklippe am Meer, wo er und Yannick ungestört die winzigen Gebrauchsgegenstände des täglichen Lebens in tausendfacher Vergrößerung malten und sie vor einer verständnislosen Welt ausstellten.

In der Pionierzeit jener Tage hatte Deià 510 Einwohner, deren Häuser um drei oder vier Mehrzweckläden gruppiert waren. Im

Lebensmittelgeschäft konnte man Briefmarken kaufen, Fleisch war in der Telefonzentrale zu haben, und zum Haareschneiden ging man auf die Post. Es war ein bequemes System, zu dem ich allen Gemeinden raten würde. Aber dann zog der Fortschritt ein. Als Erstes installierten sie eine automatische Fernsprechanlage anstelle der hübschen Zwillingsschwestern Catalina und Magdalena, die bisher die Gespräche vermittelt hatten. Ihre Stimmen konnte ich nie auseinander halten, aber in eine der beiden war ich verliebt, habe jedoch nie heraus gefunden, in welche. Die konnte man nicht mehr anrufen und sagen, ich möchte gern mit »Herrn Eis« sprechen oder mit der »Hormiga Blanca«. Jetzt musste man sich erst nach dem richtigen Namen des Fernsprechteilnehmers erkundigen, ihn im Telefonbuch suchen und die Nummer aufschreiben. Und wenn man sie wählte, war sie besetzt.

Etwa um die gleiche Zeit bekamen wir elektrischen Strom. Das heißt, man ersetzte Señor Gelats Sechzig-Volt-Mühle mit einer modernen Anlage zu 220 Volt. Der Unterschied fiel mir erst auf, als ich eines Tages in unserem Schlafzimmer, das eine niedrige Decke hat, das Hemd auszog und mit hochgerecktem Arm in die Birnenfassung geriet. Ich erhielt einen Schlag, der mir das Haar kräuselte, das ich damals noch hatte, da wusste ich, dass ein neues Zeitalter angebrochen war.

Dafür gab es weitere Anzeichen: Der »Torrente«, der schäumende Dorfbach, wurde mit Beton zugemauert. Gleichzeitig löste man das Wasserproblem, indem eine Mineralwasserfirma die Lizenz zur Auswertung einer der vorhandenen Quellen erhielt. Das Quellwasser wurde in Flaschen abgefüllt, mit blauen und weißen Etiketten versehen, und jetzt konnten wir das gleiche Wasser, mit dem wir bisher unsere Zitronenbäume auf den Feldern bewässert hatten, käuflich erstehen. Nur nannte man es jetzt Mineralwasser.

Bald wurden auch die Straßen nach Deià verbreitert, und der Fortschritt begann allen Ernstes. Leute kamen, unseren Dichtern zu lauschen, und blieben gleich da, um Grundstücke zu kaufen. Sie kamen im Sommer, um unsere Maler zu bewundern, und blieben, um Grundstücke zu kaufen. Sie kamen, die Natur zu erleben und die Nachtigallen singen zu hören, sich an der Landschaft zu begeistern, die Mensch und Natur im Laufe von Jahrhunderten gemeinsam geschaffen hatten – und sie blieben wegen der Grundstücke. Sie kamen, um Fotoreportagen und Fernsehinterviews zu machen, Buchverträge abzuschließen, Opernaufführungen und Ausstellungen zu arrangieren, und bevor sie wieder abreisten, kauften sie noch schnell ein paar Grundstücke.

Wo ich das schreibe *(= 1987)*, haben wir im Ort ein Hotel, das für ein Doppelzimmer pro Nacht 140 Dollar verlangt. Davon konnte früher eine sechsköpfige Familie vier Wochen lang leben und hatte noch immer genügend übrig für Campbell-Suppen, Plastikboote und Schweizer Käse. Heute gibt es bereits Schriftsteller auf Mallorca, die mit Computern und elektronischen Ausdruckgeräten arbeiten.

Ich erinnere mich noch, als vor zwanzig Jahren das erste richtige Restaurant in Deià eröffnet wurde, da musste man in einem der Häuser ein Stockwerk ausbauen, um Platz zu schaffen. Zurzeit gibt es zwei spanische Restaurants, ein französisches, ein Schweizer, eine Pizzeria, ein »Künstlereck« und eine Edelgaststätte, die Nouvelle Cuisine zu New Yorker Preisen anbietet. Im Sommer findet man nirgends einen Parkplatz, und manchmal braust der König zu ungewöhnlicher Zeit inkognito auf seinem Motorrad durchs Dorf. Oder man ruft von seinem Palast bei Palma aus an und reserviert ein ganzes Restaurant unter Pseudonym. Dann laben sich die königlichen Hoheiten an unseren einfachen Gerichten wie Gefülltes Huhn oder Calamares a la Plancha, und der Koch zerbirst fast vor Stolz, dass »Sus Majestades« von seiner Tafel gespeist haben.

Es muss also doch etwas dran sein an diesem unauffälligen Ort, und an manchen Abenden, wenn alle anderen Restaurants belegt sind mit Vizepräsidenten großer Verlage und Fernsehproduzenten, gehen wir letzten Pioniere hinunter zum Schweizer auf ein Käsefondue und singen »Sei mir gegrüßt, mein alpenroter Appenzeller«, während die Sonne im blauen Meer versinkt.

So weit die Geschichte von Fred Grunfeld.

Seine Witwe **Annie** ist angesehenes Mitglied der Deià-Society und stiftete mehrere Kostbarkeiten aus dem alten Mallorca für das Öl-Museum auf der Finca Can Boi.

Maurizio Gucci

Der 1995 von seiner Frau **Patrizia** ermordete Modeunternehmer aus Italien liebte Mallorca, kam mit seiner Yacht »Creole« und fuhr meist unerkannt über die Insel. Der antike Dreimaster ankert heute noch im Club de Mar zu Palma: mehr als sechzig Meter lang, und allein der Ausbau der Eignerkabine kostete 1990 mehr als 750 000 Euro.

Gustavo

Spanischer Maler aus Cartagena (* 1939), der zwanzig Jahre in Berlin lebte, mit einer Deutschen verheiratet ist und seit Jahrzehnten in Capdepera arbeitet. Er dürfte mit seinen bunten Figuren der fröhlichste Künstler der Insel sein, gilt bereits als Klassiker, wird von zahlreichen Prominenten gesammelt, hat mehrere Bücher verfasst und zeichnet sich durch bemerkenswerte Vielseitigkeit aus: In Berlin heiterte er sogar triste Hochhausfassaden mit seinen Bildern auf. Seine Tochter **Bettina Neumann** ist der beste Kontakt zu ihm und seiner Kunst, sie arrangiert, wenn es Gustavos Zeit erlaubt, auch Atelierbesuche. Anmeldung am besten über die schöne Website: www.gustavoart.com

Ludwig Salvator von Habsburg, Lothringen und Bourbon

In seinen Adern floss des Blut der **Medici**, der Habsburger, der Polen-Royals, sein Vater **Leopold II.** war der letzte König der Toskana, sein Bruder **Ferdinand IV.** der Großherzog der Toskana, und er war der Neffe des Kaisers **Franz Joseph II.** Ludwig Salvator (1847–1915, mallorkinisch: Lluis Salvador oder L'Arxiduc) kam 1867 nach Mallorca und blieb. Sein mehrbändiges Werk »Die Balearen« (1884) ist bis heute *das* Buch über die Inseln, und ihm ist es – dank manischer Landkäufe und schon damals ökologisch motivierter Regeln – zu verdanken, dass die Natur um Deià und Valldemossa bis heute so traumhaft schön ist – Ludwig Salvator untersagte z. B. das Fällen von Bäumen. Sein herrliches Gut Son Morroig kann heute von innen besichtigt werden, der Rest seiner Liegenschaften zumindest von außen. Der schönste Satz des Erzherzogs über Mallorca lautet so: *»Man sieht kein einziges Schiff am breiten Horizont, nur imaginäre Schiffe kreuzen ihn, und doch entsteht kein Gefühl der Einsamkeit, wie man es in den Höhen des Gebirges erfährt; dort ist eine Welle, die wirkt, als umfange sie in einer gigantischen Umarmung die ganze Welt.«*

Die Liegenschaften des Erzherzogs gingen nach seinem Tod nicht etwa in den Besitz von Österreich über, sondern er hinterließ sie **Antonio Vives**, seinem treuen Sekretär, der ihn auf Reisen begleitete, und dessen vier Kindern aus zwei Ehen, zuletzt mit **Aina Ripoll**. Die Erbengemeinschaft heißt deshalb heute Vives Ripoll, hat rund zwanzig Mitglieder und wird von dem Arzt Dr. **Jose Maria Sevilla** vertreten. Seiner Frau **Silvia** und ihrer Schwester **Isabel** gehört ein Viertel des Erbes, darunter die Prunkstücke Miramar und Son Marroig. Die Familie hat den Besitz des Erzherzogs ganz gut zusammengehalten, lediglich Son Galceran gehört der Familie → **March** und S'Estaca → **Michael Douglas**.

Zur Legende wurde des Herzogs Liebe zu → **Catalina Homar**, der klugen und begabten Tochter eines Schreiners, die er auch dann nicht verließ, als sie nach einer gemeinsamen Nahost-Reise an Lepra erkrankte und später daran starb. Der österreichische Komponist **Paul Walter Fürst** (* 1926, Mitglied der Wiener Philharmoniker) machte Catalina Homar zur Heldin einer Oper, die am 26. April 2002 im Stadttheater Baden bei Wien uraufgeführt wurde.

Das Ende des bedeutenden Habsburgers war eher traurig: Er starb auf dem böhmischen Schloss Brandeis an Elephantiasis. Beigesetzt wurde er in der Wiener Kapuzinergruft bei den anderen Habsburgern.

Übrigens: Ludwig Salvators »Die Balearen« sind eine derartige antiquarische Kostbarkeit, dass 2002 allein der Band »Menorca« bei Cartolibri in Palma als Erstausgabe 3907 Euro kostete. 2002 gab die Fundación → **Matthias Kühn** eine zweibändige Faksimile-Edition des Gesamtwerks heraus, die mit etwa 280 Euro relativ erschwinglich ist und deshalb von Mallorca-Fans mit tiefer Dankbarkeit begrüßt wurde. Dass »Die Balearen« derart teuer sind, liegt an ihrer minimalen Auflage: Der Erzherzog ließ nur zweitausend Exemplare drucken, und statt sie zu verkaufen, verschenkte er sie an Freunde, Honoratioren und Bibliotheken.

Das Hotel »Nixe Palace« (benannt nach der Yacht des Erzherzogs) bietet ein Prunkstück: In der Eingangshalle steht das Bett von Ludwig Salvator, ein Möbel mit ausladenden Schnitzarbeiten, üppig vergoldet und mit einer Krone als Baldachin – aber es misst nur 1,70 Meter. Der frühere Besitzer des Hotels kaufte es in den fünfziger Jahren auf einer Auktion.

Website: www.ludwig-salvator.com

Nona von Haeften

Die Hamburgerin (sprich: Hafften) ist die prominenteste Inneneinrichterin Mallorcas mit den Läden »Unicorn« (teuer) und »Coconut« (preiswerter) in Manacor, Portixol und Palma. Sie bewohnt einen Besitz in → Son Macia, ist mit Komponisten-Enkel → **Wolf-Siegfried »Wummi« Wagner** verheiratet und die Schwester des legendären Models Veruschka von Lehndorff. Weitere prominente Inneneinrichter mit Filialen auf Mallorca: Gunther Lambert in Port d'Andratx und Holger Stewen in Santanyí.

Thomas Haffa

Mitbegründer der 1999 prächtig gedeihenden und 2001 entsetzlich abgestürzten Nemax-Firma EM.TV. Wegen falscher Darstellung der Firmenlage und Kursbetrugs wurde er im April 2003 zu einer Geldstrafe von 1,2 Millionen Euro verurteilt. Der 1952 in Kressbronn am Bodensee geborene Entrepreneur besitzt eine Villa in Son Vida, die kleine Fluglinie Air Independence, erwarb 2003 den Yachtbroker Dahm International in Palmas Hafen Club de Mar und bietet jetzt Schiffe an – zum Kauf, zum Chartern und zukünftig auch zum Bauen nach Maß. 2004 taufte er Dahm International in Sea Independence um und erweiterte den Service: auf Reparatur und Refitting. Übrigens: In Haffas Katalog, den ich im Frühjahr 2004 zu sehen bekam, kostete die billigste Yacht rund zwei Millionen Euro.

Hahnenkämpfe

Illegaler, aber beliebter Sport auf Mallorca. Die Events werden per Mundpropaganda publiziert, die Arenen in Privathäusern, Garagen oder Fabrikhallen aufgebaut, etwa in Manacor oder S'Horta. Ein Zentrum der Kampfhahnzüchtung inkl. Trainingsanlagen mit Laufbändern ist Alaró. In Sóller gibt es im Hinterhof eines Kosthauses eine Waage, auf der das Gewicht der Tiere vor dem Kampf bestimmt wurde, und eine Kampfbühne mit 2,5 Meter Durchmesser, von der aus die Zuschauerränge aufsteigen wie in einem Amphitheater. Inzwischen hört man von Hahnenkampf-Aficionados, die Kämpfe seien nur Vereinen gestattet – aber jedermann könne gern noch kurz vor dem Beginn einer Corrida Mitglied werden.

Heinz Hamacher

Der Unternehmer aus Rheda-Wiedenbrück verkaufte seine florierende Vertriebsfirma für Büromaschinen und erwarb bei Artà den dreihundert Jahre alten Landsitz Carrossa nebst 3,5 Millionen Quadratmeter Grund. Hier ist er jetzt Bauer mit Schafen, Pferden, Eseln, Hühnern, Orangenbäumen, Zitronengärten, Olivenhainen, Johannisbrotbäumen und Mandeln. Man kann den Landsitz auch für Tagungen und geschlossene Gesellschaften samt Übernachtung mieten, zum Palais gehören fünf luxuriös ausgebaute Landhäuser mit dreißig Zimmern, Restaurant, Weinkeller, Bar, eigener Kapelle, Tennisplatz und beheiztem Pool.

Guy Hamilton

1922 in Paris geborener britischer Filmregisseur, der seinen Lebensabend in Santa Ponça verbringt. Weltberühmt machten ihn der James-Bond-Film »Goldfinger« (1964) und die Verfilmung von →**Agatha Christies** »Das Böse unter der Sonne« (1982) mit →**Peter Ustinov**, der rund um das Hotel →»Formentor« spielt.

Hannibal

Der karthagische Feldherr (246–183 v. Chr.), der die Alpen mit Elefanten überquerte und die Römer zumindest zeitweise im eigenen Land besiegte, soll von den Balearen stammen. Dass seine Familie von hier kam, ist bewiesen, das Rätsel um Hannibals Geburtsort bleibt. Drei Vermutungen:

1. An der Westküste Mallorcas bei einem bis heute verschollenen Tempel der Göttin Lucida,
2. Auf der Insel →Cabrera,
3. Auf dem Inselchen Conejera vor Ibiza.

Thomas Harris

Es ist nicht übertrieben, folgende Superlative zu verwenden: Thomas Harris war der politisch gefährlichste und zugleich künstlerisch genialste Mann, der im 20. Jahrhundert auf Mallorca gelebt hat. Sein geheimnisvolles Sterben auf der Insel hat das Mysterium um den 1908 geborenen Briten noch verstärkt. Bis heute, vierzig Jahre später, ist ein Rätsel geblieben, was er alles tat – aber was man von ihm weiß, hat Generationen von Schriftstellern und Drehbuchautoren beflügelt. Harris geistert durch frühe James Bond-Filme und Agenten-Romane aus der Zeit des Kalten Krieges.

Der Spion, der in die Hitze kam

27. Januar 1964, ein winterlich-sonniger Dienstag. Harris und seine Frau **Hilda** nähern sich, aus Palma kommend, der Ortsein-

fahrt von Llucmajor. Er steuert einen neuen Citroën DS, den er wenige Tage zuvor gekauft hat. Plötzlich steht das Auto rechts von der Straße in einem Feld mit Mandelbäumen und brennt derart explosionsartig, dass die Insassen nicht gerettet und später die Leichen nicht identifiziert werden können. Thomas und Hilda Harris sind zur Unkenntlichkeit verbrannt. Wirklich? Beerdigt werden kurz darauf verkohlte Überreste eines Mannes und einer Frau – aber waren es wirklich Thomas und Hilda Harris? Darüber wird gerätselt, bis heute. Die Polizei beschrieb den Verkehr zur Unfallzeit als »normal«, die Situation auf der Straße als »ungefährlich«. Ihr Versuch, Zeugen des Hergangs oder gar Beteiligte aufzutreiben, scheiterte. Beobachter gab es erst, als der Citroën schon brannte. Deshalb steht in der Guardia-Civil-Akte: *»extraño«* (sonderbar oder kurios).

Wer war Thomas Harris? Ein Mann so vieler Facetten, dass man sie der Reihe nach aufzählen muss, um die Person und ihre Bedeutung zu begreifen:

Er erhält mit achtzehn Jahren das lukrativste Stipendium, das in Großbritannien vergeben wird, studiert in Rom und ist mit 22 Jahren Kunsthistoriker. Ab 1930 arbeitet er in der Londoner Galerie des Vaters, die sich auf spanische Malerei spezialisiert hat. Binnen weniger Jahre gilt Harris als Weltkapazität für die Maler **Goya** und **Zurbarán**.

Im Spanischen Bürgerkrieg (1936–1939) nutzt er die Kontakte seiner Mutter, sie war Spanierin, zu General **Franco** und bekommt mit 28 einen Posten als Liaison-Offizier zu den deutschen Hilfstruppen. Heute weiß man: Harris versorgte seinen Vater mit Kunstwerken, die Francos Truppen bei »anders denkenden« Sammlern konfisziert hatten, und als heimlicher Kommunist täuscht er die Nazi-Söldner mit gezielten Desinformationen. Das Doppelspiel bleibt unentdeckt, das Franco-Regime schützte Harris bis zu seinem Tode als einen der »Ihren«.

Die erfolgreiche Desinformation fiel aber den Sowjets auf, sie beobachten Harris, 1940 wird er als Spion rekrutiert und gehört von da an zur Verräter-Elite der fünf Agenten, die Moskau jahrelang mit geheimsten Dokumenten beliefern: **Kim Philby, Guy Bur-**

gess, Donald MacLean, Anthony Blunt. Man nannte sie später »Die Cambridge-Five«. Aber während die vier Erstgenannten enttarnt wurden, kam erst nach dem Tod von Harris raus, dass er auch dazugehört hatte.

1941 passiert ein Treppenwitz der Spionage-Geschichte: Der britische Geheimdienst MI5 entdeckt die Nützlichkeit von Harris und befördert ihn zum Abteilungsleiter. Aufgabe: Nazispione in England zu Doppelagenten umzupolen. Das gelingt ihm so erfolgreich, dass er mit Ehren und Orden überhäuft wird. Gleichzeitig übergibt er jedes Dokument, dessen er beim MI5 habhaft werden kann, den Sowjets.

1945 geht Harris mit 37 Jahren in den Ruhestand, kauft sich ein Haus in Camp de Mar und beginnt zu malen. So erfolgreich, dass er bald zu den besten britischen Künstlern der Nachkriegszeit gezählt wird, noch 1981 versteigert das Auktionshaus Phillip's in London sechs seiner Gemälde. Wie man sich denken kann, ist Harris aber natürlich nicht im Ruhestand. Denn er steuert von Mallorca aus den Spionagering der Cambridge-Spione und fungiert als Zahlmeister im Auftrag von Moskau. Daneben hört er die Radaranlagen der Amerikaner auf dem Puig Major ab und horcht US-Offiziere der 6. Mittelmeerflotte aus, wenn sie in Palma anlegt. Offiziell für Francos Geheimdienst – nebenbei für die Sowjets.

Seine Tarnung ist die Malerei. Er ist mit allen großen Künstlern seiner Zeit befreundet, mindestens hundert Prominente bestellen Porträts bei Harris, der auch als Kunstexperte tätig ist – für den Prado in Madrid, die National Gallery in London, das MoMA in New York und private Sammler. Niemand vermutet, dass er Spion oder Doppelagent sein könnte. Fast niemand. Nur bei der amerikanischen CIA und dem britischen MI6 gibt es Unterlagen, in denen immer wieder der Verdacht auftaucht, Harris müsse *»der geheimnisvolle fünfte Mann der Cambridge-Gruppe«* sein. Man beginnt ihn zu überwachen, aber Harris ist zu geschickt, man kann ihm nichts nachweisen. Auch als enttarnte Sowjetspione ihn namentlich nennen, wird das als *»absurd«* beurteilt und achtlos archiviert. Aber es gibt eine Gruppe transatlantischer Geheimdienstler – Briten, Amerikaner und Spanier –, denen der Verdacht Bestätigung ist. Sie wollen nicht hinnehmen, dass Harris ungeschoren davonkommt. Und sie betrachten es als »*Sport*«, wie einer von ihnen später gestehen wird, »*den Mann zu jagen, der uns an der Nase herumgeführt und das Leben von Dutzenden von Freunden und Kollegen auf dem Gewissen hat, die der KGB aufgrund seiner Informationen ermordete.*«

Haben sie Thomas Harris und seine Frau Hilda in den Tod getrieben? Ist es ihnen gelungen, den doppelt tödlichen Verkehrsunfall bei Llucmajor zu inszenieren?

Alles sieht danach aus. Aber wenn, dann ist dabei etwas schief gelaufen: Die Leichen konnten nicht identifiziert werden. Das gab dem KGB die Chance, eine finale Legende um Harris aufzubauen: Er selbst habe den Unfall organisiert, weil er spürte, dass ihm die Häscher auf den Fersen waren. Harris habe dabei zwei Unschuldige verbrennen lassen und sei mit einer neuen, perfekt gefälschten Identität in die Karibik geflüchtet, wo er bis zu seinem Tod unentdeckt gelebt habe. So eine Legende ist wichtig für andere Spione, die Angst vor Entdeckung haben.

Erst in den neunziger Jahren bekam die Jagd auf Harris einen plausiblen Namen: →**Greville Wynne**. Der britische Agent hatte, als Geschäftsmann getarnt, in Moskau den wichtigsten Westspion aller Zeiten angeworben, gesteuert und entlohnt: Oberst **Oleg Penkowski**. Aber Harris hatte ihn ans Messer geliefert, als er durch alte Kontakte zum MI6 auf seinen Namen stieß. Worauf die Sowjets Wynne verhafteten, folterten und in üblen Zellen dahinvegetieren ließen. Erst nach achtzehn Monaten kam er bei einem Agententausch frei. Wynne verbrachte den Lebensabend in einem Apartment am Paseo Marítimo in Palma – und könnte Harris begegnet sein, ohne zu wissen, dass das der Mann war, der ihm das alles eingebrockt hatte. Falls er es aber doch wusste, hätte Wynne Motiv und Mittel gehabt, den Unfall in Szene zu setzen.

Kein Gedenkstein markiert die Todesstelle vor der Ortseinfahrt von Llucmajor. Dabei geschah hier ein Stück Weltgeschichte. Wer wissen will, wie Harris aussah, muss ins Museo de Mallorca: Dort hängt ein faszinierendes Selbstporträt – neben einem Keramikkrug, den er formte.

Haute Couture

Drei Mallorkiner haben es als Designer auch international geschafft:

1. **Cisco Caimari** ist z. B. bei der Prêt-à-porter in Paris vertreten und auf der Insel selber mit drei Läden in Ca'n Picafort, Muro (seinem Geburtsort) und Palma.

2. **Carol Dengra** hat in Paris gelernt und gearbeitet. Sie schneidert heute nur noch für prominente Ladys.

3. **Miguel Adrover** zeigt seit 2000 ziemlich provozierende Kreationen auf der Fashion Show in New York, hat sich seit neuestem mit der Joyeria Ramon Llull in Manacor zusammengetan und produziert Schmuck »im klassisch mallorkinischen Design«.

Im Herbst 2003 machte sich ein vierter Mallorkiner auf den langen Weg zum Mode-Erfolg: **Jose Miró** (* 1975) gewann den L'Oréal-Preis als bester Nachwuchs-Designer bei der Modewoche in Madrid.

Stephen Hawking

Das trotz seiner Lähmung größte lebende Genie der Wissenschaften, ein Brite (»Eine kurze Geschichte der Zeit«), besitzt nicht nur eine Liegenschaft bei Deià, er wuchs auch teilweise auf Mallorca auf.

Salvador Hedilla

Flugpionier, der am 2. Juli 1916 zum ersten Mal die Strecke vom Festland (Barcelona) nach Mallorca schaffte. Flugzeug: Monocupe II No. 5. Zeit: Zwei Stunden, dreizehn Minuten.

Herbert W. Heinrich

Der »Wandervogel« Mallorcas, geboren 1922 in Berlin. Er hat rund ein Dutzend Bücher über die interessantesten Routen der Insel geschrieben, diese als studierter Grafiker auch illustriert und ist ein überaus liebenswürdiger Herr – es sei denn, ein Deutscher setzt sich über das Mindestmaß der Bescheidenheit als Gast auf Mallorca hinweg oder begeht ökologische Sünden. Daher rührt seine Fehde mit **Claudia Schiffer** über den Kauf ihrer halben Halbinsel Cap Andritxol. Heinrich besucht Mallorca seit 1954, seit 1983 lebt er in Peguera. Zu Heinrich gibt es ein mallorkinisches Pendant, mit dem er befreundet ist: **Paco Ponce**. Er hat ebenfalls gute Bücher über die Begehung wilder Inselseiten geschrieben.

Jimi Hendrix

Am 14. Juli 1968 weihte er in Palma den Nachtklub »Sgt. Pepper's« ein, gab ein Konzert vor siebenhundert Gästen – und stieß bei einer seiner wilden Ekstasen mit der Gitarre ein Loch in die frisch verputzte Decke. Hendrix wohnte im Hotel »Victoria«, wo er sich aber erstaunlich zivilisiert benahm.

Herkules

Auf Mallorca fand seine sogenannte »Zehnte Arbeit« statt, wie sie in den Sagen des Altertums beschrieben wird: Die Entführung der drei Ochsen, die von dem Monster Geryones und seinem zweiköpfigen Hund bewacht wurden. Der Ort konnte aber nie identifiziert werden.

»Der Herold«

Kurzlebige deutsche Insel-Zeitung. Sie erschien erstmals am 1. Oktober 1933 in Palma und ging dort im April oder Juni 1934 ein, die Angaben variieren – also nach spätestens vierzig Ausgaben von je 22 Seiten. Untertitel: »Deutsche Wochenschrift für Spanien und Balearen«, am Wochenende »Deutsche Sonntagszeitung für Spanien«. Es wird vermutet, dass »Der Herold« von der Reichsregierung finanziert wurde, um das »Auslandsdeutschtum« stärker ans Nazi-Regime zu binden. Liest man die Zeitung, erfährt man mit Erstaunen, dass es damals kaum weniger deutsche Geschäfte gab als heute, dazu Deutsche Schule, deutsche Tanzkurse und Gastspiele deutscher Künstler. Erheiternd wirken die Anzeigentexte, vier Beispiele:

- »Negresco Bar Palma hat stets die beste Tasse Kaffee. Ein Treffpunkt vieler Deutscher«,
- »Rosy – Laßt Blumen sprechen in Freud und Leid«,
- »Zinner's – Palma's erste, moderne, hygienische Maschinen-Dampf-Wäscherei«,

- »Schuhhaus Minerva – Vom Produzenten zum Kaeufer. Beste Qualitaeten zum billigsten Preis«.

Eine zweite deutsche Wochenzeitung hieß »Die Insel«, erschien samstags in Palma und war ähnlich kurzlebig: Oktober 1932 bis September 1933.

Carolina Herrera

Die weltberühmte Designerin aus Venezuela hat einen Shop in Palma, und zwar auf dem Paseo del Borne, 2. Im Angebot: Damen- und Herrenmode, Accessoires, Kinderwagen und Wohnaccessoires. Die Verbindung zu Mallorca geht aber über das Geschäftliche hinaus: Ihre Familie besitzt eine Menge Land auf der Halbinsel Formentor, ihre Schwägerin eines der größten Küstenhäuser. Dort verbrachte Carolina Herrera oft ihre Ferien.

Herzöge von Palma

Ein Kunstbegriff, der von König → **Juan Carlos** seiner Tochter **Cristina** und ihrem Ehemann **Iñaki Urdagarìn** verliehen wurde, damit auch sie klangvoll heißen. Der Titel in der spanischen Schreibweise »Duques de Palma« ist urheberrechtlich geschützt, im Sommer 2003 wurde einer Hotelgesellschaft untersagt, ein Hotel dieses Namens zu bauen.

Tatjana von Hessen

Die Inneneinrichterin hat sich eine Finca in jenem Teil von Mallorca eingerichtet, der in den letzten Jahren mit Dutzenden von Villen zum Trendgebiet der Society wurde – das Tal von → Son Macia. Dennoch: Da wo sie lebt, *»gibt es kein anderes Haus weit und breit«*. Die Prinzessin ist eine jener Neu-Insulanerinnen, die bei Null anfingen: Ihre Bleibe stand vorher 25 Jahre leer, und als sie einzog, gab es weder fließend Wasser noch Strom, als einzigen Luxus fügte sie einen Turm an. Ihr Stil? *»Ich habe keinen. Einfachheit ist am besten – nur saugemütlich muss es sein.«* Eingerichtet ist sie mit Möbeln, die sie in ganz Europa kaufte, einige ließ sie nach ihren Entwürfen bauen, etwa Betten und Lampen.

Achim Heukemes

Deutscher Ultramarathon-Läufer (* 1952), der im Mai 1999 Mallorca auf einer Strecke von 357,3 Kilometer umrundete – auf möglichst in Küstennähe liegenden Wegen. Er benötigte 46 Stunden, 51 Minuten, dreizehn Sekunden. 2004 erregte Heukemes Aufsehen, als er mit 52 Jahren Dritter wurde beim »Yukon Arctic Ultra« – einem Winterlauf über 480 Kilometer durchs eisige Alaska.

Brunhilde Heym Gené

Deutsche Malerin (* 1953 Hennweiler), die seit 1977 in Palma arbeitet und fast jedes Jahr eine Einzelausstellung hat, so 1997 in der Fundación Miró.

Dietrich Hillebrand

Das ist wieder ein Deutscher, der sich um Mallorca verdient macht und den die Insulaner dafür mögen. Hillebrand wird »Der Orgelpastor« genannt, weil er seit zwanzig Jahren Geld sammelt, um die schönen, aber meist beschädigten oder sogar durch Verfall stummen Orgeln in den mallorkinischen Kirchen restaurieren zu können.

Herta und Peter Himbert

Ihr Restaurant ist das »Moli d'e Torrent« in Santa Maria del Camí. Es gilt nicht nur als erstklassig, sondern vor allem als »warme Stube« – an Herz- und Gemütlichkeit kaum zu überbieten. Das liegt an den Wirtsleuten, die es in wenigen Jahren geschafft haben, sich ohne jeden Widerspruch zu etablieren – auch bei Einheimischen. Adresse: Carretera de Bunyola, 75.

Hochmut

Eine gefährliche Eigenschaft, und seit einigen Jahren verstärkt zu beobachten: Der Hochmut zeigt sich etwa in haltlosen Behauptungen der Insulaner, sie seien nicht durch Touristen reich geworden oder Deutsche hätten Bauern das Land mit Gewalt entrissen – denn die hätten es nie und nimmer verkaufen wollen. Oder: Die Deutschen hätten jetzt vierzig schöne Jahre hier gehabt, nun sollten sie endlich gehen. Ein Wort zur Klärung …

Vom Geben und Nehmen

Die auf Irrtümern beruhende und teilweise sogar feindliche Haltung führte, neben einigen anderen Gründen, im Jahr 2002 zum dramatischen Rückgang der Touristenzahl aus Deutschland – ganz zu schweigen vom Einbruch des Immobiliengeschäfts. Dennoch tat die damalige Balearen-Regierung nichts, um die alten Freunde zu versöhnen oder zurückzuholen. Im Gegenteil: Es häuften sich rotzige Bemerkungen von Politikern und Beamten der rot-grünen Regierung, die scheinbar nicht begreifen wollten, dass das Zusammenspiel zwischen Touristen und Tourismusland Geben und Nehmen bedeutet, und dass es geradezu lächerlich ist im vereinten Europa, Fremdenfeindlichkeit nicht zu bekämpfen. Natürlich benehmen sich auch viele Deutsche entsetzlich herablassend, zu desinteressiert an der Inselkultur und zu protzig-rotzig – aber verhalten sich viele Festlandspanier und Mallorkiner ganz anders?

Als der Verfasser im Juni 2002 einen Balearen-Minister auf die Misere ansprach, zuckte er nur mit den Schultern und erwiderte gelangweilt: *»25 Prozent weniger Touristen aus Deutschland? Na, und? Das ist uns doch egal. Das gleichen wir durch verstärkte Werbung in Russland, in Kroatien und in der Türkei aus.«* Der Mann hatte nicht begriffen, was an der EU schön ist, nicht verstanden, wie Tourismus funktioniert. Inselrat-Präsidentin →**Maria Antonia Munar** agierte da sehr viel klüger: Sie gab im Juli 2002 eine Pressekonferenz, in der sie den Deutschen für Treue und Anteil an der Entwicklung Mallorcas dankte, sich für Verstimmungen entschuldigte und Los Alemanes bat, doch bald wieder und in Freundschaft zurückzukehren. Natürlich steckte hinter der Aktion ein Gutteil Opportunismus, aber sie zeigt auch, dass Señora Munar die cleverste aller Inselpolitiker ist.

Hochstapler

Mallorca dürfte der Fleck auf Erden sein, der auf kleinstem Raum die höchste Dichte an Hochstaplern hat, ich schätze sie auf drei pro Quadratkilometer, das bedeutet rund 11 000 Typen, die nicht sind, als was sie sich ausgeben. Hochstapler treten in verschiedensten Formen auf, charakteristisch sind:

1. Autoverkäufer, die sich von grenzdebilen und verarmten Adeligen adoptieren ließen und nun den Prinzen spielen;

2. PR-Journalisten, die behaupten, Chefredakteure so ungefähr jeder großen Zeitung oder Zeitschrift gewesen zu sein;

3. Unternehmer, die auf ihre glorreiche Vergangenheit hinweisen, aber wegen krimineller Aktivitäten aus Deutschland flüchten mussten;

4. Allein erziehende ältere Singlefrauen, die so tun, als seien sie Millionärswitwen, in Wirklichkeit aber von ihrem Mann, einem mittellosen Beamten, verlassen wurden;

5. Ex-Floristinnen, die sich als übersinnliche Begabungen darstellen und ihre Mitmenschen in die albernsten esoterischen Fallen locken;

6. Gescheiterte Werbetexter, die sich das Wort »Schriftsteller« auf neue Visitenkarten drucken lassen; sie sind die Geschwister im Geiste jener Neu-Insulaner, die einen Zeichenkurs der Volkshochschule absolviert haben und nun als Kunstmaler auftreten;

7. Ex-Kabelträger längst abgesetzter TV-Shows, die als »Fernsehstars« fester und peinlicher Bestandteil der Society- und Party-Szene sind;

8. Schließlich gibt es bereits in jungen Jahren in vielen Berufen Gescheiterte, die gehört haben, dass eine PR-Agentur schick und lukrativ ist und sich nichts ahnenden Mitbürgern als geniale Zampanos vorstellen und Rechnungen bereits schicken, bevor sie Leistungen erbracht haben.

Ein Sonderfall ist die Schar von Damen (ich schätze ihre Zahl auf gut fünfhundert), die von anderweitig orientierten Ehemännern, denen eine Scheidung zu teuer ist, auf der Insel geparkt werden. Sie erhalten eine monatliche Apanage und eröffnen eine Boutique und Galerie. Wie Gazellen in der Savanne ziehen sie in Gruppen oder einzeln über Golfplätze, nutzen ihren oft prominenten Namen zur Erschleichung von Sonderkonditionen und haben ein sehr spezielles Erscheinungsbild entwickelt – den »Mallorca-Fairway-Look« – eine Mode, wie sie Escada mit Recht vor etwa zwanzig Jahren aus den Kollektionen warf.

Paul Hogarth

Nachfahre des englischen Malers **William Hogarth**, selbst der wohl berühmteste Illustrator Großbritanniens und seit Jahrzehnten in Fornalutx ansässig. Hogarth schuf die Illustrationen für das einzige reine Insel-Buch von →**Robert Ranke-Graves**, »Majorca observed«.

Höhlen

Es gibt etwa 150 Höhlen und rund vierzig Erdspalten. Die tiefste Höhle ist mit 304 Meter die Cova de sa Campana in Escorça. Die ersten Bewohner Mallorcas hausten in natürlichen Höhlen, am deutlichsten wurde dies in der Bous al Castillo de Santueri bei Felanitx nachgewiesen: Sie ist etwa sechzig Meter lang, die »Kulturschicht« (die Lage mit Abfällen und Resten) ist 1,60 Meter dick – will sagen, sie wurde über viele Generationen genutzt.

1928 erklärte eine gewisse **Luisa Gräfin Welczeck**: *»Es ist allein schon der Mühe wert, nach Mallorca zu kommen, um die Tropfsteinhöhlen zu sehen. – Sie wirken wie ein Märchen aus Tausendundeiner Nacht.«* Das Fomento del Turisme verwendete dieses Lob jahrelang in seinen Werbebroschüren.

In der Höhle von Artà verteidigte sich der letzte Maure gegen die Christen. Im Eingangsbereich der Höhle steht eine riesige Säule mit politischer Historie: Sie war Anfang der dreißiger Jahre von der Republik Spanien für 200000 Pfund (heute eine Million Euro) an das Britische Museum in London verkauft worden. Die Engländer hatten auch gezahlt, aber dann kam **Franco** an die Macht, verweigerte die Lieferung, behielt aber das Geld. Und dabei blieb es, weil später die demokratische Regierung in Madrid den Deal als unseriös betrachtete. Außerdem: Geben die Briten etwa Gibraltar zurück? Die Höhlen von Artà inspirierten übrigens →**Jules Verne**, den Roman »Reise zum Mittelpunkt der Erde« zu schreiben.

Witziger Eintrag im Gästebuch einer Höhle: *»Wenn man diese Höhle durchwandert, sieht man die Größe Gottes. Wenn man dieses Gästebuch durchblättert, sieht man die Winzigkeit des Menschen.«*

Eine der interessantesten und größten Höhlen ist – sozusagen – gerade in Arbeit. Sie liegt auf der Halbinsel Sa Bassa Blanca bei Port d'Alcúdia, gehört →**Ben Jakober** und →**Yannick Vu** und wird von Spezialisten der Balearen-Universität öffentlich gemacht. Was freilich nur für den Vorraum möglich ist. Die hinteren Bereiche sind nur Spezialisten mit Ausrüstung zugänglich, oder man müsste sehr viel Substanz zerstören für gesicherte Wege, Treppen und Plattformen. Dies gestatten die Besitzer nicht – klugerweise. Dabei ist die Höhle riesig, verfügt über Seen, gewaltige Höhenunterschiede und Hallen so hoch wie Kathedralen.

Catalina Homar

Lebenslange Geliebte des Erzherzogs →**Ludwig Salvator.**

Homer

Der altgriechische Dichter (»Ilias«, »Odyssee«) hat Mallorca vermutlich nie gesehen, aber man glaubt, dass sein Seefahrer Odysseus hier landete und begeistert war: Mallorca soll der »Garten der Hesperiden« gewesen sein.

Honig

Es gibt köstlichen auf der Insel, kein Wunder bei der Blütenpracht zu gewissen Jahreszeiten. Verkauft wird er in etwa dreißig verschiedenen Sorten, und besonders empfehlenswert sind die Produkte der Imker **Antoni Cerda Riera** und **Baltasar Pons Viñas** aus Llucmajor. Sie verkaufen ihren Honig unter den Etiketten »Mel de Ca Nostra«, und man findet ihn etwa auf dem Mittwochsmarkt in Sineu – da gibt es ihn sogar mit Mandeln oder Feigen versetzt.

Eine Besonderheit der Insel ist der »Licor de miel« – der Honiglikör. Auf ihn hat sich die Firma »Mel de Mil Flors« in Llucmajor spezialisiert.

Bezugsquelle: Gourmet Club von El Corte Inglés
Preis: 9 Euro.

Rebecca Horn

Deutsche Künstlerin, vielleicht die bekannteste der Moderne, die zwischen Berlin, Paris und Pollença, wo sie seit rund zehn Jahren ein Atelier hat, pendelt. Über Mallorca sagt sie: »*Die Insel gibt mir viel Energie.«* Sie schafft sehr große Skulpturen, Objekte und Video-Arbeiten und ist in vielen Museen vertreten, ihre Werke erzielen bis zu 600000 Euro. Sie gilt als extravagant, trägt gern bunte Turbane und hat immer eine *»message«* zu verkünden – weshalb ihre Arbeiten fast immer Text-Manifeste enthalten. Ein Lebenstraum wäre für sie eine Kunstschule auf Mallorca, die Werkstätten für Studenten aus aller Welt bieten könnte.

Horror mallorquinensis

Für mich ist das Schlimmste, was habgierige Baulöwen an Verwüstung auf der Insel angerichtet haben, die Gegend um Cales de Mallorca und Cala Murada. Eine Reportage:

Ruinen vom Reißbrett

Man muss nur mal langsam durch beide Orte fahren und hinunter zu den Stränden – ein apokalyptisches Erlebnis. Dabei hatte man gedacht, die beiden künstlichen Siedlungen seien nun mal da und nicht mehr zu ändern. Irrtum – der Horror geht noch weiter. Riesige Apartmentblocks werden hier angelegt, gegen die Plattenbauten in Berlin-Marzahn wünschenswerte Wohnanlagen sind. Ganze Reihenhauskurven werden in die Landschaft gekleistert, gegen die Legebatterien luxuriöse Mehrfamilienhäuser sind. Und das Ganze rund um eine Badebucht, die fünfzig Meter breit und hundert Meter tief ist. Das Ergebnis: Noch 1990 waren Cales de Mallorca und Cala Murada zwei deutlich unterscheidbare, durch freie Landschaft getrennte Orte – heute sind sie kaum voneinander zu unterscheiden.

Zwei Orte für zehntausend Einwohner. Wenn alle da sind. Sind sie aber nicht. Die meiste Zeit des Jahres liegen hier Geisterstädte mit verschlossenen Türen, verrammelten Fensterläden, Hunderten von blinkenden Bewegungsmeldern, die Einbrecher abschrecken sollen, und automatisch gewässerten Gärten von der Größe eines Badehandtuchs. Wer verbricht so etwas? Die bekannte mallorkinische Habgier kann doch nicht so weit gehen, dass man im tiefsten Frieden kriegsähnliche Verwüstungen hinterlässt. Das gibt's doch nicht, dass die Stadträte von Manacor und Felanitx so einen Horror genehmigen – oder hängen die gewählten Herren und Damen mit drin im Business? Werden deshalb noch immer irrsinnige Erweiterungen von bereits früher irrsinnigen Siedlungen legalisiert?

Man fährt durch kalten Beton und Schluchten voller Tristesse. Hunderte Meter an winzigen Habitats vorbei, die ein Prozessfall wären für die Menschenrechtskommission in Strasbourg. Fakt ist, dass rund um die winzige Badebucht der Cales de Mallorca (allein der Name ist blanker Hohn) Tausende Apartments, Hunderte Häuschen und Dutzende Hotels gestellt wurden. Drüben in Cala Murada sind es Hunderte von Häuschen. Fakt ist aber auch, dass mehr als die Hälfte der Immobilien leer steht. Seit Jahren. Dennoch wird weiter gebaut.

Nur: Wie rechnet sich das? Ich kenne keinen Immobilienunternehmer, der freiwillig ins finanzielle Verderben rennt. Auf Mallorca schon gar nicht. Aber irgendwie wird mit dem Horror Geld verdient, selbst wenn die Hälfte leer steht. Ein Wunder. Oder auch wieder nicht: Keine der armseligen Katen oder schaurigen Apartments wird den Erbauer mehr als 20000 Euro gekostet haben. Verkauft werden sie aber für abstruse 300000 bis 400000 Euro. Eine Frechheit – und eine Gewinnspanne von 1500 Prozent. Wen interessiert da, ob der Profit mit Horror erzielt wird? Und scheinbar gibt es doch noch ein paar, die so etwas kaufen. Nicht viele – aber sie genügen, um den Horror weiter profitabel zu machen.

Es kommt noch was Schlimmeres dazu: Die Immobilienmenschen in Cales de Mallorca und in Cala Murada spielen Gott. Sie verändern die Landschaft mit Dynamit und kraftvollen Baumaschinen. Sie tragen Hügel ab, schleifen Klippen, füllen Täler auf – um Baugrund zu schaffen, den die Natur nicht vorgesehen hat. Das heißt: Einer, der vor vierzig Jahren ein Häuschen am Strand mit Meerblick gekauft und dafür weit mehr gezahlt hat als einer, der sich im Hinterland ansiedelte, wohnt nicht mehr in der ersten Reihe. Er wohnt jetzt in der zweiten oder sogar sechsten Reihe. Weiter hinten jedenfalls. Die neuen Legebatterien und Apartmentblocks wurden ihm vor die Nase gesetzt. Dagegen lässt sich nur leider nicht klagen. Denn die Firma, die ihm sein Häuschen ganz vorn verkauft hat, ist vorsichtshalber längst pleite, und die Firma, die Legebatterien und Apartmentblocks hinknallt, wirft ihn raus. Und was für Fantasienamen sie dem Horror geben: »Stern des Meeres«, »Tahiti« oder »Sonne von Mallorca«. Das sind Übersetzungen blumiger spanischer Titel. Ich hätte sie anders übersetzt: »Zum Kotzen«, »Weit weg rennen« oder »Frechheit für viel Geld«.

Ich bin dafür, ein neues Gesetz zu verabschieden: Ein Immobilienmensch darf nichts bauen, in das er nicht selbst einziehen würde. Dann wäre Schluss mit dem habgierigen Horror.

Fazit: Mache keiner den Deutschen einen Vorwurf, wenn sie sich eine Immobilie in Cales de Mallorca oder in Cala Murada kaufen. Dann sind sie selbst Opfer. Die Herren des Horrors sind Mallorkiner, die ihre Insel schamlos ausbeuten. Und noch schlimmer sind die Leute in den Rathäusern, die den Horror genehmigen.

Chris Howland

Entertainer aus London (* 1928), der sich mal als *»ersten englischen Gastarbeiter in Deutschland«* bezeichnete. Er kam 1948 nach Hamburg, war Rundfunk-Ansager, Humorist (»Mister Pumpernickel«), Schlagersänger (»Das hab' ich in Paris gelernt«), Filmstar und TV-Moderator (»Musik aus Studio B«). Zu einer Zeit, als Mallorca als exklusive Destination galt, Anfang der siebziger Jahre, besaß Howland das Sechzigbettenhotel »Villa Columbus« und eine Bar auf der Insel. Die hat er bei der zweiten Scheidung an seine Ehefrau verloren. In dem von ihm mitverfassten Buch »Kennen Sie den ...?« (dtv, 2003) schildert er auf Seite 264 amüsant, wie er zuvor die Bar so leitete, dass sie ein Erfolg wurde – mit dem Erzählen von Witzen.

Erwin Huber

Der Maler wurde 1883 in Wien geboren, lebte seit 1920 auf Mallorca, malte etwa zweitausend Bilder und starb 1964 in Palma. Sein Werk hängt etwa im Museu de Mallorca, seine bekanntesten Aquarelle sind die Illustrationen zu dem Buch »Mallorca – Insel der Träume« von **José María Salaverria** (1941 bei Hoffmann & Campe, Hamburg).

In der Altstadt von Palma gibt es einen Laden, der immer noch die Postkarten seiner Aquarelle führt: Llibreria des Call, Ecke c/. Call und c/. Santa Clara. Und auf Flohmärkten entdeckte ich kitschige, aber hübsche Glückwunschkarten (»Felicidades«) nach Motiven von Huber. Sie stammten aus den vierziger und fünfziger Jahren, waren etwa 5 × 10 Zentimeter groß und kosteten rund dreißig Cent pro Stück.

Emil Hübner

Archäologe (* 1834 in Düsseldorf, † 1901 in Berlin), der auf Mallorca gearbeitet hat und großartige Bücher schrieb, etwa »Monumentos Epigráficos de las Baleares«. Auch er gehört also zu den stillen Deutschen, die kaum einer kennt, vor allem kein Eingeborener – und die dennoch eng mit der Insel verzahnt sind.

Hunde

Unglaublich, aber wahr: Es gibt Gegenden auf Mallorca, in denen Rudel verwilderter Hunde eine Landplage sind. Sie reißen Schafe, dringen in Bauernhöfe ein, und es soll schon Wanderer gegeben haben, die vor den hungrigen, aggressiven Tieren flüchten mussten. Ein besonders schwerer Vorfall ereignete sich im November 2003: Da überfielen wilde Hunde eine Schafherde bei Sencelles, töteten sechzig Tiere und verletzten fünfzig.

Die positive Nachricht: Aus Gründen, die nicht ganz ersichtlich sind, wurden Mallorca-Hunde im Jahr 2003 gesellschaftsfähig – egal ob vom Züchter oder aus der Mülltonne. Allein aus dem Tierheim Son Reus der Stadt Palma adoptierten die Society und Urlauber bisher rund 1100 Tiere. Zu den neuen Frauchen und Herrchen von Insel-Welpen zählen: Talk-Lady **Sabine Christiansen**, Model **Claudia Schiffer**, »Bunte«-Chefredakteurin **Patricia Riekel**, Künstlerin **Ruth Reiser**, Sänger **Gil Ofarim** und Jung-Lyriker **Thomas Vitali**. Leider findet auch hier wieder Beschiss im großen Stil statt: Im Internet werden für stolze dreihundert Euro »Arme Mallorca-Hunde« angeboten, die aber aus Bulgarien und Rumänien stammen – nur von daher will sie keiner. Dummen Ausländern werden auch immer wieder »Süße Welpen von Privat« angeboten, bei denen sich – kaum in Deutschland angekommen – schwerste

Geburtsfehler wie kaputte Hüften herausstellen. Dabei ist es so einfach: Son Reus anrufen (+34971/438695), hingehen, Hund aussuchen – der kostet mit Chip und Impfschutz 25 Euro.

Was Gebell betrifft, darf es nicht zu laut sein auf der »Isla de la Calma« – der Insel der Ruhe. Deshalb bekam ein deutsches Ehepaar, das in San Llorenç wohnt und sich durch Gekläff gestört fühlte, von einem Gericht in Palma 7500 Euro »Schadenersatz« zugesprochen.

Kurios: 1959 schrieb **Arnold Burgauer** im Vorwort zu **Walter Läublis** Buch »Mallorca und Ibiza«: »→Hahnenkämpfe … gibt es im Gegensatz zu den Hundekämpfen nicht mehr …« Das ist unwahr: Hahnenkämpfe habe ich noch in jüngster Zeit erlebt. Hundekämpfe sind mir in fast fünfzig Jahren, die ich auf der Insel bin, als organisierte Events nie untergekommen.

Hundertjährige

Auffallend viele leben auf Mallorca. Wer Großeltern hier hat(te), weiß aus eigener Erfahrung, wie lebensverlängernd die Insel wirkt. Man schätzt, dass es stets etwa hundert Menschen gibt, die um hundert Jahre zählen.

Herbert Hundrich

Maler und Bildhauer, der 1951 in Collrunge (Ostfriesland) geboren wurde und seit 1993 in Sineu lebt. Der vielseitige Künstler verwendet unterschiedlichste Materialien und ist seiner abstrakten Bilder wegen so populär, dass er zeitweise bis zu fünf Ausstellungen parallel laufen hat.

Michael Imhof

Er ist Kunsthistoriker, Schriftsteller, Fotograf und Verleger. Sein Buch trägt den lapidaren Titel »Trauminsel Mallorca«, dabei gibt es kein lehrreicheres Werk über die Insel, Imhof hat alle wichtigen und amüsanten Aspekte mit erstklassigen Bildern und präzisen Texten abgedeckt. Ein Buch, das man zweimal kaufen muss – eins für die Finca und eins zum Verschenken.

Iraner

Niemand redet über sie, kaum einer kennt einen, öffentlich treten sie selten auf – und doch bilden sie eine Kolonie. Fast zweihundert Iraner leben hier auf riesigem Grundbesitz, die meisten waren einst beim **Schah** Hofbeamte, wenn nicht Verwandte. Dazu zählen →**Bahram Pahlavi**, ein Neffe des Kaisers, in Sa Font de Sa Cala bei Cala Rajada, ein weiterer Neffe auf dem Landsitz Can Balutxo bei Alqueria Blanca und die **Gebrüder Busheri**, Ex-Palast- und -Finanzminister, die die halbe Landzunge Aucanada besitzen. Mehrere Iraner leben in Son Vida sowie die **Familie Mehdevi**, die die Leuchtturminsel Aucanada gekauft hat und deren bekanntestes Mitglied, **Alexander Mehdevi**, »Märchen aus Mallorca« veröffentlichte.

Ludvig Jacobsen

Einer der berühmtesten dänischen Maler (* 1890 in Odense – † 1957 in Kopenhagen), der 1933 auf Mallorca lebte und eine fruchtbare Tätigkeit entfaltete. Er malte Landschaften in kräftigen Ölfarben und naturalistischer Darstellung, die zum Besten gehören, was über die Insel entstand.

Ellis Jacobson

Der Künstler, geboren 1925 in San Diego (Kalifornien), lebt seit 1962 auf Mallorca und gibt sogar Malkurse hier. Sein Thema sind vor allem Gesichter, die er wie ein Chirurg zerlegt und verfremdet. Rund ein Dutzend Aquarelle und Kohlezeichnungen hängen im Balearen-Parlament, oder besser: hingen – denn mit ihnen passierte im Oktober 2004 Unglaubliches: Sie waren aus den hehren Hallen spurlos verschwunden, keiner konnte sich das erklären, und die Suche blieb bisher ergebnislos.

Michael Jahr

Spross der Verlegerfamilie (* 1938), der ein eigenes Imperium in Spanien aufgebaut hat. Er stand mal hinter der dritten deutschen Zeitung auf Mallorca, dem »Palma Kurier« der neunziger Jahre, der qualitativ hochwertig war, aber nicht genügend Leser fand. Jahr wohnt in einem Weiler bei Felanitx, der wegen unverbauter Ursprünglichkeit unter Qualitätsausländern als Geheimtipp gilt. Von Einheimischen wird die Zuwanderung deshalb eifersüchtig bewacht: Son Mezquida.

Ben(edict) Jakober

Der britische, 1930 geborene Ex-Bankier mauserte sich zum einfallsreichen Bildhauer und Objektkünstler und hat das gewiss schönste Haus auf Mallorca: → Sa Bassa Blanca auf der bewaldeten und reich mit Kunst dekorierten Halbinsel Aucanada im Norden. Hier haben er und seine Frau → **Yannick Vu** auch ein unterirdisches Privatmuseum eingerichtet, in dem sie ihre Sammlung mittelalterlicher Kinderbilder zeigen, der Besuch erfolgt nach Absprache.

Internet: www.fundacionjakober.arrakis.es

Das Museum hat im übrigen einen traurigen Hintergrund: Jakobers gründeten es zur Erinnerung an Tochter **Maima**, die bei einem Motorradunfall auf Moorea (Polynesien) getötet wurde.

Ben Jakobers Werk kennt übrigens jeder Tourist, auch wenn er keinen Schimmer von Kunst hat: Von ihm sind die riesige Metallamphore vor der Abflughalle des Flughafens, ein etwas bauchigeres Gefäß an der Autobahn bei Costa d'en Blanes und ein riesiger Schutzhelm im Parque del Mar. Die erstgenannten Kunstwerke sind nachts beleuchtet. Der Golfplatz Camp de Mar kann sich rühmen, achtzehn Jakobers zu besitzen: Der Künstler hat die Abschlagmarkierungen gestaltet – felsige Findlinge mit farbigen Längenangaben und teilweise skurrilen Namen. Und in Puigpunyent gestaltete Jakober Rosette und Glasfenster der Pfarrkirche.

Aber wer ist er wirklich? Was bedeutet er der internationalen Kunstszene? Und wieso ist sein Haus das schönste auf Mallorca? Ein Porträt.

Der große Lachler

Als Sindbad der Seefahrer sich Deriabar näherte, der sagenumwobenen Schatzinsel **Alexanders des Großen**, muss es so ähnlich gewesen sein: ein kahler Berg im Hintergrund, vorne ein dichter Wald und dazwischen der blendend weiße Palast wie eine →Fata Morgana. Wer heute mit dem Schiff nach Port Alcúdia segelt und von See aus aufs Kap Farallons blickt, sieht die Sindbad-Szene live: den 444 Meter hohen Atalaya de Alcúdia, den Wald von Sa Bassa Blanca – und den Palast wie aus 1001 Nacht. Es ist aber keine Fata Morgana, sondern das Haus von Ben Jakober und seiner Frau →**Yannick Vu.**

Ben wurde als Ungar in Wien geboren, wuchs in England auf, besitzt den britischen Pass und landete in Mallorca auf dem Umweg über Paris, Tahiti, früher schon mal kurz Mallorca und erneut Tahiti. Die schöne Yannick Vu, Tochter eines Malers aus Hanoi und einer bretonischen Pianistin, stammt aus St.-Paul-de-Vence, lebte in Rom, heiratete auf Mallorca den italienischen Maler →**Domenico Gnoli**, fand sich nach dessen Tod in Panama wieder und kehrte als Mrs. Jakober zurück.

Einen »Zivilisationsspötter« hat sein Freund, der Pariser Kunsthistoriker **Pierre Restany**, Ben genannt. Als ich ihn bitte, mir doch mal zu verraten, wie er selbst sich sieht, spricht er in Bildern: Ein Fußabdruck irgendwo in der Landschaft; der Regenbogen, der existiert, man sieht ihn ja – aber geh bloß nicht hin, dann löst er sich in Luft auf. Oder Gewichte, die man wiegen muss mit anderen Gewichten, um ihr Gewicht zu prüfen. *»Alles Dinge«*, so Ben, *»die das Auge so sieht, wie das Hirn sagt, dass es sein könnte. Dinge, die das Unterbewusstsein kennt, aber nicht platzieren kann.«* Sie faszinieren Ben. Und wenn er etwas bewirken will im Leben, dann, dass man ihm zuhört oder zusieht, wie er die Rätsel darstellt. Für diesen Stiefsohn des Surrealismus ist der Idealzustand erreicht, wenn wir es schaffen, der Aufforderung zu folgen: *»Look at my music and listen to my sculptures«* – betrachte meine Musik, lausche meinen Plastiken.

Eigentlich kann der Besucher von Ben und Yannick gar nicht anders: Da steht in ihrem Park von mehr als zwanzig Hektar eine Palme verkehrt herum im Boden, mit dem Wurzelballen nach oben. Seesterne wandern auf zwei Beinen wie Saurier durch Kakteenhaine. Auf einer Klippe ist die Figur eines Ikarus bei dem Versuch erstarrt, zum Flug abzuheben. Eine Sonnenuhr, technisch perfekt, kann dennoch die Zeit nicht zeigen, weil ihr Zifferblatt schwarz gestrichen ist und keinen Schatten annimmt. Und schließlich entdeckt man eine doppelte Grabplatte, auf der die noch nicht Verblichenen mit Kieselsteinen porträtiert sind – letzte Ruhestätte von Ben und Yannick.

Ihr Heim, der Palast, ist riesig. Als ich innen herumwandern wollte, aber Ben zu tun hatte, drückte er mir ein Tischglöckchen in die Hand und sagte: *»Wenn du mich brauchst, läute einfach!«* Genau genommen ist es gar kein echter Palast, sondern eine »Ribat«: eine arabische Festung, und genau das hatten der ägyptische Architekt →**Hassan Fathy** und seine spanischen Assistenten **Francisco Muñoz** und **David Torres** im Sinn. Oder, wie Ben sagt: *»Da stand ein altes Bauernhaus. Plötzlich sagte einer: ›Patios, wie steht es mit Patios?‹ Sofort spielten wir herum mit Modellen aus Ton und Holz, und plötzlich geriet uns der Plan außer Kontrolle und* *wir in die Gewalt des Hauses. So entstand es.«* Für Ben und Yannick ist das Haus weniger Trutzburg als *»Schutzhülle«*. Wobei man wissen muss, dass der Bildhauer von der Doppelsinnigkeit von Käfigen besessen ist – weil der Löwe im Zoo zwar einerseits nicht ausbrechen kann, andererseits jedoch auch vor den Menschen geschützt ist.

Warum so ein »Ribat« gerade hier an der Nordwestküste Mallorcas? Dumme Frage! Mehr als drei Jahrhunderte herrschten die Mauren über die Insel und verwurzelten ihre segensreiche Kultur. Die Architektur eines »Ribat« scheint maßgeschneidert für das Klima Mallorcas, und wenn im Winter wirklich mal Kälte einbricht, dann werden die »Muschrabi-ehs«, die Holzgitterfenster, eben abgedeckt. Damit der Wind – die natürliche Aircondition des Sommers – nicht mehr stört.

»Mallorca ist gerade so weit entfernt, dass man Schönheit finden kann, aber nah genug, damit wir Europäer, die wir nun mal sind und immer bleiben werden, zurückfinden in die Hauptstädte«, sagt Ben. Und wenn er von *»… schnell mal in die Stadt«* spricht, dann meint er nicht Palma, sondern London, Paris oder Genf. Für Ben ist entscheidend, *»dass in der Stadt zwar nicht mehr Wahrheit zu finden ist als auf dem Land, dass aber das Land weniger Situationen bietet, die man nicht vermeiden kann.«* Ein großer Satz. Ben sagt auch: *»Landleben ist Leben in körperlicher Nähe zur Aktualität, ohne verdorben zu werden durch Modeströmungen.«* Noch ein großer Satz.

Hinzu kommt die Magie von Mallorca, von den meisten nicht verstanden. Aber auch sie ist, unbewusst, ein Grund, dass derart viele Touristen kommen. *»Licht, Frieden und Liberalität«*, umschreibt Ben diese Magie. Wieso Liberalität? *»Der verrückteste Fremde wird auf Mallorca als normal empfunden. Das klappt zum Beispiel in Griechenland nicht!«*

Verrückt – ein gutes Stichwort. Unter den mehr als tausend Nummern seines Werkverzeichnisses finden sich Fledermäuse, die wie schwarze Regenschirme aussehen. Und schwarze Regenschirme, die davonzuflattern scheinen wie Fledermäuse. In seinem »Marrokanischen Zimmer« entdecke ich eine Perrier-Flasche mit Sektkelch in einem weißen Vogelkäfig. Es gibt ein aufgequollenes Fußballfeld, in dem verstümmelte Kicker versinken – »Bloody Sunday« heißt das 1981 entstandene Objekt, eine Vorahnung der Stadionkatastrophen. Vom mystischen →Nightscreecher ganz zu schweigen. Draußen im Park nähert sich eine Gruppe von E.T.-Figuren (Titel: »We are not alone« – wir sind nicht allein), die lange vor dem berühmten Film entstanden. Untersucht man die Gruppe, sind es ins Gigantische vergrößerte Radiokondensatoren. Neben der Haustür lehnt eine graue Marmorplatte mit polierten Hieroglyphen, die keine sind, sondern nachgestellte Mikrochips: Schriftzeichen der Neuzeit, die auch nur Eingeweihte kennen.

Das ist Kunst, die kein Abbild ist, mit Augenzwinkern geschaffen, mit Hirn durchdacht. »*Ich sehe die Dinge eben anders*«, sagt Ben. »*Bis Konventionen alles wieder zusammenbringen. Ein Zeichner setzt eine Idee in zwei Minuten um, wenn's sein muss. Ich benötige dafür Wochen.*« Schon wegen des Materials – Marmor, Eisen, Glas, Kunststoff und anderes. Ben hat der Kunstwelt beigebracht, dass ein Mensch des 20. und 21. Jahrhunderts keine wahrhaft neuen Ideen mehr gebären kann. Vor allem für einen Bildhauer ist es unmöglich, eine Form zu finden, die nicht schon in der Natur entdeckt wurde. Das zu leugnen wäre dumm und hochmütig. Nicht zuletzt deshalb sammeln Ben und Yannick Objekte, die sie »Spontankunst« nennen und oft schöner finden als durchdachte Kunst: die Ruderstütze einer venezianischen Gondel, abgesägt und auf einen Marmorsockel montiert. Ein steinerner Findling, zufällig geformt wie Venus, auf einem Acrylblock.

»*Die Händler möchten, dass man immer so tut, als repräsentiere man den letzten Stand der Kunst*«, sagt Ben. »*Mit Werken, die EIO's sind*«. Er möchte sie aber nicht liefern, diese »Easily Identifiable Objects« – bequem zu erkennende Werke. Etwas Nachdenken soll schon sein. Was zur Folge hat, dass Ben viele Arbeiten für seine Privatsammlung gehortet hat – jene, die am schwierigsten zu identifizieren sind.

Zurück zum »Ribat«. Der schluckt alles, so groß ist er. 94 Türen führen durch ein Labyrinth von Räumen, Brunnen sprudeln in schattigen Innenhöfen, ein mit Zinnen gekrönter Dachumlauf bietet luftigen Ausstellungsraum und exklusive Sitzplätze. Kuppeln wechseln sich mit Terrassen ab, Gitter bilden durchsichtige Wände, Fliesen sind wie Mosaike angeordnet, es gibt Diwane von zehn Meter Länge, Teppiche schlucken jeden Laut, und dienstbare Geister huschen umher.

»*Kuppeln müssen gebaut werden*«, hatte Architekt Fathy verlangt. »*Weil sie wirken wie Schädel, und Schädel regen die Kreativität an.*« Mallorkinische Maurer formten sie wie die traditionellen Backöfen. Und um dem Weiß der Wände eine elegante Stumpfheit zu verschaffen, ließ Fathy graues Wachs unter den Mörtel mischen und den Verputz nach dem Trocknen mit Talkum polieren. Jetzt wirken die Wände wie Eierschalen und stören die Gegend nicht. Ein genialer Trick: altes Arabien in der Neuzeit.

Als Innendekoration gelang ein Mix aus Alt und Neu, wobei die Antiquität oft vom modernen Pendant nicht zu unterscheiden ist. Weil Ben z.B. einem mallorkinischen Keramiker ein paar Fliesen aus der Alhambra in Granada zeigte, die er hatte kaufen können, und ihn aufforderte, dazu passende Stücke zu brennen. Mit untrüglichem Gespür kopierte der sie nicht etwa, sondern schuf eine perfekte Ergänzung.

Leben in Sa Bassa Blanca bedeutet, dass sich die beiden Künstler dauernd aneinander reiben. Wie zwei Überlebende der Wüste in einer herrlichen Oase. »*Aber es ist notwendig, das Talent dauernd in Zweifel zu ziehen, um festzustellen, ob man wirklich auf dem richtigen Weg ist*«, sagt Yannick. Was gleichwohl nicht einfach ist. Weil es immer wieder passiert, dass Außenstehende mit ihren Urteilen wie ein Hurrican der Andersartigkeit über die Ateliers in Sa Bassa Blanca hereinbrechen.

Yannick spürt die Veränderungen ihrer Karriere fast schmerzhaft. Zwei Jahre lang malte sie fast nur Kakteen. »*Sie waren für mich das Wichtigste auf der Welt.*« Dann malte sie keine Kakteen mehr, von einem Tag auf den anderen, weil sie erkannte: »*Jede Obsession muss ein Ende haben, wenn sie nicht zum Wahn werden soll.*«

Ben dagegen stellte mit einem Mal fest, »*dass meine Sachen nicht mehr so offensichtlich komisch sind*«. Evolution eines Alternden, der sogar eine »*Zeit der Zungen*« hatte, als er Objekte schuf, die alle mit diesem Körperteil bestückt waren.

Nächste Phase: Moderne Symbole werden auf archaische Weise benützt – »Pseudoria« nennt Ben das, und der Hieroglyphen-Stein mit den Mikrochips neben der Haustür entstammt diesem Gedanken. Ebenso der »Stein von Rosette« für die Neuzeit, den er in die Glaspyramide am neuen Louvre einbaute: dreisprachig auf Französisch, Griechisch und Arabisch, aber in Computerschrift.

Yannick war da gerade bei sich selbst angelangt, bei ihrem Gesicht, einem der schönsten, das je die Erde sah. Da begriff sie, *»dass es nicht die Züge sind, die ein Gesicht ausmachen, sondern Realitäten hinter dem Nasenbogen und die Gesten, mit denen man sich verkleidet.«*

Als ich mal mit dem Tischglöckchen nach Ben läutete, kam er mit Wassereimer und Putzlappen aus dem Garten. Er hatte die Graffiti von seiner 1983 entstandenen Plastik »Urizen« gewaschen – Graffiti, die er selbst aufgesprayt hatte als lesbarer Teil der Skulptur. Aber jetzt waren die Graffiti buchstäblich im Eimer – ich wunderte mich. Worauf Ben fast erschrak: *»Hätte ich das nicht tun dürfen? Sie störten mich doch plötzlich! Soll ich denn meine eigene Arbeit nachträglich nicht verändern dürfen?«*

Da kommt heraus, dass Ben einen geheimen Friedhof besitzt, auf dem er die in seinen Augen missratenen Arbeiten beerdigt. Der Friedhof liegt im Wald von Atalaya de Alcúdia, hinter dem Haus den Hügel hoch. Ben weigert sich, ihn mir zu zeigen: *»Tote soll man ruhen lassen.«*

Aber etwas anderes zeigt er mir, etwas Neues: eine Laube hinter dem köstlichen Rosengarten von Yannick. Der Garten ist ein rund fünfzig Meter langer Tunnel blühender Stauden. Aus aller Welt importieren Ben und Yannick dafür Rosenstöcke in den seltsamen Farben erotischer Wäsche: purpur, lachs, pink und alle anderen Schattierungen. *»Das ist Zufall«*, behauptet Ben. Nein, ich glaube ihm das nicht, dem Spötter. In Sa Bassa Blanca gibt es daher jetzt die erste begehbare und schattige, von Schmetterlingen und Bienen geliebte, verwelkende, zur Sinnlichkeit anregende, nach Rosen duftende und die Besucher komplett umhüllende Höschenkollektion der Welt.

Konstantin Jakoby

Der Mitinhaber der erfolgreichen Hamburger Werbeagentur Springer & Jakoby besitzt auf der Insel eine Finca und in der Altstadt von Palma einen vorzüglich renovierten Palast als Kommunikationszentrum.

Hanns O. Janssen

Das Schwergewicht mit dem weißen Hemingway-Bart ist einer der bekanntesten unbestechlichen Wein- und Restaurant-Kritiker. Häufig liest man ihn in der »Welt am Sonntag«. Janssen besitzt seit 1996 ein Haus in den Hügeln von Artà, das seine Freunde als Hort großer Genüsse rühmen.

Japaner

Es wäre keck zu behaupten, dieses asiatische Land und Mallorca hätten viel miteinander zu tun. Aber zwei Berührungspunkte gibt es: Die Affäre um **Yoko Ono** (→ **John Lennon**) und einen Maler, der geehrtes Mitglied der Künstlerkolonie in Deià war: **Drei Wölkchen**. Er schuf wunderbare Bilder im Stile der alten Farbholzschnitte seiner Heimat.

Jazz

Dafür ist die Insel nicht gerade berühmt, aber es gibt einen Meister seines Fachs, der auch schon in internationalen Bands gespielt hat: den Gitarristen **Joan Bibiloni**. Seine Platten sind mehr als ein Ohr wert.

Roderic Jeffries

Populärer britischer Autor, der in den achtziger und neunziger Jahren seine Kriminalromane um den Polizeiinspektor Enrique Álvarez fast im Halbjahresrhythmus produzierte – nicht weniger als dreizehn gibt es auf Deutsch. Sie verkauften sich zeitweise wie geschnitten Brot, spielen alle auf der Insel, und Jeffries' Trick ist es, das Wort Mallorca in den Titel zu setzen. Jeffries' Tochter arbeitete als Sekretärin von → **Ben Jakober**.

Dionys Jobst

Der Bundestagsabgeordnete der CSU, ein Anwalt aus der bayerischen Provinz, wurde 1993 für ein paar Wochen bekannt, weil er angeregt hatte, Spanien Mallorca abzukaufen und zum siebzehnten Bundesland zu machen.

Bernd Jogalla

Ruhig abwägender, seriöser Chefredakteur des »Mallorca Magazin«. Unter seiner Ägide entstand ein Blatt, dessen Abonnentenzahl stieg, dessen Anzeigenteil zur Goldgrube wurde und das dank seiner Informationen so wichtig ist, dass fast jede deutsche Zeitungsredaktion es wöchentlich haben muss. (→ **Seifert, Serra**).

www.mallorcamagazin.net

Johannes

Die Kunst des Malers (* 1964 in Bad Hersfeld, Familienname: Adamski) ist leicht, dekorativ und schwierig zu beurteilen für Kunsthistoriker. Seine großflächigen Blumenstücke hängen in fast jeder größeren Deutschen-Finca. Er wohnt in Binissalem. Die Preise für seine Bilder? Im »Mallorca Magazin« entdeckte ich im Mai 2002 folgende Kleinanzeige: Hibiskus-Aquarell, gelb, gerahmt, 146 × 109 Zentimeter, sehr günstig – 1200 Euro.

Es gibt auch eine Malerin des Namens Adamski, Vorname **Dagmar**, sie wohnt in Groß-Gerau, also nicht ständig auf Mallorca, aber häufig (in einem Häuschen mit Obstplantage) und zeichnet sich durch einen besonders sensiblen Malstil aus. Beliebt sind ihre Insel-Landschaften als Aquarelle oder Ölbilder.

Miguel Jorda Forteza

Bester Springreiter der Insel (* 1957 in Palma). Er studierte an der Sporthochschule Köln und erwarb den Titel Professor und den Titel eines Gestütsmeisters. Zwischen 1977 und 1984 gewann er fast alles, wofür es in Spanien (ein bisschen auch in Deutschland) Turnierpreise gibt.

Juan Carlos von Spanien

Der Monarch adelt Mallorca vor allem im Sommer – als Ferienort. Dann segelt er Regatten, fährt mit Motorboot und Motorrad spazieren, wohnt im Palast Marivent und hat ein Büro in der Almudaina. Kurios: In seiner Kindheit bewohnte der König mehrere Monate lang eine Zelle der Kartause in Valldemossa. Er kennt also das →**George Sand**/→**Frédéric Chopin**-Gefühl. →**René Kollo** und ich erinnern uns gern an folgende Begebenheit. Wir segelten in Richtung Cabrera, da brüllte es von einem relativ weit entfernten Boot aus dem Megafon: »*Stop, está tu rey!*« – Halt, hier ist euer König. Wir dachten an einen Scherz und brüllten (ohne Megafon) zurück: »*Wir sind Deutsche, da sind Sie nicht unser König.*« Jetzt war das andere Boot schon ziemlich nah, und wir hörten Folgendes: »*Solange Sie sich in spanischen Gewässern befinden, betrachte ich mich als Ihr König*«. Es war tatsächlich **Juan Carlos von Spanien**, und was wollte er? Zwei Fläschchen Tonicwasser für seinen Gin, das war ihm ausgegangen.

Juden

Für sie war Mallorca in dunklen Zeiten ein Refugium, hier konnten sie sicher leben, auch wenn sie später – rund um den »Temple« in Palma – ein Getto bewohnen mussten. Erst um 1688 begann ihre Verfolgung durch die katholische Kirche. Noch heute lassen sich jüdische Wurzeln in den Namen vieler christlicher Familien nachweisen, zum Beispiel Salom. →**E. A. Rauter** schrieb 1988: »Als während des Mittelalters die spanischen Christen ihre Juden umbrachten, wanderten viele der Verfolgten nach Mallorca aus … Aber die Christen kamen bald hinterher und verbrannten … die Juden in großer Zahl. Immerhin war der Beitritt zum Christentum als Ausweg erlaubt, weshalb Mallorca heute nach New York, Israel und dem Jüdischen Autonomen Gebiet in der Sowjetunion die Region mit dem höchsten Anteil an Nachkommen jüdischer Vorfahren ist.« Zynischerweise heißen Juden bis heute »Xuetes«: nach Chuea = Schweinefett. Weil man unterstellte, dass sie nach ihrer Konversion auch Schweinefleisch äßen. Wie eingeführt dieser abwertende Spitzname tatsächlich ist, ersieht man auch an einem immerhin fast wissenschaftlichen Werk, das 1980 in Madrid erschien. Die Autorin **Angela Selke** nannte es »Vida y muerte de los chuetas de Mallorca« – Leben und Sterben der Juden auf Mallorca.

Wer mehr über Juden auf Mallorca erfahren möchte, muss sich ein Buch von **Gabriel Cortés y Cortés** besorgen. Es erschien 1985 und heißt »Historia de los judíos mallorquines«. Ein Jude, **Jafuda Cresques** (1350–1427), begründete übrigens den legendären Ruf der mallorkinischen Seekarten. Er schuf die kartografische Schule in Palma, den katalanischen Atlas (1375) und auf Jahrhunderte ein Monopol. Kaum ein Seefahrer, von **Vasco da Gama** bis →**Kolumbus**, der nicht nach einer mallorkinischen Karte segelte. Auch die Seekarte, mit der **Amerigo Vespucci** nach Amerika schipperte (und dort dem Kontinent seinen Namen gab), stammte aus Palma und wird heute noch im Marinemuseum gezeigt.

Der einzige jüdische Friedhof, der auf der Insel erhalten blieb, liegt bei Santa Eugenia. Die »Asociació llegat jueu« (Verein des jüdischen Vermächtnisses) veranstaltet nach Anmeldung Stadtführungen durch Palmas Judenviertel (auch in Englisch). Kontaktperson: **Gloria García**. Adresse: Carrer de la Pau, 5, 07012 Palma. E-Mail: llegatjueu@hotmail.com

Ernst Jünger

Der legendäre deutsche Schriftsteller kam im Sommer 1931 nach Mallorca, da war er 36 Jahre alt, brachte seinen Sohn mit und wohnte in Pollença. Erinnerungen an diese Zeit findet man in seinen Tagebüchern, die jetzt – posthum – allmählich veröffentlicht werden.

Kaiserin Sisi

Auf ihren rastlosen Wanderungen durch Europa kam die unglückliche Monarchin (1837–1898) zum ersten Mal 1860/61 mit 23 Jahren nach Mallorca, das zweite Mal 1892/93, und lebte dabei einige Wochen bei ihrem angeheirateten Verwandten, dem Erzherzog →**Ludwig Salvator**. Der ermunterte sie, für immer auf der Insel zu bleiben, aber das Leben an seinem kleinen Hof war ihr zu hektisch, und es störte sie, dass alle Standesunterschiede aufgehoben waren.

Im Januar 1893 schipperten Kaiserin und Erzherzog um die Insel Dragonera, und in ihrem psychisch fragilen Zustand erschrak sie vor einem Felsgebilde an der Inselkante – es sieht aus wie ein bärtiger Mann mit buschigen Augenbrauen und wilder Mähne. Ludwig Salvator, der gerade die Küstenlinie von Dragonera zeichnete, kritzelte den Felsenmann in die rechte obere Ecke eines Tuschebildes und schrieb dazu die Frage: *Ein Traum aus dem Meer?* →**Nils Burwitz** entdeckte die Skizze in der Skizze 1992 und entwickelte daraus 1994 ein schönes Aquarell in der Mini-Auflage von hundert Stück.

Klaus Kalbermatten

Der Mann stellt ein skurriles Geheimnis Mallorcas dar, denn man weiß nicht: Haben ihn die Schweizer raffiniert erfunden – oder gab es ihn wirklich? Verdankt ihm die Insel viel, oder hat ein schriftstellernder Landsmann ihm nur zu frei erfundenem Ruhm verholfen? Die Geschichte geht so: Kalbermatten, ein Glasmaler aus dem Oberwallis, wanderte im 14. Jahrhundert als Lohnarbeiter durch Europa, wurde *»von ungefähr auf die einsame Insel verschlagen«* und bekam sofort Arbeit beim Bau der →Kathedrale in Palma; Künstler, die das Glasmalen beherrschten, waren damals selten. Er schuf das Langfenster an der Südseite der Mittelapsis aus Hunderten von geätzten und bemalten Glasscherben und schmückte es mit einer leuchtenden Gestalt der heiligen Eulalia. Dazu brauchte er achtzehn Monate, weil es ihm nicht nur auf die Schönheit des Fensters ankam, sondern auch auf die raffinierte Wirkung des einfallenden Lichts auf die goldgelben Mauern und Pfeiler aus Mares-Quadern. Der Bischof war von Kalbermattens Arbeit begeistert, aber nicht gut bei Kasse, er versuchte deshalb, das vereinbarte Honorar nur teilweise in Dukaten bar auszuzahlen und den Restbetrag in der damals gerade populären geistlichen Münze zu begleichen: Sünden-Ablässe. Das lehnte der Schweizer ab, bekam sein Geld und einen weiteren Auftrag: auch das nördliche Glasfenster der Apsis zu gestalten. Bei der Finanzierung des zweiten Fensters kam es zu einem königlich-mallorkinischen Krimi, aber ihn zu schildern würde dieses Buch allein füllen. Der Schweizer Schriftsteller **Emanuel Stickelberger** (* 1884) hat ihn in seiner 1922 entstandenen Novelle »Der König von Mallorka« ausführlich geschildert – und damit dem Glaskünstler Klaus Kalbermatten, der auf der Insel selbst unbekannt ist, ein wortreiches Denkmal gesetzt.

Helmut Kalenborn

Ein Deutscher, den man nur auf Mallorca kennt: Der Rheinländer (* 1940) ist Rennfahrer und seit 1982 fast unschlagbar als balearischer Bergmeister – neunmal gewann er bis 2002 den Titel.

Kalender

Die besten mit mallorkinischen Motiven produziert der Fotograf **Klaus Siepmann**, oft in Kooperation mit dem →»Mallorca Magazin«. Es gibt die Kalender in annähernd allen Buchhandlungen zu kaufen.

Kameras

Unglaublich, aber wahr: Auf Mallorca wurden auch mal sehr gute Fotoapparate produziert, und zwar von **Joan Rossello Esteva** (* 1911) aus Petra. Er stellte Kameras der Marke JAM von 1939 bis Ende der fünfziger Jahre her, dann gaben ihm japanische Fabrikate den Rest. Wer Rossellos Bestseller »Iris«, »Moment« und »Lirba« auf Flohmärkten entdeckt, sollte sie als Kuriosum kaufen – meist funktionieren sie noch, und keiner ahnt, dass sie ein Schatz sind.

Heiner Kamps

Der Unternehmer, der mit seiner Hände Arbeit der größte Backwarenfabrikant Deutschlands wurde, siedelte sich 2002 auf Mallorca an – was vermutlich mit seiner gewonnenen Freizeit nach dem Verkauf seines Konzerns zu tun hat. Die Villa, die er sich in Portals Vells errichtete, zählt zu den prunkvollsten Privatbauten, liegt auf einer Terrasse und hat zwei riesige runde Ecktürme.

Karthager

Sie kamen im dritten Jahrhundert vor Christus und wurden 123 von den Römern vertrieben. Ähnlich kurze Gastspiele gaben Westgoten, Byzantiner und Franken. Nur →Römer und →Mauren hielten sich länger. →**Hannibal**

Ursula Karven

Die Schauspielerin (* 1966) machte Mallorca ein Kompliment: Sie brach ihre Zelte in Malibu (Kalifornien) ab, zog in die Nähe von Palma – und sagte, dabei habe auch ihre Sehnsucht nach dem alten Europa eine Rolle gespielt. Die Künstlerin aus Ulm (sie singt und tanzt, seit 1984 war sie in Dutzenden Kino- und TV-Produktionen zu sehen) brachte dabei ihren Mann, einen US-Produzenten, ihren kleinen Sohn und eine ganze Menagerie mit: Pferde, Hunde, Katzen und einen Leguan. Für den Wegzug vom Pazifik mag auch eine Tragödie gesprochen haben: Dort ertrank 2001 ihr Sohn **Daniel**, 4, bei einem Kinderfest im Pool des Rockstars **Tommy Lee**.

Sibylle von Kaskel

Geboren 1905, kam sie 1934 aus München auf die Insel, arbeitete als Fotografin und starb mit weit über neunzig Jahren in einem Altersheim in Palma. Ihre Bilder von Mallorca gehören zum Besten, was je mit der Kamera geschaffen wurde.

Katar

Die Familie des Scheichs der arabischen Monarchie besitzt einige Immobilien – und vor allem sechs identische Yachten namens »Al Menwar« im Club de Mar von Palma, sie liegen direkt neben der →»Lady Moura«. Die Katars fielen auch schon unangenehm auf, als Thronfolger **Hassim bin Hamidi al-Thani** im August 1999 mit seiner Yacht »Constellation« eine Fähre vor Ibiza rammte und aufs offene Meer flüchtete.

Kathedrale

Sie ist vermutlich die Kirche mit dem weltweit größten Innenraum, den die wenigsten Säulen tragen: 6600 Quadratmeter Fläche, 109,4 Meter lang, 39,45 Meter breit und innen 43,95 Meter hoch (außen bis zu 67,50 Meter). Zum Vergleich: Der Kölner Dom, die mit Abstand größte Kirche Deutschlands, misst 144 × 44,8 × 43,5 Meter – ist also niedriger. Nur die Säulen der Mailänder Kathedrale und damit deren Innenräume sind weltweit höher. Aber: Als um 1300 mit dem Bau der Kathedrale in Palma begonnen wurde, gab es nirgendwo ein derart gewaltiges Mittelschiff. Die Rosette der Ostfassade ist mit 12,55 Meter Durchmesser und 97 Quadratmeter die größte der Welt, 1236 einzelne Glasscheiben finden sich darin. Zum Vergleich: Die Rosette von Notre Dame in Paris hat einen Durchmesser von 9,6 Metern. Und wie kommt es, dass sich Palma eine solche Riesenkirche leistet? Die Legende besagt, dass König **Jaume I.** auf dem Meer in einen Sturm geriet und in seiner Not die Errichtung der Kathedrale versprach – sollte er gerettet werden. Andererseits stand an derselben Stelle längst eine Moschee, die bis Ende des 14. Jahrhunderts als christliches Gotteshaus genutzt wurde. Da erschien es ein leichtes, aus der Moschee eine Kirche zu machen.

In den Seitenkapellen verstecken sich vier Gemälde des Mexikaners →**Diego Rivera**.

»Tritt man aus der Kathedrale ins Freie, erscheint alles plötzlich viel kleiner – selbst das Meer …« (stellte ein nachdenklicher Tourist fest).

Insidertrick: Sie zu besichtigen, auch wenn sie geschlossen ist, kostet drei Euro – auf dem Umweg über die Schatzkammer. Von der führt ein Türchen ins Kirchenschiff.

Man gebe sich keinem Irrtum hin: Zwar heißt es, 1601 sei die Kathedrale fertig gewesen, aber noch vor 150 Jahren war die Kathedrale wenig mehr als eine unfertige Halle ohne Turm. Frühe Stiche beweisen das. Erst dann war – wie auch in Köln – plötzlich Geld vorhanden, den Bau planmäßig zu vollenden. Von reiner Gotik zu sprechen ist also bei beiden Kirchen fehl am Platz. Der jeweilige Erzbischof betrachtet die Kathedrale als »lebendes Museum«: Sie möge nie ein Endstadium erreichen, sondern ständig neu und erstklassig dekoriert werden, dem Geist der Zeit entsprechend. Gesagt, getan: So musste das einst als wichtig geltende, heute eher schlichte Gemälde von **Salvator Torres** (19. Jahrhundert) einem Werk von →**Miquel Barceló** weichen: Für die Kapelle Sant Pere schuf er eine zweihundert Quadratmeter große Keramikmauer, auf der die »Wunderbare Vermehrung von Brot und Fisch« zu sehen ist. Und →**Joan Miró** war nach einem Besuch der Kathedrale Ende der fünfziger Jahre so inspiriert, dass er eines seiner Meisterwerke schuf, den Bilderzyklus »Constellacions« (Gestirne).

Die Mallorkiner würden nie Kathedrale sagen, bei ihnen heißt sie auch offiziell »La Seu« – die Seine. Fußnote: Seit Jahrzehnten fragen sich Menschen, warum das Hauptportal stets verriegelt ist (und sogar mal zugemauert war). Die Antwort fand ich in einem Reiseführer von 1896: »Weil der Seewind hier oft mit solcher Gewalt eindrang, dass die Gläubigen sich schon unter dem Sturmeswüten des Jüngsten Gerichtes im Tale Josaphat glauben konnten.«

Will Kauffmann

Werbefotograf, der seine Finca Son Baulo in Lloret de Vistalegre zu einem quicklebendigen Kulturzentrum mit interessanten Programmen ausgebaut hat.

Peter Robert Keil

Maler (* 1942 in Züllichau/Schlesien), der zu den »Großen Wilden« (nicht zu verwechseln mit den »Jungen Wilden«) gezählt wird, einer Künstlergruppe in Berlin. Seine Werke sind in fast jedem wichtigen Museum für moderne Kunst zu finden. Er malt expressiv, farbenfroh, großflächig mit starkem Strich. Seine Verbindung zu Mallorca: Anfang der sechziger Jahre hielt er sich oft auf der Insel auf und wurde mehrfach von →**Miró** eingeladen, ihn im Atelier zu besuchen. Titel seiner Werke deuten auf die Insel hin – etwa das »Selbstporträt Palma de Mallorca« (1963).

Marion Kell

Die Blondine aus Costitx (* 1964) ist eine bekannte Erscheinung auf Wochenmärkten und der Plaça Major in Palma: Sie verkauft selbst entworfene und genähte Hüte und Ponchos, und das seit 1997, als sie aus Pönitz (Lübecker Bucht) kam. Bemerkenswert: Sie benützt eine elektrische Nähmaschine, die von einem Generator betrieben wird, da ihr Häuschen *»zwar einen herrlichen Blick in die Berge, aber keinen Strom-Anschluss besitzt«*. Diese wahrhaft »grüne« Lebensweise, sagen ihre Fans, schlage sich nieder in der Gediegenheit ihrer Kreationen.

Edward »Ted« Kennedy

An den US-Politiker und Bruder von **John F.** und **Robert Kennedy** erinnern sich die Mallorkiner vor allem als Schiffbrüchigen: Er hatte, etwa Ende der siebziger Jahre, den US-Konsul in Palma gebeten, ihm ein Boot zu besorgen, irgendetwas lief schief, im Hafen lag nur ein winziges 5-PS-Boot. Zähneknirschend stieg Kennedy ein und tuckerte aufs Meer, da kam Wind auf, Wasser drang ein, und das Benzin ging aus. So musste Kennedy trotz einer verletzten Hand in den Hafen zurückrudern.

Harry Graf Kessler

Eine spannende Geschichte: Erst tauchten in den siebziger Jahren überraschend dreizehn Bände seiner Notizen über Kunst, Literatur, Politik und Menschen bei Auktionen und in Antiquariaten auf. Dann, Anfang der Achtziger, öffnete man in Palma ein Schließfach, dessen Laufzeit nach fünfzig Jahren abgelaufen war – und entdeckte drei Tagebücher sowie einen Stapel loser beschriebener Blätter. Autor: Harry Graf Kessler. Ein Schatz, aus dem der Verlag Klett-Cotta nun mit großer Sorgfalt eine neunbändige Edition macht.

Wer war Harry Graf Kessler? Eine der bedeutendsten Geistesgrößen des 20. Jahrhunderts, Sohn eines Hamburger Bankiers und einer irischen Adeligen, 1868 in Paris geboren. Beau, Millionär, Diplomat, Offizier, Intellektueller, Schriftsteller, Kritiker, Sammler, Museumsdirektor, Mäzen und Freund so gut wie aller wichtigen Denker, Maler und Schriftsteller wie **Johannes R. Becher, Rainer Maria Rilke, Edvard Munch, Hugo von Hofmannsthal, Henry van de Velde, Walther Rathenau** und anderer. Sein Geist und Geschmack waren so unbestechlich gut, dass er Europas Kultur wesentlich beeinflusst hat, auch als Mitarbeiter der Kunst- und Literatur-Zeitschrift »PAN« und Präsident der Friedensgesellschaft. Er war es, der französische Impressionisten in Deutschland bekannt machte.

Nach Mallorca kam Kessler im November 1933 aus Furcht vor den Nazis. Er bezog ein Haus in Bonanova, das heute noch steht (Plaça de la Bonanova, 3), und begann sein Memoirenwerk »Gesichter und Zeiten«, wobei er in Palma nur den Band »Völker und Vaterländer« schaffte. Sein Sekretär war →**Albert Vigoleis Thelen**.

Unter Kesslers Aufzeichnungen findet man siebzehn Tagebuch-Notizen und zahlreiche Briefe, die sich mit Mallorca befassen. Darunter sind Elogen auf die Landschaft und herbe Kritiken, so beklagte er *»den eher niedrigen Kultiviertheitsgrad der Deutschen«* auf der Insel.

Er hatte viele gesellschaftliche Kontakte (nachzulesen in »Die Insel des zweiten Gesichts« von Vigoleis Thelen), verkehrte in einem Adelsklub und trank seinen Morgenkaffee im »Café Alhambra«. Kessler blieb bis Juni 1935, zog zur Tochter nach Südfrankreich und starb 1937 mit 69 Jahren. Wer sich für seine Mallorca-Kommentare interessiert: Im Insel-Verlag sind die »Tagebücher 1918–1937« erschienen. Auch die Klett-Cotta-Edition wird einen Band über die Mallorca-Zeit enthalten.

Jochen Kientz

Bundesligaprofi (* 1972), der bei HSV und St. Pauli spielte und jetzt bei Hansa Rostock unter Vertrag ist. Das Erstaunliche: Kientz lebte als junger Mann bei seiner Mutter **Lilo** auf der Insel und begann seine Karriere – als einziger deutscher Spieler – beim →RCD Mallorca.

Mati Klarwein

Der aus Hamburg stammende Maler wohnte seit Ewigkeiten hoch über Deià. Wer Mallorca wirklich liebt, muss eines seiner Bilder besitzen: Heiter und mit aufwendigem Pointilismus – Tupfern der Pinselspitze – gemalt. Leider müssen auch Freunde inzwischen mindestens 10000 Euro für ein Gemälde zahlen. Im März 2002 starb er mit siebzig Jahren und muss das geahnt haben: Er verschickte wenige Tage vor seinem Tod Postkarten an Freunde mit der Aufforderung, sich sofort bei ihm zu melden. Auch ich bekam eine. → **Santana**

Esther Klumbies

Wenn die hübsche blonde Deutsche (* 1976) auftaucht, wird es den Mallorkinern schwarz vor Augen. Denn erstens trägt die Dame Schwarz als Dienstkleidung, und zweitens haben sie die Gerätschaften, mit denen sie arbeitet, noch nie gesehen. Der Beruf, den Frau Klumbies ausübt, ist in Spanien unbekannt: Sie ist Schornsteinfegerin und seit Frühjahr 2002 auf Dächern unterwegs – vor allem deutschen, denn Alemanes wissen ja, was nützlich ist.

Rolf Knie

Der Spross der Schweizer Zirkus-Dynastie (* 1949) war Clown und Dompteur – und entdeckte dann, dass er fabelhaft malen kann. Dies tut er seit 1988 auf der Insel, jetzt in seinem Haus in Santa Ponça in einem zum Wohnhaus umgebauten Schafstall. Seine Hauptmotive, Clowns und Raubtiere, malt er auf Leinwandfetzen alter Zirkuszelte in einem 12 × 12 Meter großen Atelier. Die Zeltleinwände müssen allerdings vor 1970 hergestellt sein, damit sie aus Baumwolle oder Hanf sind, später gab es nur noch Plastikmaterial. Knie entwarf auch schon Briefmarken, und wer ihn treffen will, kann ihn auf dem Golfplatz Santa Ponça abpassen – da kommt er vorbei wie das Amen in der Kirche. Da Knie ungewöhnlich scheu ist, hat er sich sogar seinen eigenen Badesee mit Sandstrand im Garten angelegt, so muss er beim Schwimmen keine anderen Menschen treffen. Die Extravaganz begründet er gut: »*Wenn* *man sich solchen Blödsinn leisten kann, ist es doch charmant, wenn man's auch macht.«*

Johanna von Koczian

Die Schauspielerin und Autorin (* 1933) wohnt bereits so lange in der Cala San Vicente, dass es ungalant wäre, die Jahreszahl anzugeben. Sie feierte große Erfolge auf allen Bühnen Deutschlands, hat Kino- und TV-Karriere hinter sich. Sie gehört zu jener kleinen Gruppe deutscher Neu-Mallorkiner, die problemlos integriert sind. Sie hat viel über die Insel geschrieben, und folgendes Zitat gefällt mir am besten: »*Man fühlt sich am Ursprung der Dinge. Wenn man die Gesetze der Natur nicht missachtet, wird man von ihr ans Herz genommen und beginnt endlich das Leben zu führen, nach dem man sich … gesehnt hat. Mir geht es jedenfalls so. Die Luft ist wie Seide. Und das Meer rauscht sein ewiges Lied …*«

Kofferaufkleber

Für alle, die sich für die bunten Grafiken interessieren, ist Mallorca das Paradies: Es gibt seit den zwanziger Jahren rund dreihundert meist sehr dekorative Motive, da die Hotelchefs Wert auf anschauliche Darstellungen legten. Seit längerem sterben die Kofferaufkleber aus bzw. werden langweilig, aber vereinzelt findet man die schönen alten noch auf Flohmärkten – für ein paar Cent. Der »Inselkönig der Kofferaufkleber« war ein offenbar bescheidener Mann, der **Vila** oder VILA hieß. Er signierte winzig, meist links unten. Vila hat mit Abstand die meisten Aufkleber entworfen – Konkurrenz macht ihm lediglich ein Mann namens **Garo** –, oft als Aquarelle und fast immer als typisch mallorkinische Landschaften.

Georg Kofler

Bekannter Fernsehmacher (* 1957 in Südtirol), der sein Meisterstück ablieferte, als er die Senderfamilie »Premiere« aus der Konkursmasse des Medienmoguls **Leo Kirch** herausbrach und sie binnen kurzem als allein verantwortlicher Finanz- und Programmchef auf einen grünen Zweig führte. Ebenso erstaunlich ist seine Verbindung zu Mallorca: Kofler gehört der Golfplatz Pollença. Der hat zwar nur neun Löcher, aber wer den Südtiroler kennt, der weiß, dass es bei positiven Zahlen keine Obergrenze für ihn gibt. Warum kauft so ein Mann einen Golfplatz auf Mallorca? Freunde übermitteln, Kofler habe das als *»puren Lustkauf«* bezeichnet. Na ja, im Herbst 2004 bot Kofler den Platz aus *»Zeitmangel«* zum Verkauf an – samt genehmigten Plänen zur Erweiterung auf achtzehn Löcher und für ein Luxushotel mitten im Klub.

Lianne Kolf

Sie ist eine der großen Literaturagentinnen Deutschlands, lebt seit langem auf der Insel und arbeitet von Cap Deià aus. Ihr sind u.a. auch mehrere schöne Mallorca-Bücher zu verdanken.

René Kollo

Der Tenor (* 1938) lebt schon so lang hier, dass er im »El Pilón« in Palma mit Männerkuss begrüßt wird. Er besaß mal eine Yacht im Club de Mar, führte dann eine Zeit lang ein orientalisches Restaurant (»Lule«) in Sóller und wohnt heute zwischen seinen Engagements bei Santa Maria. Seine Frau und zwei seiner drei Kinder leben permanent dort.

→König **Juan Carlos**.

Kolumbus

In einer Fußnote seiner Übersetzung von »Ein Winter auf Mallorca« behauptet →**Robert Ranke-Graves**, Kolumbus (1451–1506), der Entdecker Amerikas, habe Colom geheißen und sei mallorkinischer Jude gewesen. Mir sagte er mal: *»Sie wären überrascht, wenn Sie wüssten, wie viele Plätze in der Karibik er nach Orten auf Mallorca benannt hat!«* Ein französischer Biograf, **Jean Merrien**, schreibt, Kolumbus sei wohl Katalane, aber kein Jude und sicher nicht Genueser, da er kein Italienisch gekonnt habe. Hier die Geschichte des mallorkinischen Kolumbus.

Ein Mann namens Colom

Man darf ungestraft behaupten, dass Mallorca keine Insel sei und seine Bewohner »Botifarres« (Knackwürstchen). Aber wagen Sie nie auch nur anzudeuten, **Christoph Kolumbus** habe das Licht der Welt in Genua, Barcelona oder sonstwo erblickt – der Entdecker Amerikas stammt nämlich aus Felanitx – basta! Der Hobby-Historiker **Gabriel Verd** (* 1956) kann's beweisen. Die wahre Geschichte des Entdeckers von Amerika soll nämlich so gehen: Cristóbal Colom, so hieß er eigentlich (behaupten Mallorkiner), wurde auf dem Castillo de Santuéri geboren, und zwar als unehelicher Sohn von **Carlos de Viena**, Bruder des Königs **Ferdinand von Aragón**. Seine Mutter war eine gewisse **Margalida Colom** aus Felanitx. »*Ein italienischer Nobody*«, sagt Verd, »*wäre nie zur Königin Isabella vorgelassen worden, um ihr den verrückten Plan einer Indienreise schmackhaft zu machen.*« Aber Colom war ja ihr unehelicher Neffe – das ist der Beweis Nr. 1.

Beweis Nr. 2: Die erste Insel, die Colom in Amerika entdeckte, taufte er »Margalida« – nach seiner Mutter, und zwar in dieser Schreibweise: mallorkinisch für Margarita.

Beweis Nr. 3: Colom schrieb auch seine Briefe mallorkinisch, nie katalanisch, selten italienisch.

Beweis Nr. 4: Königin **Isabella I.** ernannte Colom zum »Virrey« (Vizekönig) der von ihm entdeckten Länder. Ein Titel, den kein Bürgerlicher und schon gar kein Ausländer tragen durfte.

Und: Es waren die Mallorkiner, die als Erste eine Stadt auf den Namen ihres größten Sohnes tauften – Porto Colom. Schriftsteller **Guy de Forestier** aus diesem Ort ist es deshalb leid, weiterzudiskutieren. Für ihn ist klar, dass Kolumbus Mallorkiner war: »*In den Straßen des Städtchens Felanitx kann man viele Namen finden, die mit der Expedition von 1492 in Zusammenhang stehen.*« Zudem, so Forestier, brauche man sich die Namen nur anzuschauen: Kolumbus habe sich »Tofol« genannt, die mallorkinische Zärtlichkeitsform von Cristobal, sein Bruder und Reisebegleiter **Bartolomé** sei »Tomeu« genannt worden, eine mallorkinische Namensform. Forestier: »*Glauben Sie im Ernst, dass sie Genueser waren? Der gesunde Menschenverstand lässt das unwahrscheinlich erscheinen. Sie waren mit größter Sicherheit Mallorkiner.*«

Wer's jetzt noch nicht glaubt, der sollte nach Felanitx fahren. Dort gibt es ein schnuckeliges Colom-Museum, das älteste seiner

Art, im »Cas Capitán«, dem »Kapitänshaus«. Einfach durchfragen und klopfen. Denn es wird Zeit, dass wir fünfhundert Jahre nach der Entdeckung Amerikas auch den Entdecker entdecken. Genforscher arbeiten ebenfalls gerade daran, man erwartet das Ergebnis im nächsten Jahr.

Kompromisse

Wenn sie Illegalitäten wirklich mal beseitigen wollen, können Mallorkiner geradezu Kompromiss-Artisten sein – aber immer geht es um Geld. Typisch der Fall des Hotels »Palace« in Muro. Das hatte jahrelang 272 Zimmer, obwohl nur 218 genehmigt waren. Als man das entdeckte, machte die Gemeinde folgendes Angebot: Die überzähligen 54 Zimmer werden nachträglich legalisiert, wenn der Hotelbesitzer eine Million Euro Strafe zahlt und im Zentrum der Stadt ein Grundstück erwirbt und es zum Gemeinwohl als Grünfläche ausbaut.

Königreich

Die Geschichte der Monarchen von Mallorca ist ausgesprochen verwirrend. Denn offiziell gab es viereinhalb: Das Königreich begann 1229 mit **Jaume I.**, 1276 bestieg sein Sohn **Jaume II.** den Thron, 1311 folgte dessen Sohn **Sanc** (Sancho)*, und die Monarchie endete 1349 mit **Jaume III.**, einem Neffen von Sanc. Dann wurde das Königreich Mallorca nach nur 120 Jahren mit Aragón vereinigt. Indes gab es noch einen **Jaume IV.**, der nur dem Namen nach König war, von 1349–1375 Anspruch auf den Thron anmeldete und in Barcelona in einem Käfig gefangen gehalten wurde. Noch verwirrender: Es gab noch einen weiteren König, **Jaume El Just (II.)**, der den Titel von 1291–1295 trug, als Jaume II. regierte. Zur Zeit größter Ausdehnung, um 1300, umfasste das Königreich die Nachbarinseln Menorca und Ibiza sowie die französischen Grafschaften Roussillon, Montpellier, Cerdagne, Conflent, Vallespir und Collioure.

In der Kirche Sant Miquel in Palma ist etwas zu besichtigen, das Jaume I. sehr verehrte: eine Madonnenfigur. Sie stand einst in der Kapelle jener Galeere, auf der er zur Wiedereroberung nach Mallorca segelte.

* Warum hat König Sanc so viele Residenzen in die Tramuntana gebaut? Weil er an Asthma litt und sich Heilung durch die reine Bergluft versprach. Ob sie ihm half, ist nicht bekannt – aber wir sind heute dankbar für die schönen Gebäude.

Kopien

Ja, ich weiß, man sollte es aus volkswirtschaftlichen Gründen nicht unterstützen, dass Designerartikel kopiert werden. Aber ich sage Ihnen: Natürlich kaufe auch ich die perfekt gemachten, vom Original nicht zu unterscheidenden und sehr schicken Taschen-Kopien von Louis Vuitton. Zumal sie auf den Wochenmärkten Mallorcas etwa fünfzig Euro kosten (statt tausend als Original). Selbstverständlich verstehe ich, wenn jemand für Burberry-Hemden nicht zweihundert Euro zahlen will, sondern eines bekommt, das dreißig Euro kostet. Man würde sich am eigenen Konto versündigen, wenn man die Kopien nicht kauft. Zumal nicht einzusehen ist, warum die Originale derart teuer sind – der Materialwert liegt ja erkennbar bei höchstens einem Hunderstel ihres Ladenpreises. Ich als Vertreter der Liga vernünftiger Ehemänner bin für jede Gattin dankbar, die nichts dabei findet, mit einer perfekten Kopie herumzulaufen. Inzwischen gibt es Frauen, die für 24 Stunden nach Palma fliegen, um sich preisgünstig einzudecken. Allein am Markt in Felanitx zählte ich an einem Sonntag mehr als zweihundert Señoras aus Alemaña, die hinter den bunten Vuitton-Exemplaren des japanischen Designers Takashi Murakami herjagten. Die Frage stellt sich nur, warum gerade Mallorca zum Paradies der Kopien wurde. Ich weiß es nicht, nur so viel kann ich sagen: Die Händler sind freundliche und faire Senegalesen, die Container mit Kopien treffen immer dienstags in Palma ein (man sollte also frühestens am Mittwoch auf die Märkte gehen, um frische Ware zu bekommen) und stammen aus drei Ländern: Griechenland, Türkei und Marokko. Wobei in Griechenland am feinsten verarbeitet wird, man sollte gezielt nach Kopien aus diesem Land fragen.

Stichprobe vom Markt (hart gehandelt):

1. Cartier-»Tank«-Uhr	12 Euro
2. Gucci-Damenuhr	15 Euro

3. Oakley-Sonnenbrille 5 Euro
4. Rolex-Uhr »Explorer 2« 15 Euro
5. Tod's-Handtasche 50 Euro
6. Vuitton-Handtasche ab 40 Euro
7. Zwei Lauren-Hemden 25 Euro

Interessantes förderte eine Unterhaltung mit meinem Freund N'Doua zutage. Er kommt aus Senegal, zieht von Markt zu Markt und verkauft Hemden-, Uhren-, Taschen- und Brillenkopien. Natürlich weiß er, dass sein Business illegal ist. Und wie oft ist seine Ware konfisziert worden? Nie, sagt er, da er einen Bogen um Palma macht. Dort sei's gefährlich, da greife die Polizei schon mal durch, nie aber auf dem Land. Sein »Oberhändler« habe zudem Kontakt zur Polizei, und falls doch eine Razzia drohe, werde er informiert und warne seine Händler per Handy …

Heinrich Körting

Er richtete den Vogelpark (kurz vor Cales de Mallorca) ein, nimmt zuviel Eintritt für schmale Touristenbudgets, hat aber ein kleines Paradies geschaffen, das den Besuch lohnt. Tipp: Schauen Sie sich das Palais gut an, das daneben liegt und Hospitalet heißt. Schlicht von außen, pompös von innen. Die Besitzer zogen es 1996 vor, in modernen, viel kleineren Bungalows am Rande von Sóller zu wohnen, und verkauften den prachtvollen Besitz samt jahrhundertealter Einrichtung für 3,5 Millionen Euro – wieder einer von diesen unverständlichen Fällen.

Heinz Kraschutzki

Einer der konsequentesten deutschen Pazifisten. Er wurde am 20. 8. 1891 in Danzig geboren, war im Ersten Weltkrieg Kommandant eines Minensuchbootes, wurde nach dem Waffenstillstand 1918 in den Arbeiter- und Soldatenrat von Bremerhaven gewählt (half also mit, das Kaiserreich zu stürzen), arbeitete als Schriftleiter der Zeitschrift »Das andere Deutschland« und war führender Funktionär der »Internationale der Kriegsdienstgegner«, der Deutschen Friedensgesellschaft und der Deutschen Liga für Menschenrechte. Als es ihm 1932 gelang, die illegale deutsche Wiederbewaffnung aufzudecken, entzog er sich dem drohenden Hochverratsprozess durch die Flucht nach Mallorca und lebte bis etwa 1936 unbehelligt in →Cala Rajada, wo seine Frau **Luise** und seine vier Kinder bereits seit 1931 wohnten. Als **Franco** 1936 an die Macht kam, wurde Kraschutzki, der staatenlos war, weil ihm die Nazis 1934 die deutsche Staatsangehörigkeit genommen hatten, denunziert, auf Betreiben der Nazis verhaftet und zu dreißig Jahren Zuchthaus verurteilt – von denen er neun Jahre und zwei Monate in verschiedenen spanischen Gefängnissen unter teilweise grausigen Umständen absaß. Seine Frau war nach seiner Verhaftung zurück nach Deutschland deportiert und dort gezwungen worden, sich von ihm scheiden zu lassen – mit der Drohung, ihr die Kinder wegzunehmen. Erst 1945 kam Kraschutzki frei (britische Pazifisten holten ihn aus Francos Gefängnissen, nicht etwa Deutsche!), kehrte in die alte Heimat zurück, schloss seine Familie in die Arme, kam häufig als Urlauber zurück nach Cala Rajada *(»Hier verlebte ich meine glücklichste Zeit«)* und starb mit 91 Jahren am 27. 10. 1982 in Füssen.

Grausames Detail der Denunziation: Der Exilant hatte eine kleine Fabrik für Korbwaren und Bastschuhe (»Las Estrellas«) aufgemacht, seine Produkte an Touristen verkauft und sogar exportiert. Als Sozialist zahlte er seinen vierzig Angestellten höhere Löhne als ortsüblich – ein Mallorkiner, der ebenfalls eine Korbmacherei im Ort betrieb, ein auch später hoch geachteter Señor F., lieferte ihn deshalb ans Messer. Entschuldigt hat sich F. dafür nie, obwohl er Kraschutzki wieder gesehen hat.

Drei Fußnoten:

Ich hörte von ihm durch einen Freund, der behauptete: »*Auf der Uferpromenade von Cala Rajada läuft ein alter Herr herum, der erzählt, er habe den Matrosenaufstand von 1918 geleitet und damit geholfen,* **Kaiser Wilhelm II.** *zu stürzen.*« Ich habe Kraschutzki daraufhin eines Tages abgepasst, einen Mann mit den Gesichtszügen und dem langem weißen Bart von Moses, und ihn angesprochen. Es war keineswegs so, dass er mit seiner historischen Leistung hausieren ging. Im Gegenteil: Er wollte nicht davon sprechen, er hatte zu viel gelitten. Aber die Fakten stimmten. Eine Tochter besucht übrigens heute noch ab und zu Cala Rajada.

In seinem Buch »Die Insel des zweiten Gesichts« (1953) hat →**Albert Vigoleis Thelen** seinen alten Bekannten Kraschutzki »tot geschrieben«. Zitat: »In der Nacht, wo die meuternden Generäle im ganzen Land losschlugen, wurde auf Mallorca eine Anzahl deutscher Emigranten verhaftet und in Gefängnisse geschleppt, wo sie gerichtet werden sollten. Unter diesen befand sich auch der berühmte Kapitänleutnant Kraschutzki ...« Der sei, so Thelen weiter, »als Einziger erschossen worden«. Dass dies nicht stimmte, teilte Kraschutzki Thelen 1957 in einem Brief mit und bat um Richtigstellung – die nie erschien.

1972 schrieb Kraschutzki seine Memoiren, aber sie blieben mehr als dreißig Jahre lang unbeachtet. Erst 2004 veröffentlichte sie der Verleger **Miquel Font** in Palma unter dem Titel »Memories a les presons de la guerra civil a Mallorca« auf Mallorquin (Erinnerungen an die Gefängnisse des Spanischen Bürgerkrieges auf Mallorca). Dass Kraschutzkis Erben keinen deutschen Verlag fanden, über ein halbes Jahrhundert nach Kriegsende, muss leider als kulturelle Schande gewertet werden.

Franz Kraus

Der Rheinländer (* 1957) produziert mit seiner Frau **Gabi** Speiseeis, das nur aus mallorkinischen Produkten besteht, »Fet-a-Sóller« heißt es und wird inzwischen sogar nach Deutschland exportiert. Konsequent spendet er einen erheblichen Teil seiner Gewinne der Insel-Charity »Estell Nou«, die Behinderten eine Perspektive bietet, etwa durch Arbeit und Wohnraum.

Die Eiscremes gibt es übrigens auch in den →**Müller**-Drogerien in Capdepera und Llucmajor.

Bruno Kreisky

Der österreichische Bundeskanzler (1911–1990) war der erste prominente Politiker des Auslandes, der auf Mallorca ein Ferienhaus besaß: von 1977 bis zu seinem Tode in Costa d'en Blanes. Dorthin fuhr der Wiener mit Gattin **Vera** oft in einem klapprigen VW-Käfer. Calvia ernannte ihn 1985 zum ersten ausländischen Ehrenbürger.

Kriminalität

Auf Mallorca werden Leute um ihr Geld gebracht wie anderswo auch. Die Inselgauner haben sich jedoch ein paar Spezialitäten ausgedacht:

Nelkentrick: Eine nette Dame begrüßt Touristen in Palma überschwänglich und »schenkt« ihnen eine Nelke. Währenddessen stiehlt eine Komplizin den Geldbeutel aus Hose oder Handtasche. Wegscheuchen!

Taxi-Geld: Ein Deutscher spricht Touristen am Flughafen an. Er sei mit dem Taxi gekommen, habe nur fünf Euro, aber keine Kreditkarte, der Fahrer verlange zwanzig Euro und gebe das Gepäck nicht raus, wenn er nicht bezahle. Ob man ihm Geld leihe, er würde seine Adresse aufschreiben und das Geld von zu Hause aus zurückzahlen. Gelogen, Drogensüchtiger!

Einchecker: Dreist gehen Kriminelle in Hotels vor, Wolfgang H. aus Konstanz (ein Polizeihauptkommissar!) hat so einen Fall im »Mallorca Magazin« geschildert: Sie waren im Hotel angekommen, hatten die Formalitäten erledigt, waren mit Gepäck im Lift zu ihrer Etage hochgefahren – da begegnete ihnen ein netter junger Mann mit einer Hotelmappe, stellte sich vor, nahm Frau H. das Gepäck ab, bat um den Schlüssel und führte das Ehepaar H. ins Zimmer. Sehr hilfsbereit – aber der junge Mann gehörte nicht zum Hotel, und nachdem er dem Ehepaar vom Balkon aus die Umgebung gezeigt hatte, verabschiedete er sich. Und da stellten die Urlauber fest, dass die Handtasche von Frau H. vom Bett gestohlen worden war (mit allen Papieren, Scheckkarte, Bargeld) – und der digitale Camcorder. Schaden: rund 2500 Euro. Bei der Reiseleitung und der Polizei erfuhren sie, dass der Trick bekannt sei und gerade in dieser Gegend – Bahia de Alcúdia – oft angewandt werde. Und warum werden Urlauber nicht gewarnt? Die Reiseleiterin hatte dafür die dämlichste aller Erklärungen: Man wolle Gästen die gute Stimmung nicht verderben. Übrigens: Zwölf Tage später ereignete sich der gleiche Diebstahl im gleichen Hotel auf der gleichen Etage – vermutlich war's auch der gleiche Ganove.

Immobilien-Abzocker: Ein Deutscher aus Sóller verkaufte seine Finca einer mallorkinischen Familie für 200 000 Euro. Da diese den gesamten Kaufpreis nicht zahlen konnte, stundete er die Hälfte für ein Jahr und war einverstanden, dass die neuen Besitzer ins Grundbuch eingetragen wurden. Als er die restlichen 100000 Euro kassieren wollte, teilten ihm die Mallorkiner mit, dass er sie nicht bekommen werde. Denn die Finca weise erhebliche Mängel auf und sei grundsätzlich den Preis nicht wert. Sollte der Deutsche auf seinem Geld bestehen, müsse er es einklagen. Er verzichtete zähneknirschend, obwohl keiner der Vorwürfe zutraf. Aber ein Prozess hätte sich hingezogen, viel gekostet – und vielleicht doch verloren gehen können.

Libanesischer Schleifentrick: Eine kriminelle Methode, um an Bancomaten die Kontonummer des Abhebenden zu kopieren – oder gleich die EC-Karte zu stehlen. Dabei wird ein Einsatz in den Kartenschlitz eingeschoben, der von außen wie eine Umrandung aussieht und innen eine Schleife (daher der Name des Tricks) aus einer Art klebrigem und elastischem Kohlepapier hat. Vermutet man Übles oder kommt die Karte nicht mehr aus dem Schlitz, muss man den ganzen Einsatz (samt Karte) gewaltsam rausziehen, was in 99 Prozent der Fälle klappt. Noch besser: Vor dem Einstecken der Karte den Schlitz inspizieren.

Falscher Gasmann: Eine skurrile Geschichte, viele Residenten haben sie erlebt, und einen besonders krassen Fall hat der Mallorca-Deutsche **Jürgen Schlauersbach** aus Son Vida dem »Mallorca Magazin« geschildert. Grundsätzlich geht es darum, dass man eine Genehmigung braucht, um Gas im Haus zu haben, dazu benötigen die Anlagen ab und zu eine Art TÜV. Den machen professionell und nach festen Tarifsätzen Herren des Energiekonzerns Repsol. Aber bevor die erscheinen, tauchen regelmäßig andere Herren auf, tun so, als seien sie von Repsol – und kassieren statt der üblichen achtzehn Euro fast das Zehnfache, hängen einen wertlosen Zettel ans System und verschwinden auf Nimmerwiedersehen. Jürgen Schlauersbach: »*Am nächsten Tag kündigte sich der Repsol-Inspektor an. Dass gestern schon jemand da gewesen sei – unmöglich. Ich solle mit den Papieren zu Repsol kommen. Dort stellte sich schnell heraus, dass wir Piraten auf den Leim gegangen waren und der richtige Inspektor noch einmal kommen müsse.*« Was dabei merkwürdig ist:

Woher wissen die »Piraten«, dass eine Inspektion ansteht? Und wieso erscheinen die falschen immer haarscharf vor den richtigen Herren? Man darf eine gewisse koordinierte Organisation vermuten ...

Santanyí kann sich rühmen, die einfallsreichsten Ganoven des Jahres 2002 gesehen zu haben. Die Bande bestand aus drei Männern, einer von ihnen steckte in einem Möbelkarton. Den lieferten die Komplizen, als Postler getarnt, in ein Wohnhaus, wo der Dieb aus dem Karton kroch und die Wohnungen ausraubte. Später holten die Komplizen den Karton (samt Mann und Beute) wieder ab und behaupteten, er sei an die falsche Adresse geliefert worden. Von den Tätern fehlt bis heute jede Spur. Palma dagegen lieferte den galantesten Bankräuber der Inselgeschichte. Er war an Weihnachten 2003 mit gezogener Pistole in eine Filiale gestürmt, hatte sich eine Tasche mit Geld füllen lassen und der Kassiererin mit Küsschen rechts und Küsschen links gedankt. Das kostete ihn so viel Zeit, dass die Polizei eintraf und ihn verhaftete.

Pro Jahr werden etwa achtzig Deutsche festgenommen. Darunter sind selten Mörder, eher Wirtschaftskriminelle und Dealer. Etwa vierzehn internationale Haftbefehle werden gegen Bundesbürger vollstreckt. Typisch die Akte **Marc L.**: Sie enthält alle Insel-Ingredienzien wie Sex, zweifelhafte Existenzen, Schiffe, Meer, Eifersucht, falsche Freunde und Realitätsverlust.

Krimis

Mallorca als Sujet wurde Anfang der Siebziger zuerst von Briten bearbeitet. Als Klassiker gelten die ins Deutsche übersetzten **Jeffrey Ashford** (»Tödliche Umarmung auf Mallorca«) und → **Roderic Jeffries**, der es auf fast zwanzig Krimis bringt. Später zogen deutsche Autoren wie **Hansjörg Martin** (»Heiße Steine«) und **C. C. Bergius** (»Entscheidung auf Mallorca«») nach.

Kronprinz Felipe

Der Thronfolger verfügt seit 1999 über ein Feriendomizil, das – vom Meer aus betrachtet – rechts vom Palast seines Vaters → **Juan Carlos** auf demselben Küstengrundstück liegt. Es heißt Son Vent

(Haus der Winde), und Felipe wird hier in Zukunft mit seiner Frau **Letizia** Urlaub machen. Lange Jahre war die Villa als »Casa del Almirante« bekannt, weil es der Marine gehörte zur Verfügung des jeweiligen Oberbefehlshabers. Es hat 650 Quadratmeter Wohnfläche auf vier Etagen, Swimmingpool und Grillecke.

Lore Krüger

Ein Jammer, wieder mal, und er betrifft die deutsche Fotografin. Mit 22 Jahren wollte sie 1936 ihre Eltern auf Mallorca besuchen, da brach der Spanische Bürgerkrieg aus, am 16. August landeten die Republikaner (die Linken, die gegen Franco waren) in Portocristo – und Lore Müller fotografierte die Gräuel: *»Kein Lebender war in der Stadt zu sehen, es fing an zu regnen, in den Straßen lagen Tote herum. Sie waren mit Benzin überschüttet und verbrannt worden.«* Die junge Frau veröffentlichte ihre Bilder über eine französische Nachrichtenagentur, verließ die Insel im September 1936 und musste das gesamte Material zurücklassen – seitdem ist es verschollen.

Kugelblitz

Ein Gewitterphänomen, das in den Bergen immer wieder vorkommt, behaupten zumindest Bauern und Wanderer, aber sehr selten. Auch bei folgender Episode ist nicht restlos geklärt, ob es sich um einen Kugelblitz oder den letzten Orgasmus eines älteren Herrn gehandelt hat.

Orgasmus in der Finca

Vor einiger Zeit lag der Schweizer Künstler Ernst W. rücklings im Bett seiner alten Finca, die auf einem Berg in der Nähe von Manacor steht, und seine Freundin C. machte das, was der haltlose Schwabe ein »Aufhockerle« nennt. Als sie kam, so erinnert sich W., fiel sie vorne über und auf ihn, und da zischte ein Kugelblitz durch die offene Tür zum Garten und schlug über die Freundin hinweg so gewaltig in die Steckdose neben dem Bett, dass es einen Knall wie bei einer Explosion gab, sämtliche Sicherungen raussprangen, einige Birnen verglühten, Leitungen kokelten, der Strom ausfiel und schwefelhaltiger Satansgeruch durchs Haus waberte.

Sagt die Freundin. Ernst W. bestreitet das. Zwar sei er durch seine Körperhaltung und die auf ihm zusammengesunkene Freundin nicht ganz Herr der Übersicht gewesen, aber ein solches Phänomen mit Feuer, Lärm und Rauch hätte er mitbekommen müssen.

Die Freundin besteht darauf. Sonst hätte sie sich nicht so gefürchtet. Der Kugelblitz habe zwar nur etwa eine Sekunde benötigt von der Tür bis zur Steckdose, aber sie habe ihn gesehen, gehört, gerochen und gefühlt. Nein, sagt Ernst W., er habe der Freundin den größten Orgasmus ihres Lebens verschafft – und selbst das letzte große O seiner irdischen Erotik erlebt. Immerhin sei er über achtzig. Natürlich habe auch er eine blitzende Erscheinung gehabt, einen ohrenbetäubenden Lärm gehört, gestunken habe es auch ein bisschen – *»aber das war ja auch ein teuflischer Doppel-Orgasmus!«*. Ihn wundere es auch nicht, dass dabei der Strom ausgefallen sei, denn durch die synchrone Ekstase habe sich gewaltige Spannung in der Finca aufgebaut, die keine Sicherung, keine Leitung und keine Birne ertragen habe.

Ich glaube das auch. Denn Ernst W. und seine Freundin sind zusammen 123 Jahre alt. Wenn in diesem biblischen Alter noch einmal der Blitz auf Mallorca doppelt einschlägt, dann ist es nicht abwegig, wenn er kugelförmig auftritt.

Matthias Kühn

Der Hamburger Betriebswirt hat es in zwanzig Jahren zum »Immobilien-König« gebracht. Das schafft man auf Dauer nur mit Qualität. Er ist verheiratet, hat zwei Söhne, spielt einstellig Golf, trinkt keinen Tropfen Alkohol, raucht nicht, lacht gerne und schippert vorzugsweise mit Freunden auf seiner Yacht. Er wohnt oberhalb von Genova – mit dem schönsten Blick, aber das darf man wohl erwarten vom »Immobilien-König«. Daneben betreibt er eine Galerie, eine Stiftung und – seit 2003 – auch das Insel-Radio. 2002 realisierte Kühn eine Großtat: Er legte »Die Balearen in Wort und Bild« von →Ludwig Salvator als Reprint auf, in zwei Bänden für 248 Euro.

Otto Kumenius

Haudegen, Abenteurer, Konterspion, Soldat, Humanist, Politiker, Antifaschist, Patriot, Flüchtling – all das war der bullige Finne mit dem kahlen Schädel. Viele Episoden belegen das: Kumenius rettete 5200 estnische Juden, indem er sie auf seinem Schiff nach Schweden brachte, er leitete die für Enttarnung infiltrierter Spione zuständige Abteilung des finnischen Geheimdienstes, wurde jahrelang von Sowjets durch die Welt gejagt und befehligte zeitweise die Leibwache des finnischen Präsidenten. In den fünfziger Jahren kaufte er ein Haus in Alaró und lebte dort gute vierzig Jahre, schrieb Bücher aus dem Agentenmilieu und betrieb eine Reiseagentur für skandinavische Touristen. Im Oktober 1996 starb er hoch betagt und friedlich in seinem Bett.

Kuriositäten

1. Calina: »Hitzenebel«, der an den klarsten sonnigen Tagen auftritt und alles in Dunst verschwimmen lässt, was mehr als dreihundert Meter entfernt ist. Die Landschaft wirkt dann so, als betrachte man sie durch beschlagenes Glas.

2. Agros von Rotana: Das sind die 1,5 Meter großen Graureiher mit der Federtroddel am Hinterkopf und einem Hals, den sie gern in ein großes S legen. Sie sitzen auf dem Golfplatz des Hotels in den Baumwipfeln oder stehen an den Teichen, und erheben sie sich in die Lüfte, produzieren ihre Schwingen das Geräusch sanfter Windböen.

3. Planicie: Ich kenne keinen romantischeren, stilleren, nostalgischeren Ort als das Landgut hinter Banyalbufar und am Fuße des gleichnamigen Berges. Man fährt am verschlossenen Tor vorbei in Richtung Estellencs, da kommt man nicht rein. Aber wer den Wanderweg nimmt oberhalb von Banyalbufar, der gelangt direkt zum Palais mit dem netten alten Verwalterehepaar, mit der zweihundert Jahre alten, immer noch arbeitenden Ölmühle, mit den Fässern voll Hauswein und dem Backofen, der täglich frisches Brot gebiert. Die Inneneinrichtung wurde seit mehr als hundert Jahren nicht verändert. Man wird beköstigt, inoffiziell, denn das Landgut gehört einer Familie aus Palma, und bevor das Verwalterehepaar auf-

tischt, fragt es vorher per Funk um Erlaubnis. Aber die Besitzer haben, soweit ich weiß, noch nie nein gesagt.

4. Esel: Jeder begattet jeden, Vater die Tochter, Sohn die Mutter, Bruder die Schwester – und es scheint den Nachkommen nicht zu schaden. Zumindest wurden Mallorcas Esel nicht verrückter, dümmer oder behinderter durch die ewig praktizierte Inzucht. Im Gegenteil: Ich finde, sie sehen immer niedlicher aus, diese Wesen ohne genetische Vernunft.

5. Balearen-Globus: Ich weiß nicht, wo man ihn bekommt, aber man findet ihn ab und zu – eine blecherne Erdkugel, die sich in einem Acrylständer dreht, 20 Zentimeter hoch, auf der nur die Inselgruppe zu sehen ist. Sonst nichts. Das zeugt von Selbstbewusstsein, denn der Äquator verläuft quer durch Mallorca über Banyalbufar und Portocristo …

6. Kosenamen: Mallorkiner lieben es, ihre christlichen Vornamen zu verformen, zu verkürzen und fast unaussprechlich zu machen. Aus Cristóbal wird »Tofol«, aus Francisco machen sie »Xesc«, das »Scheschk« gesprochen wird, und Joaquín wird zu »Xim«, das wie »Schimm« klingt.

7. »Sa Sinia«: Das Fischrestaurant im Hafen von Porto Colom, für mich das beste der Insel, ehrt seine Stammgäste mit »Ehrenstühlen« – die Lehnen tragen Messingschilder mit Namen. Da findet man u. a. den Sänger **Tomeu Penya**, den Wohltäter **Jaume Santandreu**, den Maler →**Miquel Barceló**, den Weltbankpräsidenten **Andreu Rigo**, den Schauspieler →**Simó Andreu** und König →**Juan Carlos.** Dessen Schild ist allerdings viermal größer als die anderen.

8. Wetterzonen: Es kann in Palma schütten, in Campos sticht die Sonne, und Manacor steht unter Wasser. Es gibt kein Einheitswetter auf Mallorca, oft wechselt es alle paar Kilometer. Mir passierte es, dass Freunde vom Strand aus anriefen, der fünf Kilometer Luftlinie von meinem Haus entfernt ist und mich zum Baden aufforderten. *»Ihr spinnt wohl«*, sagte ich, *»bei mir regnet's!«* Sie lachten: *»Wo wohnst du eigentlich … – wir haben strahlend blauen Himmel!«*

9. Port d'Andratx: Von allen Orten hat dieser Hafen am wenigsten mit Mallorca zu tun – gelinde gesagt. Ein Stolperstein der Inte-

gration, eine Enklave des Ausländertums, ein fremdgeistiges Getto. Einige Deutsche, die so denken wie ich, nennen Port d'Andratx nur »Port Quatsch«.

10. Clavel d'aire: Für mich eines der größten Rätsel Mallorcas – eine Pflanze, die frei schwebend, ohne Wurzeln und Erde, lebt und blüht, indem sie Wasser aus der Luft zieht. Ein grüner Ball aus verschlungen fleischigen Blättern, an Drähten und Schnüren aufgehängt, und wird er zu groß, macht man zwei daraus. Die »Luftnelke« bedarf keiner Pflege, ist dekorativ, bekommt kleine rosa Blüten – und ist allein durch ihre Existenz ein »Conversation Piece«.

11. Garballó: Da wir bei Pflanzen sind – viele »Finkianer« kaufen sich für Tausende von Euros höchst dekorative Palmen für ihre Auffahrten und Terrassen. Und wundern sich, dass sie so häufig eingehen. Aber die Prachtpalmen sind oft Importe aus gemäßigt subtropischen Zonen und vertragen das harte Klima Mallorcas nicht. Dabei gibt es eine Palmenart, die endemisch ist, und deshalb unverwüstlich in Sonnenglut, Eiseskälte, Dürre und Orkanen: die Garballó (Chamaeropa humilis). Den Ausländern wird sie eben nur ungern angepriesen: Sie ist natürlich die billigste Palme mit der geringsten Gewinnspanne.

12. Schiebeläden: Einige Gassen in Palma sind so eng, dass es für Passanten gefährlich wäre, wenn Hausbesitzer ihre Fensterläden im Erdgeschoss aufklappen würden – sie würden als Hindernis in die Straße ragen. Also erfand man Schienen, auf denen die Läden außen an den Hauswänden entlanggeschoben werden.

13. Geisterschutz: Ein Erbe der Mauren, die Türen und Fenster auf dem Verputz mit einem breiten hellblauen Farbstrich umrandeten, um böse Geister abzuwehren. Im Vorderen Orient, z.B. in Ägypten, geschieht dies seit vorislamischer Zeit, auf Mallorca hat sich Geisterschutz an alten Fincas erhalten – gebildete Bauherren verwenden ihn neuerdings als Dekorationselement.

14. Militär: Die spanische Armee, kaum zu glauben, ist der größte Grundstückseigentümer Europas. Ein Kuriosum, das aus der Zeit stammt, als ein Generalissimus Staatschef war. Auf Mallorca gehören dem Militär 48 Liegenschaften, 19 allein in Palma,

darunter der Almudaina-Palast und große Teile des Flughafens. Seit 2002, als die Wehrpflicht aufgehoben wurde, verkauft und versteigert die Armee Immobilien, auch an jedermann über die Website: www.gied.es

15. Portals Vells: Bei der Ortseinfahrt, von der Autobahn kommend, liegt hundert Meter rechts die Kapelle »Zum heiligen Stein«. Ein nur anfangs seltsamer Name, innen klärt sich das auf: Hier ist der oben abgeflachte Felsbrocken zu sehen, den **Jaume I.** nach seiner Landung auf Mallorca als Altar benutzte, um die erste christliche Messe auf der damals noch von Mauren besetzten Insel zelebrieren zu lassen.

16. Der Campos-Murillo: Der große **Bartolomé Estéban Murillo** (1617–1682) soll das Gemälde »El Santo Cristo de Paciencia« geschaffen haben, das in der rechten vorderen Seitenkapelle der Pfarrkirche Santa Julia hängt. Das Bild ist wirklich gut, könnte also – theoretisch – vom Meister stammen. Allerdings hing der Christus vorher Jahrhunderte in der winzigen, abseits gelegenen Einsiedelei Sant Blas, die man nur über einen Feldweg (in Richtung Ses Salines) erreicht. Wie kam er dorthin? Warum führt ihn das Werksverzeichnis nicht auf? Und wieso lassen sich Experten höchstens zu dem Kommentar herab, das Gemälde könne allenfalls aus der »Schule von Murillo« stammen? Egal, anschauen schadet nichts, und wenigstens stößt man so auf Sant Blas, wo Christen schon beteten, ehe die Mauren im achten Jahrhundert Mallorca eroberten. Im Kirchlein zeigt ein Fleck an der Wand, wo der Campos-Murillo hing.

17. Apotheker: Sie sind halbe Ärzte und nicht nur Pillenverkäufer. Denn auf Mallorca kann man ihnen sein Wehwehchen schildern, und sie dürfen sich an eine Diagnose wagen, um dann die passenden Medikamente zu empfehlen. Das erspart manchen Praxisbesuch – und Euro.

18. Mayonnaise: Glaube keiner, dass die Soße, die als Dip oder zum Hauptgang serviert wird, hausgemacht ist. Das wird zwar behauptet, aber in Spanien ist es Restaurants generell verboten, Mayonnaisen selbst herzustellen – es ist zu viel passiert in der Hitze.

19. Feigenkaktus: Er steht als Gestrüpp so gut wie hinter jedem

Bauernhaus, aus seinen saftigen Früchten mit orangefarbenem Fleisch wird Marmelade gewonnen, und meist lebt eine Schweineherde zwischen den Kakteen. Nur was mich immer schon gewundert hat: Stets gibt es im Gestrüpp eine Lichtung, ich erklärte sie mir lange als Tummelplatz der Schweine. Unlängst klärte man mich auf: Die Lichtung sei die Open-air-Toilette der Bauern gewesen, aus gutem Grund: Fliegen hassen Feigenkaktus, also konnte man dort unbelästigt »seinen Geschäften nachgehen«.

20. Hausbar: Bei der Likörfirma Tunel in Marratxi gibt es eine 55 Zentimeter hohe, dekorativ geformte Hierbas-Flasche mit fünf Litern Inhalt, die in allen Bars steht, sich aber auch in Privathaushalten gut macht. Sie besitzt einen kleinen Zapfhahn am Boden, enthält das für den Geschmack notwendige, ewig lebende Kräutergestrüpp und kann aus einer Nachfüllflasche, die drei Liter enthält und rund fünfzehn Euro kostet, immer wieder ergänzt werden. Profis legen sich drei Zapfflaschen zu – für süßen, herben und gemischten Kräuterlikör. →Mitsch-i-Mitsch

Kuwait

Die Herrscherfamilie **Al-Sabah** hat seit Jahrzehnten enge Verbindungen zu Mallorca, nach außen manifestieren sie sich in Grundbesitz. Soweit bekannt, gehören ihr Parzellen in der Villensiedlung Sol de Mallorca (beim Casino), ein Haus in der Cala Fornells und die Liegenschaft Ses Planes in Palmanova. Die Beziehungen zu den Behörden verlaufen nicht reibungslos, da den Herrschaften öfters vorgeworfen wird, ihre Steuern nicht zu entrichten.

»Lady Moura«

Eine der größten Privatyachten der Welt, meist zu sehen im Club de Mar in Palma. Besitzer ist der libanesische Bauunternehmer **Nassir al-Rashid**, Ex-Ehemann der internationalen Society-Lady **Mouna al-Ayoub**, der zum Beraterstab der saudischen Königsfamilie gehört. Die Details des Schiffes sind gigantisch: Es soll 150 Millionen Euro gekostet haben und allein fünf Millionen Euro jährlich an Unterhalt verschlingen, ist 58 Meter lang, und auf dem Oberdeck gibt es Landeplätze für Hubschrauber. Weshalb die mallorkinische Luftfahrtbehörde seit Jahren ein Spielchen mit Rashid treibt: Jedes Mal, wenn er am Flughafen ankommt, möchte er per Hubschrauber an Deck gebracht werden – und jedes Mal wird das abgelehnt, und er muss eine Limousine benützen. Kuriose Details: Sollen die riesigen Glasfenster auf den vier Etagen der Yacht geputzt werden, rückt die beauftragte Firma gleich mit zehn Mann an. Wird die »Lady Moura« voll getankt, kostet das rund – 500000 Euro. Der Name der Yacht ist übrigens die Verkürzung des Ehenamens von **Mouna al-Rashid**.

Deutscher Kapitän der »Lady Moura« ist Klaus Barreschmidt, und an Bord befinden sich zwischen siebzig und achtzig Crewmitglieder. Barreschmidt könnte also Mitglied des Verbandes mittelständischer Unternehmer auf Mallorca werden.

Landkarten

Die besten, weil detailliertesten gibt es beim Militär, und zwar im Maßstab 1:20000. Das heißt: Man findet erstaunlich genaue Karten selbst des Gebietes, in dem man wohnt – und sei es in der Pampa. Die Karten gibt es nur beim Servicio Geográfico del Ejército, das ist die geografische Abteilung des Militärs in Palma (Avinguda Gabriel Alomar i Villalonga, 16 B). An der schmalen Tür klopfen oder klingeln, den Pass dabei haben (!) – und dann darf man in ein Büro, wo ein Militär recht kurzatmig ist. Deshalb der Tipp: An der großen Übersichtskarte die gewünschte Sektion aussuchen und ihm langsam und deutlich die Koordinaten und die Anzahl der Exemplare sagen. Übrigens: Die Detailkarten sind billig, mit sechs Euro ist man dabei.

Neben dem kartografischen Shop der Armee gibt es in Palma eine zweite Möglichkeit, thematische Karten, Panoramakarten, Landkarten auf CD und im Maßstab 1:5000 und 1:25000 zu kaufen: Beim Serveis d'Informació Territorial de les Illes Balears (sitibsa).

Adresse: Av. Alexandre Rosselló, 13 b, 1 r
E-Mail: sitibsa@sitibsa.com
Internet: www.sitibsa.com

Die beste Landkarte (plus Stadtplan von Palma), die es zur Zeit gratis gibt: Die sogenannte Edition 2000 der →**Schörghuber-Gruppe**. Unerklärlich, aber wahr:

Sie ist detailliert, dennoch glasklar, es ist alles drauf, was man wissen möchte, und dennoch misst sie gefaltet nur 9,5 × 18 Zentimeter. Dafür würde man auch gerne Geld bezahlen.

La Roqueta

Was ist das – »der kleine Fels«? Etwas Wunderbares: Die einzige Porzellanmanufaktur, die es je auf Mallorca gab, sozusagen das Meißen der Insel. Sie existierte nur von 1897 bis 1918, in der Blütezeit des Jugendstils, und genau so sieht das aus, was die Künstler in Palmas Vorort Son Espanyolet schufen. Mit ungeheurem Fleiß, denn es gibt kaum ein bekanntes Gebäude in der Ciutat, in Santa Maria del Camí und Sóller (oder anderswo), das innen und außen nicht ein Stück La Roqueta trägt – von der Kathedrale über das Gran Hotel bis zum →Can Forteza Rey, dem Café Can Juan de S'aigo und dem Schloss Bendinat. La Roqueta schuf Baukeramik, komplette Badezimmer, Möbel mit Kacheln, Grabmäler, Treppenaufgänge, Prunkteller und profanes Essgeschirr, Bilderrahmen, Vasen, Lampen, Skulpturen und Figurinen, Medaillons und ganze Wände aus Fliesengemälden. Aber außer an und in den Gebäuden sieht man La Roqueta äußerst selten, selbst das Museo de Mallorca besitzt nicht mehr als ein Dutzend Stücke. Nie taucht irgendetwas im Handel auf, etwa dreißig Sammler horten La Roqueta wie Goldbarren – und das oft schon seit der Zeit, als die Manufaktur noch tätig war.

Dabei haben sich die Künstler von La Roqueta weit aus dem Jugendstil-Fenster gelehnt – weniger in der ersten Phase (1897–1903), stärker in der zweiten Phase (1903–1910) und hemmungslos in der letzten Phase (1910–1918). Vieles empfinden wir heute als kitschig, überladen und so kunsthandwerklich, dass man große Räume bewohnen muss, um dergleichen ertragen zu können. Aber einiges ist so großartig, dass man ein Wohnzimmer drumherum bauen könnte – man betrachte sich nur mal die Dekoration über der Tür des Papiergeschäftes Cortes in der Calle Bolsería in Palma. Der eigenwillige Stil hat seine Wurzeln darin, dass sich La Roqueta nie weit von der Volkskunst entfernt hat – mit Blumen, Vögeln, Schmetterlingen, neckischen Kinderszenen, Historismen, Fabeltieren, Allegorien, Märchenlandschaften, verschlungener Ornamentik, Grundierungen wie Mosaiken, idealisierten Frauengestalten und Wappen aller Art. Und das mit viel Farbe und keinerlei Scheu vor den wildesten Formen. Die Mallorkiner vor hundert Jahren liebten es so, ihr →»Modernismo« ist nun mal verplüscht. Aber die berühmte Kirche Sagrada Familia von →**Antonio Gaudí** in Barcelona sieht ja auch nicht anders aus, mit Vernunft betrachtet ... Sollte doch mal ein Stück auftauchen auf einem Antikmarkt, mit den typischen Bodenmarken I. C. im Herz, J. H. unter einer fünfzackigen Krone und den ineinander verschlungenen Buchstaben CF oder PA, dann bloß nicht auf den Preis schauen – schnell kaufen! Wer mehr wissen will: **Catalina Cantarellas Camps** und →**Donald G. Murray** haben 1985 und 1994 ein Bilderbuch über La Roqueta veröffentlicht, und traditionelle Buchhandlungen in Palma verkaufen es noch (La Foradada, Band 12).

James Last

Legendärer deutscher Orchesterchef (* 1929 in Bremen), der seit 1946 Musik macht, Millionen Platten verkauft(e), zahlreiche Welttourneen unternahm und zu den Reichsten der Branche zählt. Monatelang hörte man Gerüchte, dass er eine Immobilie sucht, alle Beteiligten waren zu Stillschweigen verdonnert (warum, weiß eigentlich keiner), und 2004 war's nicht mehr zu verheimlichen: Last zieht auf die Insel, eine pompöse Villa mit viel Grund drumrum ist gefunden. Was verwundert, denn Last hatte sich als Alterssitz ein Haus auf dem Golfplatz Eagle's Nest bei Fort Lauderdale (Florida) zugelegt – nun hat er eben zwei Ferienvillen.

Lord Latymer

Sir Hugo war mal Banker, aber nachdem er 1950 auf die Insel gekommen war, realisierte er seine Liebe zur Botanik, gründete eine Baumschule der feinen Art, den »Hortus Balearicus« bei Santa Maria, führte viele Pflanzen ein, weil er wusste, sie würden hier gedeihen, und trug fast sechzig Jahre zur Verschönerung der Insel bei. Sein grünes Denkmal: die majestätischen Kerzen-Zypressen vor dem Claustro in Pollença. Sein gedrucktes Denkmal: das Standardwerk »El Jardín Mediterráneo« (1995). Dann zog der Brite mit seiner Frau, **Lady Jinty**, von Alaró nach Girona, dort starb er im November 2003 mit 78 Jahren.

D. H. Lawrence

Der englische Schriftsteller (1885–1930), der »Lady Chatterley« schrieb, kam wegen seiner Tuberkulose im April 1929 nach Mallorca und blieb rund sechs Wochen – er versprach sich Heilung oder zumindest Linderung durch das Klima. »Die Insel wird mir gut tun«, schrieb er. In seiner Begleitung: die deutsche Ehefrau **Frieda von Richthofen**, mit der Lawrence zunächst im Hotel »Royal« in Palma logierte, dann im »Príncipe Alfonso« in Calamajor, und per Auto bereisten sie die Insel kreuz und quer. Im 7. Band von »The Letters of D. H. Lawrence« findet man den Niederschlag des Aufenthaltes und darunter so bemerkenswerte Urteile wie: »Mallorca ist Sizilien ziemlich ähnlich, aber nicht so schön und viel verschlafener. Dennoch ähnelt sie (die Insel) der Südsee, weit weg von der Welt ...« Oder: »Die Leute hier kommen mir ziemlich leblos vor, und sie sind hässlich ... aber sie werden niemals nervös ...«

Michael Leander

Sein Musical »Matador« entstand in seinem Haus in Port de Pollença, wo der Komponist aus England mit dem Librettisten **Edward Seago** arbeitete. Leander verkaufte mehr als dreißig Millionen Platten, er produzierte den **Rolling Stones**-Klassiker »As

Tears Go By« und arrangierte »She's Leaving Home« auf der »Sgt. Pepper«-Platte der **Beatles**.

Legion Condor

Mallorca hat leider eine unrühmliche Verbindung zu der Flugstaffel, die **Hitler** dem spanischen Faschisten-Führer und späteren Diktator **Franco** lieh, um im Bürgerkrieg von 1936 bis 1939 die besonders dreckige Arbeit zu erledigen, die Zerstörung der Stadt und des Basken-Heiligtums Guernica: Die Maschinen wurden in Palma betankt und gewartet, und sie starteten und landeten vor und nach jedem Angriff auch hier.

Ulrich Leman

Deutscher Maler und Urgestein von Deià, wo er 1988 mit 102 Jahren starb. 1927 kam er zum ersten Mal nach Mallorca, ab 1945 blieb er ganz. Er malte vor allem Landschaften im Stil der deutschen Expressionisten.

Christiane von Lengerke & Gabriele Schilling

Die beiden Damen aus Berlin kauften 1997 die Finca Ca Na Nofreta bei Artà und verwirklichten auf 15000 Quadratmetern einen Traum: »Jardín de las Mujeres« – ein Garten von Frauen für Frauen, auch für Männer interessant. Darin schufen sie neunzehn Plätze, Schreine und Altäre, die weiblichen Gestalten gewidmet sind, die für Mallorca wichtig waren oder sind: u.a. **Dama de Son Matge** (erste dokumentierte Mallorkinerin, 2600 v. Chr.), Priesterin **Nuredduna**, **La Balanguera** (Schöpferin der Inselhymne), →**Catalina Homar**, **Maria del Mar Bonet**, die Schriftstellerinnen **Carmen Riera**, **Maria Antonia Salva** und **Antonia Vicens**, die 1937 hingerichtete Gewerkschafterin **Aurora Picornell**, die 1946 in Manacor geborene Krimi-Autorin **Maria Antonia Oliver**, Doppelmörderin →**Antonia Sureda**, →**George Sand**, dazu die »Unbekannte Landarbeiterin« und Märchengestalten. Der Garten liegt an der Straße Artá-Can Picafort (Camí de la Carossa) und kann besichtigt werden, wenn man sich anmeldet (+34971/835023). Eintritt frei, um Spenden wird gebeten. Der Besuch lohnt auch, weil der Frauenkulturverein Bücher über und von den Heldinnen gesammelt hat und zur Verfügung stellt, dazu CDs mit passender Musik.

www.canano freta.org/de

John Lennon & Yoko Ono

Der Beatle in ein Verbrechen verwickelt? Auf Mallorca? Ja. Aber eigentlich lag's nicht an ihm, sondern an seiner japanischen Ehefrau **Yoko Ono.**

Ein Beatle hinter Gittern

Es war im April 1971. Lennon und Ono landeten, aus Paris kommend, in Palma, fuhren zum Hotel »Melia Mallorca« und checkten als »Mr. and Mrs. Smith« ein. Wenig später stieß ein britischer Detektiv zu ihnen und teilte ihnen mit, was er herausgefunden hatte: Dass der erste Ehemann von Yoko Ono, ein Brite mit Namen **Anthony Cox**, samt der gemeinsamen Tochter **Kyooko**, damals 7, in einem Hotel in den Cales de Mallorca wohnt. Der Detektiv hatte Monate für die Recherche gebraucht, und noch wichtiger war, dass er mitteilen konnte: Jeden Morgen fuhr Cox seine Tochter in einen Kindergarten von Manacor, am Nachmittag holte er sie ab.

Das war genau die Gelegenheit, auf die Yoko Ono gewartet hatte. Mit einem Leihwagen fuhren sie und John Lennon zum Kindergarten und holten die kleine Kyooko ab. Dazu hatten sie sich eine Legende ausgedacht, die glaubwürdig klang: Sie, die Mutter, sei zufällig auf der Insel, habe Sehnsucht nach ihrer Tochter gehabt, mit dem Vater sei das abgesprochen, und nun wolle sie einen Tag mit dem Kind verbringen. Bevor der Vater die Tochter abhole, werde sie wieder im Kindergarten sein – und, by the way, das hier sei der berühmte Beatle, und wer ein Autogramm wolle … – im Kindergarten war man entzückt, die beiden bekamen das Kind.

Warum auch nicht? Sie war die leibliche Mutter, er der Star. Das Problem war nur: Als Cox seine Tochter abholen wollte, war sie weg. Das sah nach Entführung aus. War's im Moment ja auch. Er alarmierte die Guardia Civil: Angeblich weil Yoko Ono bereits früher den Wunsch geäußert haben soll, das Kind zu sich zu holen. Der Gedanke an Entführung war also nicht abwegig.

Man fand die drei in Palma. Kyooko ging es schlecht, weil sie zu viel Kuchen und Eis gegessen hatte – sie musste sich mehrmals auf der Straße übergeben. Das war aufgefallen, zumal sie vom Beatle Lennon begleitet wurde. Die Guardia Civil nahm das Paar fest, die Mühlen der Justiz begannen zu mahlen.

Entführung ist kein Kavaliersdelikt, auch Starruhm schützt da nicht vor Strafe. John Lennon und Yoko Ono wurden einem Haftrichter vorgeführt und sieben Stunden lang verhört. Der Beatle tauchte kurz mal in der Tür auf, im Anzug mit offenem Hemd, weißen Tennisschuhen und seiner typischen Eulenaugen-Brille, und machte das V-Zeichen für Victory zu den Journalisten, die sich trotz der Nachtzeit in Mannschaftsstärke versammelt hatten. Kurz danach verließ Anthony Cox das Justizgebäude, mit Tochter Kyooko auf seinen Schultern.

Was nun? Lennon und Ono wiesen den Verdacht der Entführung weit von sich. Sie habe lediglich mal wieder einen Tag mit ihrer Tochter verbringen wollen, sagte die Mutter. Lennon verwies darauf, dass sie Mallorca längst mit Kyooko hätten verlassen können, wenn sie dies gewollt hätten. Ihr Fehler sei es gewesen, Cox nicht zu informieren, aber Yoko Ono habe befürchtet, dass ihr Ex-Mann den Kontakt untersage. Da es bereits drei Uhr nachts war, traf der Richter folgende Entscheidung: Lennon & Ono werden im Hotel »Melia Mallorca« untergebracht, müssen aber bis zur Verhandlung bleiben.

Mittlerweile waren die Medien aufmerksam geworden, am nächsten Morgen flogen Reporter vom Festland, aus England und Frankreich ein, Lennon beschloss, eine Pressekonferenz zu geben, und auf der spielte die Japanerin die Rolle als leidende Mutter derart gut, dass sie selbst hartgesottene Reporter überzeugte. Auch Cox war inzwischen bereit, seine Anzeige zurückzuziehen. Noch am gleichen Tag hob der Richter die Ausgangssperre auf, Lennon & Ono wurden verwarnt, dergleichen nicht noch einmal zu versuchen – und flogen mit der nächsten Maschine nach London. Mallorca sah sie nie wieder …

Der Brief von Lennon & Ono, mit dem sie die Recherche beim Detektiv bestellt hatten, wurde übrigens im September 2004 in

Palma versteigert. Und noch ein Nachtrag: **Julian Lennon**, der Sohn des Beatle aus erster Ehe, kommt regelmäßig nach Mallorca, weil er mit seinem Freund **Michael Sombart** seit 2002 die Kneipe »Red« in Portals Nous betreibt.

Annie Lennox

Sängerin der einst überaus erfolgreichen Musikgruppe **Eurythmics**. Sie wohnt seit Jahren mit ihren Töchtern **Lola** und **Tali** auf einer Finca mit zwanzig Hektar Land bei Esporles. 2004 bekam sie einen Oscar für den Titelsong »Into the West« des Leinwandepos »Der Herr der Ringe III« – er wurde auf Mallorca konzipiert, hier hat sie ihn einstudiert.

Leuchter

Im Domschatz gibt es zwei atemberaubend schöne Kandelaber aus getriebenem Silber, jeder über 2 Meter hoch, etwa 1,50 Meter breit und 250 Kilo schwer. Sie sind siebenarmig und wurden von 1703 bis 1718 von **Joan Roig** und **Joan Matons** geschaffen. Die Rockefeller Foundation bot der Kirche vor Jahren neun Millionen Pesetas für das Paar, was mindestens 50000 Euro waren. Aber die Kirche lehnte ab, sie ist reich genug.

Daniel Libeskind

Mallorca kann sich glücklich schätzen, dass der große Architekt (Jüdisches Museum in Berlin) auch hier gebaut hat: Studio und Museum der US-Künstlerin **Barbara Weil** in Port d'Andratx. Sein Anliegen dabei: Er wollte »*die Theorie der konzentrischen Kreise von Ramon Llull darstellen*«. Lassen Sie sich die ruhig von einem Fachmann erklären – hinterher werden Sie ebenso ratlos sein wie ich und die Llull-Experten. Aber das Museum ist von außen und innen prachtvoll anzuschauen.

Conrad Alfred Liesegang

Er war Chefredakteur im Ullstein Verlag, hätte als »Arier« nicht vor den Nazis fliehen müssen, wollte aber seinen Kindern den Faschismus ersparen. Also ging er 1933 nach →Cala Rajada und hielt sich u.a. als Fotograf über Wasser. Seine Nachkommen leben heute noch in dem Küstenort, seine Söhne wurden Mallorkiner, und Ortskennern ist die Kfz-Werkstatt Liesegang in der Calle Aguya vertraut. Die Familie hütet einen Schatz, der dringend der Auswertung bedarf: Liesegang hatte fotografiert, was er sich an Filmen leisten konnte, eine reiche Korrespondenz mit bedeutenden Figuren des 20. Jahrhunderts geführt und unzählige Texte geschrieben. Sein Archiv, bisher unveröffentlicht, ist die Bilder- und Geistesgeschichte Mallorcas der dreißiger und vierziger Jahre. Als ich mich auf die Suche nach der versunkenen Welt Liesegangs gemacht hatte, bekam ich eines Tages einen Brief aus Kanada: **Andreas**, einer seiner drei Söhne, der heute dort lebt, schrieb mir seine Gedanken. Ich zitiere aus der Korrespondenz, die ein leider zu lange unbeachtetes Stück der Mallorca-Historie illustriert.

Der Schatz von Cala Rajada

Meine Brüder **Klaus** und **Peter** (Klaus ist 2002 an Krebs gestorben, Peter hatte Anfang 2004 einen schweren Unfall) haben sich wenig mit dem Nachlass und überhaupt mit politischen Sachen befasst. Ich bin natürlich der Meinung, dass die alten Fotos erhalten und möglichst der Öffentlichkeit zugänglich gemacht werden sollten. Gewisse Fotos, als Mallorca noch ganz primitiv war, haben wahrscheinlich einen großen historischen Wert …

Ursprünglich hatte unser Vater sehr viele Fotos und Negative. Uns sind aber nicht nur Fotos, die meine Brüder für Ausstellungen usw. leihweise übergeben haben, sondern auch politische Artikel, unser Bankguthaben und das Haus meiner Eltern in Deutschland gestohlen worden. Ich fechte seit der Wiedervereinigung mit den Behörden, um möglichst eine Rückgabe des Grundbesitzes zu erzielen, oder wenigstens angemessene Entschädigung zu bekommen. Bisher fruchtlos. Es ist ja nicht nur eine Geldfrage, sondern besonders eine Rechtsfrage. Nach dem, was wir durchgemacht haben, bedeutet ein Staatsraub »adding insult to injury« – erst das Unrecht, dann auch noch eine Beleidigung …

Ich bin auf Mallorca aufgewachsen, und wir haben dort – trotz Verfolgung und großer Hungersnot – den Spanischen Bürgerkrieg und den Zweiten Weltkrieg überlebt. Dabei hat mein Vater auch einen riesigen literarischen Nachlass vererbt: Dokumente seines lebenslangen Kampfes gegen Faschismus, Diktaturen, Untaten gegen die Menschlichkeit, Umweltverseuchung usw. Das sind Lebensberichte, in Romanform verfasst, politische Artikel und Korrespondenz mit Freunden wie **Albert Einstein** und **Albert Schweitzer**. Das alles sollte veröffentlicht werden. Denn die Auseinandersetzung meines Vaters mit Freunden, Staatspräsidenten und Widerstandskämpfern ist immer noch aktuell. Aber da müsste ein Historiker oder politisch versierter Experte ran, um den Nachlass zu sichten und die Kostbarkeiten herauszupicken. Ich kann das nicht tun, außerdem bin ich mit meinen 75 Jahren zu alt.

Vater hatte den Zweiten Weltkrieg und die Katastrophe für Deutschland vorausgesehen. Viele seiner Kollegen hatten ihn deshalb für *»bekloppt«* erklärt. Nur Leute wie Einstein oder Schweitzer sagten ihm: *»Sie haben Recht!«* Mein Vater hat vor der Hitler-Gefahr gewarnt, wurde deshalb verfolgt, und die Eltern sind daher schon 1932 mit uns Kindern nach Mallorca ausgewandert.

Likör

Vor fünfzig Jahren pflegte man gern ein Gebräu namens »Calisay« zu trinken. Der britische Autor **S. P. M. Mais** schreibt in seinen Büchern (z. B. »Majorcan Holiday«) dauernd darüber, nun war er allerdings Trinker. Gibt's das noch? Ja, es ist ein Likör in einer keulenartigen Flasche.

Ich weiß, das gehört nicht hierher, aber mir fiel neulich eine »Calisay«-Flasche vom Tisch auf den Fliesenboden, sie dotzte auf wie ein Pingpong-Ball und blieb unversehrt, obwohl sie aus Glas ist. Ein physikalisch bewanderter Freund erklärte das mit der raffinierten Form.

Literaturpreise

Es gibt mehrere, von der Stadt Palma und einigen Gemeinden. Mallorkinische Autoren beteiligen sich auch an gesamtspanischen Literaturwettbewerben. So wurde **Jose Luis de Juan** (* 1956) beim angesehenen Premio Nadal 2002 Zweiter mit seinem Buch »Kaleidoscopio«. Thema: Die balearischen Anarchisten der zwanziger Jahre. Wenig später gewann **Sebastià Alzamora** den **Llorenç Villalonga**-Preis der Stadt Palma für seinen Roman »Sara i Jeremies«, er ist eine Hommage an das ländliche Mallorca.

Joan Llaneras

Riesiger, zaundürrer Radrennfahrer aus Porreres (* 1969), einer der besten »Bahnsprinter« der Welt. Seine Fähigkeiten liegen auf den Holzbahnen der Stadion-Ovale. Er ist fünffacher Weltmeister, war 2000 in Sydney Olympiasieger im Punktefahren und gewann 2004 Silber in Athen. Man erkennt ihn am breiten Lächeln, das sein Gesicht kaum je verlässt, und an den ausgeprägten Ohren.

Joan Llompart

Sein Spitzname lautet »Torrello«, und er war vierzig Jahre lang der Society-Fotograf des »Diario de Mallorca«. Ihm entkam kein Prominenter, obwohl er mit seinem Riesenschnauzer auffällig war wie ein Walross. Im Herbst 2003 ist er mit 64 Jahren in Rente gegangen – aber seine Fotos sind gesellschaftliche Geschicht(en)schreibung Mallorcas.

Andrew Lloyd Webber

Britischer Komponist, der mit Musicals zu Weltruhm kam. Er lebt in London, kaufte aber 2003 zwei Häuser in Deià. Eins bewohnt er privat, eins nützt er als Gästevilla. Sein Musical über Leben und Sterben der argentinischen Ikone **Evita Perón** (mit dem berühmten Song »Don't cry for me, Argentina«) entstand zwischen 1976 und 1978 in Pollença. → **Harold Prince**.

Ramon Llull

Einer der größten Universalgelehrten des Mittelalters, er wurde 1232 oder 1233 auf Mallorca geboren und ist 1316 in Algerien gestorben, gilt als »Vater der katalanischen Sprache« und bestand als Erster darauf, dass Katalonien und Mallorca eigenständige Kultur besitzen. Seine Weisheit erkennt man auch an seinen Ansichten über die Liebe, eine seiner schönsten lautet: »El amor nace del recuerdo, vive de la intelligencia y muere por olvido« – »Die Liebe entsteht durch die Erinnerung, lebt weiter durch die Klugheit und stirbt durch das Vergessen«. Jeder Tourist dürfte Llull schon gesehen haben: als bärtiges Denkmal aus schwarzgrünem Erz an der Stelle, wo man, vom Flughafen kommend, nach rechts in die Borne einbiegt. Seine Kapelle beim Palast des Erzherzogs → **Ludwig Salvator** hat zwei Grundsteine: einen aus Bougie (Afrika), wo Llull gesteinigt wurde, und einen aus San Francisco, das → **Junipero Serra** gründete.

Wie wichtig Llull genommen wird, ergibt sich aus folgenden Zahlen: Von den etwa zwölftausend Büchern, die weltweit und in allen Sprachen über Mallorca existieren, haben rund 2500 den Gelehrten zum Thema. Dazu gibt es (in Spanien, den USA und Deutschland) rund dreißig Lehrstühle an Universitäten zur Aufarbeitung von Llulls geistigem Erbe. Vor allem Deutsche haben sich als »Llullisten« (so nennt man die Llull-Forscher) hervorgetan, namentlich seien **Friedrich Stegmüller** (1902–1981) und **Johannes Stöhr** (* 1931) erwähnt.

Der in Artà lebende Autor **Detlef Schäfer** teilte mir mit: »*Übrigens – die Schreibweise Ramon Lull mit einem L am Anfang ist verbreitet in deutschen Universitäten und Verlagen.*« Danke.

Jorge Lorenzo

1987 geborener Motorrad-Rennfahrer aus Palma, der im Herbst 2003 den Grand Prix von Rio de Janeiro in der 125er-Klasse gewann. In der Geschichte des Motorsports gelang das so jung erst einem Fahrer, Lorenzo gilt als das größte Talent auf zwei Rädern mit Motor. Nicht ganz zufällig: Seine Mutter Maria ist Kurierfahrerin auf einem Moped und ständig auf der Piste …

Marina »Nina« Loschert

Die ehemalige OP-Schwester ist die erste Deutsche, deren Öl- und Essigprodukte von der Balearen-Regierung prämiert wurden – sie dürfen das Siegel »Producte Balear Mallorca« tragen. Die Fränkin betreibt dazu eine Produktion in Felanitx, den Laden »Finca Marina« in Palma und die Gourmet-Boutique »So Vinya Balear«

in Port d'Andratx. Außerdem gibt es ihre Produkte im Berliner Kaufhaus KaDeWe, in mehreren Luxushotels und da, wo sie früher wohnte – in Würzburg.

Ludwig II. von Bayern

Es ist verbürgt, dass Mallorca um 1880 bayerisch hätte werden können, wenn es nicht zu teuer gewesen wäre. Damals suchte die Regierung in München ein Exil für den geisteskranken Monarchen und nahm Kontakt auf mit der spanischen Regierung. Sie war bereit, die zu jener Zeit politisch und wirtschaftlich uninteressante Insel zu verkaufen – für lächerliche 50000 Goldmark. Das war dem bayerischen Kabinett zu viel, den Rest der Geschichte kennt man ja.

Stellan Lundquist

Schwedischer Ölmagnat, der 1985 die Bodega Santa Catarina bei Andratx kaufte, sie zu einem der größten Weingüter Mallorcas ausbaute und hervorragende Weine produziert, z.B. den Cabernet Sauvignon Son Bosch.

Peter Maffay

Der Rockmusiker ist deutsches Urgestein auf Mallorca (seit 1971) und hat sich so perfekt integriert wie kaum einer seiner Landsleute (inklusive der Sprache). Sein Kommentar dazu: »*Mallorca ist für mich eine Liebe auf den ersten Blick.*« Er bewohnt ein Haus am Hang in Pollença mit Mühlen, eigenem Bach und Wasserfall. Seine kulturelle Leistung: Maffay kaufte das Werk des erstklassigen, aber zu Lebzeiten relativ erfolglosen US-Malers **Dick Campiglio** (1928–1989) auf, der seit 1965 in Pollença lebte und auch dort starb, und rettete es für die Nachwelt. Seine wohltätige Leistung: Maffay hat am 28. Juni 2003 für seine Tabaluga-Stiftung ein Therapiehaus für traumatisierte Kinder auf der Finca Ca'n Llompart bei Pollença eröffnet. Dazu gehört als neueste Errungenschaft im Hafen von Porto Pollença ein antiker Segler mit dem Namen »Baden Powell«, auf dem die Kinder in echter Kulisse Kapitän, Matrosen und Seeräuber spielen können.

Dieter Mainka

Er war einer der bekannteren »68er«, mit neunzehn Jahren ging er auf jede Barrikade, die er finden konnte. Jetzt ist er zur Ruhe gekommen, verbringt jährlich mindestens sechs Monate auf Mallorca (»*Die Insel ist meine Tankstelle*«) und gehört zu den vielseitigsten Künstlern der Gegenwart: Mainka ist Ensemble-Mitglied der Förnbacher Theater Company in Basel, hat in rund vierzig TV-Produktionen mitgespielt (»Der Alte« und »Derrick«) und in Kinofilmen, arbeitet seit 1987 als Objektkünstler und Bildhauer, komponiert, schreibt Lieder und singt sie selbst, auch auf CD.

John Malkovich

Der eigenwillige intellektuelle Hollywoodstar (* 1953, er wohnt in Südfrankreich) ist einer der größten Mallorca-Fans – spricht aber nicht darüber, er möchte weiterhin incognito ankommen. Malkovich wohnt meist bei seinem Freund, dem mallorkinischen Regisseur → **Antoni Aloy**, und unternimmt einsame Wanderungen über die Insel. Besonders angetan hat es ihm die Gegend um Sineu – aber er weiß auch über andere Regionen besser Bescheid als die meisten Ausländer. Es ist ein bisschen merkwürdig, irgendwo hinter Orient um die Kurve eines Bergpfades zu biegen und zufällig John Malkovich zu begegnen. Mir ist es passiert, und der Mann war von ausgesuchter Höflich- und Gesprächigkeit.

Mallorca

Was kann man sich statistisch unter der Insel vorstellen? Sie ist rund viermal so groß wie Rügen und um etwa ein Drittel größer als das Saarland. Hinsichtlich der Einwohnerzahl (letzte verfügbare Zahl: 878 627) liegt sie zwischen dem Bundesland Bremen und der Stadt Köln. Algerien ist näher als Madrid, und Mallorca liegt etwa auf der geografischen Länge von Algier, Niamey und Lagos und auf der Breite von Korfu, Ankara, Baku, Samarkand, Peking, San Francisco, Washington und den Azoren. Zitat: »*Die Insel, auf der es Männer nie eilig haben und Frauen sanft alt werden*«, schrieb → **Santiago Rusinyol.**

Mallorca Film Academy

Der Versuch einer Gruppe deutscher und spanischer Kinoschaffender, auf der Insel eine Art privater Lehranstalt für gehobene Ansprüche einzurichten. Sie eröffnete am 27. März 2004 und glänzt bereits zu Beginn mit einem Vorstand und Dozenten der Extraklasse wie **Hannes Jaenicke**, → **Dieter Wedel**, **Katy Karrenbauer**, **Sabine Schroth**, **Doris Dörrie**, **Detlev Buck** und einigen spanischen Regisseuren. Die Academy ist in einem schönen Palais in der Altstadt von Palma untergebracht.

»Mallorca Magazin«

Für alle Deutschsprachigen auf der Insel ist es die Mischung aus »FAZ«, »Bild«, »Focus« und »BUNTE« – und das seit 1971. Wer es nicht liest, ist nicht informiert, und es berichtet auf eine unaufgeregte und betont seriöse Art. Mit dabei: Die liebenswürdige und sachkundige Autorin **Gabriele Kunze** als Reporterin und Kolumnistin, sie hat einige lesenwerte Bücher über die Insel veröffentlicht, z. B. »Mallorca – Eine Bildreise«. Ihre Hobbys: Kunst und Gärtnerei. → **Seifert**, → **Pere A. Serra**

Mallorca-Pferd

Die Insulaner wussten seit jeher, dass es eine Rasse gibt, die nirgendwo anders existiert. Aber erst 1989 anerkannte man das Mallorca-Pferd als eigenständige Art auch international: ein Großpferd mit einer Widerristhöhe von rund 1,55 Meter, Ramskopf und schwarzer Farbe in Nuancen, aber nie in einer anderen Farbe. Zentrum der Pferdezucht ist Andratx. »*Poco a poco*« gehe es vorwärts, sagte **Llorenç Payeras**, Präsident der »Criadores de Caballos de Pura Raza Mallorquina«. Und Stück für Stück bedeutet: Um 1980 gab es nur siebzehn reinrassige Mallorca-Pferde, Ende 2002 waren es um die zweihundert. Ein Exemplar kostet ab 1800 Euro.

»Mallorca Zeitung«

Kleine Konkurrenz mit größerem Format zum »Mallorca Magazin«, aber mit dem (schwindenden) Anspruch, nicht nur ein reines Lokalblatt zu sein, was das »Mallorca Magazin« für Insulaner informativer macht – die »Mallorca Zeitung« kosmopolitischer. Eddie Lange ist die Gesellschaftskolumnistin und TV-Korrespondentin. Sie füllt jede Woche eine Seite der »MZ« und beliefert auch bundesdeutsche Publikationen.

Mallorkiner

Wer sind diese geheimnisvollen Menschen? Seit wann gibt es sie? Versuch einer Annäherung …

Die fröhlichen Gnome

Nach neuesten Forschungen leben Mallorkiner seit mindestens 9200 Jahren auf ihrer Insel. Früheste Spuren aus dem Jahre 7200 vor Christus lieferte die Höhle von Canet bei Esporles. Und wo stammen sie her? Da gibt es zwei Theorien: Entweder kamen sie aus der Gegend von Alicante und erreichten Mallorca über Ibiza, oder sie stammten aus Südfrankreich und fuhren in Booten über den Golf von Lyon. Ethnisch zählt man sie zu den Katalanen, durch Einflüsse der Eroberer haben sie jedoch eigenen Volkscharakter entwickelt – und die gedrungene, eher kleinwüchsige Gestalt. Es gibt noch rund 300000 echte Eingeborene. Sie bekommen es im

Jahr mit vierzehn Millionen Touristen zu tun – das ergibt zeitweise ein Verhältnis von eins zu fünfzig. Die Zahl 300000 bedeutet aber auch, dass sich mehr als die Hälfte mit Festlandspaniern vermischte. Der Durchschnittsinsulaner ist 38,78 Jahre alt (Frauen: 39,93, Männer: 37,61) und verdient circa 1300 Euro/Monat.

Mallorkiner heißen beispielsweise so: Guillem Colom i Ferra. Das bedeutet: Guillem ist der Vorname, Colom der Familienname des Vaters, Ferra der Familienname der Mutter. Den Namen kann man auf drei Arten schreiben: 1. So wie oben, 2. Mit dem spanischen y statt dem katalanischen i, 3. Ohne i oder y.

Der traditionelle Hut des Mallorkiners ist die Baskenmütze – schwarz, horizontal auf dem Kopf und nie »gekniffen«. Heute sieht man sie nur noch bei älteren Herren und auf dem Lande – und die Frage muss weitgehend offen bleiben, wie die Insulaner zu dem französischen Kleidungsstück kamen. →Römer, →Vandalen, →Mauren können sie ausnahmsweise nicht eingeführt haben, denn die Mütze stammt, wie der Name mitteilt, aus dem Baskenland. Aber wann traf ein Mallorkiner schon mal einen Basken? Also könnten es Franzosen gewesen sein, bei denen die Mütze ja auch Volkstracht ist/war, und die lernten Mallorkiner im Spanischen Erbfolgekrieg (1701–1714) kennen und zu Beginn des vorigen Jahrhunderts, als sie zu Tausenden als Gastarbeiter oder Obsthändler (→Sollerichs) in Frankreich tätig waren. Meine persönliche Theorie lautet: Die Baskenmütze ist die Schwester des Jugendstils und kam mit ihm auf die Insel.

Warum sitzen Mallorcas Männer, wenn sie auf Stühlchen vor ihrem Haus hocken, mit dem Gesicht zur Straße, während ihre Frauen das Gesicht der Hauswand zuwenden? Das ist ein Erbe der arabischen Kultur, die Frauen »verschleiern« sich vor neugierigen Blicken. Diese Haltung drückt sich auch im Begriff »tener cara« – Gesicht zeigen – aus, was aber »Mut haben« oder »frech sein« bedeutet. Neuerdings hat das Sitzen vor der Tür eine Variante erfahren, die Tradition mit Neugier kombiniert: Der Fernseher wird so ins erste Zimmer gestellt, dass man ihn von der Straße aus sieht.

1929 schrieb **Friedrich Christiansen** in seinem Buch »Die spanische Riviera und Mallorca«: »Sehr gastlich – aus Güte, nicht aus äußerer Höflichkeit – sind die Mallorcaner (!). Auch sind sie liebenswürdig, sauber und ehrlich. Wenn man nicht um Nahrung zu sorgen braucht, hören Feindschaft und Verbrechen auf, und für diese genügsamen Menschen, die mit Brot, Sardinen, Oliven und Tomaten auskommen, gibt es gewiss keine Nahrungssorgen.« →**George Sand** glaubte erkannt zu haben: »Wie die Mallorkiner selbst eingestehen, sind Vorsicht und Zurückhaltung die Hauptzüge ihres Charakters.« Ich denke: Trägheit ist ein wesentlicher Charakterzug des Mallorkiners, aber sie ist keine Faulheit. Sie entspringt dem Gefühl, nichts preisgeben zu wollen. Zumindest nicht gratis. Deshalb hört man so oft das Wort »*Tanmateix*«, wenn man weiter auf einem Thema herumhackt (»Es ist egal«, sprich: »Tann-ma-täisch«). Auch dass in keiner Stadt Europas die Blinker so wenig benützt werden, wenn Autofahrer abbiegen, liegt daran: Man möchte keine Information kostenlos liefern.

Andererseits sind Mallorkiner von eigenwilligem Stolz. **Guy de Forestier** schildert eine Anekdote in seinem Buch »Geliebte Mallorkiner«: »*Eines Tages trat ich in einen Laden im Zentrum Palmas und sah, dass es zwei Sorten Orangen gab, die einen groß und glänzend, die anderen eher mickrig. Ich fragte die Verkäuferin, weshalb die kleinen teurer seien als die großen, und sie antwortete lächelnd:* ›Es sind mallorkinische.‹«

Interessant: Unter Mallorkinern gilt bei der Begrüßung und beim Smalltalk eine Frage als besonders höflich: »*Wie geht's den Erben?*« Mir erscheint die Frage eher schalkig zu sein – und nur in Maßen nett.

Noch interessanter: Trinksprüche. Der bekannteste ist natürlich »Salud i pesetas i amor« – auf die Gesundheit, das Geld und die Liebe. Pesetas gibt es nicht mehr, also muss man jetzt sagen: »Salud i Euro i amor«. Was Mallorkinern nicht in den Kram passt, es klingt auch holprig. Lieber sagen sie, und Mallorkinerinnen heben dafür gern ihre Gläser: »Salud i pesetas i una niña con buenas tetas« – auf die Gesundheit, das Geld und ein Mädchen mit mächtigem Busen.

Übrigens: Laut →**Robert Ranke-Graves** (»Anderes Mallorca«, Seite 143) müssen sich Mallorkiner brüllend unterhalten, und alle, die je eine Kneipe betraten, können das bestätigen. Grund, so Ranke-Graves? »*Weil sonst einer denken könnte, sie wären krank oder hätten Angst.*«

Ein Bauer aus Alaró fragte noch 1951: »*Was ist größer – Mallorca oder das, was draußen ist?*« Das ist liebenswürdig komisch. Und ähnlich eigenwillig ist, wie die Mallorkiner sich ausdrücken, wenn sie ihre kleine Welt auf der Insel vom Rest des Erdballs unterscheiden: Sie sagen »*fora Mallorca*« – außerhalb Mallorcas. Die Insel ist für sie das Zentrum der Welt.

Historische Erkenntnis: Jetzt besuchen die Germanen Mallorca als Touristen. Viele Mallorkiner waren zuletzt vor mehr als zweitausend Jahren in Germanien – als Steinschleuderer in der Armee von **Julius Caesar** (siehe »Bellum Gallicum«).

Ein besonderes Kapitel sind Mallorkinerinnen. Alles, was ich über sie zu sagen habe, ist Klischee und klingt oberflächlich, kann aber kaum widerlegt werden. Weil die Erkenntnisse aus jahrelanger eigener Erfahrung stammen. Und jede verkürzte Zusammenfassung bleibt am Klischee und der Oberfläche kleben. Also …

Die typische Mallorkinerin ist kleinwüchsig, gedrungen und auffallend oft mit einem üppigen Busen gesegnet, neigt mit den Jahren zu Damenbart, hat meist kurze Beine, eine Stimme, die jede Kreissäge übertönt, und entschließt sich im Alter, Küchenschürzenkleid zu tragen. Einen besonders stark ausgeprägten Wesenszug würde man darunter nie vermuten: Mallorkinerinnen sollen trotz existierender Religiosität von großer sexueller Regsamkeit und bei Vorhandensein von Gefühlen geradezu unersättlich sein. Was der Grund dafür sein könnte, dass Handwerker trotz fester Termine häufig nicht pünktlich kommen (sie sind zu müde), Beamte kein Problem damit haben, Überstunden zu machen (sie wissen, was sie zu Hause erwartet), und die Männer Mallorcas nicht wesentlich größer sind als die Frauen (ihnen wird angeblich mehrmals täglich die Kraft entzogen).

Ach, noch eins: Höllisch abergläubisch sind die Mallorkinerinnen – und aufgeschlossen für jede übersinnliche Hilfe. So existiert auf dem Puig de Santa Maria bei Pollença ein in den Felsen gehauener Sessel, in den sich Schwangere gerne setzen, weil das »glückliche Geburt« verheißt. Unser Bleigießen gibt es ebenfalls, Singles lesen seit Jahrhunderten aus den produzierten Gebilden den Beruf ihres Zukünftigen ab. Allerdings muss das Bleigießen am 24. Juni um null Uhr stattfinden …

PS: Ich bin mir bewusst, dass es einige Mallorkiner gibt, die diese von mir eben geschilderten Mallorkinerinnen sehr gerne kennen lernen würden. Aber Ausnahmen bestätigen eben auch auf dieser Insel die Regel.

Mallorkinisch

Die Sprache war zur **Franco**-Zeit von 1936–1975 öffentlich verboten und durfte nur privat gesprochen werden. Es gibt zwei Arten von Mallorkinisch: Die Sprache des Volkes, das »Mallorquina plebeia«, und das »Mallorquina aulica« des Adels, eine eigene, höfische Mundart, ähnlich dem Provençalischen und mit vielen mittelalterlichen Ausdrücken. Seit Dezember 2001 sind die balearischen Personalausweise erstmals zweisprachig – spanisch und mallorquin. Das wird als Sieg empfunden.

Das häufig auftauchende »Son« heißt *bei* (wie das französische »chez«) und »Ca'n« oder »Ca's« ist die Abschleifung von »Casa d'en« – *das Haus von*. Zu den Kuriositäten der Sprache gehört, dass im traditionellen bäuerlichen Idiom das Lamm »mä« heißt …

Und können Mallorkiner Deutsch? Immer öfter. Aber ein Wort – der Begriff für diese Art Treibstoff – haben sie schon beherrscht, als sie noch kein Wort Deutsch sprachen: Diesel. Es hat sich im Mallorquin eingebürgert, wird allerdings komisch ausgesprochen – wie »Die Esel«.

Aber die Frage bleibt: Warum sprechen die Mallorkiner eine Mundart des Katalanischen? Warum nicht eine noch eigenere Sprache? Und warum sprechen sie einen katalanischen Dialekt, der ziemlich identisch ist mit dem, der in einem winzigen Teil der nördlichen Costa Brava – am Cap de Creus – gesprochen wird? Weil Jaume I. Mallorca von den Mauren zurückeroberte mit Soldaten, die er 1229 dort rekrutiert hatte und die nach dem Sieg auf der Insel blieben, Land bekamen, Familien gründeten und die Ahnherren der heutigen Mallorkiner wurden, samt ihrem Dialekt.

Wer mehr tun möchte, als nur ein paar Brocken bei Barkeeper

Pepe aufzuschnappen, dem sei folgendes Buch empfohlen: **Hans-Ingo Raddatz**, »Mallorquinisch Wort für Wort« (Reise Know-How, Bielefeld 1999).

Manacor

… kann sich brüsten, das seltsamste Haus der Insel zu haben: die Hausnummer 68 in der Avenida Salvador Juan. Es ist unbegreiflich, wie Menschen darin wohnen können, sogar auf drei Etagen, und im Parterre ist auch noch ein Computerladen untergebracht. Das Haus ist ein fast dreieckiges, spitzwinkeliges Trapez: achtzehn Meter lang, vorne sieben Meter breit und hinten ganze 1,5 Meter breit. Welcher Wahnsinnige kam auf die Idee, so ein Haus zu bauen – und zu genehmigen? Wie kann es darin eine Treppe geben? Was macht man mit den hinteren dreieckigen Zimmern auf drei Etagen, die Tortenstücken ähneln? Der Zeitzeuge steht vor dem Haus und staunt, wozu Menschen fähig sind.

Mandeln

Es gibt sieben Millionen kultivierte Bäume, dazu rund 250000 wilde, und insgesamt etwa siebzig Sorten. Ein jüdischer Freund hat mir, zum Stichwort passend, einen Witz erzählt, den man bei dieser Provenienz unbedenklich weitererzählen kann:

Ein jüdisches Ehepaar betritt eine Galerie mit moderner Kunst, bleibt vor einem abstrakten Gemälde stehen, und sie fragt ihn: *»Ist das jetzt eine Landschaft oder ein Porträt?«* – *»Dem Katalog nach muss es ein Porträt sein,«* erwidert er, *»es heißt ›Mandelbaum auf Mallorca‹.«*

Eine Legende rund um die Mandelblüte geht so: Eine Prinzessin hatte einst von schneebedeckter Landschaft geträumt, und als sie erwachte, wollte sie so etwas unbedingt sehen. Da kam ein Prinz, führte sie auf einen Berg und zeigte ihr Mallorca im Frühling – weiß wie Schnee durch die Mandelblüte …

Auf Mandelmilch ist **Sebastià Sampol** in Santa Maria spezialisiert. Er nimmt Nüsse der Sorte »Besso«, kocht sie in Wasser und würzt mit Zitronenschale, Zimt und Zucker. Auf Mallorquin heißt die Milch »Llet d'ametlla«.

Bauer **Llorenç Florit** aus Sineu besitzt die letzte »Mandelknackmaschine«. Sie wurde 1927 in Inca gebaut, ist immer noch in Betrieb, und Florit kann sich vor Aufträgen kaum retten. Für den mallorkinischen Fachmann ist Mandel übrigens nicht gleich Mandel, er kennt sechs Arten – unterschiedlich in Aussehen und Geschmack.

Klaus Mann

Der Sohn von **Thomas Mann** verbrachte den Juni 1936 im Hotel »Camp de Mar«, da vertrieb ihn der Spanische Bürgerkrieg. Der Aufenthalt hat sich mit skizzenhaften Episoden in seinem Werk niedergeschlagen, vor allem im Roman »Der Vulkan« (Rowohlt). In einem begeisterten Brief empfahl Mann damals seinem Vater eine Reise nach Mallorca – vergeblich.

Märchen

Bei uns beginnen sie bis auf wenige Ausnahmen mit dem Satz *»Es war einmal …«*. Nicht so auf Mallorca. Da heißt es: *»Lange bevor es auf Mallorca schneite …«*. Was heißt das? Dass es früher nicht geschneit haben kann. Aber jetzt schneit es fast jedes Jahr, oft bis hinunter zum Strand. Nun kam aber ein nachdenklicher Mensch und behauptete, damit sei gar nicht der Schnee aus gefrorenem Wasser gemeint, sondern der Schnee aus den weißen Blütenblättern, die immer im Februar von den Mandelbäumen fallen, wenn die Blüte zu Ende ist. Die Märchen erzählen von Begebenheiten, die sich zutrugen, ehe es die Mandelbäume der Insel gab. Denn die seien erst im 19. Jahrhundert gepflanzt worden, richtigen Schnee habe es natürlich immer schon gegeben. Die Behauptung ist so hübsch, dass ich mich ihr anschließe.

March-Familie

Der Clan des ehemaligen Schweinehirten aus San Llorenç, **Juan March** (gesprochen: Mark, 1880–1962), ist die wohlhabendste und einflussreichste Familie – wenn die Bourbonen von König → **Juan Carlos** nicht da sind. Wie viele Milliardäre begann auch March als Krimineller (Pirat, Schmuggler, Betrüger, Steuerflüchtling usw.), mauserte sich aber zum seriösen Unternehmer, dem u.a. die Fährschiffe der Trasmediterránea, der Mineralölkonzern Campsa und die Banca March gehör(t)en. Als er später auch noch Großmäzen und Wohltäter wurde, waren seine Sünden endgültig vergessen. Die Familie hat inzwischen in die besten Dynastien Spaniens eingeheiratet, ihr gehört die Fundación March mit dem fabelhaften Museum in Palma, ein Palast mit Skulpturengarten in →Cala Rajada, ein Museumspalais in Lloseta und der sagenhaft große, reich ausgestattete Familiensitz S'Avall bei Ses Salines.

Ich erinnere mich, wie Juan March Ende der fünfziger Jahre im Mercedes über die Insel fuhr – ein winziges Kerlchen, das kaum durch die Scheibe gucken konnte und sich in Orten zwei Telefonbücher unterschob, um die Huldigung der Mallorkiner entgegennehmen zu können. Er starb nach einem Verkehrsunfall nördlich von Madrid, als er wegen schwerer Verletzungen nichts mehr essen konnte und trotz des immensen Reichtums verhungerte. →**Benavides**

2004 gerieten die scheuen Erben des Milliardärs in die Schlagzeilen, weil das US-Magazin »Forbes« seine Liste der fünfhundert reichsten Menschen veröffentlichte. Dabei landeten **Juan** und **Carlos March**, die als Bankiers in Palma leben, mit geschätzten 2,4 Milliarden Dollar auf Platz 216. Bemerkenswert, dass die Brüder 2003 »nur« 1,7 Milliarden Dollar besessen hatten (Platz 236). In Spanien sind die Marchs damit die Nummer 3a und 3b.

Maricel

Das Küstenhotel in Illetes ist interessant, weil zwei superreiche Männer darum kämpften. Zuerst interessierte sich der Industrielle, Kunstsammler und auf eigenen Wunsch immer »Baron« genannte →**Heini Thyssen-Bornemisza** dafür und hatte bereits den Preis ausgehandelt, als einer der reichsten Prinzen der Welt und Neffe des Saudi-Königs Fahd, Alwaleed Bin Talal Bin Abdulaziz Al Saud, auftrat. Er überbot Thyssen um mehrere Millionen, da auch er das »Maricel« zu einem Privatpalast ausbauen wollte. Als die Genehmigung verwehrt wurde, machte er ein Hotel daraus.

Marivent

Der Königspalast in Genova war eine Spende des Griechen **Ioannes Sardakis** (1877–1963), der eigentlich Maler war, eine reiche Witwe aus Chile heiratete, so zu Wohlstand kam und diesen nutzte, um Sammler und Mäzen zu werden. Marivent war Wohnhaus, dann Museum und sogar Hotel, bevor es die Balearen-Regierung dem König zur Verfügung stellte. Sardakis kam in Alexandria/Ägypten zur Welt und 1923 nach Mallorca.

Dennis Howard Marks

Der Mann war eine einzige lebende optische Täuschung: hübsch wie ein Märchenprinz, nett wie ein Volksmusikstar und gebildet wie ein Uniprofessor. Diese Fassade ermöglichte es dem jungen Waliser, zu einem der größten und reichsten Rauschgiftdealer aller Zeiten aufzusteigen. Seine Basis: La Vileta in Palma.

Drogen en gros

Als man noch nach ihm fahndete, Ende der siebziger, Anfang der achtziger Jahre, war er »Der große Unbekannte«. Niemand vermutete, dass der strahlende Lockenkopf mit der bezaubernden Ehefrau aus bestem Hause Tausende von Tonnen Marihuana rund um den Globus bewegen könnte: aus Südamerika, der Karibik, aus der Türkei, Afghanistan, Burma, Thailand, den Philippinen und jedem anderen Land, in dem Hanf in handelbaren Quantitäten angebaut wird. Marks überschwemmte die USA und Europa mit seinem Gift, das er in Schiffen mit doppelten Wänden, als Kisten mit Maschinenteilen getarnt in Flugzeugen, in Autos voller Verstecke und mit einer Armee ahnungsloser oder bezahlter Kuriere schmuggelte. In den Computern der Fahnder hieß er damals, mangels Klarnamens, »Narco Polo« – ein Scherz für gebildete Stände, denn auch der italienische Reisende hatte einst erstaunliche Dinge aus Asien nach Europa gebracht. Später, als Marks verhaftet war, nannte ihn die Presse »Das Marks-Kartell«, »Mister Marihuana« und »Dennis the Menace« (nach einer Cartoon-Serie, in dem ein gleichnamiger Junge nur Unsinn anstellt).

Seine Tarnung war erstklassig: Das Haus in La Vilate relativ bescheiden, keine Angestellten, Ehefrau **Judith** ging selbst einkaufen, und er galt als stiller Erbe und Gelehrter – nicht ganz zu Unrecht, Marks hat am renommierten Balliol College in Oxford Physik studiert und besitzt einen Doktortitel in Philosophie. Als ihn die Fahnder auf einer Pressekonferenz in Palma als Trophäe präsentierten, sagte er: *»Ich benutzte auf Mallorca immer meinen richtigen Namen. In meinem eigenen Land war ich schon sehr bekannt, doch die Mallorkiner hatten bis zu meiner Verhaftung keinen blassen Schimmer, wer ich war.«*

Ein reicher Sonderling eben. In England hatte sich Marks schon ein paar Vorstrafen wegen Rauschgiftvergehen eingefangen. Deshalb hatte er seine Basis nach Mallorca verlegt, und als Fahnder dort sein Haus stürmten, ihn hinter Gitter brachten und sein weltweites Netz aushoben, gingen ihnen die Augen über: Marks verwendete bei seinem internationalen Marihuanahandel 43 Decknamen, hatte 89 Telefonanschlüsse und besaß 25 als legal angemeldete, aber illegal operierende Firmen in London, Amsterdam, Lissabon, Karachi, Manila, Bangkok und Los Angeles. Damals ließen die Fahnder durchsickern, dass die Menge an Rauschgift, die Marks weltweit bewegt hatte, ausgereicht hätte, um jeden Erdenbürger – vom Baby bis zum Greis – mit einem Joint zu versorgen.

1983 war Marks nach Mallorca gekommen, hatte fast sechs Jahre sein Unwesen getrieben und wurde im März 1989 verhaftet – als Milliardär, der sein Schmutzgeld auf Dutzenden Konten versteckt hatte, auf den Niederländischen Antillen, den Bahamas, in Liechtenstein und Singapur. Das meiste wurde nie gefunden.

Weil Marks so nett aussah, erstklassige Manieren hatte und nichts Böses in seinem Gesicht stand, gelang es ihm, eine Aura des gesellschaftlichen Weltverbesserers aufzubauen. Er stilisierte sich zum Mann, der »Pot« – *»die harmlose Droge der Dichter und Denker«* – legalisieren wollte. Er habe in die Tat umgesetzt, wovon die linke Szene träume, nämlich mit dem gehandelt, was längst legal sei in Amsterdam und gekauft werden könne.

Die spanische Polizei und ihre Helfer von der amerikanischen Antidrogenbehörde DEA sahen das anders und lieferten Marks an die USA aus. Man verurteilte ihn zu sechs Jahren Gefängnis. Ein mildes Urteil, aber er war geständig, bekannte sich schuldig, um lebenslanger Haft zu entgehen, und er konnte beweisen, dass er *»aus Prinzip«* nie mit harten Drogen gehandelt hatte. Marks bezog eine Zelle im Hochsicherheitsgefängnis Terre Haute in Miami. Und traf dort einen alten Bekannten, um nicht zu sagen, Lieferanten: General **Noriega**, Ex-Diktator und Drogenbaron von Panama.

Im Juli 1996 wurde Marks nach Verbüßung der vollen Strafe freigelassen – und kehrte nach Mallorca zurück. Im Jahr darauf veröffentlichte er ein Buch mit dem Titel »Mr. Nice«, das ein paar Monate lang in England und den USA ein Bestseller war. Seitdem ist er nicht mehr aufgefallen und führt in La Vileta ein stilles und finanziell gut gepolstertes Leben.

Und wenn Dennis Howard Marks und seine Frau Judith nicht gestorben sind, dann leben sie noch heute …

Pedro Pablo Marrero Henning

Er gilt als einflussreichster Anwalt Palmas, sitzt im Vorstand zweier großer Verlagsgruppen (u.a. der »Mallorca Zeitung«) und ist für Deutsche besonders wertvoll: Er kann beide Sprachen fließend. Darüber hinaus war Marrero neun Jahre lang Präsident des Balearischen Golfverbandes und diplomatischer Vertreter der Republik Irland. Marrero (* 1946) stammt aus Gran Canaria, heiratete eine Mallorkinerin, und sein deutscher Zweitname hat eine lange Geschichte: Sein Großvater **Paul Henning** war Anfang des 19. Jahrhunderts aus Frankfurt/Main auf die Kanaren ausgewandert. Don Pablo ist seit Jahren Kolumnist der »Mallorca Zeitung«.

Edouard-Alfred Martel

Französischer Geologe (1859–1938), der hauptsächlich dadurch bekannt wurde, dass er 1896 die Drach-Höhle erforschte, weshalb der unterirdische See nach ihm heißt. Er war ein Freund von →**Jules Verne** und hat mit seinen Erzählungen viele seiner Roman-Abenteuer beeinflusst.

Josep Mascaró Passarius
Der Universalgelehrte Mallorcas, 1923 in Alaior auf Menorca geboren, veröffentlichte Hunderte von Texten, schrieb eine »Historia de Mallorca« in zehn Bänden, zeichnete ein Kartenwerk der Balearen in fünf Bänden, erstellte eine Bibliografie aller archäologischen Schriften zum Thema Mallorca – und er ist der einzige Mensch, der je alle 151 aus dem Meer ragenden Landstücke betreten hat.

Jaume Matas
Einflussreichster Politiker der Balearen und Chef der konservativen PP (Volkspartei). Er war bis 1999 Ministerpräsident und nach seiner Abwahl Umweltminister in Madrid. Im Juli 2003 feierte er mit einem Sieg über die rot-grüne Regierung ein glänzendes Comeback und wurde erneut Balearen-Premier. Mehr noch: Man feierte ihn als »Retter Mallorcas«, weil der Tourismus nach seinem Wahlerfolg wieder anzog (auch durch Kippen der Öko-Steuer) und sich das sozial neidische Klima der Ausländerfeindlichkeit und der Baubehinderung schlagartig wieder änderte.

Tasso Wilhelm Mattar
Einer der großen deutschen Goldschmiede. Er stammt aus Wuppertal und lebt seit 1994 in Artà. Bei ihm kann man Schmuck kaufen (ab 250 Euro), und in Workshops lehrt er, wie man ihn macht. Internet: www.mattar.de

Thomas J. C. Matzen
Hamburger Unternehmer und Professor an der TU Harburg (* 1949), der es mit Wagniskapital und Management-Buy-outs zum Millionär brachte und sich 1994 bei Pollença achtzehn Hektar Land kaufte und dort das Weingut Ca'n Vidalet aufbaute. 2003 ging Matzen mit 22000 Flaschen ins Business – und feiert großen Erfolg unter Genießern. Mit verantwortlich dafür ist sein Betriebsleiter **Richard Weberskirch**, ein Winzer von der Mosel.

Antonio Maura

Der einzige Politiker aus Mallorca, der es zum spanischen Ministerpräsidenten gebracht hat. Er wurde in Palma geboren, lebte von 1853–1925 und regierte zweimal: 1903–1904 und 1907–1922.

Mauren

Die segensreichsten aller Eroberer. Sie kamen 903 nach Christus und wurden 1229 vertrieben. Ihre Herrschaft war tolerant und hat bis heute Spuren hinterlassen. Dazu gehören die Terrassen von Banyalbufar, Bambushaine, Bäder, Gräber, einige Bauten in Palma, landwirtschaftliche Sprachreste, Eigennamen wie Binissalem oder Bennassar und wichtige Wesenszüge der Mallorkiner wie Fatalismus, Neugier und Erfindungsgabe.

Meer

Eine mallorkinische Legende erzählt: Da das Meer viel mehr Stunden arbeitet, als es Lohn empfängt, wird es nach einiger Zeit immer grün (vor Ärger) – und wenn es diese bestimmte meergrüne Farbe annimmt, ruht es sich aus (dann werden die Wellen klein).

Damia Gomis, Professor am physikalischen Institut der Balearen-Universität, hat in einer Studie festgestellt, dass sich das Meer rund um Mallorca durch den »Treibhauseffekt« in den kommenden hundert Jahren um zwanzig bis hundert Zentimeter erhöhen könnte.

Eliseu Meifrén

Künstler aus Barcelona (1859–1940), der 1907 für ein Jahr auf die Insel kam, Direktor der Kunsthochschule in Palma wurde und die herrlichsten Mallorca-Bilder malte – auch noch, als er längst nicht mehr hier lebte. Im Museum »Es Baluard« hängt »Jardines de Mallorca« von 1918, fast noch schöner sind seine »Almendros de Mallorca«, die auf der Weltausstellung in Brüssel ausgezeichnet wurden. Meifrén ist im Übrigen Gründungsmitglied der wichtigsten spanischen Künstlergruppe »Quatre Gats«.

Manfred Meisel

Glauben Sie Innenministern und Polizeipräsidenten nicht. Glauben Sie lieber kriminellen Profis. Es gibt das perfekte Verbrechen nämlich doch – auf Mallorca sogar hoch drei. Denn wie wäre es sonst zu erklären, dass die Morde am Gastwirt **Manfred Meisel**, 49, Sohn **Patrick**, 8, und Kindermädchen **Claudia L.**, 30, seit 1997 unaufgeklärt sind? Dass es nicht mal die Andeutung einer Spur zu dem oder den Tätern gibt?

Morde ohne Mörder

Was ist denn das perfekte Verbrechen, von dem selbst Sherlock Holmes behauptet, es könne nicht geschehen, solange Menschen nicht perfekt sind? Das perfekte Verbrechen hinterlässt keine Spuren. Es passiert wie Blitzschlag aus heiterem Himmel. Nur Opfer bleiben sichtbar übrig. Das perfekte Verbrechen bleibt ungesühnt. Denn weil es keine Zeugen gibt, tot oder lebendig, gibt es auch keine Täter. Ein böser Menschheitstraum, auf Mallorca ist er Wirklichkeit geworden: In der Nacht von Dienstag, 11. November, auf Mittwoch, 12. November 1997, in einem Landhaus dreißig Kilometer östlich von Palma.

Es waren Hinrichtungen. Kaltblütig, herzlos. Meisel, sein Sohn und das Kindermädchen wurden aus nächster Nähe mit Kopfschüssen exekutiert. Eine Tat von extremer Grausamkeit, denn wenn der Anschlag dem erfolgreichen, nicht überall beliebten und in vielerlei Geschäften steckenden Gastwirt galt (davon gehen Polizei und »Szene« aus), dann wurden das Kind und die junge Frau getötet, um Zeugen zu beseitigen. Das hat Mafiaformat: Einen Achtjährigen zu ermorden gehört nicht zum Handwerk von Amateuren.

Spuren total zu vermeiden gelang freilich auch diesen Profis nicht: Sie hinterließen unter dem Fenster, durch das sie in die Villa eingestiegen waren, Fußabdrücke. Aber was sagt eine Sohle aus, wenn der Schuh, der Fuß, der Mensch daran fehlen? Es war eine Allerweltssohle. Und es wurden, neben der Leiche des Kindes, zwei Patronenhülsen gefunden. Neben seinem toten Vater und dem Kindermädchen nicht. Das sind Indizien, an die sich Ermittler klammern wie Ertrinkende an Treibholz: Wurde mit zwei Pistolen geschossen? Mit einer, die ihre Patronenhülsen auswarf, und mit einer, die das nicht tat? Sieht danach aus. Und bedeutet das, dass es zwei Täter gewesen sein müssen? Doch auch wenn's zehn oder mehr waren – sie nicht zu haben ist so schlecht, wie zwei oder einen nicht zu haben. Diese Spur ist kaum mehr als ein Aktenvermerk und eine Sackgasse – wie die Abdrücke der Schuhsohlen vor dem Fenster.

Also stieß man ins Umfeld von Manfred Meisel vor: Gastwirt aus Frankfurt, Betreiber des »Bierkönig« am Strand von El Arenal, der größten Kneipe der Insel und einer der größten in Europa. Meisels Ehrentitel in der Szene: »König des Bieres«. Das wird man nicht ohne Ellbogen. Da hat man Konkurrenz, die einem schon mal die Terrasse abfackelt, Kakerlaken in die Küche treibt, Kellner bedroht und höflich anfragt, ob man nicht Schutz benötige vor derlei Dingen gegen eine passable Gebühr. Das ist auf Mallorca nicht anders als anderswo. Vielleicht sogar noch härter in Zeiten eines schwankenden Tourismus.

Freunde von Meisel haben ausgesagt, er habe seit Monaten Morddrohungen erhalten, sie aber nicht ernst genommen, da sie zum Business gehören wie undichte Zapfhähne. Außerdem hätten sich die Absender der Drohungen nicht identifiziert, also, wie hätte man auf sie reagieren sollen? Meisel fühlte sich auch deshalb sicher, weil der Chef der Frankfurter Unterwelt ein alter Kumpel war, auch auf der Insel wohnt und ihm immer wieder versichert hatte, er mache einen *»guten Job«* mit seinem »Bierkönig«. So ein Kompliment aus so einem Mund ist besser als jede Versicherungspolice. In diesen Kreisen.

»Die Polizei tappt weiterhin im Dunkeln«, meldete die Deutsche Presseagentur 2004. *»Ein Polizeisprecher in Palma sagte, es gebe keine neuen Erkenntnisse.«* Die Fahndung läuft weiter, nur im ziemlich luftleeren Raum. Weshalb der Polizeisprecher seine Ratlosigkeit mit einem verräterischen Satz tarnte: *»Details der Fahndung geben wir nicht in der Öffentlichkeit bekannt.«*

Der »Fall Meisel & Co« läuft also tatsächlich auf das perfekte Verbrechen hinaus. Er ist die Blaupause für den kriminellen Menschheitstraum. Und für Rechtschaffene ein Alptraum.

Guillem Mesquida

Mallorkinischer Barockkünstler, der ab 1723 bei Kurfürst **Maximilian II. Emanuel** als Hofmaler der Wittelsbacher, später bei Kurfürsten und Erzbischöfen von Köln tätig war. Berühmte Werke: die Fresken in der bischöflichen Residenz in Köln und auf Schloss Augustusburg in Brühl.

Francisco Mestre

Der Maler lebte Ende des 19. Jahrhunderts und gilt als »**Paul Cezanne** Mallorcas« – dank perfekt komponierter, farblich überzeugender Landschaften, aus denen Licht zu strahlen scheint. Seltsamerweise ist er kaum im Kunsthandel vertreten, nur spärlich tauchen Bilder auf dem Flohmarkt in Palma auf zum lächerlichen Preis von tausend Euro – woraus man schließen darf, dass sie aus einem Adelspalast gestohlen wurden.

Julien Meunie

Französischer Maler, der auf Mallorca arbeitete und farblich raffiniert verschwimmende Gemälde schuf, die an typisch mallorkinische Stoffe erinnern. Seine Bilder hängen u.a. im Hotel »Arabella Son Vida«.

Gertraud Middelhauve

Die Germanistin (* 1930) war schon Legende, als sie 1990 nach Mallorca kam, und hier wurde sie zur Grande Dame der deutschen Society, auch wenn sie sich rar machte bei Cocktail- und Smalltalk-Events. Middelhauve, der Name hatte Klang in der Literaturszene: Anfang der sechziger Jahre hatte Gertraud Middelhauve von ihrem Vater den kleinen Verlag geerbt und etwas Revolutionäres getan – sie produzierte niveauvolle Kinderbücher, in denen Kinder ernst genommen wurden. U. a. erschienen bei ihr die Geschichten des Zeichners **Janosch**. 1990 verkaufte sie ihre Anteile an die Verlagsgruppe Beltz und zog nach Mallorca. Im Frühjahr 2004 starb die große Verlegerin in München – heimgekehrt in letzter Minute.

Toni Mikesch

Der Österreicher (1914–2003) schrieb deutsche Tourismusgeschichte. Denn Mikesch, der 1956 als Reiseleiter von TUI nach Mallorca kam, »erfand« 1963 Cala Millor, indem er Land erwarb, die Infrastruktur der herrlichen Bucht entwarf und mit den Bungalowdörfern California und Son Moro Bonavista die ersten Unterkünfte schuf. Auf dezenteste Art: Mikesch wollte den schönen Strand in natürlichem Zustand belassen und legte die Siedlungen siebenhundert Meter entfernt im Hinterland an. Was ihm freilich schlecht bekam: Die Einheimischen teilten seine Bedenken nicht, kleisterten das Meer zu und verstellten ihm den Blick mit Hotel-Wolkenkratzern. Mikesch gebührt noch ein zweites Verdienst, er erfand nämlich einen Begriff, der um die Welt ging – und auf der Insel erstmals ein Plakat zierte: »Moonlight Champagne Cruise« – Kreuzfahrten zur blauen Stunde mit einem Glas Champagner. Mikesch wurde auf dem Friedhof von Son Servera beigesetzt, hat aber ein lesbares Erbe hinterlassen: seine köstlichen Memoiren, die er »Mein Leben« nannte, die aber leider nur als Geschenkbuch bei seiner Familie zu bekommen sind.

Axel Milberg

Der Schauspieler (Kinofilme, Münchner Kammerspiele, »Tatort« und Dutzende anderer TV-Rollen) wurde 1956 in Kiel geboren und war bereits auf Mallorca, als die meisten noch mit Auto und Fähre anreisten: Seine Eltern besaßen eine Ferienwohnung bei Portocristo. Er selbst siedelte sich derart heimlich bei Felanitx an, dass man ihm erst auf die Spur kam, als er im Sommer 2004 Wohnutensilien bei Ikea erwarb. Milberg gehört übrigens zu den Glücklichen, die mit Hilfe eines Wünschelrutengängers Wasser fanden, in 360 Meter Tiefe, und nun aus seiner eigenen Zisterne lebt.

Lutz und Edith Minkner

Rühriges Ehepaar aus Berlin (er war dort bekannter Anwalt), das als Mäzene auftritt, mit Immobilien handelt, einen Veranstaltungsdienst betreibt, eine Galerie führt und in der Charity aktiv ist. Zentrale des Wirkens ist Santa Ponça. Die beiden sind seit 1984 auf der Insel und haben sich den Ruf seriöser Professionalität erworben.

Joan Miró

Der weltberühmte Maler (1893–1983) hatte eine mallorkinische Mutter und Ehefrau, er selbst wurde in Katalonien geboren. Als Junge verbrachte er seine Ferien auf der Insel und ließ sich 1940, mit 47 Jahren, endgültig dort nieder, nachdem er vor den deutschen Besatzern aus Paris und später vor dem **Franco**-Regime in Barcelona geflohen war. Nun war Mallorca eine Hochburg der Faschisten, doch eigenartigerweise blieb Miró, der aus seinen sozialistischen Neigungen nie ein Hehl gemacht hatte, unbehelligt. Der Journalist **Thomas Fitzner** vermutet, er habe sich in Palma nicht um Politik gekümmert – und vice versa Mallorca nicht um seine Kunst.

Über seine zum Teil geheimnisvollen Werke hat der Meister selbst einmal gesagt: »*… wie mich auch die Zeichnungen beunruhigen, die ich im Laufe der Jahre auf die Wände von Son Boter gemalt habe. Es erschüttert mich der Gedanke, eines Tages könnten die Zeichnungen der Spitzhacke zum Opfer fallen. Diese Zeichnungen in Son Boter waren erste Schritte zu künftigen Werken, zu Skulpturen. Sie könnten einmal interessant werden, um den Prozess meines Schaffens zu analysieren.*« Die Zeichnungen an den Wänden der Finca Son Boter, etwas oberhalb des Miró-Museums, sind leider immer noch nicht ständig zugänglich, aber es lohnt sich, in der Fundación immer wieder bohrend danach zu fragen.

Ich habe Miró öfter getroffen, fast immer in seinem (alten und neuen) Atelier, der Umgang mit ihm war nie leicht. Erstens bewachte ihn seine Frau als Zerberus, zweitens wusste er genau, welche Weltfigur er war, und drittens vermutete er bei allen Besuchern den Drang, ihm billig ein Bild abzuluchsen. Einmal erlebte ich mit dem Künstler Folgendes:

Wie Miró das Licht wieder fand

Joan Miró hatte es im Alter nicht leicht: Sein Augenlicht ließ nach, und um sein Haus in Genova bei Palma bauten sie so dicht

Wolkenkratzer, dass er sich eine alte Mühle kaufen musste. Da kletterte er hinauf, suchte die strahlende Sonne und das silbrig glänzende Meer. Es waren die Dinge, deretwegen er nach Mallorca gekommen war. Wenn man mal die Liebe zu seiner Frau, einer Mallorkinerin aus Sóller, beiseite lässt. Diese **Pilar** hütete ihren Joan wie einen Schatz und schützte ihn vor der Neugier, seiner Großzügigkeit und Gebrechlichkeit. Aber Miró hatte ein paar heimliche Kumpels, die »entführten« ihn von Zeit zu Zeit, und das genoss der kleine Mann mit dem Zauberpinsel. Eines Tages schlüpfte er durch einen winzigen Spalt seines grasgrünen Gartentors und entkam in der uralten grauen Citroën-»Ente« eines deutschen Journalisten. *»Komm«*, bat er, *»lass uns das Licht suchen«*, während Pilar hinter den beiden herschimpfte, ihr Joan sei doch viel zu dünn angezogen.

Es wurde eine wunderschöne Fahrt mit wenig Worten und vielen Bildern. Miró widersprach z.B. »Experten«, die meinen, die großen roten Kleckse auf seinen Bildern seien glühende Sonnen. *»Oh, nein«*, lächelte Miro, *»es sind die Boviste Mallorcas, die von den Bauern im Winter, wenn es nichts mehr zu backen gab, aufgeschnitten wurden wie Brotlaibe.«* Worauf sie satt und auch ein bisschen high wurden, denn die Boviste sind »Magic mushrooms«.

Der alte Mann wusste genau, wo er hinwollte: hinter Felanitx nach rechts, den Hügel hinauf, durch ein Wäldchen und dann … – öffnete sich das Mittelmeer, das Licht flutete ins Land, die Sonne gleißte auf den Wellen, dass einem die Augen wehtaten, und Miró flüsterte: *»Mein Gott, wie schön!«*

Wenn man sich auf die Terrasse des Restaurants »Vista Hermosa« stellt und leicht nach rechts blickt (Flieger würden sagen: »Schau nach 14 Uhr«), dann sieht man die Stelle, an der Miró das Licht wieder fand. Wo die kleine Schotterstraße jenseits des Hügels verschwindet, da ist es. Nur ein paar Meter von Ihnen entfernt: Mirós Mirador. Sie sollten mal da hinaufwandern und ein Gläschen Sonne auf sein Wohl trinken. Tun Sie das auf meine Kosten. Denn der Kerl, der Miró »entführte«, war ich.

Der Maler war übrigens von bemerkenswertem Geiz, von mallorkinischer Habgier. Ich benötigte Monate, ihn zu überreden, das von ihm in den achtziger Jahren entworfene Mallorca-Plakat des Fomento de Turisme zu signieren. Immer hatte er mit den Worten abgelehnt: »*Wenn ich das unterschreibe, ist es 100000 Dollar wert. Und was hab' ich davon?*« Am Ende tat es Miró – und unterzeichnete mit einem weit in der Zukunft liegenden Tag: Ein Scherz, aber auch ein raffinierter Trick, das signierte Plakat zur Fälschung zu machen. Was dann tatsächlich eintrat – denn Miró starb wenige Tage vor dem Datum auf meinem Plakat. Ich bin sicher, er sitzt auf Wolke Sieben und lacht sich eins.

Ein besonders eigenwilliges, hübsches und typisches Schmuckstück, »Sol de Mallorca« genannt, entwarf **Joan Miró** 1972. Es gibt mehrere Ausführungen, die nur selten zu bekommen sind – und wenn, dann am ehesten bei Joyas Forteza in Palma. Und auch für Golfer existieren zwei ganz spezielle Mirós: Bälle mit dem Tourismus-Logo, das der Maler in den frühen achtziger Jahren für Mallorca geschaffen hat, und Handschuhe mit dem Spanien-Logo, das er ein paar Jahre früher schuf.

Miss Gordi

So nennt sich die schönste, dickste Frau Mallorcas (»Miss Dickerchen«), zumindest gewann Pizzabäckerin **Raquel Franco** den Titel im November 2003. Ihre Maße sind auch beachtlich: 125 Kilo bei nur 1,55 Meter Größe.

Missionierung

Kommt vor, und zwar auf überraschende und meist unerwünschte Art: Plötzlich stehen zwei junge Frauen am Tor, stellen sich als Katja und Antje vor, möchten ein Gespräch führen und lassen, wenn man sie endlich abgewimmelt hat, eine Broschüre und eine Rückruf-Telefonnummer da. Es sind »Zeugen Jahovas«, die neuerdings verstärkt über die Insel befohlen werden und selbst außerhalb der Urbanisationen »missionieren«. Beim Ausmaß ihrer Erfolglosigkeit ist das tapfer. Im »Mallorca Magazin« Nr. 14/1990 fand ich eine der komischsten Anzeigen, die ich je gelesen habe. Sie lautete so:

ZEUGEN JEHOVAS gesucht
für Missionsreise nach Indien.
Bedingung Fahrrad und Vegetarier.
Chiffre 1014 MM

Mitsch-i-Mitsch

Es hat keinen Zweck, dieses Wort mallorkinisch korrekt zu schreiben, nur Einheimische könnten es lesen. Aber phonetisch klingt es eindeutig, und jeder weiß, was damit gemeint ist: ein durchsichtiges, hellgrünes, ins Bräunliche changierendes Getränk, das beim ersten Mal scheußlich schmeckt, aber schon vom zweiten Glas an zu einer leichten und begrüßenswerten Sucht führt. Es ist ein fröhlich und gesund machender Kräuterlikör, dessen süße Variante (»dulce«) ebenso schwer genießbar ist wie seine trockene (»seco«) – die Version Halbe-Halbe (»Mitsch-i-Mitsch«) aber mundet köstlich – aufgrund eines Rezeptes mallorkinischer Apotheker aus dem 16. Jahrhundert. Auf Mallorca gibt es mehrere Fabriken, die bekannteste ist Tunel. Die Firma liefert eine dekorative Riesenflasche mit Zapfhahn am Flaschengrund für die Hausbar. Jahresproduktion aller Likörhersteller der Insel: rund 600 000 Liter. Übrigens: Niemand erschrecke sich an dem Gestrüpp, das in den Flaschen steckt – diese Kräuter bleiben ein Leben lang drin, denn man kann den Hierbas selbst ansetzen, wenn er leer wird. Die nächste Bäuerin hat sicher ein Hausrezept.

Internet: www.hierbas-tunel.de

Eine Besonderheit serviert und verkauft der Wirt des Restaurants im ehemaligen Kloster auf dem Puig de Sant Miquel bei Montuiri: Einen »Hierbas« auf Feigenbasis, der so sanft ist, dass er über die Zunge rollt wie der Kuss einer Jungfrau aus Felanitx. Aber auch ohne den Likör ist das Restaurant wegen seiner anständigen Küche, dem romantischen Ambiente und der atemberaubenden Rundsicht mehr als einen Besuch wert.

Modernismo

So nennt man auf Mallorca die katalanische bzw. insulare Variante des Jugendstils. Man findet sie besonders ausdrucksvoll in Palma und Sóller, und sie ist mit das Beste, was die Architektur der Insel hervorgebracht hat.

Jugendstil für die Wand

Ich bin auf einen Schatz gestoßen. An einem heißen Tag in Palma, an dem ich wieder mal Antiquariate durchstöbert habe. Er lag in einer marmorierten, zweimal mit hellgrünem Seidenband verknoteten, verstaubten Mappe der Imprenta y Papeleria Francisco Ferrer. Aufgefallen war sie mir, weil auf dem Etikett ein purpurner, völlig sinn- und beziehungsloser Stempel prangte – Reichsadler mit Hakenkreuz und die Worte »Oberkommando der Wehrmacht«. Ich öffnete die Mappe, und da fielen mir 236 farbige und schwarzweiße Blätter entgegen, 22,3 × 31,5 Zentimeter groß, um die Jahrhundertwende gedruckt – und reinster Jugendstil mallorkinischer Prägung, »Modernismo« genannt. Verzückt spielte ich mit den Blättern und rätselte über die Bedeutung des Schatzes. Den Antiquar wollte ich nicht fragen, das hätte nur den Preis vervielfacht. Billig kaufen und hinterher erkundigen, so geht das.

Allmählich dämmerte mir: Es war ein Katalog für Bauherren. Mit diesen 236 Blättern hatte ein auf Jugendstil spezialisierter Handwerksbetrieb die Gestaltung von Villen, Portalen, Treppenhäusern, Zäunen, Fahrstühlen, Lampen, Balkonen, Namensschildern und Gebäudeornamenten angeboten. Alles im neuen Stil, der rübergeschwappt war aus Barcelona und Nancy, Lüttich und Paris, Wien und Brüssel. In Stein, Mauerwerk, Eisen und Holz. Nicht mal Aufsichtspläne für die Gestaltung der Innenräume fehlten.

Der Schatz enthielt noch mehr: eine Anleitung für andere Handwerker. Denn zu jedem farbigen Bild, das zeigte, wie der »Modernismo« wirkt, wenn die Bauarbeiten beendet sind, gab es ein Schwarzweißbild mit Konstruktionsplänen: So war die verzwickte Dachgaube im Jugendstil zu konstruieren, so die aufwändige Kehlung einer Fassadenstufe zu mauern. Man brauchte die Abbildungen nur flüchtig anzuschauen, um zu begreifen, wie detailliert die Firma gearbeitet hatte, wie verwendbar ihre Pläne heute noch sind. Was für ein Schatz mir da in die Hände gefallen war: Studierstücke für Kunsthistoriker, traumhafte Dekorationen für jede Wohnung oder Finca, in sich ein Museum des »Modernismo«.

Ich habe die Mappe sofort gekauft. Der Preis war lächerlich: zwanzig Euro. Ein paar der schönsten Bilder habe ich schlicht rahmen lassen und als dezente Gruppe an eine Wand meines Büros gehängt. Das sieht fabelhaft aus. Aber es ist nicht nur der Stolz des Schatzfinders, der aus diesen Zeilen klingt. Es ist auch die Aufforderung, selbst zu suchen und nicht aufzugeben. Denn solche Mappen und andere Sammelstücke gibt es noch zu Hunderten auf der Insel. Irgendwo verstauben sie ganz hinten, ganz unten in Regalen. Und irgendwann, wenn die nächste Mieterhöhung droht, verlieren die Antiquare die Lust an Dingen, die jahrelang keiner will, und werfen sie weg. Es ist das Interesse des Kunden, das Schätze bewahrt, nicht nur die Habgier der Händler.

Buchtipp: → **Donald G. Murray** und **Miguel Seguí Aznar** haben 1989 bei Olañeta einen Prachtband mit dem Titel »El Modernismo y su Tiempo« veröffentlicht. Es ist das Beste, was es zu diesem Thema gibt. Leider findet man den Band nur noch antiquarisch.

Reinhard Mohn

Der Ex-Mehrheitsaktionär von Bertelsmann und Chef der Bertelsmann-Stiftung machte sich auf Mallorca beliebt, wenn nicht sogar unsterblich, als er der Gemeinde Alcúdia, wo er ein Haus besitzt, eine komplette Bibliothek stiftete. Wann immer der Begriff »Guter Deutscher« benutzt wird, ist der Herr aus Gütersloh gemeint.

Joan Moll

Er ist der große Pianist Mallorcas, hat mit allen großen Orchestern und in allen klassischen Konzertsälen gespielt. Es gibt vierzehn Langspielplatten und CDs mit seiner Kunst, und wer den Veranstaltungskalender der Insel aufmerksam liest, entdeckt immer wieder Auftritte von Moll selbst in kleinen Orten wie Lloret de Vista Alegre – er ist nämlich Patriot. Studiert hat Moll in Palma und Barcelona, aber sein Durchbruch kam, nachdem ihn der große **Claudia Arrau** als Einzelschüler akzeptiert und ausgebildet hatte.

Josep Moll Marqués

Menorkinischer Politiker (Ex-Präsident des Balearen-Parlaments), Schriftsteller, Historiker und Kolumnist des »Mallorca Magazin«. Ein freundlicher, gebildeter Herr, der mit seiner deutschen Frau **Karin** gern gesehener Gast bei Veranstaltungen ist. Auch er verfasst Bücher, eines (»Mallorca«) erschien 1985 auf Deutsch und gehört zu den anspruchsvollen Inselführern. 2002 folgte »So sind wir Mallorquiner« (Editorial Moll) – Pflichtlektüre für Insel-Deutsche. Zeitgleich wurde er erster »Balearen-Botschafter« in Berlin. Geradezu einmalig seine akademische Laufbahn: Moll lebte von 1963 bis 1977 in Bayern, war Dozent für Spanisch am Sprachen- und Dolmetscher-Institut in München, Dozent für Katalanisch an der Ludwig-Maximilian-Universität und verantwortlicher Redakteur der ARD-Programme für spanische Gastarbeiter. Er ist Mitglied der SPD und ihrer spanischen Schwesterpartei PSOE.

Es gibt ein dynastisches PS zu diesem Mann, Moll selbst schildert es so: *»Ich bin immer wieder überrascht und erfreut, wie viele Avenidas und Straßen es gibt mit dem Namen* **Francesc de Borja Moll** – *in Palma, Ses Salines und anderswo!«* Das war ein berühmter Sprachforscher, Illustrator – und sein Vater. → **Alcover**

Gottfried Möller

Der Hesse kam im Frühjahr 1970 nach Mallorca, heute ist er Mitbesitzer der größten Segelschule auf den Balearen: Sail & Surf Pollença. Dort kann man alle nur erdenklichen Segelscheine auf siebzig Booten machen, und selbst Regatta-Segler werden weitergebildet. Zu seiner Schule gehören Ferienwohnungen, Finca und Restaurant. Übrigens: Ein Grundkurs im Segeln kostet bei Möller rund 200 Euro.

Molvé

Basiswort der mallorkinischen Sprache, das deutlich auf dem -e betont wird und das Ausländer als Erstes benutzen sollten. Es heißt so viel wie: »Ist gut«, »Verstanden«, »Na, dann«, und man kann damit jedes Gespräch beschließen. »Molvé« wird auch gebraucht, um zu zeigen, dass ein Gespräch positiv verlaufen ist und man als Freunde scheidet.

Monaco

Die Fürstenfamilie **Grimaldi** hatte einst enge Beziehungen zur Insel und besaß sogar eine Strandvilla gegenüber dem Hotel →Formentor. Dorthin schipperten **Rainier III.** und **Grace Kelly** auf ihrer Yacht »Deo Jovente« in die Flitterwochen (19. April bis 13. Mai 1956). 1961 kehrten Rainier und Gracia Patricia zurück, da kam es im Coliseo Balear in Palma zu einer heiteren Einlage: Der Fürst stellte sich an der Seite des Matadors **Fermin Murillo** einem Stierkalb – und landete unsanft im Sand.

Mond

Kuriose Beobachtung: »*Auf Mallorca kommt der Mond öfter als abgemacht heraus, oder er hält sich länger auf, als auf dem Kalender geschrieben steht*« (→**Santiago Rusinyol**). Noch kurioser: »*Unser Mondlicht ist bekannt dafür, dass es den Geist verwirrt*«, schrieb →**Robert Ranke-Graves**. Ein Stück Mallorca liegt auch auf dem Mond: Der Krater 117 im südöstlichen Feld. Er heißt »Mutus« und ist nach dem mallorkinischen Astronomen **Vicenç Mut** (1614 bis 1687) benannt.

Carlo Montesi

Der Römer kam Mitte der sechziger Jahre nach Deià (als der Ort populär wurde) und blieb – ein Maler, der Rätsel aufgibt. Einerseits malt er kindlich, bewusst naiv, überschwänglich farbig und grafisch plakativ; andererseits stecken die Bilder voller versteckter Hinweise, Alliterationen, Botschaften. Weshalb Montesi eine nahezu fanatische Anhängerschaft unter Sammlern und Museumsdirektoren hat. Er lebt auf dem Landgut Son Beltran, umgeben von Olivenbäumen, im Rücken den Schatten der Tramuntana.

Marí Carmen Montoya

Die Frau des Busfahrers **Jose Antonio M.** aus Palma bekam am 20. April 1990 mehr als ein Kind: Sie gebar Sechslinge! Müßig zu erwähnen, dass es die einzigen auf der Insel sind, zumindest in der Neuzeit. Nun, ein Baby starb bei der Geburt, ein zweites wenig später, aber vier gesunde Sechslinge sind es – sozusagen – geblieben.

Ute Mora und Christoph Liebert

Das Schauspieler-Ehepaar aus München wurde mit Auftritten in der TV-Dauerserie »Lindenstraße« bekannt, wobei es Ute Mora alias Berta Griese, genannt ›Rehlein‹, gelang, als Ensemble-Mitglied achtzehn Jahre lang dabei zu sein. Die beiden bewohnten ein Haus am südlichen Ende von Mallorca – Ende August 2003 starb Ute Mora unerwartet mit 58 Jahren an Krebs, nachdem sie noch vorher Urlaub auf der Insel gemacht hatte.

Jaume Mora Rosagaray

Auch die Kunst der Tapisserie hat sich auf Mallorca erhalten – in der Person dieses Mannes (* 1947 in Palma). Er ist seit 1973 Professor an der Escola d'Arts Aplicades i Oficis Artistics, was ihn nicht hinderte, 1993 das Unternehmen Tapissos Mora zu gründen.

Guillermo Mordillo

Erfinder von »Knollenmännchen«, die er weltweit höchst erfolgreich zu Tausenden von Cartoons und vielen Büchern verarbeitete. Der Argentinier (* 1932) lebte und zeichnete in Costa d'en Blanes, ist mit einer Mallorkinerin verheiratet, hortet seine Originalblätter in einem Pariser Banktresor, ist Golfer, und seine Originalität zeigt sich auch im Privatleben: Eines Tages sah er, wie ein Bagger, der seinen Garten planierte, im Boden verschwand – er war in einer Tropfsteinhöhle versunken. Mordillo ließ sie zum Studio ausbauen und arbeitete von da an in dem mit Stalagtiten gesegneten Ort. Inzwischen ist Mordillo nach Monaco umgezogen, behielt aber eine Wohnung in Palmanova, wo er sein zweites Hobby betreibt – Dart.

Eugen Mossgraber Falk

Deutscher Maler (* 1877), der von 1913 bis 1923 in Pollença lebte, das ihn 1914 zum Ehrenbürger machte. Von 1914 bis 1921 malte er die Stationen III, IV und V des berühmten Kreuzweges der Pfarrkirche.

Carlos Moya

Einer der weltbesten Tennisspieler, 1999 zeitweise die Nummer 1. Der 1,90-Meter-Mann wurde 1976 in Palma geboren, lebt und trainiert in Barcelona.

Zu einem mallorkinisch-deutschen Happening mit Sport & Kunst kam es im Oktober 1998: Die deutsche Galeristin **Hella Maria Höfer** aus Port d'Andratx bestellte ein Moya-Porträt – Acryl auf Leinwand, 100 × 100 Zentimeter – beim Maler-Landsmann **Albert Münch** (* 1948 in Bonn), veranstaltete eine Auktion, plötzlich erschien Moya vor Ort, fand das Bild gelungen und signierte es. Worauf »Immobilien-König« →**Matthias Kühn** nach heutiger Währung etwa 5000 Euro bot und den Zuschlag erhielt.

Gerard Moya

Jugendlicher Vertreter der Balearen bei der EU in Brüssel. Moya spricht fließend Deutsch, da er in Karlsruhe Wirtschaftswissenschaften studiert und in München gelebt hat. Er gehört damit zu etwa hundert Insulanern, die bei EU-Institutionen arbeiten – kaum eine andere Provinz ist so stark vertreten. Einer der Nettesten ist der PP-Abgeordnete im Europa-Parlament, **Carlos Ripoll**, der sich für dieses Buch mit folgendem Bekenntnis empfahl: *»Ich bin hier auf europäischer Ebene der Volksvertreter für alle Einwohner auf Mallorca, also auch für die auf Mallorca lebenden Deutschen.«*

Mühlen

Sie sind das Wahrzeichen Mallorcas, das Entzücken der Touristen und das Motiv der meisten Postkarten. Aber wozu dienten sie? Das wissen nicht mal alle Eingeborenen. Es gibt zwei Arten, die aber äußerlich kaum zu unterscheiden sind: Getreidemühlen und Wassermühlen. Mit Letzteren legte man sumpfige Felder trocken, nur ein paar dienten der Bewässerung, indem sie Wasser aus tiefen Brunnen hoben. Dass der Flughafen von Palma gebaut werden konnte, ist jenen Wassermühlen zu verdanken, die heute noch in der Ebene von Sant Jordi stehen, denn die hatte einen extrem hohen Grundwasserspiegel. Man unterscheidet fünf Arten, je nach Form und Material der Windflügel: 1. Gitter wie Sonnenkollektoren (sehr selten), 2. Stoffsegel (ausgestorben), 3. Speichenräder (recht häufig). 4. Holzschaufeln (ab und zu) und 5. Metallschaufeln (Mehrzahl). Heute gibt es noch etwa sechshundert Getreidemühlen und rund 2300 Wassermühlen, viele sind jedoch armselige Ruinen.

Der letzte Müller in der mallorkinischen Zentralebene, **Joan Gomila**, hörte 2001 in Montuiri auf. Er war seit 56 Jahren bei der Arbeit und mahlte zuletzt fünf Tonnen Mehl am Tag.

Erwin Müller

Drogerie-Unternehmer aus Ulm, der europaweit 384 »Müller-Märkte« mit rund 16000 Angestellten betreibt, auf der Insel sind es neun Filialen mit etwa 120 Bediensteten. Jahresumsatz: mehr als 1,7 Milliarden Euro. Außerdem gehört ihm der Golfplatz Canyamel, seit 1981 ein Haus in Cala Rajada und eine Finca mit 10 Hektar und Hunderten von Tieren. Auch sein Sohn und Erbe **Reinhard** hat hier ein Haus. Vater Müller war deutscher Meister und Weltmeister im Segelfliegen und verdankt es diesem Sport, dass er überhaupt nach Mallorca kam: Er war mit Sportreporter **Karl Senne** in Südafrika gestartet, sie hatten sich verflogen, mussten notlanden und eine Nacht im Freien verbringen. Senne, ein langjähriger Mallorkiner, erzählte seinem Freund dabei derart begeistert von der Insel, dass Müller nach der Rückkehr nach Palma flog – und sich ebenfalls in Mallorca verliebte.

Maria Antònia Munar

Hoch intelligente, hübsche und ehrgeizige Politikerin (und Anwältin). Sie ist 1. die Bürgermeisterin der Gemeinde Costitx, aus der sie ein Juwel gemacht hat; 2. schaffte sie es bis zur Präsidentin des Inselrates, der als eine Art lokaler Bundesrat völlig unbedeutend war – bis sie kam; 3. leitet sie die FDP-ähnliche Kleinpartei UM (Mallorkinische Union), die seit Jahren über Wert wichtig ist, weil sie von den großen Parteien als Koalitionspartner benötigt wird.

4. Im Oktober 2003 wurde Sra. Munar in Dakar (Senegal) Vizepräsidentin des Liberalen Weltkongresses, eine Ehre, die sie sich allerdings mit drei Politikern teilen muss, darunter **Wolfgang Gerhard** von der FDP. **5.** Ihr Ehemann ist wohlhabender Unternehmer und gilt auf Mallorca als »König der Straßenbauer«.

Kurios: Die »Über-Mallorkinerin« Munar stammt gar nicht von der Insel, sondern aus Barcelona.

Münzen

Es gab eine staatliche, d. h. königliche Prägeanstalt, die mallorkinisches Hartgeld herstellte. Im Jahr 1300 von **Jaume II.** gegründet, war sie bis 1746 in Betrieb. Dann ging die Geldhoheit auf die staatlich spanische Münze über. Es existieren etwa zwanzig bis dreißig verschiedene Münzen, die je nach Alter, Material und Zustand zwischen zwanzig und 250 Euro kosten. Die jüngsten Münzen sind rund 170 Jahre alt, da gehörte Mallorca längst zu Spanien, und es wurde Metall geprägt, auf dem hin und wieder der Inselname auftaucht. Das Geld ist also spanisch, nicht mallorkinisch. Echte Münzen von der Insel sind wesentlich älter und wurden zwischen 1229 und 1349 hergestellt, als Mallorca selbstständiges Königreich unter den Herrschern **Jaume I.** und **II.** sowie **Sanc** war. Sie tragen Namen wie Dobler, Diner und Reial und sind klein wie moderne Fünf-, Zwei- und Ein-Cent-Stücke. Mit der Lupe entdeckt man auf den Münzen die Könige mit langen Haaren und überdimensionalen Kronen, aber so simpel geprägt, als hätte ein Kind »Punkt-Punkt-Komma-Strich« gezeichnet. Die Rückseiten ziert ein Kreuz oder eine Lilie mit einem Kreuz als Blüte.

Wer wirkliche Sammlerstücke sucht (z. B. aus Gold oder Funde aus römischer Zeit), wendet sich an **Antonio Fananas Alfar.** Adresse: Jaime III., 21-3, #305, in Palma. Tel.: +34971/716770. Alle anderen Mallorca-Münzen bietet **Emilio Trilla** in seinem Kiosk 13 auf der Via Roma an.

Jesús Murgui Soriano

Seit 21. Februar 2004 neues Oberhaupt der Katholiken Mallorcas und 65. Bischof von Palma seit der Reconquista im 13. Jahrhundert. Murgui ist Jahrgang 1947, wird uns also voraussichtlich die nächsten Jahrzehnte begleiten. Er sagt über sich: »*Ich bin ein Mensch aus dem Dorf, einfach, aus der Huerta von Valencia, wo wir offen, mitteilsam und zugänglich sind.*« Seine Familie stellte Fächer her »*und ich wuchs deshalb zwischen Sägemehl und Holz auf, ein wenig wie unser Herr Jesus Christus in Nazareth*«.

Hans Peter Murmann

Zeichner und Karikaturist. Das »Mallorca Magazin« veröffentlicht auf seiner vorletzten Seite den Comicstrip »Die Hammlets auf Mallorca«, der auch im Internet zu besichtigen ist:
www.hammlets.de

Donald Gordon Murray

Der Kanadier aus Toronto (* 1943), eigentlich Militärpilot und Fotograf, lebt seit 1979 auf Mallorca und produziert die anspruchsvollsten, aufwändigsten und wichtigsten Bildbände über Mallorca. Leider sind sie entsprechend teuer. Aber man muss sie haben, es sind Standardwerke, so »Fincas rústicas de las Baleares« (1980), »Jardines de Mallorca« (1990, zwei Bände) und »El Modernismo y su Tiempo« (Olañeta, Palma 1989).

Museen

Mallorca ist eine Insel der Museen, es gibt fast sechzig, leider werden sie viel zu wenig von Deutschen besucht. 1998 erschien bei Olañeta der »Museumsführer Mallorca« von → **Donald G. Murray**, der die meisten Museen in Wort und Bild beschreibt. Beachtlich: Die großartige Übersetzung von **Thomas Fitzner**, die den Kauf doppelt wertvoll macht.

Ein Spartipp für Palma: Für die Museen Can Marqués, Casa J. Torrents Llado, Museu de Mallorca, Museu de la Catedral und Museu Diocesa wird ein Gemeinschaftsticket angeboten für nur zehn Euro.

Musik

Ein typisch mallorkinisches Musikinstrument ist die Zambomba – eine Trommel mit einem Schilfrohr in der Mitte, das mit feuchten Händen gerubbelt wird. Die größte Plattenfirma heißt »Blau«, gehört **Miquel Angel Sancho**. Seit ihrer Gründung 1982 hat sie mehr als dreihundert Scheiben produziert, die auch in einem eigenen Laden namens »Xocolat« verkauft werden. Wer einen »Schnellkurs« in einheimischer Musik absolvieren möchte, möge sich die CD kaufen: »Sons de les Illes Baleares«. Sie erschien 2002 und enthält u. a. Musik von Künstlern wie **Joan Pons, Maria del Mar Bonet,** UC und **Toti Soler.**

Einige Gemeinden leisten sich den Luxus, Stadtkapellen in Uniform zu finanzieren (Llucmajor sogar drei!), die an Sonn- und Feiertagen kostenlos aufspielen. Eine besonders bemerkenswerte Band spielt in Felanitx, sie musiziert oft an Markttagen in den Straßen.

Es gibt in Palma immer Anfang Mai die »Fira del Disc«, wo man Musik aller Art, aber auch Raritäten (Schallplatten und CDs), Eintrittskarten, signierte Fotos oder Memorabilia von Künstlern bei weit über hundert Ausstellern kaufen kann. Mit im Programm: eine Versteigerung und Konzerte.

Mythen

Mallorca ist voll davon, doch viele verschweigen die Mallorkiner den Ausländern. Denn sie wollen ein bisschen der Insel für sich behalten. Einige Beispiele:

Es kann als Faktum gelten, dass es etwa drei Kilometer östlich von Cales de Mallorca und rund dreihundert Meter vom Meer entfernt etwas gibt, das sich kaum beschreiben lässt: ein Loch im Boden, rund vierzig Meter tief, oben nur etwa zehn Meter im Durchmesser, aber unten auf dem Grund hundert Meter weit, mit einem Süßwassersee und zerfallenen, indes begehbaren Stufen hinab. In der Höhle wachsen Pflanzen, die es an der Oberfläche nicht gibt, weil sie ausgestorben sind, im See leben Urtiere, die auf der Insel nie gesichtet wurden. Unsinn? Ich kenne seriöse Menschen, die da unten waren, aber nicht bereit sind, mir die genaue Lage mitzuteilen. Warum nicht? Weil meine Familie erst seit vier Generationen auf Mallorca wohnt und ich deshalb nicht alles wissen muss. Das ärgert mich.

Bei Campanet gibt es eine Quelle, die in heißesten, trockensten Sommern zu sprudeln beginnt und in feuchtesten Wintern versiegt. Sie heißt »Ses Fonts Ufanes« (die prächtigen Quellen) und liegt auf dem Gebiet der Privatfinca Gabelli. Seltsam ist die Zeit, in der sie sprudelt, und auch die Art, wie sie das tut: Das Wasser tritt ohne Zentrum und sichtbare Erdspalten in einem Eichenwald als Wasserteppich aus dem Boden. »Ses Fonts Ufanes« wurden 2001 zum Naturdenkmal erklärt, was bedeutet: Die Finca-Besitzer müssen Besuchern die Tore öffnen, wenn die Quelle aktiv ist. Beim Umweltministerium kann man erfragen, ob sie sprudelt.

In der Gemeinde Biniarroi leben erstaunlich wenig Menschen (es waren aber mal noch weniger), weil behauptet wird, es laste ein Fluch auf der Kommune. Tatsache ist: Biniarroi wird rätselhaft häufig von Erdlawinen entweder verschüttet oder bedroht. Dafür gibt es Dutzende von Deutungen, keine ergibt geologisch Sinn – aber irgendjemand muss sich mal sehr schlecht benommen haben, ohne seine Tat zu sühnen.

Auf dem Gut Sa Taula Valle bei Alaró bewegt sich die Erde auch, und eigentlich noch gruseliger als in Biniarroi: Von Zeit zu Zeit tauchen Totenschädel und Gebeine aus dem Boden auf, und das wirkt so, als spucke die Erde etwas aus, was ihr nicht gehört. Wieder ist man schnell mit einer Erklärung zur Hand: Dort seien die unschuldig zum Tode Verurteilten der Inquisition verscharrt worden, darunter auch jene armen Teufel, die sich auf dem Felsen von Alaró verschanzt hatten und dann entweder runtergesprungen waren oder sich ergeben mussten.

Nachts donnert manchmal ein Zug durch Genova. Kann nicht sein, weil es da keine Eisenbahn gibt! Richtig. Dennoch ist in einigen Nächten laut und deutlich eine Eisenbahn zu hören. Die Leute nennen sie »Geisterzug«, doch keiner ist bisher hinter das Geheimnis gekommen. Man meint, es sei gar kein Zug, er klinge nur so, in Wahrheit rattere da ein Trupp untoter Seelen durchs Dorf.

Nachbarschaftsvereine

Klubs, in denen sich Ausländer und Mallorkiner zu Events treffen, es gibt sie mittlerweile zu Dutzenden. Einer der aktivsten Vereine – er veranstaltet Turniere und Gruppenreisen, hilft aus Notlagen und organisiert Kinderfeste und Lotterien – ist die »Associació de Veinats S'Espinagar« bei Manacor.

Miguel Angel Nadal

Bester Fußballer und einziger Nationalspieler der Insel. Er begann beim →RCD Mallorca, war acht Jahre beim FC Barcelona und kehrte, als sich seine Karriere dem Ende zuneigte, zum RCD zurück. Bei der WM 2002 in Südkorea und Japan lief Nadal noch mal zu Höchstform auf.

Rafel Nadal

Der in Manacor geborene Weltmeister der Junioren im Tennis und mittlerweile auch bei den Senioren ein Spitzenspieler. Er ist Jahrgang 1986 und trainiert mit seinem Insel-Landsmann →**Carlos Moya** in Barcelona.

Nam June Paik

Die Infos darüber sind dürftig, aber das Werk existiert: Eine der schönsten Installationen des koreanischen Videokünstlers heißt »Majorca-fantasia«. Bekannt ist auch, dass er oft unerkannt über die Insel reist.

Napoleon

Natürlich wurde der »Große Korse« (1769–1821) auf Korsika geboren, aber seine Familie **Bonapart**(e) war seit dem 15. Jahrhundert auf Mallorca ansässig und wanderte erst später auf die französische Mittelmeerinsel aus. Nachfahren der Familie auf der Insel sind die **Fortunys**.

Nationalhymne

Das ist ein Lied namens »La Balanguera«, das 1996 vom Inselrat in diesen Rang erhoben wurde. Es gibt das Lied in vier Versionen: für

Chor, Musikkapelle, Orchester und Dudelsack. Der Inselrat verschickte die Noten an alle diplomatischen Vertretungen, damit sie bei offiziellen Besuchen von Mallorkinern gespielt werden können. Im September 2002 sang auch der neue Popstar der Insel, **Chenoa**, das Lied, und Inselratspräsidentin →**Maria Antònia Munar** verteilte fünftausend ihrer CDs.

Hans Neuendorf

Bekannter Galerist aus Frankfurt und New York, der eines der bemerkenswertesten Häuser im Südosten Mallorcas besitzt: Einen kubistischen Klotz von neun Meter Kantenlänge, dessen Purismus wirkt wie ein Aztekentempel. Für Neuendorf ist er eine Skulptur aus Licht und Raum, ein weiteres Kunstwerk seiner Sammlung im minimalistischen Stil und eine »Meditationshilfe«. Da er nur immer für ein paar Tage auf die Insel kommt, liebt er »diesen Ort, der zu nichts einlädt«. Und wenn andere sich in Heilschlaf versetzen lassen, um den Stress von Monaten oder gar Jahren abzubauen, findet Neuendorf auf Mallorca Erholung in seinem fast leeren Haus – keine Ablenkung, kein Lärm, nur die Begegnung mit sich selbst und ausgesuchten Freunden, mit denen er sich zum Gespräch um einen riesigen Esstisch aus Travertin versammelt.

Neules

Entzückende, fünf bis zwanzig Zentimeter große, von Nonnen aus Papier geschnittene Kunstwerke, deren Details so großartig sind, dass man kaum glauben kann, eine menschliche Hand habe sie geschaffen. Es handelt sich vor allem um aufwändige Sterne, die komplizierter sind als die Rosette der Kathedrale von Palma. Immer zu Weihnachten tauchten die Neules in der Presse und in einigen Schaufenstern auf – aber meine Versuche, sie zu kaufen, scheitern seit Jahren: Niemand weiß, wer mit ihnen handelt. Dafür kann man mit Bestimmtheit sagen, wer die besten Künstlerinnen sind: die Nonnen des Klosters Santa Clara in Palma.

José Miguel Nicolau

Sie nennen ihn »Spinner« und »Phantast«, dabei erfüllt sich der Mallorkiner nur einen Jungentraum, den viele haben: als Ritter zu leben, in die Welt der Sagen zurückzukehren. Nicolau hat den Templer-Orden neu gegründet, der von 1118 bis 1308 eine Weltmacht war, er nennt ihn »Templebalear«. Nun gibt es weltweit rund vierhundert Vereine, die sich auf die Templer berufen – doch auf Mallorca waren sie besonders stark, ihre Bauten sind noch zu besichtigen, im Militärmuseum in Palmas Castillo de San Carlos werden ihre Relikte in einem eigenen Raum gezeigt – und seit langem vermutet man den sagenhaften Schatz der Templer in einer Insel-Höhle.

Wolfgang Niedecken

Chef und Sänger der Kölner Popgruppe **BAP** (* 1951). Sie hat engen Kontakt zur Insel, da sie zum Konzipieren und Aufnehmen mehrerer Alben hierher kam – z. B. entstand »Aff un zo« 2001 in einem Studio, das sich die Musiker in der Cala San Vicenç aufgebaut hatten. Auch Songs von »Sonx« (2004) entstanden dort. Niedecken schwärmt geradezu von der Kreativität, die ihn befällt: *»Die Aufnahmen auf Mallorca waren wie Flitterwochen. Wir haben verspielt alles aufgenommen und das sonnigste BAP-Album aller Zeiten abgeliefert.«* Sein Glücksgefühl lässt sich nachlesen: Im Oktober 2004 erschien bei Kiepenheuer & Witsch ein Buch, das die Entstehung des Albums »Aff un zo« auf der Insel dokumentiert.

Bernd Nieswand

Soll man ihn verabscheuen oder bewundern? Das ist der Deutsche (* 1943), der Ende der sechziger Jahre aus der stillen c/. Miquel Pelissa in Arenal die laute »Bierstraße« machte, der Erste, der Gerstensafttempel, Tanzschuppen und Discos gründete – und sich 1998 absetzte, ehe das Viertel total in Verruf geriet. Nieswand, ein Düsseldorfer, lebt aber immer noch auf Mallorca.

Nightscreecher

Ich verwende mit Absicht das englische Wort, denn die Briten erfanden es ganz bewusst, um phonetisch darzustellen, wie der geheimnisvolle Vogel schreit. Als würde man seinen Namen langsam mit lang gezogenem i aussprechen – »skriiiiiitscher«. Eine Begegnung …

Die Stimme der Nacht

Es wäre leicht, den Vogel zu identifizieren, der durch die Nacht fliegt und bedrohlich kreischt. Man müsste nur einen Campesino fragen, er würde einem den Inselnamen sagen. Aber das würde den Mythos zerstören.

Der Nightscreecher kündigt den Tod an, heißt es. Er warnt die Lebenden, dass einer bald sterben wird. Die, in deren Haus ein Sterbender liegt, wissen dann, dass es bald zu Ende geht. Die anderen rätseln, wen es treffen könnte. Woher weiß der Vogel das, der schwarz durch die Nacht flattert, aber so schwarz ist, dass man ihn nur erahnt im Dunkeln, dafür aber sein Flattern wahrnimmt und den schrillen Schrei? Wahrscheinlich weiß er es gar nicht. Vielleicht hat er sich nur erschreckt und kreischt deshalb. Aber in Hunderten von Jahren haben die Menschen auf dem Land gelernt, dass er nicht vor Freude schreit, sondern weil etwas droht. Das kann er spüren, und wenn er es tut, spüren es auch die Sterbenden – oder die Lebenden, die an Unvorhersehbares glauben.

→**Ben Jakober** hat dem Nightscreecher Gestalt gegeben: als Vogel aus schwarzem Metall. Kein Porträt, auch Jakober möchte den Mythos nicht zerstören. Er hat mit seinen Händen geformt, was wir empfinden, wenn wir das Screechen hören. Er hat den Schauder in die Figur eines Vogels umgesetzt, der zwar wie ein Vogel aussieht, aber mehr ein manifestierter Schrei aus Eisen ist.

Die Menschen am Sepik River in Neuguinea tun etwas Ähnliches: Wenn sie einen Alptraum hatten, schnitzen sie am nächsten Tag, was ihnen nachts erschienen ist und den Schlaf geraubt hat. Das befreit sie von dem schrecklichen Erlebnis. Das hat ihnen kein Psychologe geraten, auf die Idee kamen sie selbst. Dabei entstehen Schnitzereien, die Wesen zeigen, wie sie sonst nur auf den Gemälden von **Hieronymus Bosch** vorkommen. Und als »Night-screecher« von Ben Jakober.

Er hat leider keinen mehr, alle Abgüsse sind verkauft. Waren es sofort, weil die Menschen spürten, dass sie mit dieser Skulptur etwas erwarben, was nicht von dieser Welt ist: einen gebändigten Dämon, einen mallorkinischen Mythos. Wer so einen »Night-screecher« im Haus hat, braucht sich nicht mehr zu fürchten vor der flatternden Kassandra draußen in der Nacht.

Anaïs Nin

Die Franko-Amerikanerin (* 1903 in Neuilly, † 1977 in Los Angeles) lebte im Sommer 1941 mehrere Wochen in einem Häuschen mit Garten in Clot, dem Unterdorf von Deià, ritt jeden Morgen auf einem Maultier eine Stunde zur Cala – und hinterließ eine fast pornografische Novelle, die Teil ihres Romans »Das Delta der Venus« ist: Ein Geschwisterpaar aus den USA und eine Fischerstochter namens Maria treiben nackt Spielchen im Meer und am Strand, Maria lässt sich von dem jungen Mann entjungfern und ist von da an immer nachts in der Cala seine Geliebte.

1980 ist die mallorkinische Schriftstellerin **Carmen Riera** der Geschichte in Deià nachgegangen, wurde fündig und schrieb eine Fortsetzung, die sie schlicht »Report« nannte: Eines Nachts treiben die Dorfbewohner, aufgestachelt von Marias entsetztem Vater, die drei so lange und so tief ins Meer, dass sie ertrinken …

Sylvia Nowèl

Sie ist die »Señorita Paparazza« von Mallorca (* 1964 in Hamburg) und besteht täglich das spannende Duell der Neuzeit: Fotograf gegen Prominente. Siegreich meist, denn sie arbeitet rund um die Uhr, auf Hubschraubern, Schnellbooten, Motorrädern, in Cabrios und zu Fuß, und hat exzellente Beziehungen zu allen Nahtstellen der Insel-Informationen. Dass sie sich mit ihren Kameras nicht nur Freunde gemacht hat, ist klar – aber es gibt wiederum kaum eine deutsche Zeitung, Illustrierte und TV-Station, die nicht glücklich ist über ihre Raffinesse und Bilder. Dabei war diese Karriere nicht zu erwarten: Sylvia Nowèl ist Waisenkind (Mutter Jüdin, Vater Moslem), gelernte Sekretärin und kam 1994 nach Mallorca. Erst dort kaufte sie sich eine Kamera – und beschäftigt heute bis zu fünf Fotografen. Sie ist ledig und lebt mit zwei Hunden in Port d'Andratx.

Anders Nyborg

Dänischer Künstler, der in S'Horta lebt (* 1934). Er hat seine Spuren auf der ganzen Insel gesetzt (etwa mit der Skulptur »Zugvögel« auf dem Verkehrskreisel vor Cala d'Or), bewohnt ein Haus, das ihm sein Landsmann → **Jörn Utzon** aus einer Ruine geschaffen hat, und Nyborg keltert jedes Jahr rund 1500 Flaschen seines eigenen Weins (»Reserva privada Ca'n Motlos«).

Merle Oberon

Die britisch-indische Schauspielerin (1911–1979) spielte im Film »A Song to Remember« die Schriftstellerin → **George Sand** – und hatte daraufhin das dringende Bedürfnis, Valldemossa und Kartause zu besuchen. Dabei gefiel ihr Mallorca so gut, dass sie Land auf der Halbinsel Formentor kaufte und Ende der 70er-Jahre mit dem Bau eines Hauses begann – es aber wg. Ablebens nie bezog.

Ode

Das schönste (und längste) Gedicht auf die Insel schrieb ein Dichter aus Palma, **Tomás Forteza Cortés** (1838–1898). Es heißt »Mallorca«, ist 84 Zeilen lang, und jede Strophe endet mit dem hübschen Refrain:

Ein schönes Land ist Mallorca
Bella terra n' es Mallorca,
Denn Mallorca ist ein reicher Garten
Qu' es Mallorca rich verger.

Haben Sie das uns als »reich« vertraute Mallorquin-Wort »rich« bemerkt, das im Spanischen nicht vorkommt?

Okarina

Eine Besonderheit ist das flötenartig klingende, wie eine Gans (italienisch »oca«) geformte Blasinstrument aus Ton – die Okarina. Es gehört seit jeher zur mallorkinischen Musik, wird seit Jahrhunderten auf der Insel produziert, aber im Moment gibt es nur zwei Hersteller: **Carmen Hermoso** und **Jesús Palazón**. Letzterer ist ein veritables Original: Er weigert sich, Auto zu fahren und einen Computer zu bedienen. Er lebt für die tönernen Musikinstrumente und baut nur Sammlerstücke – samt Kästchen, und fünfhundert sind es bisher. Außerdem sammelt er antike Stücke und soll Europas bedeutendste Kollektion haben. Ach ja, und wenn ihm ein Instrument, das gerade fertig wurde, nicht gefällt, wirft er es im hohen Bogen aus dem Fenster seines Arbeitszimmers in den Hafen von Palma. *»Da müssen mittlerweile Hunderte drin liegen.«*

Joan O'Neill(e)* i Rosselló

Maler, Dichter und Kritiker aus Palma (1828–1907), der zum Kreis um → **Erzherzog Ludwig Salvator** gehörte und mehrmals bei ihm in »Miramar« lebte. Berühmt sind seine naturalistischen, oft düsteren Ansichten von Mallorca wie das 1886 entstandene Gemälde »Bosc d'En Serra (Pollença)«, im Stil italienischer Landschaftsmalerei. Zu besichtigen sind die Bilder vor allem in der Sammlung der Sparkasse Sa Nostra. Im übrigen rühmte sich O'Neill(e), der legitime Anwärter auf den Thron von Irland zu sein.

* Es gibt auch »amtlich« beide Schreibweisen.

Jürgen Oppermann

Schillernde deutsche Unternehmerfigur – und vermutlich der Deutsche mit dem teuersten Grundbesitz auf Mallorca. Der Hamburger (* 1947) kaufte gleich drei Villen in Las Brisas und dürfte damit eine Immobilie im Wert von rund zwanzig Millionen Euro erworben haben, in die er, wie man hört, noch einen dicken Batzen für Umbauten steckt. Bei seinem Namen klingelt es im Ohr, zu Recht: Oppermann besaß einen Versandhandel von Werbemitteln mit jährlich drei Katalogen, den die Kaufhof AG für rund 340 Millionen Mark erwarb. Inzwischen gehören ihm wieder viele Unternehmen, sein Hobby sind Langstreckenrennen à la Le Mans, und zugleich finanziert er Dinge aus dem Bereich Ökonomie-Ökologie: u. a. ein Umweltlexikon, einen Lehrstuhl für Wasserwirtschaft und die Planung eines Naturparks auf Rügen.

Originale

Mallorca ist eine Insel – und die sind traditionell Heimat von Originalen. Auch Mallorca ist ein Nährboden für skurrile Menschen – Ausländer eingeschlossen. Die elf, nein zwölf skurrilsten Exemplare:

1. Zwischen Pollença und Porto Pollença lebt ein britischer Admiral, der sein Haus statt aus Steinen aus Tausenden selbst geleerter Whiskyflaschen errichtet hat.

2. Der brummelige, oft Gäste verstörende, aber im Grund seines Herzens liebenswürdige und hilfsbereite **Toni Ramon**, Wirt des

Restaurants »Sa Sinia« in Porto Colom, ist ein einheimisches Musterbeispiel. Er hat getan, was seitdem Dutzenden anderer Wirte zugeschrieben wird: Er fragte König → **Juan Carlos**, als der das »Sa Sinia« betrat, ob er reserviert habe, und als Majestät bedauerten, zuckte Ramon mit den Schultern: Er sei ausgebucht. Worauf der König ohne ein Wort des Protestes abzog.

3. Ein älterer Bauer aus der Gegend von Son Macia wandert seit Jahrzehnten über die Insel und sammelt auf einem uralten Tonband aus den fünfziger Jahren Volkslieder. Er besitzt Hunderte von Spulen, einen Schatz der Insel-Musik. Aber warum macht er das? Er denkt gar nicht daran, die Aufnahmen jemandem zur Verfügung zu stellen, er hat sie auch nicht schriftlich fixiert. Was auch schwierig wäre, denn er ist Analphabet. Also – warum? Darauf erwiderte er: *»Es tut ja sonst keiner, und wenn ich's nicht tu, gehen die Lieder verloren …«*

4. In Cala Murada lebt eine etwa 80-jährige Belgierin, die an jedem sonnigen Tag, und das sind in dieser Gegend mindestens 280 pro Jahr, und seit vierzig Jahren rund hundert Kilometer auf ihrem Rennrad zurücklegt. Dabei trägt die alte Dame Turban und einen winzigen Bikini.

5. Der Verleger U. hatte Ehefrau und sechs Kinder in München, ihre Ehe galt als Urbild an Harmonie. Als das letzte Kind einen Beruf ergriffen hatte, der es künftig ernähren konnte, berief er den Familienrat ein und präsentierte eine junge Dame: Sie sei die zukünftige Lebensgefährtin, von der (völlig überraschten) Ehefrau werde er sich scheiden lassen, sein zukünftiger Wohnsitz sei Mallorca und er wünsche nicht, von der Ex-Familie in irgendeiner Weise belästigt zu werden. Sprach's, verschwand mit der Neuen und bezog ein Haus in La Mola hoch über Port d'Andratx.

6. In E… (bei Manacor) wohnt eine Französin, die zu den tapfersten und höchstdekorierten Mitgliedern der französischen Widerstandsbewegung Résistance gehört. Auf sie war das zweithöchste Kopfgeld der deutschen Besatzer ausgesetzt. Originell macht Madame L. ferner, dass sie die größte Sammlung der schönen alten, extrem seltenen mallorkinischen Trachtenknöpfe besitzt.

7. In den Bergen der Tramuntana hat ein Mallorkiner sein Haus so angelegt, dass sich die Tür in etwa 1,5 Meter Höhe befindet – ohne Treppe. Dafür steht ein Trampolin davor – der Mallorkiner meint, mit einem, der nicht in der Lage sei, durch seine Tür zu springen, wolle er aus Alters- und Charaktergründen nichts zu tun haben.

Typ 8: Ein Schweizer in … (der Ort soll wg. der Illegalität seines Tuns ungenannt bleiben) hat den Ehrgeiz, Schnaps aus jeder Frucht und Blüte zu destillieren, die auf Mallorca wächst. Es gelingt ihm fabelhaft. Bei ihm kann man »Klare« aus Oliven, Limetten, Bougainvillea, Mohn, Johannisbrot, Mandeln, Kakteen, Margariten und zwei Dutzend anderen Produkten trinken – wenn auch in höchst unterschiedlicher Qualität. Nein, er betreibt das nicht kommerziell, es ist sein Hobby, höchstens bringt er mal ein Fläschchen als Geschenk mit. Nicht originell genug? Er behauptet, es sei ihm schon gelungen, einen vorzüglichen »Klaren« aus dem Sitzgeflecht alter mallorkinischer Stühle zu destillieren …

9. Der deutsche Rentner **Gerhard Röhrs** hat sich ebenfalls qualifiziert. Er betreibt in seinem Garten in Son Serra de Marina nicht nur eine überdimensionale Spielzeugeisenbahn (Fabrikat: Lehmann), sondern auch eine Seil-, Straßen- und Zahnradbahn.

10. Diese Frau qualifiziert eine physiologische Sonderheit – **Carmen Padilla** aus Palma besitzt die vermutlich längste weibliche Zunge der Welt. Allein der Teil, den sie durch ihre geschlossenen Lippen rausstrecken kann, misst unglaubliche neun Zentimeter. Sie kämpft jetzt um einen Eintrag im »Guinness Buch der Rekorde«.

11. Ich erinnere mich mit Freude an Frau H. aus Dortmund, die in der Nähe von Felanitx ein Privathotel einrichtete und dafür vom Ehemann ein »offenes« Konto bekam. Ihr Auge hatte sie auf alte Türen geworfen – nur wenn sie nicht alt waren, erkannte sie das nicht. Frau H. fuhr also zwischen Felanitx und Campos, Pollença und Llucmajor hin und her, ließ Türen »zurücklegen« – und es dauerte nur wenige Tage, bis die Händler sich untereinander verständigt und den Preis ihrer Türen vervielfacht hatten. Was Frau H. nicht störte, weil sie es nicht merkte. Sie kaufte 32 Stück, ließ sie

zum Neubau bringen und verursachte ihrem Mann weitere Kosten: Natürlich passte keine einzige Tür in die von Maurern geplante Öffnung. Mehr noch: Kaum eine Tür war so groß wie die andere. Aber Herr H. liebte seine Frau so sehr, dass er jede Öffnung neu mauern ließ. Drei Jahre später beging Herr H. Selbstmord, aber es wäre unzulässig, dies auf die Türen und seine Frau zurückzuführen …

Die sehr spezielle Nummer 12 begegnete mir in Palma:

Der Baron und seine Bilder

Es ist eine jener Geschichten, die man zu gerne wiederholen möchte. Noch einmal erleben. Zumindest so verifizieren, dass man sie besser erzählen kann. Denn was ist eine Geschichte ohne Namen und Ort? Was ich habe, sind Zeit des Geschehens und ein paar Gemälde. Das ist der Beweis. Aber manchmal befriedigt der nicht, man sehnt sich nach einer zweiten Chance. Die Habgier dringt durch, denn vielleicht gebricht es dem mysteriösen Herrn aus dieser Geschichte erneut an Bargeld und er wäre bereit, mir noch ein paar andere Bilder … – aber ich will nicht vorgreifen.

Es war an einem Samstagmorgen im Sommer auf dem Flohmarkt in Palma. Ich wanderte die rechte Seite ab, wenn man vom Meer her kommt, und tat dies nicht, weil dort die interessanteren Waren ausliegen, sondern weil dort Schatten ist. Einige Meter nach dem Maronen-Mann auf der T-Kreuzung, der einem die Ohren abschreit mit seinem unverständlichen Gerufe, das wie »Bilbilbilbil-Bilbilbilbil« klingt, stehen immer die Zigeuner mit Möbeln, Spiegeln und Gemälden. Es hing ein schönes da, darauf mochte der Weiler Moscari zu sehen sein, um 1900 gemalt. Nichts museales, aber professionelle Kunst in Öl, kein »Sonntagsbild«, es sollte 10 000 Pesetas kosten, trotz der Größe von 150 × 100 Zentimeter und gutem Rahmen aus der Zeit, das wären heute etwa fünfzig Euro.

Da sprach mich ein Herr an, der wie ein Mann aussah: alter Anzug, billige Schuhe, schmuddeliges Hemd, schlecht rasiert, unfrisiert. Aber er sprach gut, gebildet artikulierend, höflich, und seine Zähne waren geputzt. Er sähe, dass ich an Bildern interessiert sei, dass ich mich der alten Malerei nicht nähere wie ein Tourist oder einer, der gerahmte Farbe benötige für eine kahle Finca-Wand. Er könne meinen Respekt erkennen selbst vor diesem nicht sehr bedeutsamen Werk, das mache ihm Mut, mir eine Frage zu stellen: Ob ich interessiert sei, wirklich gute Bilder zu sehen? Erst mal nur zu sehen – dann würde man weitersehen. Ein seltsames Angebot. Ich misstraute ihm im doppelten Sinne. Nein, nicht eigentlich dem Mann, er sprach zu kultiviert, obwohl es Ganoven geben mag, die Kunstgeschichte studiert haben. Auch auf Mallorca.

»*Wie soll das gehen?*« fragte ich den Herrn.

»*Haben Sie einen Wagen?*« fragte er zurück.

»*Warum?*« fragte ich ihn.

»*Wir müssten in die Berge hinter Palma fahren*«, sagte er, er habe leider kein Auto und bitte das zu entschuldigen, also müssten wir auf meins zurückgreifen. Ich beschloss, das Abenteuer zu wagen. Führte den Herrn zu meinem mehr als dreißig Jahre alten 2CV, er bewunderte das unverwüstliche Fabrikat französischer Automobilbaukunst und stellte sich vor: Er sei der junge Conde de … – ich schwöre, ich habe den Namen verstanden, aber vergessen. Nichts ärgert mich mehr an dieser Geschichte. Auch ich stellte mich vor, mit Handschlag, dann stiegen wir ein, fuhren … – und halten Sie mich für einen Idioten, ich verzeihe Ihnen. Ich weiß noch, dass wir auf die Cintura abbogen und die Ausfahrt nach Esporles nahmen. Aber dann verliert sich unsere Spur. Das ist das, was mich am zweitmeisten ärgert: Dass ich nicht mehr weiß, wo wir abgebogen sind von der »gelben« Straße. Nach Establiments? Vielleicht. Nach Son Berga? Wahrscheinlich. Nach Es Verger? Es hat keinen Zweck. Aber plötzlich fuhren wir durch eine Allee glattbäuchiger Platanen, durch ein gewaltiges Mares-Tor mit einem skulpierten Wappen oben drüber in einen Innenhof, der lange keinen Verkehr und Besen gesehen hatte. Ein Portal öffnete sich am Ende einer wohl zwanzigstufigen, von frischem Moos und Blättern vom letzten Herbst okkupierten Freitreppe, und die führte zu einem weiteren, dunkleren, aber breiteren und höheren Treppenaufgang. Der Herr neben mir in der »Ente« sagte, plötzlich flüsternd, ich solle sie links an der Wand parken, damit sie versteckt sei und vom Haus aus nicht gesehen werden könne. Dann stiegen wir aus, ohne Türen zu werfen, so viel hatte ich inzwischen kapiert, und auf der Treppe erschien ein greiser, weißhaariger, gebeugter Diener mit Jahrhundertfalten im Gesicht, der in einer Livree steckte, die wohl schon sein Großvater und Vater getragen hatten, ohne dass sie in der Zwischenzeit einer Wäscherei übergeben worden war. Die Fäden hingen herunter von dem, was einst weinrote Seide gewesen war, und aus den Ärmeln lugten Jabots, die an zerfetzte Taschentücher erinnerten. Es fehlten so viele Knöpfe an der unterwürfigen Uniform, dass ich aus dem Grübeln, wie sie dennoch geschlossen werden konnte, gerissen werden musste durch die Bemerkung des Herrn, dies sei Jaume, er stehe seit siebzig Jahren in Diensten der Familie, sei ihm besonders zugetan und deshalb diskret. Jaume werde uns nun ins Haus führen, das ein Palast gewesen sei, ehe ihm der Verfall durch Nachlässigkeit und Armut den Glanz genommen habe. Der Satz gefiel mir sehr. Außerdem, so teilte der Herr mit, werde Jaume sich jetzt um seinen Vater kümmern, den alten Conde, der sein Bett seit dreißig Jahren nicht mehr verlassen habe. Und das werde es uns ermöglichen, *»den Familienbildern näher zu treten«*. So war seine Formulierung, ich wiederhole sie nur.

Was hatte ich erwartet? Nichts, und deshalb war ich nicht verschreckt. Ja, wäre der Palast der Prado gewesen und hätte man im Prado eine Generation lang nichts getan, kein Fensteröffnen, kein Restaurieren, kein Staubwischen und -saugen, keine Schädlingsbekämpfung – dann wäre ich erschrocken. Aber hier? Es sah so aus: Dunkel, staubig, abgerissen, schäbig. Ein Jammer. Schätze, über die die Zeit hinweggefegt war, ohne Bürste oder Besen, standen herum. Paradies der Holzwürmer, Motten und Ratten. Zerplatztes Parkett, in Streifen herunterhängende Tapeten, brüchiges Mobiliar, von Holzspänen umgeben, die mal Furnier gewesen waren. Ich erkannte einige Renaissance-Reliquien. Glas lag vor erodierten barocken Anrichten, an denen zerbrochene Fensterchen gähnten. Stuckbrocken waren aus der Decke gestürzt und hatten kalkige Muster auf Teppiche geworfen, die man nicht betreten mochte, um mit den Schuhen nicht die letzten Fäden zu ziehen. Eine Ruine des musealen Grauens.

Aber überall Gemälde in herrlichen goldenen, jetzt schwarz verdunkelten Rahmen. Die Wände waren bedeckt mit ihnen: Porträts, Stillleben, Landschaften, Schlachten, Höfisches, Ländliches. Das Bild da drüben mochte ein **Velázquez** sein (der Herr nickte), ich erkannte zwei **Goyas**, einen **Murillo**-Jungen und – nahezu unbegreiflich – einen **Hieronymus Bosch**. Das ging so bis ins späte 19. Jahrhundert bis →**Sorolla** und – mein besonderer Liebling – →**Anglada**. Dann brach die Sammlung ab, die, so schätze ich, allein in den Sälen, die ich sah, zwei- bis dreihundert Bilder umfasste. Es seien an die siebenhundert alles in allem, korrigierte mich der Herr. Die meisten lagerten in den Kellergewölben, seien nie aufgehängt worden aus Platzmangel, was aber seine Vorfahren nicht abgehalten hatte, damals, als noch Geld da war, unbeirrt weiterzukaufen.

»*Totes Kapital*«, sagte der Herr, und damit waren wir beim Thema. Sie nähmen nur Platz weg, sagte er. Und während er nicht wisse, woher ein sauberes Hemd nehmen, während Jaume seit Jahren keinen Lohn mehr bekommen habe und er kaum mehr als zwanzig Duros im Monat für Zigaretten, einen Cortado oder gelegentlich einen Palo habe (das sind hundert Pesetas oder nicht mal ein Euro), hingen und standen Millionen in der Palastruine. Aber der Vater, ein Diktator, der keine Widerworte dulde, dulde auch nicht den Verkauf eines einzigen klitzekleinen Bildes, solange er lebe. Und so seien er, der junge Conde, und Jaume, der Diener, angewiesen, ab und zu ein illegales Geschäft gegen das Vaterwort zu tätigen, um essen zu können – und den Vater, so widersinnig das unter dem Aspekt der Armut auch sei, am Leben zu erhalten. Wundert der Vater sich denn nicht, woher das Geld für den Unterhalt kommt? Nein, sagte sein Sohn, er lebe ja immer noch in seiner feudalen Welt da oben im Bett, und dieser Welt sei ein Gedanke an Geldmangel doppelt fremd – zum einen würde der Gedanke als unmöglich nicht gedacht, zum anderen als unfein verdrängt. Ob ich denn, bitteschön, Geld bei mir habe?

Ein verbaler Überfall, höfliche Wegelagerei. Da begriff ich endlich: Der Herr und sein Diener wollten mir Bilder verkaufen. Aus dem Depot im Kellergewölbe. Keinen Velázquez, keinen Goya, aber was Hübsches aus der dritten Maler-Liga. Spätes 19. oder frühes 20. Jh. Was in jedem Fall mehr wert war als das, was ich bezahlen würde. Auch das begriff ich.

Hier, sagte der Herr und blätterte einen Bilderstapel auf, der an der Wand lehnte. Es waren erstklassige Landschaften von Mallorca, voller Licht und in dezenten Farben. Meisterhaft gemalt von einem Mann, dessen Signatur nicht zu entziffern war und dessen Bilder kein Pendant in einem Museum haben. Jedenfalls habe ich bisher keines entdeckt. Aber die Tatsache, dass die Gemälde von Vorfahren des jungen Conde gesammelt worden waren – war das nicht Provenienz genug? Mir genügte sie, und als er mehrere Bilder des Malers hochgehoben, gezeigt und zur Seite gestellt hatte, worauf der alte Jaume mit einem Ärmel seiner Livree über die obere Rahmenleiste fuhr, als wolle er sie schnell reinigen, damit der Kunde sich nicht staubig mache – da teilte ich ihm mit, dass ich nur das Äquivalent von fünfhundert Euro bar bei mir hatte. Er zuckte. Sicher war ein einziges Bild mehr wert als das, und er hatte die Unvorsichtigkeit begangen, ein halbes Dutzend anzubieten. Aber nur wenige, die man auf dem Flohmarkt in Palma anspricht, tragen so viel Geld bei sich. Auch das muss bedacht sein bei so einem Handel. Barschaftlich war ich also Glücks- und Unglücksfall zugleich.

Nein, wir haben nicht gehandelt. Wir waren beide zu vornehm dazu. Er nahm das Geld und ich die Bilder, dann ächzte Jaume wieder zum Vater empor, um ihn zu beschäftigen und meinen Lärm zu übertönen, der Herr und ich teilten die Bilder in zwei Hälften, nahmen jeder eine und beluden den 2CV wie Diebe, die sie aus einem Palast entwendet hatten, und so war das ja irgendwie auch. Ich fuhr den jungen Conde noch zurück nach Palma, wohl weil er sich ein frisches Hemd, ein Päckchen Zigaretten, einen Cortado und einen Palo kaufen wollte mit dem Geld, das über ihn gekommen war, dann verabschiedeten wir uns – leider in alle Ewigkeit.

Ich habe ihn und seinen Palast nie wieder gesehen. Obwohl ich gesucht habe. Und würden die Bilder nicht in meinem Haus hängen, könnte ich vermuten, einer Geistergeschichte aufgesessen zu sein. Oder als habe mir einer mit einem Palo aus Holz eins übergehauen auf dem Flohmarkt, ich sei bewusstlos geworden, habe herrlich geträumt und nach dem Erwachen festgestellt, dass meine fünfhundert Euro weg sind.

Jetzt kommt die dritte Dummerhaftigkeit von mir: Als ich neulich in der »Gran Enciclopedia« von Mallorca blätterte, blieb ich an einem Adelsnamen hängen. Weil da stand, diese edle, heute unbedeutende und verarmte Dynastie besitze eine der größten Gemäldesammlungen Spaniens, nur habe sie seit Jahrzehnten keiner gesehen, man wisse nicht mal, ob sie noch existiere. Wieder habe ich mir den Namen nicht gemerkt. Und alles Nachblättern war fruchtlos bisher. Aber ich kann wenigstens eine Antwort geben auf die Fragen im Lexikon: Ja, ich habe die Sammlung gesehen – und nein, sie existiert nicht mehr in vollem Umfang ...

Österreicher

Gemessen an ihrer Bevölkerungszahl und verglichen mit der Zahl der Deutschen leben auf der Insel überproportional viele Bürger der Alpenrepublik. Die »Steirerstub'n« am Kreisel in Santa Ponça (c/. Rey Jaime I, 92, l) ist einer ihrer beliebtesten Treffpunkte. Sie haben sogar einen landsmannschaftlichen Klub, den 1993 gegründeten »Österreichischen Verein der Freunde Mallorcas«.

Karl Otten

Schriftsteller aus Aachen, der 1933 mit 47 Jahren (und seiner Lebensgefährtin) vor den Nazis nach →Cala Rajada flüchtete. Nach dem Sieg der Faschisten im Spanischen Bürgerkrieg wurde er verhaftet, konnte flüchten und schrieb seine Erfahrungen in dem Roman »Torquemadas Schatten« nieder.

Pedro Otzoup Uflan

Verstorbener Amateurarchitekt aus Weißrussland, wie kein Anderer verantwortlich für den typischen »Finca-Stil«. Niemand hat mehr Häuser gebaut, und viele sehen richtig innovativ aus, vor allem rund um Port d'Andratx. Wer ihm vorwirft, eine ganze Epoche (1960–1990) verhunzt zu haben, übersieht, welch verzweifelte Kämpfe Otzoup gegen den schlechten Geschmack seiner Bauherren führte. Er erfand die heute allseits beliebte Beleuchtung von

Treppenstufen, indem man Glühbirnen hinter Dachziegeln anbringt, und das Bauen ohne rechte Winkel. Er war es übrigens, der die Mallorkiner scherzhaft so charakterisierte: »*Sie verzichten gerne auf ein Geschäft, wenn sie dadurch ihren Nachbarn schaden können.*«

Fausto Oviedo

Der mallorkinische Rechtsanwalt berät Profi-Fußballer. Viele spektakuläre Vermittlungen, auch von Ausländern, liefen über seine Kanzlei.

Hermann A. Pagenstecher

Arzt, Naturforscher und Reisender aus Wuppertal (1825–1889), der 1865 mit seinem Freund **Robert Wilhelm Bunsen**, dem Erfinder des gleichnamigen Brenners, eine Reise nach Mallorca unternahm und zwei Jahre später ein kluges Buch schrieb: »Die Insel Mallorka« (mit k). Diese Reiseskizzen gehören heute zu den fast unbezahlbaren frühen Bücher über die Insel, was auch daran liegt, dass sie mit einer Fülle herrlicher Stiche illustriert sind.

Bahram Pahlavi

Neffe des letzten **Schahs von Persien.** Die kaiserliche Familie hat aus nicht erkennbarem Grund frühzeitig ganze Liegenschaften gekauft, z.B. am Cabo Blanco, mindestens eine Villa in Son Vida und bei Alqueria Blanca den prachtvollen Landsitz Can'n Balutxo. Der Neffe selbst besitzt ein zur Festung ausgebautes Haus bei Cala Rajada. →Iraner

Palma

Es ähnelt Lissabon oder Barcelona und ist eine der großen Kulturstädte am Mittelmeer. Eine gesunde, stolze Bürgerkommune mit gewachsener Kultur und Schönheiten, die eine perfekte Brücke bilden zwischen Nostalgie und Fortschritt. Ein Apartment in einem der alten Palais zu besitzen, vielleicht mit Dachgarten oder als Penthouse, gehört zu den feinsten Errungenschaften der internationalen Society. Palmas Charme verdankt sich – ähnlich wie in Rio de Janeiro, Nizza oder Funchal – auch einem geografischen Geschenk: Die Stadt verfügt über einen Hafen am Meer und zugleich über ein Hinterland wilder Berge.

Bis ins 17. Jahrhundert hieß Palma zwar offiziell Palma, wurde aber nur »Mallorca« genannt. Heute heißt sie »Ciutat« = Hauptstadt. Im Stadtrat sitzen 28 Abgeordnete. Palma bekam im Februar 2001 den 350000. Bürger. In Deutschland läge Palma damit auf Platz achtzehn – hinter Wuppertal und vor Bielefeld oder Mannheim. 1970 hatte die Stadt noch 217000 Einwohner. Im Februar 2003 waren es 373037 Bürger, denn seit 1993 stieg die Einwohnerzahl um fast siebzehn Prozent, in zwölf Vierteln sogar um mehr als die Hälfte, in Cala Major um unglaubliche 160 Prozent.

Noch ein paar Dinge sollte man wissen, bevor man zum ersten Fußmarsch durch die Altstadt aufbricht. Die Straßen waren früher Einbahnstraßen für Fußgänger – die linke Seite führte in die eine Richtung, die rechte Seite in die andere. Zum Shoppen durfte man kreuzen, musste danach aber zurück. Man sollte einmal durch den Carrer de la Sagristia de Sant Jaume (in der Altstadt bei der Kathedrale) wandern: Er ist so eng, dass keine zwei Menschen nebeneinander gehen können, und die Fensterläden werden deshalb an der Wand entlanggeschoben.

Um der Literatur folgen zu können (etwa den Straßen in »Die Insel des zweiten Gesichts« von →**Albert Vigoleis Thelen**) sollte man sich einen fabelhaften, in Buchform gestalteten Stadtplan Palmas besorgen. Er heißt »Callejero y planos de la Ciudad« (Untertitel: »Palma en la Mano«) und ist bei Edicións Cort erschienen. Der Clou daran ist, dass auch erwähnt wird, wie Straßen früher hießen, und da hat sich mit, aber auch ohne **Franco** einiges geändert.

Die Stadt setzt seit 2002 »Vigilantes de barrio« ein. Das sind spezielle Polizisten, die sich nur um ihr Viertel kümmern, den Einwohnern bekannt sein sollen und von Montag bis Freitag in zwei Schichten rund um die Uhr patrouillieren. Zu ihren Aufgaben zählt auch das schnelle Schlichten von nachbarschaftlichem Streit.

Abends durch den alten Stadtkern Palmas zu wandern gehört zu den großen Vergnügen der Insel – weil man dann besonders gut sehen kann, wie fabelhaft die Paläste modern ausgebaut wurden oder wie prachtvoll sie im Original gestaltet sind. Aber welcher Route folgt man? Und welche Sehenswürdigkeiten liegen am Weg? Wieder der Hinweis auf ein Buch, das jeder ernsthafte Mallorca-Fan haben muss: Gaspar Valero i Martí, »Walking Tours Around The Historical Centre of Palma« (Verleger: die Stadt Palma). Darin werden fünf Routen mit 106 Sehenswürdigkeiten ausführlich vorgestellt, es gibt vergrößerte Stadtpläne, fabelhafte Detailzeichnungen, ein Lexikon wichtiger Fachbegriffe und einen cleveren Index. Im Grunde genommen müsste jeder das Buch im Auto haben, der nach Palma fährt. Die Altstadt von Palma hält übrigens einen europäischen Rekord: Sie ist die größte des gesamten Kontinents.

Rossy de Palma

Geheimnisvolle Schönheit aus Mallorca, die unter Pseudonym auftritt, Schauspielerin ist, aber vor allem die Muse des spanischen Regisseurs **Pedro Almodóvar.** Ihr gelang es immerhin, eine Zeit lang ständige Begleiterin des bekennend homosexuellen Schönlings **Rupert Everett** (»Die Hochzeit meines besten Freundes«) zu sein.

Papst

Gab es einen aus Mallorca? Na ja, **Clemens VIII.**, der von 1426 bis 1429 Papst war (und dann Bischof von Mallorca), stammte – streng genommen – aus einer Familie in Aragón, die mallorkinische Wurzeln hatte. Die Insulaner vereinnahmen ihn aber gern. Er hieß übrigens **Gil Sánchez Muñoz** und lebte laut Enciclopedia de Mallorca von 1369 bis 1447.

Pere Parets Horrach

Ein Mann, ein Unikum – er ist der Letzte seiner Art. Denn Parets ist Schuhflechter in Consell und stellt die traditionellen Latschen her (die es seit mindestens 1511 gibt): unten Hanfschnüre, oben blaues Segeltuch. Die zwei Zentimeter breiten Schnüre bezieht er fertig aus Girona, das Tuch aus Kastilien, aber sonst ist alles Handarbeit in der letzten »Taller d'Espardenyes«. An die dreitausend Paare in vier Modellen schafft er pro Jahr, und die wunderbar bequemen, herrlich nostalgischen Schuhe kosten ab zehn Euro. Parets' Werkstatt ist nicht leicht zu finden, man muss sich durchfragen. Kleiner Tipp: mitten im Dorf an der Straße nach Alcúdia.

Antonio di Parietti

Wer jemals nach Sa Calobra oder zum Cabo Formentor gefahren ist, hat sich bestimmt gefragt: Wer war das Genie, das diese Straßen gebaut hat – einmal sogar mit einer Knotenkurve um 360 Grad? Der Mann hieß **Antonio di Parietti**, war Mallorkiner mit italienischen Vorfahren und baute seine befahrbaren Kunstwerke ab 1930. Was einen Schatten auf sein sonst so verdienstvolles Wirken wirft, war die Wahl seiner Arbeiter: Ab 1939 beschäftigte er republikanische Kriegsgefangene des Spanischen Bürgerkriegs und konnte das anscheinend problemlos mit seinem Gewissen vereinbaren.

Angel Pascual

Zeitgenössischer Landschaftsmaler, über den ein Goldregen hereinbrach und der jetzt von sich behaupten kann, ein ganzes Hotel sei sein Museum. Das kam so: Die Besitzer des Hotels »Vista Port Adriano« in El Toro hatten sich überlegt, ihre 68 Zimmer durchgehend in einem Stil zu gestalten, stießen auf Pascuals Bilder – und bestellten 170! Dabei hatte Pascual mit scharfen Vorgaben zu arbeiten: Es mussten »Bergausläufer mit Kiefern vor dem Meer in verschiedenen Blau-, Grün- und Ockertönen« zu sehen sein. Die Gemälde sind dennoch sehr hübsch.

Bernhard Paul

Der geniale Gründer, Direktor und Star-Clown des Zirkus Roncalli (* 1948, ein Österreicher) baut seit fast zehn Jahren an seiner gigantischen Bleibe in Genova – und wird nicht fertig. Das liegt vor allem daran, dass er dort seine Sammlung integrieren will, u.a. eine antike Ladenstraße und kostbare Zirkusdekorationen. Und er lässt die Porträtköpfe berühmter Artisten modellieren, um sie auf jede Stufe der (schier endlosen) Treppen zu stellen. Die Villa, die eher ein Dorf auf mehreren Etagen ist, taufte er auf den Namen seiner italienischen Frau »Eliana«. Unter seinen Freunden, zu denen ich mich zählen darf, kursieren bereits Witze über Bernhards rastlose Bautätigkeit, zumal er bei jedem Besuch in seinem Wohnwagen ein neues Video vorführt, wie weit die Villa nun gediehen ist – »*ganz toll*«, ruft man dann, auch wenn Fortschritte kaum zu erkennen sind.

Rita Pavone

Die winzige Sängerin aus Italien (* 1945 in Turin, gelernte Hemdennäherin) schaffte es 1968 mit »Arrivederci, Hans« in die deutsche Hitparade und bewohnt mit ihrem Mann, dem nicht minder bekannten Kollegen **Teddy Reno**, ein Haus in Cala d'Or. Was erstaunlich ist: Italiener pflegen eigentlich nicht so häufig in Spanien zu wohnen. Na ja, als die Pest die Einwohner von Fornalutx dezimierte, füllte man die leeren Häuser mit Italienern auf, die bereit waren, nach Mallorca auszuwandern. Es gibt also auch eine uralte italienische Kolonie auf der Insel.

Remus Peets

Deutscher Schauspieler mit erstaunlichem internationalem Erfolg – obwohl kaum einer ihn kennt, Archive nicht mal sein Alter dokumentieren. Er drehte mit **Alain Delon, Robert Mitchum, Henry Fonda** und **Richard Burton** Filme wie »Mein Name ist Nobody«, »Steiner II« und »Twilight Zone«. Er betrieb mal das Restaurant »Las Olas« in der Cala Ferrera.

Albrecht Penck

Geograph aus Leipzig (1858–1945), der in seiner 1894 erschienenen »Morphologie der Erdoberfläche« zum ersten Mal erklärte, wie es auf Mallorca zu den Calas genannten schmalen Buchten kommen konnte.

Tomeu Penya

Der bekannteste Popstar, sein Stil heißt »Country Rock«. Er singt zwar Mallorquin und Castillano, aber jede seiner bisher zwanzig Platten und CDs ist auch für Deutsche gut zu hören.

Pepe

Der beste, weil schärfste und witzigste Karikaturist Mallorcas. Er zeichnet für die Inselzeitung »Última Hora«.

Javier Pérez de Arévalo

Der auf dem Festland geborene Spanier (* 1962) sieht aus wie der Bilderbuch-Moses in Hollywoodfilmen: wallendes graues Haar und üppiger Rauschebart. Sein Beruf? Leuchtturmwärter in Porto Pi. Aber das genügt ihm nicht, denn die Stunden da oben sind einsam – und vorher hat er zwölf Jahre lang den noch einsameren Leuchtturm von La Mola auf Formentera betrieben. Pérez komponiert zeitgenössische Musik, vertont Hörspiele, schreibt Bücher, etwa »Far de La Mola«, und organisiert Ausstellungen in seinem Leuchtturm.

Perlen

Um diesen mallorkinischen Schmuck wird ein riesiger PR-Wirbel betrieben, aber ernst zu nehmen ist er nicht: Mit den üblichen Perlen hat er so viel zu tun wie eine Sojabulette mit einem »Hamburger« aus argentinischem Rindfleisch. Das Grundmaterial, man glaubt es kaum, sind zu Pulver zermahlene Fischschuppen. Außerdem sind die »Perlen« viel zu teuer, sie kosten kaum weniger als echte. Immerhin: Als **Bill** und **Hillary Clinton** im Juli 1997 nach Mallorca kamen, zog die Ehefrau des US-Präsidenten – zum Erstaunen der mallorkinischen Gastgeber – ein Zettelchen aus ihrer Handtasche, auf dem stand: *20 inches long, pink, pearls one 20th*. Es war ihre Wunschliste für den Einkauf einer Perlenkette, die sie tatsächlich erwarb. Die Kürzel bedeuteten: Sie sollte rund 50 Zentimeter lang sein, die Perlen hatten rosa auszusehen mit einem Durchmesser von etwa 12 Millimeter. So zweifelhaft der Wert der Mallorca-Perlen auch ist, es war ein Deutscher, der die immer noch boomende Industrie 1902 erfunden hatte: ein Mann mit dem seltsamen Namen **Eduard Friedrich Hug Heusch Small**. Nach ihm ist eine Straße in Manacor benannt.

Andrea und Hans J. Petersen

Die Hamburger machten aus dem Mini-Hotel »Villa Verde« bei Pollença ein Schatzkästlein mit viel Kunst und einem römisch anmutenden Säulenpool. Das Hotel ist schwierig zu finden, liegt versteckt im Wald auf einem Hügel, der Weg dorthin biegt blitzartig von der Hauptstraße ab.

Wolfgang Petri

Der Sänger besitzt eine Villa in Son Vida. Um die ranken sich finanzielle Legenden, denn es heißt, Petri habe ein Vielfaches des sicher siebenstelligen Kaufpreises in die Umbauten gesteckt. Wenn Petri auf der Insel ist, sieht man ihn nicht – er lebt zurückgezogen wie ein Mönch.

Norbert Pflippen

Die Nummer 1 unter den deutschen Beratern und Managern von Fußballstars. Zu seinen Klienten gehören etwa vierzig der prominentesten Kicker, darunter öfter mal fast die komplette Nationalmannschaft. Pflippens Firma »Ans Sport« ist zwar in Mönchengladbach zu Hause, aber er hat auch eine Wohnung hoch über Port d'Andratx und führt die Geschäfte von hier. Im Übrigen ist er einer der wenigen, die jede Woche den umgekehrten Weg fliegen: freitags zu seiner Frau und sonntags zurück auf die Insel.

Thomas und Jutta Philipps

Bei dem Ehepaar aus Köln kann man wohnen, essen und Kultur tanken. Denn es betreibt in Alaró das Hostal »Can Tiu«, das Restaurant »Gaia«, und dort veranstaltet es »*Ausstellungen nach unserem ganz persönlichen Geschmack*« – und der ist gut. Adresse: Carrer Petit, 11.

Peter Phillips

Der Brite (* 1939) ist einer der bekanntesten (und teuersten) Pop-Art-Künstler der Welt. Umso erstaunlicher, wie unauffällig er mit seiner Frau in der Nähe von Felanitx wohnt – in einem Landhaus, das zugleich Atelier, Privatmuseum und Refugium der Gemütlichkeit ist. Und unter seinen Freunden hoch gerühmt, weil der Garten zu den schönsten Anlagen der Insel gehört.

Pablo Picasso

Der bedeutendste Maler des 20. Jahrhunderts (1881–1973) hatte keine Beziehung zu den Balearen, aber eines seiner bedeutendsten Gemälde hat mysteriöserweise mit der Insel zu tun: »Frau von der Insel Mallorca«, eine Gouache auf Karton, 67 × 51 Zentimeter groß und 1905 als letztes großes Bild seiner »Blauen Periode« und Studie zum berühmten Zyklus »Die Gaukler« in Paris gemalt. Es zeigt eine Frau (mit einiger Sicherheit stand ihm dafür seine Geliebte **Fernande Olivier** Modell) in weitem Umhang und mit einem spitzen Hut auf dem Kopf, um den ein leichter Schleier gegen die Sonne geschlungen ist. »Frau von der Insel Mallorca« hat nichts an sich, das man spontan als mallorkinisch erkennen würde, aber es ist das wichtigste Gemälde mit dem Insel-Namen im Titel. Es gehörte bis 1918 dem legendären Sammler **Sergei Iwanowitsch Schtschukin** und hängt jetzt im Moskauer Puschkin-Museum.

Toni Pinya

Die mallorkinische Küche hat mehrere Mütter – und einen Vater: Pinya (* 1951). Der Wissenschaftler ist größter Experte für alte Rezepte, sammelt sie professionell und bildet seit Jahren Köche aus. → **Bartomeu Caldentey** vom »Es Moli d'en Bou« in San Llorenç behauptet sogar: *»Ohne ihn wäre mein Erfolg nicht möglich gewesen.«* Interessant ist Pinyas Theorie, welche Einflüsse die Insel-Küche schufen: *»Das alte Griechenland, das römische Reich, die Türkei, die arabischen Länder Nordafrikas und die jüdische Tradition.«* Das neueste seiner vielen Bücher beschäftigt sich mit einer Spezialität, und beim »Gourmand World Cookbook Award« wurde es in seiner Klasse Sieger: »Sobrassada de Mallorca. Sabor y color«.

Klaus Plönzke

Software-Multimillonär, der **Eckart Witzigmann** als Berater für seine Hotels und Restaurants nach Mallorca holte. Ihm und seiner Frau **Britta** gehören in Sóller das »S'Atalaya«, das »Ca's Puers« und das »Ca's Xorx«. In Porto Sóller versuchte er ein Fünfsterne-Hotel zu bauen. Dessen unfertiger Bau stand 2004 zum Verkauf, und das »Ca's Puers« machte überraschend nach der Winterpause 2003/2004 nicht mehr auf. Britta Plönzke teilte mit, es sei ihr *»zu viel geworden«*.

Popmusik

Es gibt Bands auf der Insel, die Kultstatus haben und international auftreten. Die bekanntesten:

Loona: Mallorcas Top-Musikexport. Dahinter stecken der **DJ Sammy dp** und Sängerin **Marie Jose van der Kolk** aus den Niederlanden. Ihre Hits: »Bailando«, »Hijo de la luna«, »Mamboleo«, »Baila mi ritmo« und »Heaven«.

Los Malditos: »Die Verdammten« sind die führende Rockband, wenn auch nicht mehr die Jüngsten: 1990 gewannen sie den Pop-Rock-Wettbewerb in Palma, 1991 erschien ihr Debütalbum. Genuss: die CD »Radio Anfetamina« (1999).

The Nash: Gegründet 2000. Ihre CD »Four Wheel Dynasty« wurde drei Jahre später in Kanada zum »Album des Jahres 2003« gekürt. Die Band tritt häufig auf der Insel auf, von vier Gründungsmitgliedern sind zwei Mallorkiner: Bassist **Angel Cubero** und Schlagzeuger **José Luis García** (mit ihnen spielen ein Brite und ein Amerikaner).

Satellites: Das ist eine Popgruppe, die aus vier Männern besteht. Besonders eindrucksvoll: die Stimme von **Jordi Herreras**.

Michael Popp

Bemerkenswert vielseitiger Deutscher (* 1959): Er ist Pharmazeut und Dozent an der Uni Innsbruck, Vorstand des Arzneimittelunternehmens Bionorica im bayerischen Neumarkt und Vizevorsitzender des Bundesverbandes der deutschen Pharmaindustrie, kaufte sich die kleine Burg El Castellet an der Straße von Alaró nach Lloseta und machte ein Weingut namens Castell Miquel daraus. Tipp: Sein Jahrgang 2002, den er »Stairway to Heaven« taufte, gilt als Sammlerflasche für Rotweintrinker, ist aber teuer – unter 24 Euro läuft da nix. Was für ein interessanter Typ der »Herr Professor« ist, erkennt man auch daran, dass er seine Weine nach einem Song der Rockgruppe **Led Zeppelin** benannte. Daneben produziert Popp Olivenöl, Blumen, Früchte und im industriellen Stil Heilpflanzen und nennt sich daher »Landwirt«. Sein bekanntestes Medikament: Sinopret.

Hans Otto Poppelreuther

Der Maler aus Saarbrücken (1885–1965) hatte bereits die Schönheit Mallorcas entdeckt, als andere noch nach Meran in Urlaub fuhren. Erstmals kam er 1912, lebte von 1914 bis 1936 ganz auf der Insel und verbrachte ab 1955 seinen Lebensabend in Deià. Poppelreuther malte Landschaften und Stadtansichten in zarten Wasserfarben, sie sind im Berliner Museum und in der Casal Balaguer in Palma zu besichtigen. In der Autobiografie »Un resumen« beschreibt und illustriert er seine Zeit auf Mallorca.

Post

Eine ziemlich unzuverlässige Angelegenheit, wie **Harald Schindler** in einem Leserbrief an das »Mallorca Magazin« monierte (Februar 2002). Demnach verschwanden binnen zehn Jahren fünfzehn Prozent seiner Briefe spurlos, und wirklich wichtige Sendungen muss er regelmäßig »certificado« schicken – also eingeschrieben und teuer. Im Oktober 2001 gab Schindler einen Brief von Palma nach Berlin auf und erhielt ihn 29 Tage später mit dem Stempel GHANA zurück, weil der Brief bis nach Westafrika gereist war …

Hans Praesent

Geologe (* 1888 in Leipzig). Er schrieb 1911 ein Standardwerk über Mallorca: »Bau und Boden der Balearischen Inseln«. Darin wies er u.a. die vulkanischen Ursprünge der Insel nach.

Harold »Hal« Prince

US-Produzent und Regisseur (* 1928 in New York), der eine Finca bei Pollença kaufte, indem er an die Tür klopfte und einen Preis bot. Als er verlacht wurde, kam er ein paar Tage später wieder und bot eine Summe, die exorbitant war – der Mallorkiner verkaufte. Prince hat das Publikum mit Musicals wie »West Side Story«, »The Fiddler on the Roof«, »Cabaret«, »Alexis Zorbas«, »Das Phantom der Oper« beglückt. Für Mallorca bedeutsam: Ab Juli 1976 entstand hier der Welterfolg »Evita«. Dazu reisten →**Andrew Lloyd Webber** und **Tim Rice** nach Pollença, schrieben die Musik und die Texte, entwarfen Kulissen und Kostüme.

Prinz Charles

Der britische Thronfolger ist fleißiger Aquarellist und hat zahlreiche Arbeiten mit Motiven aus Mallorca gefertigt. Sieht man ihn irgendwo sitzen und malen, kann man gewiss sein, dass Leibwächter hinter Bäumen lauern. Ein Schwätzchen mit ihm zu halten geht dennoch – ein bis zwei Minuten lang. Denn er ist sehr höflich.

Ein Thronfolger malt Mallorca

Der nächste König von England malt mit Leib und Seele, aber einfach ist es nicht. »*Der Prinz ist immer unter Zeitdruck*«, sagt sein Malerfreund John Ward. »*Er muss sehr ökonomisch malen – jeder Pinselstrich muss sitzen, lange nachdenken kann er nicht über seine Skizzen.*«

Bemerkenswert seine Arbeitsweise: Oft kommt Charles nicht dazu, seine Bilder auszumalen. Dann macht er Skizzen und vermerkt die Farben auf dem sonst weißen Zeichenpapier: *Distant green* etwa oder *greyish mauve* (rosa mit Grauschimmer). Dafür hat er ein Holzkästchen mit acht Bleistiften dabei und einen Spitzer. Zu Hause malt er die Bilder in Ruhe fertig und signiert links unten mit einem großen C und einer Jahreszahl mit Apostroph, z.B. C '90. Übrigens nimmt er immer auch das Töpfchen zum Auswaschen der Pinsel mit – samt Wasser. Charles benutzt Zeichenbücher, die in England für ihn hergestellt werden: Blätter im Querformat aus Wasser aufsaugendem Papier in festem braunen Leineneinband. Die Bilder sind daher erstaunlich klein – zwischen 8,8 und 24 Zentimeter hoch und 9,5 bis 29 Zentimeter breit.

Es sind Ansichten, die dem Auge wohl tun: Der Hafen von Andratx, bizarr geformte Olivenbäume, Blick auf Valldemossa und Fincas in romantischer Landschaft. Farben? Viel Grün, etwas Gelbbraun und Grau, zartes Himmelsblau, ganz wenig Rot. Schöne Perspektiven, naturalistisch, ohne künstlerischen Schnickschnack. Mit einem speziellen Gag: Charles malt Bäume gern, als würden sie sich im Wind bewegen. Daher zeigt er viele in zwei oder drei Silhouetten nebeneinander – wie in extremer Zeitlupe. Er hat viel gemalt in den Jahren 1986 bis 1990, als seine Frau Diana noch lebte. Damals waren sie oft bei König →Juan Carlos auf Marivent eingeladen. Da zog er dann allein los mit Chauffeur und Bodyguards.

Erstaunlich ist, dass er zu jedem Bild eine Mallorca-Anekdote weiß: Wie er nur mit Mühe einen Punkt fand, von dem aus Valldemossa schön zu sehen war, aber wie der Punkt – eine rohe

Bruchsteinmauer – so unbequem war, dass »*mein Hinterteil einschlief, meine Beine beim Aufstehen versagten und ich bergab in einen Olivenhain kullerte*«. Oder wie er in Port d'Andratx am Ende einer Mole saß, das Städtchen pinselte und bald nichts mehr sah, weil Touristen ihn belagerten und Leibwächter hilflos waren: »*Sie stellten dazu so viele und erstaunlich schlichte Fragen, dass an Arbeiten nicht mehr zu denken war.*« Charles brach ab, verabschiedete sich und fuhr nach Marivent zurück. Es gibt ein aufwändiges Buch über die Aquarelle von Prinz Charles unter dem Titel »HRH The Prince Of Wales Watercolours«, heute ist es nur noch antiquarisch zu haben (Internet). Es enthält sieben Darstellungen aus Mallorca.

Wo sind die Originale? In der persönlichen Sammlung des Kronprinzen, bei seiner Benefiz-Organisation und ab und zu in Ausstellungen. Charles ist unter Umständen sogar bereit, das eine oder andere Mallorca-Aquarell zu verkaufen – aber sein Trust, dem die Rechte gehören, möchte mindestens 7500 Euro pro Bild.

Prinzessin Diana

Sie war oft Gast auf Mallorca, manchmal mit Ehemann → **Charles**, mal ohne, und stets gab es da den Verdacht, ihr exzellentes Verhältnis zu König → **Juan Carlos** sei über Gebühr exzellent. Immerhin: Der Monarch zeigte ihr das Haus des britischen Bauunternehmers **Roy Harry Strudwick** oben auf der Halbinsel La Mola, erbaut aus Zyklopensteinen. Das hätte sie gerne gekauft, berichtete ein Mann vom Hofstaat später, aber es sollte 700 Millionen Peseten kosten, heute etwa 4,5 Millionen Euro – das konnte sie sich aus Finanz- und Image-Gründen nicht leisten.

Das Strudwick-Haus ist auch ohne die Diana-Anekdote eine Kuriosität: Der Brite ließ vor allem die gigantische Mauer drumherum aus den Zyklopensteinen errichten, seine Bedingung war: Sie mussten mindestens so groß sein wie die Quader, mit denen die Ur-Mallorkiner ihre → Talayots aufgetürmt hatten. Die Steine wurden auf der ganzen Insel für ihn gesucht – und einen Monat lang gab es keinen LKW auf Mallorca, der mehr als vier Tonnen transportieren konnte, alle fuhren die Brocken nach La Mola. Dadurch gerieten vor allem öffentliche Bauten in Verzug, und es hagelte Beschwerden.

Eugen Prokop

Seit 1976 leitet der gebürtige Tscheche (* 1932), ein Dirigent und Pianist, das Musikfestival von Pollença und führte es zu internationalem Rang. Seinen Reiz bezieht die Klassik-Veranstaltung auch daraus, dass die Konzerte open air und an historischen Orten stattfinden. Dafür bekam Prokop die Goldmedaille der Gemeinde und Spaniens Orden »Isabela la Católica«.

Prüderie

Frühe Touristen, so um 1952, wurden festgenommen und auf den Polizeiwachen ermahnt, wenn sie nicht genügend bekleidet waren. In Ca'n Barbara gab es noch in den fünfziger Jahren eine Trennwand am Strand und im Wasser für Frauen und Männer. Bis etwa 1950 war es einem Mann theoretisch nicht erlaubt, sich öffentlich in Shorts zu zeigen – es sei denn, er hätte sich Taschentücher um die Knie gebunden. Diesen Vorschlag gab es ernsthaft!

Joan Pujol

Bildhauer, dessen Lebensdaten nicht genau bekannt sind (17.–18. Jahrhundert). Man weiß nur, dass er 1701 ein Haus und eine Werkstatt in Palma besaß. Pujol arbeitete für Kirchen und Klöster und schuf deshalb sehr viele religiöse Motive, beliebt sind aber auch seine rund 40 Zentimeter großen bäuerlichen Darstellungen in rotbraun gebranntem Ton.

Anthony Quinn

Der mexikanische Hollywoodstar drehte im September 1967 den Film »The Magus« auf Mallorca – ein Machwerk, das so schlecht ist, dass es in den meisten Ländern nicht in die Kinos kam (darunter Spanien). Aber: Die aufwändige Produktion hinterließ einen derart tiefen Eindruck auf der Insel, dass ein Küstenabschnitt bei Portals Vells heute noch nach dem Film Cala Mago heißt – selbst auf amtlichen Landkarten.

Freddy Quinn

Die Legende des deutschen Schlagers wurde am 29. September 1931 in Niederfladnitz bei Wien geboren und heißt eigentlich **Franz Nidl-Petz.** Sein »Junge, komm bald wieder« wurde zum Evergreen – und mit Mallorca verbindet ihn das, was man ihm stets unterstellte: Seemann zu sein. Denn Quinn besaß jahrelang eine große Yacht namens »Libertas« im Hafen von Palma.

Lorenzo Quinn

Sohn von **Anthony Quinn** und Bildhauer, der für die Stadt Palma die innen beleuchtete Erdkugel »Encuentros« schuf, gedacht für den Park von Sa Faixina am Paseo Marítimo. Besonders hübsch an dem Globus sind magische Hände, die auf einen einzigen Punkt deuten – Mallorca. Aber Quinn lächelt mittlerweile nur noch, wenn er an sein Kugelgeschenk denkt: Aus dem Park, in dem es stand, wurde es entfernt, weil es illegal dort postiert worden war. Daraufhin stellte man »Encuentros« auf eine Fläche unterhalb des Museums »Es Baluard« – und da krachte ein wild gewordener Autofahrer in die Skulptur, die restauriert werden musste. *»Ich bin gespannt«*, sagte Quinn, *»was sie nun mit meinem Werk anstellen ...«* – sie bewegten es auf einen Kreisel im Industriegebiet Son Castelló.

Eine Kollektion von Quinn-Werken ist bei seinem treuesten Sammler zu sehen: **Gabriel Ramis** im Hotel »La Moraleja« in der Cala San Vicente.

Joaquín Rabasco

Der Chef der kleinen Partei ASI (Agrupación Social Independiente) war, als er im neuen Jahrtausend an die Öffentlichkeit trat, Vizebürgermeister von Llucmajor und Alcalde von Arenal. Warum er es überhaupt in dieses Buch geschafft hat, liegt an seiner Vernunft: Er plädiert vehement gegen den Zwang zu Mallorquin und für liberale Zweisprachigkeit, er war es, der für die Wahlen 2003 Deutsche auf seine Listen nahm, und er setzt sich dezidiert für die Rechte von Ausländern auf der Insel ein.

Radfahren

Ist mittlerweile ein eigenständiger, boomender und Geld bringender Tourismuszweig und für viele Nicht-Radfahrer die Pest, besonders auf den engen Straßen der Insel. **Jan Ullrich** und →**Erik Zabel** trainieren regelmäßig hier, →**Rudolf Scharping** wurde gesichtet, selbst der spanische König macht hie und da eine Radtour. Dazu hat sich eine eigene Landkarten- und Reiseführer-Sparte entwickelt, genannt sei das Buch von **Wolfgang Kettler**: »Mallorca per Rad«.

Natasha Rambova

Sie wurde als Winifred Hudnut 1897 in Salt Lake City geboren, nahm als Schauspielerin dieses russische Pseudonym an und wurde bekannt als »glücklichste Frau der Welt«, als sie den Stummfilm-Superstar →**Rodolfo Valentino** heiratete. Nach seinem Tod lebte sie ab 1931 in Genova und Cala Fornells, erwarb große Verdienste durch die von ihr betriebene und finanzierte Erschließung und Elektrifizierung der Höhlen von Genova und heiratete den Adeligen **Álvaro de Urzainz y Silva** in der Kathedrale von Palma. Mit Ausbruch des Spanischen Bürgerkrieges kehrte sie in die USA zurück, wo sie 1966 starb.

Juli Ramis

Der in Sóller geborene Mallorkiner (1909–1990) gilt als einer der talentiertesten, wenn auch unbekanntesten Maler der Insel-Neuzeit. Er war ein Freund und Weggefährte von →**Joan Miró**, lebte in

Biniaraix, und viele seiner Werke sind im Museum für zeitgenössische Kunst in der Kartause von Valldemossa zu sehen.

Tomas Ramis

Der Ex-Jurastudent und Chemiker (* 1977) ist der »Künstlerische Leiter« der 1943 gegründeten Feuerwerksfabrik Jorda S. L. in Lloret de Vistalegre. Sie ist das älteste (und letzte) Unternehmen seiner Art auf Mallorca und beschäftigt rund dreißig Mitarbeiter. Ramis gilt auch international als Groß-Feuerwerker, dem es mühelos gelingt, farbige Bilder (Blumen, Bäume, Quallen, Schnecken, Herzen) mit musikalischer Untermalung in den Himmel zu schießen. Um das zu erreichen, steuert er bis zu sechzehn Computer gleichzeitig, die er in monatelanger Arbeit entsprechend programmiert hat.

Roland Ranetsberger

Fotograf aus Bayern, der sich eine Finca-Ruine Stein für Stein mit eigener Hände Arbeit zu einem Schatzkästlein renoviert hat. Ranetsberger ist der einzige Mensch, der – soweit mir bekannt – nichts dabei findet, zum Urlaub in seinem Inselhaus von München nach Mallorca zu radeln!

Ranetsberger, genannt »Rani«, macht kein Aufhebens darum, zwei andere Radler bekamen im Herbst 2003 fast eine ganze Seite im »Mallorca Magazin«: **Rainer Bertram** (* 1948) und **Udo Gandecke** (* 1941) waren in dreieinhalb Wochen die 2720 Kilometer von Bad Bramstedt bei Hamburg nach Capdepera gestrampelt – und wurden von Bürgermeister **Joan Ferrer** begrüßt.

Robert von Ranke-Graves

Britischer Schriftsteller (1895–1985), dessen berühmtestes Werk, »Ich, Claudius«, ihm ab 1934 Weltruhm und Reichtum brachte. Vor dem Ersten Weltkrieg, also vor 1914, begegneten sich Ranke-Graves und die amerikanische Kulturmuse → **Gertrude Stein** in Paris. Sie hatte bereits Erfahrung mit Mallorca gesammelt, war damals ein glühender Fan der Insel, und so entwickelte sich folgender kurzer Dialog.

Graves: »*Soll ich auf Mallorca leben?*«

Stein: »*Wenn du das Paradies ertragen kannst.*«

Er konnte es, lebte seit etwa 1920 sporadisch und seit 1929 fast permanent in Deià und begründete den Ruf der Gemeinde als »Künstlerkolonie« – zusammen mit dem deutschen Maler →**Ulrich Leman**, der hier 102 Jahre alt wurde. Ranke-Graves, dessen Urgroßvater der deutsche Historiker **Leopold von Ranke** war, schrieb auch ausführlich, heiter und informativ über Mallorca. Empfehlenswert sind folgende Bücher auf Deutsch:

1. »Geschichten aus dem anderen Mallorca« (Grundmann, 1997)
2. »Betrachtung über Mallorca« (Olañeta, 1998).

Der Umgang mit dem Namen des Mannes ist nicht ganz einfach. Er hat Bücher unter Robert Ranke und Robert Graves geschrieben, aber auch unter Robert Ranke-Graves, und eigentlich müsste er, wenn er sich schon so nennt, Robert von Ranke-Graves heißen. Auch die Variante Robert Ranke Graves (ohne Bindestrich) habe ich gesehen.

Ende 2003 tat die Regierung etwas Kluges: Sie einigte sich mit **William Graves**, um das Haus seines Vaters, Villa Can Alluny, in den Originalzustand zu versetzen und der Öffentlichkeit als Museum zugänglich zu machen. Ein anderer Sohn, **T(h)omas**, gründete in Palma die »New Seizin Press«, eine Druckerei, die unglaublich schöne Bücher produziert.

Gernot Rasenberger

Maler und Bildhauer aus Düsseldorf (* 1943), der in Santa Eugenia lebt und in einem zarten Stil die Mythologie des Abendlandes interpretiert, daneben naturalistische Landschaften und Blumen malt. In seinem Haus hat er einen Ausstellungsraum eingerichtet.

Ernst Alexander Rauter

Der Journalist und Schriftsteller (* 1929) wird von denen, die ihn kennen, als derjenige verehrt, der von allen Deutschen am meisten über Mallorca weiß. Kein Wunder, er arbeitete in den fünfziger Jahren als Hotelportier und Reiseleiter (bei Dr. Tigges) auf der Insel und lebt seitdem jedes Jahr mehrere Monate in einem Haus mit eigener Badebucht in →Cala Rajada. Wer das Eiland liebt, sollte sein Buch lesen: »Mallorca – das Land hinter der Bühne«. Im Übrigen ist seine Terrasse ein regelmäßiger Treffpunkt gebildeter, skurriler und zuweilen bedeutender Menschen.

RCD Mallorca

Der Real Club Deportivo ist der führende Fußballklub der Insel und in Palma zu Hause. Unter dem argentinischen Trainer **Héctor Cuper** war er Ende der neunziger Jahre Spitze in Spanien und schaffte es bis in die Champions League. Der Verein wurde kurzzeitig auch mal von dem Deutschen **Bernd Krauss** trainiert.

Conrad von Reichach

Auch wenn es manchen ärgert: Historisch und dynastisch gesehen, müsste Mallorca eigentlich deutsch sein. Grund: **Elisabeth** (–1404), Tochter von König **Jaume III.** und Schwester von **Jaume IV.**, heiratete in zweiter Ehe den deutschen Rittersmann **Conrad von Reichach**, sie überlebte ihren Bruder, den König, hatte zahlreiche Kinder – darunter den Thronprätendenten **Miguel von Reichach**, der in Paris starb. Mit ihm endete das Königreich Mallorca in direkter Linie. Der Anspruch der Familie Reichach auf den Thron verfiel aber bis heute nicht – wenn es die Familie überhaupt noch gibt.

Alistair Reid

Jahrelang Autor der »New York Times« (* 1926), darüber hinaus Lyriker und Übersetzer lateinamerikanischer Schriftsteller wie **Pablo Neruda** und **Jorge Luis Borges**. Er hatte in den sechziger und siebziger Jahren immer zwei Wohnsitze: New York und Mallorca, und hier wahlweise Deià (wo er eng mit →**Robert Ranke-Graves** zusammenarbeitete) und Galilea. Von Reid stammt eine der bizarrsten Episoden aus der literarischen Geschichte Deiàs: die Begegnung von Ranke-Graves und Borges im Sommer 1972. »Borges war in Spanien und er kam für zwei oder drei Tage nach Mallorca, um sich auszuruhen. Er schickte mir ein Telegramm mit seiner Ankunft. Also fuhr ich nach Palma und traf ihn mit **Maria Kodama**, die immer bei ihm ist und sich um ihn kümmert. Borges erzählte mir von seinem Besuch bei Graves: Dessen Frau **Beryl** führte Borges, der völlig blind ist, in das Zimmer, in dem ihr Mann lag, absolut gaga und nicht mehr wissend, was sich im ihn herum abspielt, und dann nahm sie die Hand von Borges und legte sie in die Hand von Graves, die aber tot war und nichts mehr fühlte, und sie begrüßten sich. Und so verlief das historische Treffen – niemand traf irgendjemand …«.

Antònia Reig

Eine der wichtigsten, wenn auch unbekanntesten Frauen Mallorcas – und sehr hübsch ist sie auch noch. Sie leitet die Restaurierungswerkstatt des Bistums Mallorca, die größte ihrer Art auf den Balearen, und kämpft gegen den Verfall Hunderter unwiederbringlicher Kunstwerke. Hoch interessant ist ein Besuch in ihrem Atelier in Palma, allerdings ist es nicht öffentlich. Denn auf einer Landkarte sind jene Punkte mit bunten Nadeln markiert, an denen sie mit ihrer Eingreiftruppe von vier weiteren Frauen tätig werden muss – oft ist gar nicht bekannt, dass sich dort ein Schatz befindet. Unwissenheit ist der sicherste Schutz vor Räubern.

Herbert Reinecker

Der Grandseigneur unter den Krimiautoren fürs Fernsehen (»Der Alte«, »Derrick«) wohnt in den Bergen hinter Esporles – mit dem schönsten Blick der Insel. Sein Haus enthält ein Kuriosum: Da Reinecker auch nachts den herrlichen Blick von seiner Terrasse nicht missen möchte, hat er ihn von **Manfred Bockelmann** (Bruder von **Udo Jürgens**) großformatig malen lassen und ins Wohnzimmer gehängt.

Reiseführer

Gott sei es geklagt: Kennst du einen, kennst du alle. Das ist natürlich nicht ganz richtig, aber es ist doch erstaunlich, mit welcher Chuzpe Autoren von existierenden Büchern abschreiben – und gnadenlos auch alle Fehler. Natürlich gibt es Ausnahmen, eine sehr altmodische und sensationell erfolgreiche möchte ich erwähnen:

den »Führer von Mallorca« von **Jaime Escalas Real**. Sein Buch erreichte bereits 1974 die 106. Auflage – je neunzehn auf Englisch und Französisch, je sechzehn auf Spanisch und Deutsch, elf auf Holländisch, neun auf Schwedisch, sieben auf Dänisch, sechs auf Italienisch, drei auf Finnisch.

Besonders reichhaltige und ungewöhnliche Reiseführer für Neulinge hat die Ex-Schauspielerin **Elsbeth Kirschner** als Rentnerin in Porto Cristo geschrieben. Es sind drei Bände, die zwischen 1975 und 1980 publiziert wurden und deshalb nur noch antiquarisch zu haben sind. Sie heißen »Eine Lanze für Mallorca« (2 Bände) und »Mallorca für Kenner«.

Sehr hübsch ist ein Buch, für das Schauspielerin **Grit Böttcher** als Herausgeberin beste Autoren und Fotografen suchte und das sie mit nie genannten Tipps füllen ließ. Es ist ebenfalls nur noch antiquarisch zu bekommen.

Max und Ruth Reiser

Der Innenarchitekt, Maler und Zeichner aus Zürich und seine Frau Ruth, eine Malerin und Objektkünstlerin, bewohnen eine Finca aus dem 16. Jahrhundert (bei Cala Murada). Sie ist der Musterfall einer perfekt restaurierten, wunderbar erhaltenen und doch modern bewohnbaren Architektur – innen wie außen. Und sie zeichnet sich durch den »gesegneten doppelten Blick« aus: nach Westen ist der Pla zu sehen, nach Osten das Meer. Übrigens: Reiser ist einer jener wilden Burschen, die mit dem Motorrad kommen – Schweiz-Mallorca in zwei Tagen, zurück ebenso. Ruths bunte Figuren erinnern an Niki de Saint-Phalle, ihre großflächig farbigen Gemälde schmücken Museen, Sammlungen und immer wieder auch mallorkinische Restaurants.

Reliquien

Wo Aberglaube blüht, sind Reliquien nie weit, und auf Mallorca treibt das ganz besondere Blüten, die Kirchen sind voll von abenteuerlich etikettierten Skeletteilen. Das Insel-Highlight: Im Oratorium de la Virgen del Coco in Palma wird der Stein gezeigt, auf dem Maria die Windeln von Jesus wusch – und zwar so stark, dass ihre Finger Kuhlen in den Fels schliffen. In die legen Pilger ihre Finger, weil sie glauben, so von der Gicht geheilt zu werden.

Relojería Alemana

Deutsche Uhrmacherei? Ja, die gibt es seit 1879 im Carrer Colom in Palma, und sie hat Kunden wie König →**Juan Carlos** oder **Feisal von Saudi-Arabien.** Es gibt Gold- und Silberschmiedearbeiten und natürlich Uhren. Und woher kommt der Name? Weil ein Deutscher, **Wilhelm Krug**, den Laden eröffnete und ihn, weil er keine Nachkommen hatte, später seinem mallorkinischen Partner überließ. Dessen **Familie (Fuster)** führt die Relojeria bis heute und behielt den Originalnamen bei. Übrigens: Der alte Herr Krug lockte Kundschaft mit einem seltsamen Trick an – er ließ permanent Wecker klingeln …

Guillermo Reynes

Das ist der Großarchitekt von Mallorca (* 1946), was nicht verwundert, wenn man weiß, dass er bereits der sechste in einer langen Reihe von Familien-Baumeistern ist. Er stammt aus Palma, und die Liste seiner Werke würde eine Seite dieses Buches füllen, da er Hotels, Häuser, Markthallen, Friedhöfe und Fußballstadien errichtet. Die bekanntesten Bauten: das Hotel »Dorint« in Camp de Mar, der Sporthafen von Santa Ponça, das Fußballstadion Son Moix, der Festival Park in Marratxi und **Claudia Schiffers** Weiler auf ihrer Halbinsel. Reynes war auch mal Präsident des Fußballklubs →RCD Mallorca. Zu Deutschland hat er doppelte Verbindung: die Freundschaft mit der Familie →**Schörghuber** und seine Bewunderung für das Münchner Olympiastadion.

Bettina Rheims

Von der Französin fotografiert zu werden kommt einem Ritterschlag gleich. Seit 20 Jahren kehrt sie immer wieder in ihr Haus in Deià zurück und sagt: »*Die Insel ist das gelobte Land.*« 1998 schuf sie einen schönen Bildband namens »INRI«, der in den Dörfern Mallorcas entstand.

Joan Riera

Computer-Wunderkind aus Manacor (* 1985), das bereits mit dreizehn Jahren seine Firma »Babysoft« gegründet hat und Firmen und Behörden mit Hard- und Software versorgt.

Riesen

... spielen in der Folklore der Insel eine große Rolle, und es gibt sie auch als Figuren aus Holz in Sóller und Palma, und das seit 1630. Die populärsten Riesen (»Gegants«) mit Namen Tofol (Cristóbal) und Francinaina (kleine Franziska) sind ungefähr vier Meter groß, tragen mallorkinische Tracht und stehen im Rathaus von Palma. Für Umzüge werden sie herausgeholt und durch die Straßen geschleppt. Tofol und Francinaina stammen allerdings aus dem Jahr 1961 und vom Bildhauer **Jaume Montserrat Palmer**, da die Originalfiguren im Spanischen Bürgerkrieg (1936–39) verschwanden und nie wieder auftauchten. Fünf Meter hohe Pappmaché-Figuren existieren in Sa Pobla, wo sie bei den Umzügen zu den Festen Sant Antòni und Sant Sebastià herumgetragen werden. Es gibt auch zwei neue: Neben den existierenden Giganten **Jaume II.** und Königin **Esclaramunda** hat der Inselrat im September 2002 König **Sanc** und **Jaume III.** vorgestellt. Auch diese Figuren ziehen beim Mallorcafest über die Insel.

Andreu Rigo Sureda

Der Anwalt, Wirtschaftswissenschaftler, Völkerrechtler und Diplomat ist der Sohn eines unter Zeitgenossen legendären Schuldirektors. Er wurde 1943 in Felanitx geboren und brachte es bis zum »Deputy General Counsel« der Weltbank in Washington (was mit Stellvertretendem Vorsitzenden der Rechtsabteilung zu übersetzen ist), war in zwanzig Jahren an mehr als hundert internationalen Missionen beteiligt, gilt als Spezialist für Probleme der Selbstverwaltung in der Dritten Welt und ist heute einer der führenden Köpfe in der nobelsten Anwaltskanzlei der US-Hauptstadt, Fulbright & Jaworski. Dr. Rigo hat außerdem Dutzende Arbeiten zur finanziellen Weltlage und gerechteren Verteilung der Entwicklungshilfe geschrieben, ist gesuchter Experte zur Leitung von Kongressen und

Symposien. Rigo ist mit einer reizenden Deutschen, **Marianne**, verheiratet und hat zwei Söhne. Und wer seinen Namen im Internet eingibt, erstarrt vor Hochachtung – er ist einer der bedeutenden Köpfe dieser Welt – obwohl ihn kaum jemand kennt.

Ríu-Familie

Reicher und erfolgreicher Business-Adel der Neuzeit. Die mallorkinische Familie besitzt den zweitgrößten Hotelkonzern Spaniens – unter ihrem Namen. Was das bedeutet, lässt sich aus Zahlen ablesen: 111 Hotels mit 32000 Zimmern und 65000 Betten in dreizehn Ländern (Spanien, Portugal, Dominikanische Republik, Kuba, USA, Mexiko, Jamaika, Tunesien, Marokko, Bulgarien, Zypern, Kroatien, Griechenland) und 15000 Mitarbeitern. Keimzelle war das Schuhkarton-ähnliche »San Francisco«, das erste Hotel an der Playa de Palma, das die Firmengründer **Juan** und **Luis Ríu** 1953 eröffneten. Heute ist der deutsche Reiseriese TUI zur Hälfte am Unternehmen beteiligt, das die Enkel von Juan, **Carmen** (* 1955) und **Luis Ríu** (* 1961), gemeinsam leiten.

Diego Rivera

Der größte Maler Mexikos (1886–1957) kam 1914 mit 24 Jahren nach Palma, verbrachte den Ersten Weltkrieg auf der Insel und malte viele Werke, die den Zusatz »Mallorca« tragen. Dazu zählen ein Selbstporträt, Aquarelle und Stillleben sowie einige kubistische Gemälde. In seiner Begleitung waren Freunde, aber keine Frau – **Frida Kahlo** lernte Rivera erst später kennen.

Julio Robledo

Junger mallorkinischer Regisseur (* 1976), der bereits hoch geehrt ist: Auf dem Filmfestival in Venedig erhielt er 2003 den Preis für den besten europäischen Kurzfilm. Er nannte ihn »The Trumouse Show«.

Ilan Rogoff

Der Israeli (* 1943 in Tel Aviv) ist ein großer Pianist unserer Zeit, er studierte bei **Karol Kleim**, **Stefan Askenase**, **Vladimir Horowitz**,

Leonard Shure und **Claudio Arrau.** 1991 zog er nach Valldemossa, 1992 veröffentlichte er die Platte »Chopin-Mallorca-Rogoff«.

Rolling Stones

Mick Jagger war 2000 mal da, aber seinen Mitspielern **Keith Richards, Charlie Watts** und **Ron Wood** war Mallorca unbekannt, ehe sie im August 2003 zwischen zwei Konzerten Kurzurlaub im Hotel »Mardavall« machten. Ganz problemlos lief das nicht ab: Bei einem Badetrip von Richards zur »Blaue Höhle« auf Cabrera hatte sein Schlauchboot Motorschaden, und er musste vom Schiff einer Tauchschule gerettet werden.

Römer

Sie eroberten die Insel 123 bis 121 vor Christus unter Konsul **Quintus Caecilius Metellus**, der daraufhin »Balearicus« genannt wurde, und gründeten die Städte Palma, Pollentia (Alcúdia), Cunici (Manacor), Sinium (Sineu) und Bocchoris (Porto Pollença). Dort und anderswo kann man ihre Spuren finden, etwa gepflasterte Straßen, eine Brücke in Pollença und das Amphitheater in Alcúdia. Ein besonders schönes Erbe hinterließen sie mit dem Camí de Barranc in Biniaratx, einem gepflasterten Bergpfad, der 1993 perfekt restauriert wurde. Die römische Herrschaft endete 426 n. Chr. mit dem Einfall der →Vandalen, die sich ihrerseits nur bis 534 halten konnten.

Curtis Roosevelt

Der Amerikaner lebt seit 1987 in Deià, aus seinem Leben könnte man ein Buch machen. **1.** Er ist ältester Enkel des US-Präsidenten **Franklin D. Roosevelt. 2.** Er ist Anwalt. **3.** Immerhin achtzehn Jahre arbeitete er für die UN. **4.** Er ist preisgekrönter Dokumentarfilmer. **5.** Auf Mallorca begann er eine Karriere als Töpfer.

Llorenç Rossellò

Der Bildhauer aus Alaró (1867–1901) gilt als einer der besten der Insel. Wer aufmerksam Denkmäler betrachtet, kann zumindest zwei seiner Werke an prominenter Stelle beobachten: den »Steinschleuderer« am Parc de Mar in Palma; »Retorn al bon camí« auf der Plaça da la Vila in Alaró.

Guillermo Rossellò Bordoy

Wenn der Titel eines »Königs der Gelehrten« auf Mallorca verteilt werden sollte – der Mann hätte ihn verdient. Rossellò hat nicht nur das umfangreichste Œuvre mit rund vierzig Büchern und mehr als hundert Studien verfasst, er beschäftigt sich auch mit den schönsten Dingen. Dazu gehören die arabische Keramik auf der Insel und die Rätsel der →Talayots. Entdecken Archäologen irgendwo was Neues, kann man darauf warten, bis Rossellò vor Ort erscheint und darüber das beste Buch veröffentlicht. Er leitete übrigens einige Jahre das Museo de Mallorca.

Roters

Name für die niedrigste und ärmste Kaste der mallorkinischen Bauern. Ihnen ist es zu verdanken, dass selbst die kargsten, unfruchtbarsten, steinigsten Böden der Insel bewässert, beackert und bepflanzt wurden.

Alexander Rothaug

Wiener Maler (1870–1946), der zum Freundeskreis von →Ludwig Salvator gehörte und viele schöne Werke hinterlassen hat, auf denen Mallorca zu sehen ist. Rothaug war Illustrator bei den »Münchner Fliegenden Blättern« und geriet in Verruf, weil er stolz darauf war, in der großen Kunstausstellung der Nazis 1938 in München gezeigt zu werden. In Wien, wo viele seiner Bilder im Belvedere hängen, erschien 1912 sein Buch »Skizzen aus Miramar«, das antiquarisch für 150 Euro angeboten wird.

Luis Carlos Royo Coloma

Koch aus San Sebastián (* 1958), dem es 1989 gelang, mit seinem »Koldo Royo« in Palma ein Top-Restaurant zu eröffnen. Royo ist aber weit mehr als nur Küchenchef: 1995 veröffentlichte er mit Literatur-Nobelpreisträger →**Camilo José Cela** das Buch »A fuego lento«.

Joan Rubí

Jugendstil-Künstler, der ein Schüler von →**Antonio Gaudí** war und Spuren vor allem in Sóller hinterlassen hat: die Fassade der Kathedrale, die Bank nebenan und mehrere Bürgerhäuser.

Johan Rupert

Mit geschätzten drei Milliarden Euro vermutlich der reichste Ausländer auf Mallorca. Er stammt aus Südafrika, besitzt eine palastartige Villa in Son Vida und eine großartige Yacht im Club de Mar von Palma. Zu seinem Industrie-Imperium gehören so unterschiedliche Weltmarken wie Dunhill, Rothmans, Stuyvesant, Cartier und Montblanc. Er ist Kettenraucher und begeisterter Golfer.

Santiago Rusinyol

Der Maler und Schriftsteller (1861–1931) schrieb ein unterhaltsames Buch über 45 Personen (»Die Frauen«) oder Dinge (»Ca'n Mario«), die ihm auffielen, und nannte es »L'Illa de la Calma«. 1960 erschien es erstmals auf Deutsch und hieß »Die Insel der Ruhe«. Dieser in einigen Bereichen Mallorcas grotesk anmutende Ehrentitel, mittlerweile tausendfach vervielfältigt und auf ganze Urbanisationen übertragen (»Costa de la Calma«), stammt also von ihm.

Russen

Zu Wohlstand gekommen, haben auch sie Mallorca als Urlaubsziel entdeckt, und warum auch nicht. Die Zahlen variieren grotesk: Mal heißt es, 2001 seien rund 200000 eingeflogen (was viel wäre), mal sollen es nur 30000 gewesen sein. Zwei Dinge sind allerdings unbestritten: Sie liegen am liebsten in Cala Millor am Strand, und ein findiger Verleger produziert eine Inselzeitschrift auf Russisch. Man sieht sie ab und zu in Kiosken.

Sa Bassa Blanca

Das schönste Privathaus auf der Insel gehört →**Ben Jakober** und →**Yannick Vu.** Es steht auf einer bewaldeten Halbinsel bei Aucanada (Alcúdia), sieht aus wie der Palast des Kalifen, ist umgeben von herrlichen →Gärten mit plätschernden Brunnen, und auch ein unterirdisches Museum gehört dazu. Erbauer ist der ägyptische Star-Architekt →**Hassan Fathy.** Rund um Sa Bassa Blanca stehen in den Hügeln bedeutende Kunstwerke »open air«. Nach der Schätzung eines Immobilien-Experten beträgt der Wert der Anlage mindestens zwanzig Millionen Euro.

Guillem Sagrera

Den Namen hat kaum einer schon mal gehört. Dabei ist das der Mann, der wie kein anderer Mallorca geprägt hat. Denn Sagrera (* 1380 in Felanitx, † 1454 in Neapel) entwarf die Kathedrale in Palma und die hübsche Llonja. Er ist damit der beste Vertreter der katalanischen Gotik.

Moisés Sánchez

Der Mann aus Palma (* 1980) stellt eine Ausnahmeerscheinung dar, in vielfacher Hinsicht: Erstens ist er der beste Ringer Mallorcas, Katagorie griechisch-römisch, er stammt aus einer Ringer-Familie – zwei Brüder und eine Schwester sind ebenfalls aktiv. Zweitens studiert er Philosophie an der Universität der Balearen, und sein Fachgebiet hilft ihm auf der Ringermatte: Stoizismus, die alte Lehre vom Gleichmut. Sánchez ist mehrfacher spanischer Meister, war auch mal WM-Fünfter und startete als einer von siebzehn Mallorkinern bei den Olympischen Spielen 2004 in Athen.

George Sand

Die französische Schriftstellerin (1804–1876), eine Adelige, die eigentlich ganz anders hieß, schrieb das bis heute berühmteste Buch über die Insel: »Ein Winter auf Majorca«. Es entstand aufgrund ihres Mallorca-Aufenthaltes vom 8. November 1838 (in manchen Quellen heißt es: 15. Dezember) bis zum 13. Februar 1839 mit →**Frédéric Chopin**, Sohn →**Maurice**, damals fünfzehn,

Tochter **Solange**, damals zehn, und Kindermädchen **Amelie**. Erschienen ist es 1842 in Paris, das einzig authentische Manuskript (»Un hiver a Majorque«) befindet sich in der Kartause von Valldemossa. Seit 1842 gibt es von diesem Buch rund hundert Ausgaben in mindestens zehn Sprachen, aber die meisten enthielten jahrzehntelang wiederkehrende Interpretations- und Übersetzungsfehler. Was vor allem an dem kaum leserlichen, weil ständig korrigierten handschriftlichen Originalmanuskript lag. Erst in neueren Ausgaben wurden die Fehler beseitigt – es gibt eine Edition, die ich für die korrekteste und am besten bebilderte halte. Sie wurde 1974 von der Antigua Imprenta Soler in Palma publiziert, benutzt die Übersetzung von **Dr. K. Elsner** von 1846 und enthält eine Fülle nie gesehener Fotos und Illustrationen. An die Orthografie des 19. Jahrhunderts muss man sich freilich gewöhnen. Man findet die Ausgabe im antiquarischen Internet für ein paar Euro.

»Ein Winter auf Mallorca« entstand größtenteils nach ihrem Aufenthalt. Auf Mallorca schrieb sie trotz aller Störungen und Widrigkeiten den Roman »Spiridion«. Dass die Antipathie gegenseitig war, zeigen zwei weitgehend unbekannte Details: Die Mallorkiner nannten die Reisegruppe um George Sand »Die Verpesteten« und verbrannten die Möbel, die sie benutzt hatte.

Maurice Sand

Der Sohn von → **George Sand**. Er war fünfzehn, als er 1838 auf die Insel kam – und außergewöhnlich begabt. Es gibt viele Zeichnungen von ihm, die ihn mit Schwester Solange in mallorkinischer Umgebung zeigen, er hat auch Trachten, Landschaften, Häuser, Innenansichten und Feste mit Bleistift oder Wasserfarben in seinem Skizzenbuch festgehalten. Auch seine Mutter hat häufig und gut gemalt, von ihr gibt es zahlreiche mallorkinische Motive.

Jil Sander

Sie versuchte im Herbst 2001 den berühmten Palast Raixa mit den noch berühmteren Gärten für 15,9 Millionen Mark (heute etwa 7,8 Millionen Euro) zu kaufen und überbot damit die Regierung der Balearen um 1,8 Millionen Mark (rund 900000 Euro). Die Re-

Saudis

Die Herrscherfamilie von Saudi-Arabien ist, wenn schon in Spanien, dann in Marbella zu Hause. Aber dort wird ihr der Rummel zu groß, hört man, und so hat sich der erste Saudi eine Villa in Port d'Andratx gekauft: ein Neffe von König Fahd. Preis: knapp unter zehn Millionen Euro.

Im März 1966 kam es zu einem Ereignis, an das sich heute noch Fußballfans erinnern: Im Stadion Luis Sitjar spielte Mallorca gegen Sevilla (die Insel-Elf gewann 2:0), und auf der Tribüne saß ein dicker reicher Mann im Burnus: Ex-König **Saud bin Abdul**, der kurz zuvor von seinem Bruder **Faisal** entmachtet worden war. Weil dem Saudi das Spiel gefiel, bat er die Mannschaften in der Halbzeitpause (!) zu sich, schenkte den Mallorkinern 100000 Peseten, den Andalusiern 50000 Peseten und meinte, auf diese Weise wolle er *»den Sportsgeist belohnen«*. Es ist das einzige Mal in der Fußballhistorie, dass Teams in der Pause öffentlich Geld bekamen.

Josef Sauerschell

Fränkischer Koch (* 1956), der zwar keinen Stern hat, aber im Restaurant »Es raco d'es Teix« (Winkel des Berges Teix) in Deià große Küche bietet und zusammen mit Ehefrau **Leonor** Berühmtheiten aus aller Welt im Dutzend bedient hat. Sauerschell kochte früher im »El Olivo« (mit Stern) und ist seit Mitte der neunziger Jahre auf Mallorca.

Wolfgang Schäfer

Der Frauenarzt aus Lüneburg (* 1945) ist Segler und besitzt ein Juwel, das in Palma vor Anker liegt: seine »Strunje Light«, eine der berühmtesten Yachten der Welt. Denn sie hieß einst »Rubin«, die deutsche Segellegende **Jochen Schümann** belegte mit ihr den 2. Platz beim Admiral's Cup. Bei der Copa del Rey vor Mallorca ersegelte sich Schäfer bereits einen 4. Platz – und war damit bester Deutscher. Dass er dabei dem spanischen König den Vortritt ließ, ist ein Gerücht, würde aber zu diesem Gentleman passen.

Rolf Schaffner

Bildhauer aus München (* 1927), der seit 1962 auf Mallorca lebt, also einer der ersten Künstler war und hier zahlreiche Werke öffentlich präsentiert. Dazu gehören: Ein Brunnen im Poligon de Son Castello in Palma, in der Terme Municipal in Santanyí und die Ausstattung der Kirche Cala Figuera bei Santanyí. Schaffner arbeitet oft mit Mares, dem natürlichen Baustein Mallorcas. Aus dem schuf er eine Doppelplastik aus mehrere Meter hoch getürmten Quadern, die er »König und Königin« nannte und →**Juan Carlos** als »König des Friedens« und Königin **Sofía** als »Beschützerin der Künste« widmete. Im August 2003 wurden die Figuren auf dem Verkehrskreisel von Santanyí, in Richtung Cala Llombarts, aufgestellt.

Rudolf Scharping

Sein Urlaub im Sommer 2001 auf der Finca Son Bernadinet bei Porreres zog die dicksten Schlagzeilen nach sich, die ein Urlaub je gemacht hat: Sogar sein Rücktritt als Verteidigungsminister wurde gefordert. Denn als deutsche Soldaten zur Wahrung des wackeligen Friedens in den Kosovo geschickt wurden, planschte er mit Lebensgefährtin **Kristina** Gräfin **Pilati-Borggreve** im Pool und ließ sich dabei bereitwillig fotografieren. Sonst ist er als fitnessbewusster und selbst von Profis geschätzter Radler unterwegs. Im Moment baut er ein Haus auf der Insel – er wird Mallorkiner.

Schattenwirtschaft

Ja, insgeheim existiert sie, auch wenn das keiner zugeben mag. Natürlich nicht in Supermärkten und größeren Städten, aber sicher auf dem Lande und in traditionellen Geschäften. Quintessenz: Mallorkiner zahlen selbst für Dinge des täglichen Gebrauchs weniger als Ausländer. Das ist nicht im Sinne der EU, aber man geht auf der Insel davon aus, dass der normale Mallorkiner ärmer ist als der normale Ausländer, dem man ruhig etwas »draufhauen« kann. In der Praxis heißt das: Der Preis der Etiketten ist der Preis der Ausländer, der Mallorca-Preis existiert nur im Kopf. Erstaunt war ich dann doch, als ein Insulaner einen Immobilienhändler fragte (auf

Mallorquin, wobei er annahm, ich würde es nicht verstehen): »*Und was würde das Haus mich kosten?*« Er bekam einen reduzierten Preis genannt. Es gibt also zwei Rechnungen auch bei Grundstücks-, Wohnungs- und Häuserpreisen, und wenn ich mir's überlege, ist das ganz in Ordnung …

Mario Scheib

Psychotherapeut und Suchtmediziner. Er gründete die »Akutklinik« ADILAD im Osten der Insel, die sich um Patienten mit allen Arten von Abhängigkeit kümmert – Depressionen, Alkohol, Drogen und »Burn-out-Syndrom«. Eine interessante These von Scheib lautet: *»Deutsche trinken auf Mallorca mehr als in Deutschland.«*

Schleicher

Damit meine ich jene selig lächelnden älteren Herren, die in meist winzigen Autos über die Insel zockeln, selten schneller als vierzig Stundenkilometer, gnadenlos lange Schlangen ungeduldiger Verkehrsteilnehmer hinter sich – aber keinerlei Schuldbewusstsein in sich. Warum auch? Vor ein paar Jahren sind sie noch mit Eselskarren von Ort zu Ort gefahren, und dabei überschritten sie nur sehr, sehr selten zehn Stundenkilometer. Ihre Geschwindigkeit hat sich also mindestens vervierfacht, und das sollten die Ungeduldigen doch anerkennen. Deshalb lächeln die älteren Herren ja auch: weil's so schnell geht mit dem Auto. Man sollte zurücklächeln, wenn man es endlich geschafft hat, sie zu überholen. Ach ja: Die Eselskarren besaßen weder Hupe noch Blinker. Das hat sich den Herrschaften eingeprägt. Erwarten Sie also nicht, dass die in Autos benutzt werden.

Stephan und Thomas Schmidheiny

Man kann darüber streiten, ob sie die reichsten Schweizer Unternehmer sind, aber vier Milliarden Euro besitzen sie wohl. Die Brüder kauften das Anwesen s'Alqueria de Andratx und bauten es zum ökologischen Musterbetrieb um. Die Finca hatte Stephan Schmidheiny übrigens entdeckt, als er mit seiner Yacht vor der Küste von Estellencs ankerte.

Stephan Schmidt

Musikwissenschaftler aus München (* 1951), der sich wie kaum ein anderer um die mallorkinische Notenkunst verdient macht. Schon seine Doktorarbeit (1984) behandelte das Thema – unter dem gewaltigen Titel: »Arbeitslieder auf Mallorca: Dokumentation und Untersuchung einiger Feldarbeits- und Hirtenlieder bevorzugt aus dem Sprengel des Dorfes Alqueria Blanca im Süden der Baleareninsel«. 1993 schrieb er das Buch »Gesänge zum Pflügen aus Mallorca«.

Rodolfo Schmidt Zagert

Der deutsch-argentinische Architekt (* 1950 in Buenos Aires) hat sich auf die Sanierung von Altstädten spezialisiert, und für seine Tätigkeit in Palma erhielt er zahlreiche Preise. Dort wohnt er in der Altstadt. Schmidt Zagert ist auch ein ausgezeichneter Maler mit Ausstellungen in der ganzen Welt.

Schmuggel

Der Gelderwerb war noch bis in die siebziger Jahre auf Mallorca sehr beliebt, und nicht nur wegen des Verdienstes: Schmuggeln war auch eine politische Demonstration, ein Auflehnen gegen das verhasste **Franco**-Regime. Es gab Familien, die richtig reich wurden damit, z.B. die →**Familie March**. Einige Küstenstriche, etwa rund um die Cales de Mallorca, waren berüchtigt für das allnächtliche Anlanden von Kleidung, Arzneimitteln, Cognac und Zigaretten, die man in Höhlen, Zisternen und Kellern bunkerte.

Manchmal werden auf dem Flohmarkt in Palma seltsame Zigarettenpackungen (»Cabaret«, »Oxford«) angeboten, die man noch nie gesehen hat, weil es sie längst nicht mehr gibt. Es sind die letzten Reste des Schmuggelgutes aus Algerien.

Romy Schneider

Die wunderbare Schauspielerin (* 1938 in Wien, † 1982 in Paris), berühmt auch für ihre Rolle als →**Kaiserin Sisi**, kam im Februar 1967 nach Mallorca, um die Finca es Puiget bei Calamajor zu kaufen. Das gelang ihr nicht auf Anhieb, und als sich die Verhandlung dann über Monate hinzog, verlor sie die Lust – und die Insel einen Star, der ihr gut getan hätte.

Lene Schneider-Kainer

In ihrem abenteuerlichen Leben ließ sich die Malerin (1885–1971) von 1930 bis 1936 auch in Mallorca nieder, bekam viele Ausstellungen und verfeinerte ihre Aquarellkunst – in Landschaftsbildern der Insel.

Stefan Schörghuber

Der bayerische Milliarden-Unternehmer (vor allem Bau und Bier) erbte seine Liegenschaften 1995 vom Vater **Josef**, der ein früher Inselfan war, weil er schon 1962 ankam. Schörghuber gehören u.a. das 1992 eröffnete Hotel »Arabella Son Vida«, das »Son Vida« und das »Mardavell«, die Luxusherberge schlechthin, Golfplätze und allein in Son Vida und der Gegend von Santanyí rund fünfhundert Hektar Land. Dazu ein Privathaus und – als weiteren Bezug zu Mallorca – einige sehr gute Bilder von → **Miró**.

Gerhard Schröder

Der Bundeskanzler machte mit seiner Frau **Doris Schröder-Köpf** und Stieftochter **Klara** im August 2000 Urlaub auf einer Mietfinca im Norden von Palma. Das war gut, denn um diese Zeit hatte sich das Verhältnis zwischen Deutschen und Mallorkinern verhärtet – und der Urlaub entspannte die Lage enorm. → **Lothar Vosseler**

Schüchtermann

Deutsches Klinikunternehmen, das fünfzig Millionen Euro investiert, um aus dem einzigen und halb vergessenen Thermalbad Sant Joan de la Font bei Campos eine florierende Heilanstalt zu machen – mit 256 Zimmern. Angeblich badeten hier schon die Römer. Geschäftsführer **Dieter Stelmaszek**: »*Auf Mallorca liegt ein Schatz, den wir heben wollen.*«

Schuhe

Kleine unwiderstehliche Shopping-Statistik für Damen: In Palma ist es möglich, in mehr als zweihundert Schuhgeschäften einzukaufen.

Auf der Ledermesse in Madrid räumten Firmen aus Mallorca im März 2002 die Preise ab: Bei Männerschuhen gewann Barrats aus Inca den ersten Platz, bei Damenschuhen Kollflex aus Inca den dritten Rang.

Im 1929 erschienenen Buch »Die spanische Riviera und Mallorca« von **Friedrich Christiansen** fand ich folgenden verwirrend köstlichen Satz: »Die Balearen sind in Spanien für die Fabrikation billiger Schuhe bekannt, und Palmas Spezialität ist Gemsleder-Schuhzeug. Für die Gemsjagd bietet das Rückgrat Mallorcas, die … siebzig Kilometer lange Gebirgskette, gute Gelegenheit«. Da verwechselt er wohl was.

Schuhputzer

Es gibt noch zwei mit Lizenz: den unglaublich eleganten **Alejandro Heranz Miranda** aus Madrid, der nur mit Handschuhen arbeitet (seit fast vierzig Jahren auf der oberen Etage der Abflughalle im Flughafen), und den rustikalen **Pedro Buardes** auf der Plaça Major in Palma. Kosten für ein Paar: teure sechs Euro. Besonders Heranz ist ein weiser Spaßvogel: Als ein Mann mit Gipsbein zu ihm kam, also mit nur einem Schuh, und deshalb den halben Preis zahlen wollte, entgegnete Heranz: *»Sie müssen voll bezahlen, Einäugige bekommen ja im Kino auch keinen Rabatt.«* Übrigens: Pro Tag putzt er zwischen fünf und acht Paar. Mehr Leute trauen sich nicht.

Schuld

Ja, wer ist denn schuld, dass Mallorca so zersiedelt ist und Mallorkiner eine gewisse Germanophobie entwickeln? Dass die Jungen kein Geld haben, um Grund zu kaufen und Häuschen zu bauen, und meinen, dass verdankten sie den Deutschen. Dass die Deutschen mittlerweile das Gefühl haben, auf der Insel nicht willkommen zu sein, und sich bereits wie Eroberer vorkommen …

Wo kommt die Misere denn her?

Als die ersten Deutschen in den fünfziger Jahren den Boden Mallorcas betraten, um ein Stück davon zu kaufen, hatten sie keine Ahnung, wie das anzustellen sei. Aber da gab es die ersten Mallorkiner, dazu einige Festlandsspanier, die ihren Landsleuten die benötigten Grundstücke für einen Appel und ein Ei abschwatzten. Und dann waren es Mallorkiner und Festlandsspanier, die die Chuzpe besaßen, unglaublich scheußliche Urbanisationen (das Wort an sich schreckt bereits jeden vernünftigen Menschen vom Kauf ab) in die Landschaft zu stellen – aber als ihnen die Häuschen aus den Händen gerissen wurden, verloren sie jede Scham.

Kein Deutscher hat je einen Bauern mit gezückter Pistole oder Geldbündel von seinem Hof vertrieben. Im Gegenteil: Als meine Großeltern sich Ende der fünfziger Jahre eine Parzelle kaufen wollten, die groß genug war, um bauen zu dürfen, und klein genug, um keine Gesellschaft gründen zu müssen (wie es damals Vorschrift war bei Grundstücken über 15000 Quadratmeter), bekamen sie jeden Abend Besuch in der Klitsche, die sie sich in Cala Murana als Übergang zugelegt hatten. Es waren Bauern, die ihnen Grundstücke aufschwatzen wollten. Schließlich saßen meine Großeltern auf 90000 Quadratmetern, die sie zu je achtzig Pfennig (vierzig Cent) erworben hatten. Nicht weil sie Großgrundbesitzer werden wollten, sondern um es sich nicht mit den Nachbarn zu verderben, die wütend gewesen wären, hätten sie Oma und Opa nicht auch ein Stück Land verkaufen können. Meine Großeltern hatten gar nicht das Geld, um so viel Land zu kaufen – Opa musste sich sogar von seiner Briefmarkensammlung (»Bauten spezial«) trennen.

Nie hat ein Deutscher (damals) das Schild »Se Vende« aufgestellt. Das war entweder ein Bauer oder ein Immobilienhai. Der Hass sollte sich nicht gegen die Käufer richten, das ist simpel und dumm. Der Hass gebührt den skrupellosen Mallorkinern und Festlandspaniern, die den Bauern den Boden abschwatzten und ihnen weismachten, dass der Erlös so gewaltig sei, dass sie nie mehr arbeiten müssten, und sich in der Stadt eine Eigentumswohnung zulegen könnten, um davor zu sitzen und in die Sonne zu starren. Da sitzen sie nun, die armen Kerle, haben kein Geld und zahlen die

Wohnung in Raten ab, zehn Erben balgen sich um drei Zimmer, und ein Deutscher genießt die Finca, die jahrhundertelang der Familie gehörte …

Ich kann Jaime de U. verstehen, der mit keinen Ausländer mehr spricht, mit mir nur das Nötigste. Ich bewundere ihn und ziehe meinen Hut, denn er hat etwas Tolles getan – er hat den prachtvollen Hof aus dem 17. Jahrhundert, den sein Vater einem Immobilenhai verscherbelte und der an einen Deutschen, zurückgekauft. Zum vierfachen Preis. Dafür hat der Sohn mehr als zwanzig Jahre als Kellner in den Cales de Mallorca gebuckelt, gelebt wie ein Bettelmönch und nicht geheiratet. Während sein Vater in einer Eigentumswohnung in Porto Colom dahinvegetierte. Der Sohn hat den Vater nie mehr ins Haus gelassen, nicht mal aufs Grundstück. Und mich auch nur einmal, und als ich drin war, blieb er draußen.

Also wer hat Schuld?

Beide. Habgierige Mallorkiner und jene dämlichen Deutschen, die sich auf der Insel bewegen wie typische Neureiche. Die mit Mallorkinern höchstens in Gestalt von Gärtnern und Barkeepern verkehren und es für eine Zumutung halten, sich gefälligst mal darum zu kümmern, auf was für einem großartigen Stück Land sie eigentlich leben dürfen. Auf dem ganz gewiss nicht Deutsch gesprochen wird, sondern schönes Mallorquin.

PS: Wäre ich Mallorkiner, würde ich mich auch fürchten, wenn ich z. B. erfahren würde, dass ein Deutscher sieben Millionen Quadratmeter gekauft hat! Schippert man von der Cala Mesquida nach Formentor, dann gehört ihm praktisch die gesamte Berglandschaft an der Küste und soweit man ins Land schauen kann. Nur: Wer hat ihm diese Ländereien verkauft? Diesen Riesenfetzen aus der kleinen Insel Mallorca? Ein Mallorkiner …

Willi Schulz

Er war in den sechziger und siebziger Jahren der ungekrönte »König von St. Pauli«, regierte die Unterwelt mit harter Hand, verbreitete Furcht und Schrecken auf beiden Seiten des Gesetzes, wurde Millionär und legte sich, was damals keiner wusste, ein Feriendomizil auf Mallorca zu. Dorthin pflegte er mit einer bunten Entourage zu fliegen. Nach seinem Krebstod wurde die Villa verkauft, aber man kann sie noch sehen – nein, man muss an ihr vorbei, wenn man zum Hotel »Formentor« will. Sie steht mitten im Wald an der letzten Abfahrt der Serpentinenstrecke von Pollença kommend, ist cognacfarben pompös, und man ahnt, wie befestigt und bewacht sie zu Lebzeiten von Schulz war. Ich habe damals sogar bewaffnete Patrouillen auf den Zinnen und rund ums Grundstück gesehen.

Werner Schulze-Erdel

Der TV-Moderator verlässt die Insel nur zum Arbeiten. Denn: »*Ich gehöre einfach hierher.*« Erst wohnte er zur Miete in der Urbanisation Las Abubillas in Santa Ponça, 2003 kaufte er ein Haus und baute es sich nach Maß zurecht – direkt am Golfplatz Santa Ponça, mit 237 Quadratmeter Wohnfläche und 800 Quadratmeter Garten mit Pool. Spanisch spricht er heute so gut wie Deutsch, zur Insel-Society gehört er wie die Welle zum Meer. Neuerdings veranstaltet er sein eigenes Golfturnier.

Ralf Schumacher

Die Beziehung des Formel-1-Piloten, wegen seines Bruders **Michael** liebevoll »Schumi 2« genannt, zu Mallorca schwimmt und heißt »My Way«. Das ist eine 36 Meter lange Motoryacht, die hier vertäut ist, aber ersetzt werden soll – durch ein 42,50 Meter langes Boot vom Typ »Elegance Dynasty«. Dazu bedurfte es zweier nicht ganz leicht erfullbarer Wünsche: »Schumi 2« musste erst sein kleineres Schiff zum guten Preis verkaufen. Der zweite Teil betraf den Innenausbau der »Elegance Dynasty«: Er möchte die Salons mit Marmor auslegen und Fußbodenheizung installieren lassen. Das stellt sich in Yacht-Kreisen als schwierig heraus …

Hasso von Schützendorf

Das »von« war so wenig gesichert wie – nach Meinung vieler – die psychische Verfassung des Mietwagenkönigs der Insel. Der jedes Jahr mit einer neuen Braut an die Öffentlichkeit trat (obwohl verheiratet) oder mit der Meldung, sein Haus bei Valldemossa sei ausgeraubt oder abgefackelt worden. Eines aber muss man ihm zugute halten: Hasso hat die billigsten Mietwagen der Insel, die man zudem nicht volltanken muss, wenn man sie zurückbringt. Im Februar 2003 starb er mit 79 Jahren an einem Lungenödem – und plötzlich hatte er kein **von** mehr im Namen, Hasso hieß nur noch Schützendorf und war bürgerlich.

Gerhard Schwaiger

Der mit zwei Michelin-Sternen höchstdekorierte Koch der Insel. Er stammt aus Memmingen, kam 1986 auf die Insel und machte als Küchenchef das »Tristan« in Puerto Portals zu einem Top-Lokal.

Schwarzbau

Aus Son Servera wird ein Kuriosum berichtet: Der Umbau der Polizeiwache ging ohne Genehmigung vonstatten. Der Bürgermeister gab's zu …

Wenn ein Objekt schön ist, lassen sich Käufer auch von Illegalitäten nicht abhalten, legalisieren sie entweder später oder leben eben auf Risiko. So geschehen bei einer Finca im Tal von Sóller. Ein Deutscher hatte den Vertrag unterschrieben, den Kaufpreis gezahlt und war eingezogen. Sicherheitshalber, wenn auch zu spät, hatte er den Kaufvertrag einem Anwalt zum Gegenlesen gegeben, und der entdeckte, dass der Wohnraum die zulässige Menge um fünfzig Prozent überstieg, der Weg zur Finca unerlaubterweise asphaltiert worden war, der (vorhandene) Pool nicht im Bauplan steht und das Haus unterkellert ist, obwohl auch das nicht gestattet worden war. Als sich der Deutsche beim Makler beschwerte, verwies ihn dieser auf die Unterlagen, die beim Kauf überreicht worden seien, *»da steht doch alles ganz genau drin«*. Inklusive eines Paragraphen, den der Käufer in seiner Euphorie übersehen hatte: Dass er das gesamte Risiko zu tragen habe, falls es gegen den Bau behördliche Einwände gäbe. Was nun? Er war ja bereits eingezogen. Der Deutsche hat lange mit seinem Anwalt, einem Mallorkiner, diskutiert, ob er die Behörde informieren und um eine Art »Gnadenakt« für die nachträgliche Genehmigung bitten soll, was beim damaligen Stand des politischen Klimas ein Risiko darstellte. Oder ob er alles verschweigen sollte – sie entschieden sich dafür.

Die Schwarzbauten – etwa zweihundert pro Jahr, so die Regierung – werden längst aus der Luft festgestellt. So charterte die Stadt Inca ein Flugzeug, das den Ort nach einem Raster fotografierte, die Aufnahmen wurden mit dem Katasterverzeichnis verglichen, und schon hatte man 1400 Hausbesitzer erwischt, die ohne Genehmigung gebaut hatten, etwa sechshundert Häuser waren zudem illegal erweitert worden. Der Erfolg dies (teuren) Verfahrens leuchtete der Balearen-Regierung derart ein, dass sie im Sommer 2002 eine Vermessung großen Stils begann: Eine Cessna 402 überflog die Insel in dreitausend Meter Höhe von Ost nach West, und eine Spezialkamera produzierte dreitausend Farbnegative im Format 25 × 25 Zentimeter. Diese wurden zu einer Landkarte im Maßstab 1:18000 zusammengesetzt. Nach Angaben eines Regierungssprechers soll die Karte dazu dienen, *»Grenzstreitigkeiten gerecht zu schlichten und Grundsteuern exakt zu berechnen«*. Kosten: rund 700000 Euro. Natürlich eignet sich der Fototeppich auch vorzüglich, Schwarzbauten zu identifizieren. Im Stadtgebiet von Palma wurden auf diese Weise 450 illegale Swimmingpools entdeckt, von denen fünf Prozent auch noch – was als besonders gefährlich empfunden wird – auf Häusern lagen. Bei 74 Pools fand man heraus, dass zwar Baugenehmigungen vorlagen, aber nie die erforderlichen Steuern entrichtet wurden.

Schwarzgeld

Ob Schweizer Franken, britisches Pfund, Dollar oder Euro: Mallorca ist und bleibt Paradies der →Schattenwirtschaft, kaum irgendwo spielt so viel Schwarzgeld so offen eine so große Rolle. Ende 2001 stellte die Balearen-Universität in einer Studie fest, dass pro Jahr auf den Inseln rund 2,4 Milliarden Euro am Fiskus vorbei erwirtschaftet werden. Es ist, als seien juristische, fiskalische und mediale Aktionen verpufft – fast alle, die auf Mallorca ein Haus verkaufen, verlangen »Schwarzgeld«, oft sogar über einen Makler. Ein Fall aus dem Winter 2002: Der Manager eines seriösen und sehr alten deutschen Familienbetriebs hatte sich im Katalog eines der größten Immobilienhändler für eine gerade fertig gestellte Villa in Sóller entschieden und den Vorvertrag unterschrieben. Bevor es zum endgültigen Abschluss kam, kontaktierte der Immobilienhändler den Interessenten und wies ihn (plötzlich) darauf hin, dass die Verkäufer fünfzig Prozent der Kaufsumme »unter der Hand« haben wollten. Der Manager gestand, kein Schwarzgeld zu besitzen, und er sei auch nicht gewillt, es zu beschaffen. Kurz danach rief der Immobilienhändler erneut an: Er habe mit den Eigentümern gesprochen, sie würden auch dreißig Prozent der Kaufsumme als Schwarzgeld nehmen. Der Kunde sagte, er habe nicht mal 0,1 Prozent und sei unter diesen Bedingungen nicht weiter interessiert. Inzwischen wurde die Villa einem anderen Deutschen verkauft – mit der Hälfte Schwarzgeld, wie man vermuten darf. Untrügliches Indiz, ob Schwarzgeld im Spiel ist/war: knackig frische, violette Fünfhundert-Euro-Scheine. Hat einer ein ganzes Bündel bei sich, beabsichtigt er, so ein illegales Geschäft zu bezahlen – oder er hat gerade eins abgeschlossen.

Hans-Peter Schwarzkopf

Sein Name ist Programm, und jeder kennt den kleinen schwarzen Kopf auf Tuben und Tiegeln, der weiblich und gelockt ist. Schwarzkopf ist also – der Herr Schwarzkopf, der Kosmetikriese, Grandseigneur des Milliardenkonzerns, auf dessen Familien-Produkte schon unsere Großmütter schworen. Er wohnt in Pollença, in aller Stille.

Birgitta von Schweden

Die Schwester des schwedischen Königs, verheiratet mit dem Kunsthistoriker **Johann-Georg von Hohenzollern**, lebt kaum noch in München (wie früher mit Familie), sondern fast ausschließlich und solo in ihrer Villa in Santa Ponça. Dort kümmert sie sich um ihre Charity, ist die First Lady der Insel-Society und spielt leidenschaftlich Golf.

Schweizer

Es leben etwa 8000 auf Mallorca, rund 160 sind Mitglieder im »Club Suizo Balear«, der 1973 gegründet wurde und seinen Stammsitz in Colonia de Sant Jordi hat. Präsident ist **Rudolf Häu-**

sermann, Ehrenpräsident **Remi Schmidt**. Die Mitgliedschaft kostet zwanzig bis dreißig Euro im Jahr.

Seekarten

Mallorkiner waren die Lieferanten der Seekarten, mit denen fast alle Entdecker um die Erde segelten. Wer sich für dieses dekorative Thema interessiert, sollte sich den Bildband von **Antoni Ginard Bujosa** kaufen: »La Cartografía mallorquina a Mallorca« (Olañeta, Palma 2002). Es ist ein Buch im Atlas-Format und in einer Kassette und zeigt die berühmtesten Seekarten in der Größe 47 × 34 Zentimeter. Ein anderes Buch, fünfhundert Seiten stark und auf Deutsch, schrieb der Deutsch-Mallorkiner und Ingenieurkartograph **Werner-Francisco Bär** von der Uni Frankfurt: »Das Kartenbild der Insel Mallorca von Ende des 15. Jahrhunderts bis 1700«. → **Macia de Viladesters**

Es gibt eine Episode aus dem Jahre 1838, bei der die kostbarste Seekarte um ein Haar von der Schriftstellerin → **George Sand** zerstört worden wäre: das Pergament von 1439, mit dem **Amerigo Vespucci** (nach dem Amerika benannt wurde) segelte. Die Französin besichtigte die Karte, und stellte – weil sich das Blatt dauernd von selbst einrollte – ein Tintenfass auf eine Ecke. Das Pergament war aber so stark gerollt gewesen, dass es das Fass hochhob, sodass sich die Tinte über einen Teil der Karte ergoss. George Sand wurde rausgeworfen, schämte sich entsetzlich, und den Fleck, zum Glück sehr verblasst, sieht man heute noch.

Wolfram Seifert

Der Journalist wurde 1946 in Göttingen geboren, studierte Politische Wissenschaften in Berlin, war leitender Redakteur u.a. bei der »Welt«, ging 1980 nach Mallorca, wurde Chefredakteur des → »Mallorca Magazin« und später Herausgeber. Er ist sicher der Publizist, der als Mittler der Kulturen das Bild der Deutschen von der Insel am nachhaltigsten geprägt hat – vor allem der Deutschen, die auf Mallorca leben. Er wohnt mit seiner Frau **Petra** in Palmanova und auf einer Finca in Costitx.

Martin Semmelrogge

Seit Frühjahr 2002 hatte sich der Schauspieler (* 1956, »Das Boot«, »Die Straßen von Berlin«) erst eine Wohnung in Port Andratx gemietet, jetzt bewohnt er ein Reihenhaus in Colonia de Sant Jordi. Warum er sich nichts gekauft hat, begründet seine Frau **Sonja** im →»Mallorca Magazin« mit folgendem Argument: »*Wir haben etliche Freunde hier auf Mallorca, die sitzen auf ihren Dreimillionenhäusern und kriegen die nicht los.*«

Pep Sendra

Sammler aus Palma (* 1935), der in seiner Wohnung mehr als fünftausend Zinnsoldaten hortet und sie in Ausstellungen in ganz Spanien zeigt. Alle seine Figuren sind handgefertigt und handgemalt, seine Prunkstücke sind Soldaten des in Fachkreisen legendären Modellierers **Teodoro Rodríguez**. Der Wert der Sammlung wird auf rund 60 000 Euro geschätzt.

Junípero Serra

Eigentlich: **Miquel Josep Serra i Ferrer** (1713–1784). Ein Franziskanermönch aus Petra, der die bedeutendsten christlichen Siedlungen in Kalifornien mitgegründet hat, darunter San Francisco, Los Angeles, Santa Barbara, Monterrey, Santa Monica, San Diego usw., die Keimzellen der heute bekannten und enorm gewachsenen Städte. Seine missionarische Tätigkeit bei den Indianern wird von weltlichen Kritikern längst nicht nur bewundert, auch wenn er von Dutzenden von heroisierenden Denkmälern blickt: Serra schreckte vor der intoleranten Verbreitung des Glaubens nicht zurück, allein durch sein Erscheinen zog er Krankheiten und Siedler nach sich – und dadurch die Verelendung und Dezimierung der Indianer. Immerhin widmeten ihm Spanien und die USA Sonderbriefmarken, und der Vatikan sprach Serra selig (aber nicht heilig).

Serra hat Petra selbstbewusst gemacht: 2004 zählte das Rathaus seine Sehenswürdigkeiten durch und kam auf 134 Stück – vom ganzen Haus bis zum Wandbild. Frage: Kannte der Missionar »Casella«? Das ist ein Anisette-Schnaps, der seit langer, langer Zeit nur

→**Joan Miró** kennt jeder, seine »typischen« Bilder auch. Aber kennt man ihn als Landschaftsmaler? Serra zeigt »Paysage de Mont-roig«, ein Bild, das Miró 1916 malte, mit 23. Ich bin dankbar, dass ich im Es Baluard sehen darf, wie Miró versucht hat, **Cézanne** zu sein. Und ich ahne, warum Serra den Maler bat, ihm diesen Grenzstein seines Schaffens zu überlassen.

Dann die Büsten von →**Yannick Vu** von 1986/7, in denen sie sich und ihren Mann →**Ben Jakober** dargestellt hat. Weil sich die beiden so unendlich lieben, heißt die Büste von ihm Yannick und die von ihr Ben. Das fasziniert, wo sonst erlebt man eine solche Lovestory in Terrakotta?

Zum Dritten: →**Miquel Barcelós** »Quinze forats« von 1997: gemalte fünfzehn Löcher, wo mal Wald wuchs. Das empfindet man als großartig traurig: Abholz-Frevel als Kunst. So sehe ich das. Andere mögen es als Löcher in hellblauem Sahneguss, in dem mal Erdbeeren steckten, empfinden. Bitteschön. Barceló hat »Quinze forats« für Serra gemalt, das Bild hängt nicht einfach so rum, damit das Museum auch einen Barceló besitzt. Das ist der Unterschied. Kritiker des Es Baluards sollten den Lodenmantel ihrer Vorurteile ablegen, wenn sie durch die Glastür treten – diese Sammlung verbreitet genug Wärme.

Richard Serra

Einer der berühmtesten Bildhauer unserer Tage. Sein Vater ist Mallorkiner, er wurde aber 1939 in San Francisco geboren. Leider steht auf Mallorca keine seiner Plastiken.

Jose Serrano Bauza

Ein begnadeter Schnitzer in Llucmajor, der nach Maß, in Handarbeit und aus Gehörn, Elfenbein, Ebenholz und anderem Material die schönsten Griffe für Spazierstöcke herstellt. Seine Preise beginnen bei 120 Euro.

Sexualität

Ich kenne keinen Ort auf Erden, Akureyri in Nord-Island und die Trobriand-Inseln östlich von Papua-Neuguinea ausgenommen, an dem Sexualität in Wort und Tat eine größere Rolle spielt als auf Mallorca – und zwar in jeder Altersgruppe. Nirgendwo sonst, behaupte ich, wird derart offen über Intimitäten gesprochen, bis hin zu intimen Details erotischen Verhaltens.

Die Insel der Seligen

Oft saß ich in Insel-Cafés und bekam mit, wie am Nachbartisch diskutiert wurde, ob der »Busch« out oder in sei; ob an- und abwesende Frauen über »Himbeeren« oder Schlupfwarzen verfügen; ob Herren dramatisch bestückt seien oder nach dem Motto: »Nein danke, ich rauche nicht.« Dabei kannten sich die, die da redeten, wohl erst, seit sie Platz genommen hatten. Es ist, als ob die Insel etwas freisetzt an – der Begriff passt wie nach Maß – »enthemmter Freizügigkeit«. Das verstört Menschen, die erstmals nach Mallorca kommen, um hier zu arbeiten – das haben sie nicht erwartet, konnten sie auch nicht, gemessen an der dezenten Atmosphäre jener Orte, aus denen sie stammen. Aber erstaunlich schnell passen sie sich an. Damit mag zu tun haben, dass die Insel das Paradies der allein stehenden Frauen ist. Dass hier erotische Affären begonnen und beendet werden, wie man Regenschirme beim ersten Tropfen aufklappt und bei Sonne wieder schließt. Oft mit Wissen der Partner, die sich nicht anders gebärden, und das schlimme Wort »Wanderpokal« wird hier eher als begehrenswerte Trophäe begriffen, die jeder mal gewinnen kann.

Kriminalität ist in erstaunlich vielen Fällen zurückzuführen auf diese zwanghaft aufbrechende Sexualität: Von zehn Morden, die zwischen 2002 und 2004 geschahen, beruhten acht auf Partnerschaftsproblemen – von Relikten an Eifersucht bis zur sexuellen Ekstase.

Das ist nicht etwas, das der Tourismus mitgebracht hat, es bricht aus der Erde der Insel. Die »Rondaies«, die alten Mythen und Sagen, waren voll von Anspielungen, Untertönen und Zoten. Die Mallorkinerin an sich, wenn man das so verallgemeinernd sagen kann, gehört zu den unbeschwertesten Frauen des Erdballs. Der Mallorkiner, auch er wieder an sich, passt dazu. Ein wichtiges Stichwort: Busenfixiertheit ist endemisch auf der Insel, und die

Neugier, unter Blusen zu schauen, fast noch dringlicher als die Habgier. Es scheint, als könnten Mallorkiner auf den Rest der Frau verzichten, wenn sie nur vor lauter Brust vornüber zu fallen droht. Und ich kenne fast keinen, der nicht »neben naus geht«, wie man zu sagen pflegt. Dazu kommen dann die auf die Insel, die es zu Hause nicht aushalten und ihr Leben genießen wollen in der Freiheit der Fremde. Denen die Sonne, in Maßen, die Kleider vom Leibe reißt und die Zurückhaltung von den Seelen.

Noch etwas: Es gibt Menschen, die überzeugt sind, dass Mallorca eines der Energiezentren der Erde ist; jene Punkte, an denen Menschen kreativ werden, weil Gaia, die Urgöttin, sie speist durch Vibrationen und Strahlung. Sie speist aber auch ihre Libido, zumal man alt wird auf Mallorca, älter als anderswo, und aktiv bleibt im Klima, das Jahreszeiten kennt und Salz in der Luft hat, wo man viel unter freiem Himmel lebt und ständig was zu tun ist in Haus und Garten. Und wo es dennoch irrsinnig langweilig werden kann, weil der Kopf im Kreis rotiert und die häusliche Couch zur Wüste wird, sodass man sich durch Trieb beweisen muss, dass man noch jung ist und nicht nur Gärtner oder Handwerker.

Man parke nur mal an einem gewöhnlichen Wochentag um 11 Uhr vor dem Supermarkt Kasan in Cala Murada – da begegnen einem mehr hungrige Damen als im »P1« in München. Sie mögen älter sein, aber ihre Erinnerung ist jung geblieben, und beides zusammen macht sie gierig. **Hans von Rotenhan**, Anwalt in Palma und fränkischer Adelsspross, gehört zu den Insulanern mit Humor und Durchblick. Das ließ ihn erkennen: »*Man wird auf Mallorca wurzellos, es brechen alle Bande frommer Scheu, und man ist eher geneigt, den dunklen Trieben nachzugeben.*«

Alan Sillitoe

Berühmter britischer Schriftsteller (* 1928). Viele seiner Bücher wurden verfilmt, z.B. »Saturday Night and Sunday Morning« (1958) und »The Loneliness of the Long-Distance Runner« (1959). Beide schrieb er in Sóller, wo er von 1953 bis 1959 lebte.

Neil Simon

Der Schriftsteller und Stückeschreiber aus den USA (»Ein seltsames Paar«, »Die Kaktusblüte«) verbrachte den Sommer 1971 in Pollença und schrieb in dieser Zeit eine der berühmtesten Komödien, die **Walter Matthau** und **George Burns** unsterblich gemacht haben: »The Sunshine Boys« (zwei alte, sich hassende Komödianten sollen noch mal auftreten, und das geht grausam schief). Übrigens kann man Simons Reflexionen über seine Mallorca-Zeit in seinen Memoiren »Rewrites« nachlesen.

Dieter Sögner

Österreichischer Koch (* 1970), der das Angebot von zehn prominenten Insel-Finanziers annahm, mit ihren Krediten ein Restaurant aufzumachen, das ihm gehört, wenn er sie innerhalb einer bestimmter Zeit abzahlt. Das Ergebnis ist das »Colón« in Porto Colom, das sich seit April 1999 zu einem Spitzenrestaurant der Insel gemausert hat – auch weil Sögner spitzenmäßig mallorkinisch kochen kann. Zurückgezahlt hat er die Kredite vor Ablauf der Frist.

Peter Paul Sohn

Musiker (* 1927 in Stuttgart, † 1995 in Pollença). Sein Verdienst ist, alte und populäre Melodien Mallorcas als Jazz arrangiert und gespielt zu haben.

Sollerichs

In jedem spanischen Südfrüchteladen auf der ganzen Welt darf man einen Mann aus Sóller, genannt »Sollerich«, vermuten. Oder konnte es früher. Einfach eintreten und sagen: »*Bon dia tenga*«. Einer wird auf Mallorkin antworten – so steht es in → **Santiago Rusinyol**, »Mallorca. Die Insel der Ruhe« (Seite 192). Eine andere wunderbare Legende, die man sich erzählt: Wollte ein Mann aus Sóller irgendwo im Ausland ein neues Geschäft eröffnen, zeigte er eine Banane herum. Wunderten sich die Leute über die seltsame Frucht, eröffnete er einen Laden.

Die Verbindung der Sollerichs zu Paris war Ende des 19. Jahrhunderts kurioserweise enger als nach Palma. Das lag an den vielen Gastarbeitern in Frankreich und daran, dass Marseille per Schiff fast einfacher erreicht werden konnte als Palma im Eselskarren über die Berge. So ist auch zu erklären, wieso damals derart viele schöne Mädchen aus Sóller im »Moulin Rouge« und im »Lido« tanzten.

Fritz Söllheim

Deutscher Professor, der eine unterhaltsame Marktlücke entdeckt und hervorragend gefüllt hat: die populären Aspekte mallorkinischer Geschichte. In zwei Büchern (alle bei Moll in Palma) beschrieb er »Sklaven, Piraten« (1995) und »Ketzer, Nonnen, Henker …« (1997).

Son Carrio

Mini-Gemeinde bei Porto Cristo. Sie ist bemerkenswert, weil die Dorfkirche von →**Antonio Gaudí** restauriert wurde. Was man ihrer Kahlheit nicht ansieht, aber dann fallen einem die ungewöhnlich geformten Fenster auf.

In dem Ort, der in der Sommerglut stets wie ausgestorben wirkt, habe ich mein bisher einziges Strafmandat für Falschparken auf Mallorca bekommen. Der Dorfpolizist klemmte es mir vor der Kirche an die Scheibe, und als ich ihn zur Rede stellte, erwiderte er, ich möge ihm die Bestrafung erlauben, es sei das erste Knöllchen, das er in seinem Leben ausgestellt habe, und nicht mal er glaube, dass ich es wirklich bezahlen würde.

Son Macià

Kleiner Ort in herrlichem Tal zwischen Manacor und Cales de Mallorca. Hier wohnten bis 1990 nur wenige Menschen und kaum Ausländer (abgesehen von →**Wolf-Siegfried** und **Daphne Wagner**, →**Nona von Haeften, Tatjana von Hessen** und →**Tilman Spengler**). Dann schrieb ich (Idiot!) ein paar Mal, wie schön, still romantisch, ländlich mallorkinisch es dort sei und wie herrlich durch die Aussicht östlich aufs Meer und westlich in die Tramuntana – und jetzt stehen auf sieben Kilometer Länge und zwei Kilometer Breite fast zweihundert neue Villen und fünf Hotels, und es fehlt wenig, dass hier mehr Ausländer als Einheimische leben. Das Tal ist ein Musterbeispiel für die Zersiedelung von altem, edlem Bauernland geworden, denn kaum ein Landwirt bestellt noch seine Felder. Habgier hat die Liebe zur Scholle besiegt – gepaart mit meiner Dämlichkeit, über dieses Tal überschwänglich zu berichten.

Sonnenuhren

Es verwundert nicht, dass sich auf der Insel der Sonne die Kultur der Sonnenuhren entwickelt hat. Es gibt achthundert Stück, davon dreihundert in Palma. Die älteste stammt aus dem 17. Jahrhundert und befindet sich an der Kirche Santa Eulalia. Kurios die Sonnenuhr von Sa Faixin in Palma: Auf ihr gibt es auch eine Monduhr, sie zeigt die Zeit mit dem fahlen Licht des Erdtrabanten an. Fast noch eigenwilliger ist die Sonnenuhr an der Kirche in Consell: Sie ist zum Schutz gegen Witterungsschäden überdacht.

Son Vent

Entzückendes Schlösschen mit einem verwunschenen Garten in einem Vorort von Palma. Hier verlebten →**George Sand** und **Frédéric Chopin** ihre ersten, noch unbeschwerten Tage auf Mallorca, heute gehört das Anwesen dem spanischen Staat, der es – was kaum einer weiß – auf 99 Jahre an die königliche Familie verpachtet hat.

Alberto Sordi

Italiens Ex-Superstar und Lieblingsmime von Regisseur **Federico Fellini** (bevor er **Marcello Mastroianni** entdeckte) drehte im August 1959 den Film »Brevi amori a Palma di Maiorca« in Palma. Sordi erregte Aufsehen, weil er in Begleitung einer Privatschneiderin, einer eigenen Maskenbildnerin, einer Leibmaniküre und eines von ihm bezahlten Kamerasassistenten anreiste.

Joaquín Sorolla

Spanischer Maler (1863–1923), der mehrmals auf Mallorca tätig war und bezaubernde Gemälde hinterlassen hat: eine Landfrau,

Meerstücke, die Bucht Cala Vicenç und das Cavall Bernat. Seine letzte Reise 1919 war ein Kuriosum: Der US-Millionär **Thomas T. Ryan** hatte für ein unglaubliches Honorar ein Bild über den Tabakschmuggel bestellt, worauf sich Sorolla drei Wochen lang in Valldemossa, Deià und Pollença einquartierte.

Tilman Spengler

Dem deutschen Sinologen, Schriftsteller, Journalisten und Mitherausgeber des »Kursbuch« (* 1947) gelangen mit »Lenins Hirn« und »Der Maler von Peking« zwei große Romane – und beide entstanden in seinem Haus in →Son Macià. Im Sommer 2003 veröffentlichte er das Buch »Mallorca«, das eine heitere Mischung ist aus Geschichten, die nichts weiter sind als unterhaltsam, und seltenen mallorkinischen Rezepten. In Son Macià wohnt er mit seiner Ehefrau **Daphne Wagner** glücklich, denn sein Insel-Kommentar lautet so: »*Auf Mallorca suchen wir das Klima und den Preisunterschied. Man beweist guten Geschmack, wenn man auf die Insel kommt.*« Übrigens: Im »Mallorca«-Buch wird auf dem Titelblatt deutlich darauf hingewiesen, dass der berühmte Maler **Jörg Immendorff** die Zeichnung eines (wohl mallorkinischen) Schafes beigesteuert hat. Man sucht es vergebens – bis man neben den Kapitelüberschriften ein winziges Scherenschnitt-Schaf entdeckt. Das ist es.

Spezialitäten

Es gibt da einiges, was Mallorca zu bieten hat, vieles aus alten Handwerksbetrieben, vieles wieder belebt. Ich will hier nur auf das Traditionelle eingehen.

Weberei: Nur noch eine arbeitet per Hand: Bujosa in Santa Maria del Camí an der Hauptstraße nach Palma, c/. Santa Eugenia, 53. Sie ist bis ins nächste Jahrzehnt ausgebucht, die typisch mallorkinischen Stoffe bekommt man nur nach langer Voranmeldung. Versuchen Sie dennoch Ihr Glück und schauen Sie ins Nebengemach hinter der Verkaufstheke, wo **Guillem Bujosa Cañellas** immer ein paar Ballen auf Lager hat, und beobachten Sie die Weber – da wird, was Preis und Qualität betrifft, Gold gesponnen. Ein Meter kostet bei nur siebzig Zentimeter Breite zwischen 25 und 35 Euro.

Seife: Zu den eher unbekannten fabelhaften Produkten gehört die Insel-Seife, die seit 1493 (!) produziert wird, die man heutzutage allerdings suchen muss. In Sóller hat eine Fabrik überlebt, sie stellt zwei Arten von Seife her: »Rey Negro« und »Rey Blanco«.

Etwas Schickes haben sich **Hiltrud Schmidt** und Tochter **Georgia** ausgedacht: Sie produzieren in Andratx nach alten Rezepten Naturseifen aus Ölen und Pflanzen der Insel. Sie nennen ihre Produkte »Gaia« und ihre Firma Kelebek Soap Company, man erkennt sie am gezeichneten Schmetterlings-Logo, und die Seifen werden bereits exportiert. Im Moment arbeiten die Damen an Cremes, Massage-Ölen und Shampoos.

Olivenöl: Es existieren noch zwei Mühlen in Caimari und in Sóller (Kooperative Sant Bartomeu). Kleinere Produktionen, die nur wenige Liter herstellen, etablieren sich aber mehr und mehr, einige sogar in deutscher Hand. Beachtlich: das »Dauro«-Öl der Bauersleute **Francesca** und **Sebastià Rodau** bei Manacor. Im Frühjahr 2002 wurde das »Oli Verjo« der Fa. Olis in Caimari auf dem III. Salò Professional del Producte Balear Agroalimentari in Palma zum »besten Lebensmittel der Balearen« gekürt.

Man kann eine alte Olivenmühle auch besichtigen – und gleich ihr frisch gepresstes Öl kaufen. Sie heißt Ca'n Det, liegt in Sóller, ist seit vierhundert Jahren im Besitz der Familie, Chefin ist **Rosa Det**. Adresse: c/. Ozonas, 8.

Salz wird in Ses Salines gewonnen, und zwar rund siebentausend Tonnen pro Jahr. Dafür werden im Winter 130 Seen mit Meerwasser geflutet, das in den warmen Monaten verdunstet und das Salz zurücklässt. Gelagert wird es als große weiße Fudschijamas, die man von weitem sieht, wenn man zum Baden nach Es Trenc fährt. Mallorca-Salz zeichnet sich durch sechzehnmal höheren Gehalt an Magnesium und zweimal so viel Kalzium aus. Diese Vorteile machten sich **Katja Wöhr** (* 1968) und **Sabine Kersten** (* 1970) zunutze: Sie gründeten die Firma »Flor de Sal«, ernten Salz von Ses Salines (aber immer nur die oberste Lage, die auf den weißen Hügeln liegt wie eine Eisschicht), verpassen ihm vier Geschmacksrichtungen – Natur, schwarze Oliven, Hibiskus und mediterrane Mischung –, packen es in nette Dosen und verkaufen es auf Märkten und in einigen Feinkostläden. Preis: etwa fünf Euro für ein halbes Pfund. 2003 bekamen sie dafür den »Preis für Jungunternehmer mit dem innovativsten Produkt«.

Gebäck: Pomar ist eine seit 1902 in Campos existierende Bäckerei und die berühmteste der Insel. Hier wurden der berühmte Mandelkuchen Mallorcas und jene Abart der →Ensaimada erfunden, die mit Kürbisgelee gefüllt ist. Pomar hat eine Filiale in Palma.

Parfüm: Wer die Insel nicht nur liebt, sondern auch so duften möchte, besorge sich »Flor d'Ametler«. Das ist ein Parfüm aus Mandelblüten, das **Bernat Vallori** in Pont d'Inca produziert. Zu kaufen gibt es »Flor d'Ametler« in fast allen Parfümerien und am Flughafen.

Messer: Mallorca hat eine lange Tradition im Schmieden. Jeder hat schon mal das typische Messer mit der gebogenen Klinge gesehen, Trinxet genannt: Geformt aus baskischem Eisen, mit Griffen aus dem Horn des Ziegenbocks. **Familie Ordinas** in Llucmajor stellt die schönsten her. Eine andere Familie, die seit Jahrzehnten hochwertige und typische Messer herstellt, heißt **Miralles**. Sie hat eine kleine Fabrik in Muro.

Kohl: Es gibt zwei Sorten, Cabdell und Borratxones. Aber kaum einer benötigt sie mehr, Kohl liegt nicht im kulinarischen Trend. Daher werden die Sorten nur noch auf drei Fincas angebaut. Nummer eins unter den Kohlbauern ist **Gabriel Serra** auf seinem Bauernhof S'Hort Vell de Xorigo zwischen Casablanca und Son Ferriol. Bei ihm schießt der Kohl buchstäblich in den Himmel – er erntet Köpfe, die bis zu zehn Kilo schwer sind, die Größe von Medizinbällen erreichen und dazu sehr gut schmecken.

Helmut Spikker

Den Mann aus Ahlen kennt die Öffentlichkeit nur, weil er Präsident des dortigen Klubs der zweiten Fußball-Bundesliga ist und er es sich leisten konnte, eine Trainergröße wie **Werner Lorant** zu verpflichten. Aber mit so was verliert man Geld. Zu seinem Geld kommt Spieker mit einer einzigartigen Idee: Er nimmt Prominente wie **Uschi Glas, Christine Kaufmann, Udo Walz** oder **Michael Schumacher** unter Vertrag, entwickelt mit ihnen Kosmetik-Linien oder Duftwässer und lässt sie diese auf TV-Kanälen vorstellen, die sich rund um die Uhr mit Produkten beschäftigen. Damit ist viel Geld zu machen, vor allem für den Erfinder der Idee – und das führte zu einer palastartigen Villa in Son Vida.

Christoph Spielberg

Internist und Kardiologe aus Berlin (* 1947), der regelmäßig in Capdepera überwintert, um Kriminalromane und Drehbücher zu schreiben. Sein letzter Krimi, »Denn wer zuletzt stirbt«, erschien im November 2002 bei Piper.

Michael Stanley-Evans

Er war einer der großen, erfolgreichen Filmproduzenten und verdiente allein mit »Gandhi« rund zwölf Millionen Euro. Vor Jahren zog er sich auf seinen Landsitz Bens d'Avall bei Sóller zurück und machte daraus eine der ansehnlichsten Besitzungen auf der Insel.

Charly Steeb

Der Ex-Tennisspieler besitzt seit 1996 ein schönes Anwesen in der Nähe von Artà. Dort lebt er mit Ehefrau **Kimberley** und den Söhnen **Jeremy** und **Luke**. Seine Mutter **Doris** eröffnete 2003 einen Friseursalon im Hotel »Dorint« in Camp de Mar, lebt aber bereits länger auf Mallorca als ihr Sohn.

David Stein

Besitzer des Luxushotels »Son Net« in Puigpunyent. Aber den Amerikaner (* 1948 in New York) mit irischen und weißrussischen Wurzeln als Hotelier zu bezeichnen hieße ihn unterschätzen: Stein ist Politikwissenschaftler, war Banker, Repräsentant der Weltbank und Berater von Politikern in Washington, produzierte Filme in Hollywood und plante Golfanlagen. Daneben gehört er Charity- und Menschenrechtsorganisationen an. Er besitzt weitere Designer-Hotels in verschiedenen Ländern, darunter »La Florida« in

Barcelona, »Durley House« in London und »Blake« in Amsterdam. Steins Sohn ist mit einer Mallorkinerin verheiratet.

Gertrude Stein

Die US-Schriftstellerin (1874–1946) war eine der bedeutendsten Frauengestalten des 20. Jahrhunderts, und zwar dank ihrer Stilsicherheit, mit der sie große Künstler wie **Pablo Picasso** oder **Ernest Hemingway** entweder durchs Leben führte oder sie zu Höchstleistungen brachte. In ihrem Pariser Salon trafen sich die besten Maler und Poeten. 1915 kam sie als Assistentin des Malers →**William Cook** nach Mallorca, mietete ein Haus in El Terreno und blieb bis Frühjahr 1916. Spuren ihrer Monate auf der Insel finden sich in den Büchern »Geography & Plays« und »The Autobiography of **Alice B. Toklas**«. →**Robert Ranke-Graves**

Kurt Steinhausen

Namibia-Fans kennen ihn: Steinhausen (* 1934) ist Großinvestor in dem afrikanischen Land, ihm gehört z. B. die Luxuslodge Oropoko. Auf Mallorca ließ er sich mit Ehefrau **Sigrun** und Tochter in der Nähe von Artà nieder, und in Puerto Alcúdia liegt seine Motoryacht »Carolin-Sophie«. Ein vergleichsweise bescheidenes Boot, denn bei siebzehn Meter Länge kostete es nur rund 500000 Euro, allerdings verlangt man im Inselnorden etwa 180000 Euro für den Liegeplatz. Steinhausers Credo: *»Ein paar ruhige Tage auf dem Meer können auch geschäftlich Wunder wirken.«*

Ulrike Steinhäusl

Professorin aus Graz (Österreich), die im geistigen Leben eine bedeutende Rolle spielt: Sie unterrichtet seit 1988 deutsche Sprache, Kultur und Literatur an der Balearen-Universität. Daneben ist sie Gutachterin und Übersetzerin.

Jacques Stern

Der Präsident der jüdischen Gemeinde auf den Balearen kam 2002 nach Mallorca. In Port d'Andratx betreibt Stern, der aus Düsseldorf stammt, eine Immobilienfirma.

Steuern

Auf ungewöhnliche Weise, weil bargeldfrei, bezahlte die **Familie Miró** 2001 eine Steuerschuld: Sie überließ der Regierung zwei Gemälde von → **Joan Miró**, die auf vier Millionen Euro geschätzt wurden. Da sie in ein Museum kamen, hat jetzt die Öffentlichkeit was davon. Etwas Seltsames erlebte ich selbst, zum Glück betraf es andere ...

Fahndung olé

Dies ist eine Geschichte von der schönen Insel, sie ist aber gar nicht schön. Na ja, eigentlich ist sie doch ziemlich heiter. Aber nur, wenn man nicht betroffen ist.

Beginnen wir mit den deutschen Nachbarn E. und F., die seit Jahren in einer Art desinteressierter, aber durchaus akzeptierter Nachbarschaft wohnen. E. besitzt ein florierendes Unternehmen im Rheinland und einen so fabelhaften Manager, dass er es sich erlauben kann, samt Ehefrau und Hund elf Monate im Jahr auf der Insel zu verbringen. In einer prachtvollen Villa an einem Berghang mit Blick über die langgestreckte Küste, Swimmingpool von Olympia-Ausmaßen, Sauna, kleinem Zoo, botanischem Park und Garage mit drei Mercedes-Automobilen. F. wohnt sehr viel bescheidener. Sagen wir mal: für etwa 250 000 Euro Immobilienwert. Bei E. steht der bei rund zwei Millionen Euro.

Seit ein paar Wochen spricht E. nicht mehr mit F. Denn der ist Journalist und veröffentlichte eine Liste von Unternehmern, die zeitweise auf Mallorca leben, zum Beispiel E. In aller Unschuld. Denn natürlich nahm F. an, Nachbar E. habe seinen Inselbesitz legal erworben, also nicht mit Schwarzgeld.

Nachdem die Namensliste veröffentlicht war, erschienen zwei Herren in der Firma von E. und begehrten höflich, aber eisig, die Unterlagen zu dem prachtvollen Besitz auf Mallorca einzusehen. Und weil der fabelhafte Manager in diesem Punkt passen musste, wurde E. von den eisigen Herren zurück ins Rheinland gebeten. Es blieb ihm nichts übrig, als einzugestehen, dass seine Liegenschaft unter der Sonne mit Schwarzgeld gebaut worden war, dass er sein Leben auf Mallorca mit unversteuertem Bargeld bestreitet und er auch den spanischen Behörden keine Meldung über seinen nahezu permanenten Aufenthalt gemacht hat. Was die spanischen Kollegen der eisigen Herren besonders übel nahmen, war die Tatsache, dass E. seine drei Mercedes seit Jahren mit deutschen Kennzeichen fährt. Und selbstverständlich als Firmenautos von der Steuer absetzt. So als führe er sie zu Hause im Rheinland. Was nun wiederum die Herren aus Deutschland muksch machte. Was man ja irgendwie verstehen kann.

E. ist in bester Gesellschaft, denn man schätzt, dass mindestens jeder zehnte Deutsche, der sich auf Mallorca ansiedelt, das Geld dafür bei einem Zwischenstopp in Zürich aus einem Depot holt oder im Köfferchen bar dabei hat. Und da man, niedrig gezählt, von ungefähr 80000 Deutschen mit Grundbesitz auf der Insel ausgeht, dürften das achttausend Landsleute mit Schwarzgeld sein. Die sich's also gut gehen lassen mit Geld, das sie den Finanzämtern entziehen, und so auf unser aller Steuerkosten leben.

Der zweite Fall spielt im Partymilieu. Ein deutsches Magazin veröffentlichte einen Society-Bericht über eine Hoteleinweihung auf der Insel. Mit Fotos fröhlicher und prominenter Menschen, die die Stille ihres Fincalebens unterbrochen hatten, um gemeinsam auf fremde Kosten ein paar Drinks zu nehmen, ein Büffet zu plündern und festliche Klamotten auszulüften. An sich ist dagegen nichts einzuwenden. Aber da bekam der zuständige Redakteur des Magazins, das die Fotos gedruckt hatte, den Anruf einer »Dienststelle« in Nordrhein-Westfalen: ob es möglich sei, die leider sehr klein gedruckten Farbfotos als große Originale zu bekommen. Man glaube, auf ihnen etwas entdeckt zu haben, und wolle das verifizieren.

Die Entdeckung bestand aus drei grinsenden und übergewichtigen Herren im Smoking.

Frage: »*Was wirft man ihnen vor?*«

Antwort: »*Es sind, wenn sie es denn sind, drei lange gesuchte Steuer- und Anlagebetrüger auf der Flucht, deren Aufenthalt bisher unbekannt war.*«

Namen? Wollte die »Dienststelle« nicht sagen. Dafür hatte sie eine zusätzliche Bitte: Ob der Redakteur die Gästeliste besitze, die wäre ja der ultimative Beweis. Der Redakteur lehnte alle Bitten ab. Es sei denn, die »Dienststelle« sei bereit, ihre Recherchen mit dem Magazin zu teilen. Das lehnte nun wiederum die »Dienststelle« ab.

Was sagt uns der Fall? Dass die Fahnder schon mit der Lupe über Party-Berichte wandern. Dass es gefährlich geworden ist, Bargeld im Köfferchen einzufliegen oder den Umweg über Zürich zu machen, wenn man sein Gesicht über der Smokingfliege in eine Kamera hält. Und dass sich eine Menge krummer Mitbürger auf der Insel herumtreiben und so »saubere« Deutsche in Verruf bringen, und dass die wenigen ausländerfeindlichen Mallorkiner auf diese Weise die Argumente für ihre Ressentiments frei Haus geliefert bekommen. Denn auf einen Standpunkt sollten wir uns doch verständigen können: Wer den Dusel hat, eine Hütte unter ewiger Sonne zu besitzen, sollte nicht auch noch die Chuzpe haben, die Hütte steuerfrei oder mit Geld zu betreiben, das uns dann am Bruttosozialprodukt fehlt.

Stierkampf

Mallorca gehört nicht gerade zu den torensischen Hochburgen, aber die Corridas sind gut besucht, und Mallorkiner halten sich für die wahren Aficionados. Immerhin betrieben sie in der Frühzeit ihrer Geschichte einen Stierkult und brachten zahlreiche gute Toreros hervor, die auch außerhalb der Insel zu Ohren und Schwanz kamen. Einer war **Jaume Pericas Ripoll** aus Santanyí (1916–1989), der als Rentner in seinem Bett in Palma starb.

Nachdem der Stierkampf von militanten Tierfreunden (auch Deutschen, die meinten, sich in innere Angelegenheiten Mallorcas mischen zu müssen) auf ein Minimum gedrängt wurde, findet er nur noch ab und zu in der Arena von Palma statt, dem »Coliseo Balear«, aber einigermaßen regelmäßig in Inca, →Felanitx und Muro. In Inca lebt auch immer noch ein hartnäckiger Rancher auf einer andalusisch anmutenden Finca. Dort züchtet er Kampfstiere für spanische Arenen – mit mäßigem Erfolg.

Ein besonderes Kapitel sind Stierkampfplakate. Wer an sie denkt, der hat – eigentlich – Schrott vor Augen: Seit Jahrzehnten immer wieder die gleichen grell bunten Motive, millionenfach gedruckt dort, wo Stiere in Arenen müssen – von Tijuana in Nordwest-Mexiko bis Muro in Nordost-Mallorca. Damit kann man spanische Kneipen in Mecklenburg dekorieren, aber keine Kollektion aufbauen. Und am schlimmsten sind die Stierkampfplakate, auf die man für ein paar Euros mehr seinen Namen neben den der Matadores setzen kann.

Es gibt jedoch Ausnahmen. Denn natürlich ist das Plakat, das 1948 den letzten Kampf von **Manolete** ankündigte, ein kostbares Sammelobjekt – hier besiegte ein Stier den Größten der Großen. Jedes Plakat, das vor 1900 gedruckt wurde, ist selten und hat seinen Preis. Aber ich denke an etwas anderes: an Plakate, die aus Mallorca stammen und hier noch gefunden werden. Die sich dadurch auszeichnen, dass sie weniger das blutige Duell zwischen Mensch und Tier avisieren als vielmehr ein Familienfest, Feuerwerk, Lotterie, flotte Musik und nur ganz nebenbei Stierkampf. Das sind keine knallig bunten Plakate. Da ist viel Schrift drauf – und bis zu sechs verschwommene Fotos. Kampfszenen? Nie. Stiere? Ja, ab und zu, geradeaus in die Kamera grinsend. Toreros? Nur Passbilder. Farben? Schwarz auf Rosé, Blau und Rot auf Weiß, Schwarz auf Weiß, Grau oder Grün. Schlicht wirkt das, passt in jede Finca und an jede Wand.

Angepriesen werden, wie oben schon angedeutet, vor allem »Regalos« (Geschenke). Das heißt: Da wurden Preise verlost nach Eintrittskarten, es gab auch Tombolas, und so konnten Stierkampfbesucher mit Fahrrädern, Scheinwerfern für Fahrräder und am 30. Mai 1943 sogar mit einem »Valioso Dormitorio« nach Hause gehen – einem Schlafzimmer im damaligen Wert von 2500 Pesetas. Ganz groß: »Castillos de Fuegos Artificiales« oder »Japoneses« (Feuerwerk) und Komiker, die zwischen dem Töten zum Lachen reizten. Auf einem Plakat vom 28. Juni 1943 ist sogar der legendäre **Charlot Tanque** zu sehen, eine Art **Charlie Chaplin** von Mallorca im Frack. Immer ganz klein: die Matadores. Wie eine Nebensache. Es sei denn, am 15. September 1943, die berühmten **Sacamontes** und **Cantares** »mano a mano« traten auf, also sich gegenseitig helfend gegen einen Stier. Das geschieht nicht häufig in den Arenen, dazu haben die meist über-eitlen Toreros viel zu große Angst, gegen den Partner schlecht auszusehen.

Mein liebstes Plakat stammt vom 15. Juni 1944. Der Star der Corrida ist ein Bandleader, der vor einiger Zeit sogar im »Mallorca Magazin« gefeiert wurde, als er im biblisch hohen Alter das Zeitliche segnete: **Bonet de San Pedro**. Er hatte ein halbes Jahrhundert Musik gemacht mit seiner Gruppe **Los Siete de Palma**, und damals war er es, der die Massen in die Plaza de Toros zog, nicht die Stiertöter **Juanito Bosch** und **Joselito Gispert**. Die haben auch kein Bild auf dem Plakat, während Bonet mit seiner Gitarre so groß wie ein Buch-Cover abgebildet ist.

Bei meinem letzten Fischzug durch die Antiquariate (und nur in der Ciutat, so scheint mir, wird altes Papier noch als Handelsobjekt gepflegt) konnte ich Plakate mit Daten von 1913 bis 1944 erwerben – also bis zu neunzig Jahre alt. Es sind hochformatige Papierstreifen, 20 bis 33 Zentimeter breit und 31 bis 68 hoch. Interessante Formate, von denen drei in einen Rahmen passen oder eins in einen schmalen. Damit lassen sich Wandteile skurril behängen, mit deren Dekoration man bisher Schwierigkeiten hatte.

Was kosten die Stierkampfplakate? Sie sind so unerklärlich billig, dass es geradezu eine Schande ist. Oder zumindest so lange, bis einer den Antiquaren diesen Beitrag übersetzt. Sie müssen also schnell machen, liebe Leser. Konkret: Ich würde mich weigern, mehr als zehn Euro für ein Exemplar von 1913 zu zahlen. Oder fünf Euro für eins aus dem Zweiten Weltkrieg. Kauft man zehn Plakate, sollte man zwanzig Euro bieten und schauen, was dann passiert. Aber hartnäckig bleiben! Bei fünfzig Euro sollte die Begeisterung verebben. Beste Quelle: →**Antonio Gabres** in seinem »El Bazar de Llibres« rechts neben der Kirche Santa Eulalia in Palma. Aber wundern Sie sich nicht, wenn Don Antonio erstens nur geöffnet hat zu Zeiten, mit denen kein Mensch rechnen kann, wenn er Sie zweitens nur unwirsch beachtet, das ist so seine Art, er redet nun mal lieber mit sich selbst – und wenn er drittens Probleme hat, irgendetwas zu finden, und Sie bittet, das für ihn zu übernehmen. Er scheint den hinteren Teil seines Ladens ungern zu betreten.

Stille

Man sagt, Stille sei gehörte Geräuscharmut. Auf Mallorca ist das anders, da ist sie gehörte Geräuschfülle. Die wechselt natürlich mit dem Wetter und den Jahreszeiten, aber wer als Insulaner an die Insel denkt, so behaupte ich, erinnert sich an eine Folge wunderbarer Klänge. Wenn er nicht gerade an der Borne oder in Port d'Andratx wohnt, wo zu viel an Menschgemachtem die Ohren stört.

So spricht Mallorca

Die Stille beginnt am Morgen mit dem Weckruf der Hähne, die sich mit ihrer Hühner-Eifersucht anstecken und zum Chor werden. Dadurch fühlen sich Pfauen und Esel angefeuert, ihrerseits den neuen Tag zu begrüßen. Nicht immer, aber immer öfter, denn sie kommen in Mode auf den Fincas. Danach rufen sich die ersten Hunde etwas zu, es klingt wie: »*Heut schon was vor, Kollege?*« Es folgen ferne, aber doppelte Schrotschüsse – bumm, bumm! – die Bauern abfeuern, um Feldhasen zu erlegen. Da graut der Tag gerade, und es graut den Hasen. Dann ziehen mit leichtem Surren erste Urlauberbomber aus dem Norden quer über den Himmel nach Palma. Jetzt beginnen jene Schafe zu bimmeln und zu blöken, die die Nacht über draußen waren und nun Schattenplätzen zustreben, denn sie sind ja nicht blöd. Erst nach Jahren kann man unterscheiden, ob die Schafe alt oder jung sind: Das Alter trägt noch holzgeschnitzte Glocken oder von Hand geschmiedete Bimmeln, die Jugend modernes Klangzeug aus dem Eisenwarenladen. Wind kommt auf, die kluge Morgenbrise, die den Tau von den Blättern zu den Wurzeln treibt, damit sie den heißen Tag überstehen. Der Wind bewirkt ein Rascheln in den trockenen Palmwedeln, das klingt, als reibe ein Riese seine Handflächen aneinander. Nun beginnen auch die Flaggen zu flattern bei denen, die sich den Luxus eines Mastes leisten. Mehrzahl deshalb, weil es die Höflichkeit verlangt, dass man über seiner großen Lieblingsfahne den kleinerer Balearen-Stander aufzieht. Von fernen Straßen dringen frühe

Autogeräusche ans Ohr, aber nur wenn schlecht geschaltet oder übermäßig Gas gegeben wird – und auch nur, wenn der Wind ungünstig steht. Da kann sich ab und zu eine Polizeisirene untermischen, aber die ist selten und kommt nur von Straßen die man einsehen kann, Wald und Täler verschlucken sonst das Gepfeife.

Dann passiert lange nichts. Man hört nur das, was man selbst produziert. Bis zum Abend, und der hat sein ganz eigenes Programm. Irgendwas huscht in den Büschen, eine Ratte vielleicht, oder ein Gecko flitzt um die Laterne mit einem Laut, der so dezent klingt, als schließe man eine Faust ganz schnell. Manchmal hört man auch, wie eine Motte flatternd vor den gierigen Mäulern flüchtet.

Im Dunkeln kommt Flügelschlagen auf, wenn ein Vogel seinen Ruheplatz auf einem Ast bequemer gestaltet, einem Jäger entkommt und einem bezaubernden oder lästigen Artgenossen begegnet. Gegen 22 Uhr, ein- bis zweimal im Monat, treibt der salzig gewürzte Wind vom Meer das Pianissimo einer Discomusik herauf, aber meist nur freitags bis sonntags, nur dann tobt das Remmidemmi.

Irgendwann liegt man im Bett mit offenen Augen, und es klackert: Mandeln, oft noch mit doppelter Schale, fallen vom Patio-Baum und auf die Fliesen wie kleine Murmeln oder ein Gaumenschnalzen. Zum Schluss meldet sich der →Nightscreecher, jener geheimnisvolle Vogel der Nacht, der so bedrohlich klingt, wenn man Gefühlsebbe hat, und so zuversichtlich, wenn's einem gut geht: »*Alles ruhig hier draußen, kannst dich umdrehen und schlafen!*«

Auf Mallorca lernt man, dass es Heimweh nach der Stille gibt. Eine Stille aus vertrauten Geräuschen.

Tom Stobart

Der Brite war der Kameramann der Erstbesteigung des Mt. Everest im Mai 1953, und sein Film »The Conquest of Everest« gilt als einer der besten Bergfilme. Ende der fünfziger Jahre zog Stobart nach Mallorca, wo er 1980 starb. Seine Kinder **Ben** und **Romy** leben heute noch hier.

Astrid zu Stolberg-Wernigerode

Absolventin der Meisterschule für Mode in München, die seit 1995 mit ihrer Familie (Ehemann ist **Christian Prinz zu Stolberg**, sie haben zwei Töchter) in einem Dorfhaus in Binissalem lebt, Möbel entwirft, Fresken schafft, Gebrauchsdesign herstellt und Bildserien im Stil der Pop-Art malt. Beliebt sind ihre »Porträts« einheimischer Tiere wie Schafe, Ziegen und Schweine. Die Prinzessin ist – sozusagen – bei Nutztieren, was ihr Kollege → **Johannes** bei Blumen ist, allerdings enthalten ihre Bilder weit mehr Ironie. Apropos Prinzessin – da hat sie, die Angeheiratete, einen bemerkenswerten Satz gesagt: *»Ich bin keine Prinzessin, ich heiße nur so.«*

Strände

Die fünf schönsten sind diejenigen, die so sind wie Es Trenc ohne Menschen. Es gibt sie, im Kleinformat, aber ich kann sie leider nicht verraten, sonst sind es nicht mehr die schönsten Strände. Sie liegen in einsamen, zum Teil als privat deklarierten Buchten, obwohl die eigentlich verboten sind: Alle Calas müssen öffentlich zugänglich sein. Aber wenn Sie einen Strand besäßen, würden Sie auch alles tun, um Besucher fernzuhalten. Meine fünf schönsten Badebuchten sind nicht mal im offiziellen »Strandführer Mallorca« enthalten, der 1990 auch auf Deutsch erschien und fünfzig Calas enthält. Das mallorkinische Kriterium für einen Topstrand sind Breite, Tiefe, die blaue EU-Flagge für Sauberkeit und – die Größe der Sandkörner. Wobei alles, was unter 0,3 Millimeter liegt (z.B. Es Trenc, Cala Mesquida, Sa Coma) in die Spitzengruppe kommt. Nun, meine fünf schönsten Buchten haben auch Nachteile: Sie sind nur auf Abenteuerpfaden zu erreichen, nicht bewirtschaftet, verfügen über keinerlei sanitäre Anlagen, und wenn der Wind ungünstig steht, wird Treibgut angeschwemmt. Ärgern Sie sich also nicht weiter, dass ich sie nicht nenne.

Botho Strauß

Auch den Dramatiker hätte man nicht erwartet (so wenig wie →**Thomas Bernhard**), aber Strauß besaß jahrelang ein Haus in der Calle Felanitx in Santanyí. Leider zog er weg, als zu viele Landsleute Immobilien rund um ihn herum kauften.

Heiner Ströer

Man nannte ihn den »Plakat-König«, und zwar deshalb, weil er seine Firma seit 1970 zum größten deutschen Unternehmen für Außenwerbung aufgebaut hatte – ein Multimillionengeschäft auf Plakatwänden und Litfaßsäulen. Das warf auch eine prachtvolle Villa in Son Vida ab, wo Ströer leise und unauffällig residierte – und im Frühjahr 2004 mit 64 Jahren starb.

Ulrich und Sylvia Ströher

Kennen Sie Wella? Natürlich! Jeder, der noch Haare hat, kennt diese Kosmetikprodukte, und auch mancher ohne Haare. Hinter dem milliardenschweren Konzern steht u.a. das Ehepaar Ströher, das nebenbei zu den größten Kunstsammlern Deutschlands zählt. Allerdings ist Wella ein weit verzweigtes Familienunternehmen, weshalb sich ausländische Übernahmeverhandlungen schwierig gestalteten. Die Ströhers wohnen in Pollença, und noch nie hat man auf der Insel etwas von ihnen gehört.

Stromausfall

Er passiert meist auf dem Land, nicht mal selten und meist zwischen September und Dezember. Das liegt daran, dass die hektisch hingerotzten Leitungen und die oft aus krummen Bäumchen bestehenden Masten der touristischen Gründerzeit in die Jahre kommen und dem verschärften Wetter nicht mehr standhalten. Aber kein Mensch weiß noch, wie er sich zu verhalten hat und wie ihm mitgespielt wird, wenn dauerhaft die Elektrizität ausfällt. Dann wird Mallorca zur Robinson-Crusoe-Insel, das →Talayot-Zeitalter kehrt zurück. Bei mir waren das fast drei Tage, dreihundert Meter hoch an einem Berghang, in meinem Haus in der nachbarlosen Unberührtheit eines Naturschutzgebietes. Bei einer Windstärke, die Folgendes bewirkt: Türen und Fenster scheinen offen zu stehen, auch wenn sie geschlossen sind, Dachpfannen rütteln, als wolle jemand durch die Decke einsteigen, Zypressen stehen so quer, dass sie bei heftigen Böen die Erde küssen, und die Welt rundherum versinkt in grauer Suppe, die ans winterliche Sibirien im TV-Hit »So weit die Füße tragen« erinnert.

In der Steinzeit

Wenigstens hat's nicht geschüttet wie aus Kübeln. Hätte ja auch sein können. Schade eigentlich, dem Garten hätte ein Guss gut getan. Da igelt man sich ein, stellt Butan-Öfen auf volle Pulle und volle Pullen auf den Couchtisch. Ich dachte auch an Ohrenstöpsel, um die Nerven und damit das Gemüt vor dem Sturmgetöse zu schützen, verwarf die Idee aber, weil ich dann nicht gehört hätte, wenn das Terrassendach Abschied nimmt vom Haus, die Satellitenschüssel von der Verankerung oder mein Fahnenmast vom Vorgarten. Verließ ich das Haus, fielen mir die Ziegelsteine ein, die um 1900 auf den Zimmern des Hotels »Comerc« in Figueras an der Costa Brava lagen. Mit dem Hinweis, wenn es besonders windig sei, solle man sich zwei in die Manteltaschen stecken, um nicht weggeblasen zu werden.

Da passierte es: Als Rostock vom HSV das fünfte Tor eingeschenkt bekam, gingen auf der Trainerbank die Lichter aus – und bei mir auch. Strom weg, aber Sicherungen alle drin. Was soll's, dachte ich, 1,5 Kilometer entfernt steht ja ein Trafohäuschen. Eine Rattenbude mit den Sicherungskästen aller Bewohner der Gegend. Also Taschenlampe suchen, Auto aus der Garage, runterfahren, Nager vertreiben, Sicherungen checken – komisch, alles war in Ordnung.

»Scheiß-Gesa«, entfleucht es einem da. Was ungerecht war, denn überall blinkten die Häuser. Die hatten also Strom. Nur ich nicht. Schon mal die Gesa an einem Samstag um 19 Uhr angerufen? Tun Sie's nicht. Da können Sie auch im Vatikan anrufen und den Papst um Gottes Hilfe bitten.

Ich ergab mich in mein Schicksal. Auch wenn »kein Strom« bedeutet: kein Licht, kein Wasser, keine Klimaanlage, kein Klo. Nun gut, man hat ja immer Kerzen im Haus, die Butanos heizen, Wasser gibt's in Flaschen, und Gott sei Dank funktioniert der Herd mit Gas. Zwölf Stunden wird man das überleben, Sonntag muss dann was passieren. Man weiß nur nicht, was. Gute Nacht!

Nichts ist passiert, nur ein Nachbar kam, ein Deutscher, und beschwerte sich: Er habe einen Blitz in fünf Meter Höhe bemerkt, sei raus und habe gesehen, dass der Orkan meine Stromleitung von einem Masten gerissen und auf sein Kabel geschleudert habe. Dadurch sei auch er stromlos. Ich möge das, bitte, schleunigst reparieren lassen. Recht hat er, der Mann. Da sind wir einer Meinung. Aber am Samstagabend? Das sei ihm egal, sagte er. Er habe frische Hummer im Kühlschrank, wenn die hinüber seien, müsse ich sie ihm ersetzen …

Am Sonntagmorgen fiel mir im Getose des Orkans, der unvermindert blies, der alte Señor Grimalt ein. 76 Jahre alt, Elektriker in Manacor und zuverlässig wie der Sonnenaufgang. Ich rief ihn an (heutzutage hat man ja Handy), und er schüttelte hörbar den Kopf: *»Ihr Kabel wieder auf den Isolator zurücklegen? Das ist Sache der Gesa. Das darf ich nicht.«*

Da gibt's keinen Isolator mehr, teilte ich ihm mit. Der ist gleich mit weggeflogen. Wieder hörte ich, wie er den Kopf schüttelte und *»Gesa«* sagte. Wir trennten uns in Freundschaft.

Sonntag ist Sonntag. Auch auf Mallorca. So lernt die Not den Tag des Herrn kennen, und der Herr ist stärker. Ich bekam Asyl in Cha-Cha Thelers Winterhotel »Mayolet« in Manacor und wartete den Montag ab. Versuchte es noch bei Hacki, dem ambulanten Geheimtipp-Elektriker der Ostküste, aber der meldete sich aus München, wo er gerade bei Mama war. Er hätte mir, sagte er, sowieso nicht helfen können, weil er so ziemlich alles habe, nur keine Isolatoren für Strommasten.

Montag: Die Wolken-Nebel-Suppe zum Meer hinunter riss um 9.33 Uhr einen Spalt auf, ich sah weiter entfernt unten auf der Hauptstraße ein Blinken und griff zum Fernglas: ein maigrünmeerblau gestrichener Geländewagen, zwei Mann vor einem Betonmast – die Gesa bei der Arbeit. Ich fuhr runter und überredete die Herren zu einem Blick auf mein Kabel, das durchhing wie Jan

Ullrich bei der Tour de France und jedes Mal, wenn der Sturm es gegen andere Kabel schubberte, kleine Blitze zündete und wie eine Königskobra zischte. Das klang nicht gut, sah aber interessant aus.

Wieder erntete ich Kopfschütteln: Das sei nicht ihr Bier, die Gesa sei nur verantwortlich für Leitungen bis zur Trafohütte, ab da und bis zu meinem Haus sei ich verantwortlich für das Stromkabel. Das war mir neu. Das weiß, glaube ich, kaum ein Finca-Deutscher. Kurzzeitig verspürte ich Besitzerstolz auf achthundert Meter Draht mit Elektrizität: Alles mein, ich der Partner der Gesa.

Ich versuchte es mit einem knisternden grünen Schein, aber die beiden Herren blieben hart. Das sei *»muy ilegal«*, und wenn sie mein Kabel reparieren würden, sei das auch illegal. Sie grüßten freundlich und fuhren davon. Es muss ein neues Zeitalter angebrochen sein auf Mallorca, unbemerkt von mir: die habgierlose Phase der Inselgeschichte. Schade eigentlich.

Ich möchte Sie auf etwas hinweisen: Man ist nicht wirklich in Not, wenn Licht, Waschwasser und Klimaanlage nicht funktionieren. Aber sind Sie schon mal bei Windstärke acht mit einer Papierrolle aufs Feld gegangen, haben sich frei schwebend niedergekauert und versucht, das zu tun, was Millionen von Menschen in der Dritten Welt tagtäglich auf diese Weise tun? Man hat's verlernt. Zumal der Sturm so orkanisch war, dass man sein Papier nicht in Stellung bringen konnte. Sich selbst auch nicht. Beim zweiten Mal hatte ich gelernt, einen Stock mitzunehmen, in den Boden zu rammen und mich daran zu klammern, um nicht in die eigene … – na ja, das muss genügen.

Und glauben Sie ja nicht, dass es einfach ist, im Orkan Wasser abzuschlagen. Auch das gelingt erst beim zweiten Mal störungsfrei – wenn man begriffen hat, dass alles, was sich frei in der Luft bewegt, waagrecht dem Wind folgt. Aber diese Erkenntnis nützt Ihnen wenig, wenn Sie zwanzig Zentimeter über dem Boden hocken. Männer sind da nicht mehr im Vorteil gegenüber Frauen. Im Sturm trifft's beide gleichermaßen. Man glaubt ja gar nicht, wie stark er im November auf Mallorca sein kann …

Ich rief also wieder den alten Grimalt an, teilte ihm mit, ich sei der Herr des Stromkabels, nicht die Gesa, und er kam – am Dienstag. Mit zwei Mann und seinem LKW mit einer hydraulischen Hebebühne. Was nach *muchos Euros* aussah, aber mittlerweile war mir Wasserspülung ein Vermögen wert. Die drei legten die Trafohütte lahm, hievten sich zum Mast hoch, schraubten einen neuen Isolator ein und wollten gerade mein Kabel ums Glas schlingen – da schlug es der Wind gegen einen Draht, den keiner beachtet hatte und der zu meinem Nachbarn führte. Ein hübsches Elmsfeuer entstand. Das sah aus wie Weihnachtsbeleuchtung, zischte aber wieder kobraartig. Da war Strom drauf. Obwohl sie das Trafohäuschen lahm gelegt hatten! Wie konnte das passieren? Hätten sie mein Kabel berührt, und sie waren nur Zentimeter davon entfernt mit ihren bloßen Händen, wären sie als Grillwürstchen in ihrer Hebebühne geendet. Und ich hätte lange, lange Zeit keine Elektrizität gehabt.

Mein Nachbar war schuld. Er hatte die Nerven verloren in seiner Stromlosigkeit und mit den nicht mehr ganz so frischen Hummern in seinem dunklen Kühlschrank. Da hatte er den Generator angeworfen und sich Elektrizität verschafft. Die war über sein Kabel in mein Kabel eingespeist worden. Was meinem Haus zwar keine Elektrizität verschaffte, aber dem alten Grimalt und seinen Helfern akute Lebensgefahr.

Wir haben meinen Nachbarn zu viert so richtig zur Sau gemacht, auf Deutsch und Mallorquin, und seinen Generator gekillt. Da erloschen Elmsfeuer und Zischen. Mein Kabel kam auf den neuen Isolator, und die Steinzeit war nach zwei Tagen und sechzehn Stunden vorbei.

Glauben Sie mir: Man feiert danach mit hängender Hose im gekachelten Zimmer Wiederauferstehung. Das Spülgeräusch kommt Ihnen vor wie's Halleluja der Blavets im Kloster Lluc. Und auch das Papier gehorcht wieder. Nur, jetzt frage ich mich: Sind diese drei Tage Steinzeit der Preis dafür, dass ich romantisch in den Bergen lebe, an normalen Tagen 25 Kilometer sonnige Küste vor mir liegen habe, der lauteste Lärm, den ich je höre, das Bimmeln der Schafsglocken ist und ich nie einen Nachbarn bekommen werde, der näher als dreihundert Meter wohnt, weil mein Haus im Naturschutzgebiet steht? Ja, das ist wohl so. Aber ich habe mir jetzt auch einen Generator bestellt. Generator & Grimalt – doppelt hält besser.

Ach, eins hätte ich fast vergessen: Ganz nebenbei entdeckte der nette Herr Grimalt, dass drei Nachbarn – ein Deutscher und zwei Mallorkiner – meine Leitung angezapft und seit Jahren Elektrizität auf meine Kosten bezogen hatten. Was meine hohe Stromrechnung und meine niedrige Spannung erklärt. Wir haben sie abgehängt. Nun sitzen sie erst mal in der Steinzeit.

Antònia Sureda

Gehört diese Figur des 19. Jahrhunderts überhaupt in dieses Buch? Ja, denn sie muss als erste Mallorkinerin der Neuzeit gelten, die sich mit Gewalt gegen das traditionelle Regime der Männer und die Hilflosigkeit der Frauen auflehnte – und dafür schrecklich leiden musste. Ihre Geschichte: Antònia war ein Bauernmädchen und wurde jahrelang von Bruder und Vater sexuell missbraucht. Als sie 1864 vom Vater auch noch geschwängert wurde, beschloss sie, ihr Martyrium zu beenden, nahm eine Jagdflinte von der Wand und erschoss beide. Vor Gericht machte sie einen so verzweifelten und glaubwürdigen Eindruck, dass die Richter es nicht übers Herz brachten, sie wegen des Doppelmordes zum Tode zu verurteilen. Sie bekam stattdessen eine mittelalterlich anmutende Strafe – sie wurde die restlichen dreißig Jahre ihres Lebens in einer Klosterzelle eingesperrt. Ihr Kind vom Vater verschwand spurlos …

Swarovski-Familie

Auch die prominente, weit verzweigte österreichische Familie, Weltmarktführer für Strass-Kristall und Modeschmuck daraus, hat einen Besitz in Deià. Die Tiroler aus Schwaz am Inn verhalten sich auf der Insel derart diskret, dass kaum einer weiß, wo der prachtvolle Besitz genau liegt. Es ist das Landgut Son Beltran de Baix bei Deià, außerdem gehört ihnen die Finca Comasema bei Bunyola. 1996 wollte die Familie »Perlas Majórica« kaufen, das Angebot wurde aber leider abgelehnt – 2003 kämpfte die Perlenproduktion aus Manacor ums Überleben.

Sybilla

Sie hieß **Sybilla Sorondo Myelzwinska**, wurde in New York geboren und die bekannteste Modeschöpferin Spaniens, ließ sich in Deià nieder und gehörte in den fünfziger und sechziger Jahren zur gesellschaftlichen A-Klasse. Zu Lebzeiten und in ihrem Testament vermachte Sybilla der Gemeinde eine Menge kostbarer Dinge, die sie auf der Insel gesammelt hatte. Dazu gehört eine riesige, handgeschmiedete Tafona – ein halb mannshoher Topf ohne Deckel, in dem früher das frisch gepresste Olivenöl aufgefangen wurde. Die Tafona steht heute im Öl-Museum auf der Finca Can Boi in Deià.

Talayot

Die Wehr-, Wach- und Wohntürme der Bronzezeit entstanden zwischen 2000 und 1500 vor Christus unter dem Einfluss von Seefahrern aus dem östlichen Mittelmeer. Sie lehrten die Insulaner, mächtige Quadersteine, von denen einige gut acht Tonnen wiegen, ohne Mörtel aufeinander zu türmen. Der typische Talayot hat einen runden Durchmesser von bis zu acht Metern, ist samt Kuppel circa fünfzehn Meter hoch und verjüngt sich nach oben. Es gibt jedoch auch ovale, viereckige und rechteckige Talayots, sie können einzeln stehen und in Gruppen. Auf Mallorca dürfte es etwa fünfhundert Exemplare gegeben haben, erhalten sind nur noch knapp hundert. In den Talayots haben damals etwa 50 000 Menschen gewohnt. Das heißt: hundert Menschen pro Siedlung. Merkwürdig dabei ist, dass die Talayots jeweils rund fünf Kilometer auseinander lagen. Warum nur etwa fünfzig Minuten zu Fuß entfernt? Und wieso gründete man keine größeren Siedlungen? Das sind Fragen, die keiner mehr beantworten kann.

Toyo Masanori Tanaka

Der Japaner (* 1955) hat in Tokio und Berlin Germanistik, Schauspiel, Dramaturgie, Klavier und Gesang studiert, trat in TV- und Kinofilmen als Schauspieler auf (»Tatort«, »Heli-Cops«) und hat das klassische Herbst-Festival »Música Mallorca« erfunden, das er auch leitet. Beide Großväter Tanakas waren Botschafter in Deutschland, Österreich, der Schweiz, seine Mutter gab die erste »Madame Butterfly« als echte Japanerin – und sollte einem der Name Tanaka bekannt vorkommen: Er ist der Neffe von **Michiko Tanaka**, der Frau des Schauspielers **Victor de Kowa**.

Toni Tauler

Im neuen Jahrtausend ist der Berufsrennfahrer (* 1974) ein Star aller Tages- und Etappen-Radrennen, inklusive Tour de France und Vuelta. Er stammt aus Santa Margalida, wo das Sportzentrum nach ihm benannt ist. Sein Name spricht sich übrigens mit Betonung auf dem -au- und nicht auf dem -ler (wie man das bei »Eurosport« gern tut). Auch Tauler sieht man oft im Training über die Insel rasen.

Tänze

Generell gesagt: Es sind etwas langweilige Rundtänze (»Rondayes«), und die Musik klingt in den meisten Ohren simpel und eintönig. Aber man kann ungestört die hübsche Volkstracht genießen, welche die Tänzer tragen. Berühmt sind die »Es cavallets«, die in Kostümen als Pferde tanzen, und zwar in der dritten Juliwoche in Felanitx, am 2. August in Pollença (»Our Lady of Los Angeles«) und am 28. August bei Sant Agustí in Felanitx. Der Große Brockhaus vermutet in den »Es cavallets« die Überreste alter Kriegstänze. Der Nationaltanz Mallorcas heißt »Ball de Bot«. Eine Kuriosität ist die Tanzgruppe »Estol de Tramuntana« aus Sóller: Unter den Musikern befindet sich **Hans-Jörg Konrad**, Filialleiter der Deutschen Bank in Palma. Auch seine Frau **Aina**, eine Mallorkinerin, und seine beiden Töchter machen mit.

Templer

Katholischer Ritterorden des Mittelalters, der eigentlich »Arme Ritterschaft Christi vom Salomonischen Tempel« hieß. Er brachte es seit der Gründung im Jahre 1119 zu überwältigender Machtfülle, verbunden mit sagenhaftem Reichtum. Bis König **Philipp IV. von Frankreich** 1312 die Ritter der Gotteslästerung, Sodomie und Teufelsanbetung bezichtigte, den Orden auflöste, den Besitz konfiszierte und viele Mitglieder auf dem Scheiterhaufen verbrennen ließ. Seitdem geht das Gerücht vom »Templer-Schatz« um, seitdem wird er gesucht – und da kommt Mallorca ins Spiel. Hier wird der Schatz vermutet, denn die Templer waren stark und reich auf der Insel, noch heute zeugen die Gumara-Festung und der Carrer del Temple in Palma davon. Die ZDF-Reihe »Terra X« drehte sogar einen Fernsehfilm darüber und gab ihm den griffigen Titel »Das Mallorca-Komplott«.

Evelyn Tewes

Die Biologin aus Österreich setzt sich seit 1987 vehement für den Schutz der Mönchsgeier ein. Dazu gründete sie eine Stiftung – mit Erfolg: Der Bestand der riesigen Vögel mit bis zu drei Meter Flügelspannweite hat sich kontinuierlich erholt, und wenn noch 1990 das Aussterben befürchtet wurde, beklagen sich heute bereits manche Bauern, die vielen Geier seien eine Bedrohung für die Schafsherden. Aber Schafe – mit Verlaub – gibt's wirklich genug. 2004 bekam Evelyn Tewes den »Premis Diario de Mallorca« für ihre Leistung.

Juan Ramón Theler

Der in Argentinien geborene Schweizer (daher seine spanischen Vornamen), von Freunden »Tscha-Tscha« genannt, verließ die Familienfirma – Versicherungen in Milliardenhöhe –, weil er das Gefühl hatte, er lebe nur, wenn er jeden Tag mit frischer Erde zu tun habe. Theler kaufte sich Ende der sechziger Jahre das Landgut Rotana bei Manacor, baute einen privaten Golfplatz und leistet sich seit 1995 das exklusive Luxushotel »La Reserva Rotana«. Die Bekanntschaft mit ihm bereitet viel Vergnügen, denn er gehört der Top-Society an, hält immer noch internationale Großwildjagd-Rekorde (aus einer Zeit, als man Löwen noch zu Fuß gegenübertrat, er nennt die Trophäen *»Jugendsünde«*), versteht mehr von Stil als zehn Inneneinrichter – und er ist zudem ein Original, das sich keinen Deut um Konventionen schert, bei gleichzeitig erstklassigem Benehmen. Dass er auch noch attraktiv verheiratet ist (mit einer Wittgenstein-Prinzessin namens **Loretta**), garniert die Bekanntschaft mit Schönheit. 2003 ging Theler unter die Winzer. Sein Erstling hatte eine Qualität, wie sie sonst nur in Frankreich vorkommt. Ab 2004 wird er seinen Rotwein anbieten, mit einem Künstler-Etikett von → **Ernst Willareth.** Dass sein Wein derart erstklassig beginnt, ist kein Wunder – sein Kellerhelfer ist der hoch gelobte und prämiierte **Miquel Gelabert** aus Manacor.

Wolf Thiele

Er ist, soweit mir bekannt, der einzige Deutsche, der es als Winzer auf Mallorca geschafft hat. Seine Reben stehen in Pollença, das nicht gerade als Weingegend bekannt ist, aber sein Wein macht sich.

Joan Maria Tomàs Sabeter

Der Mallorkiner (1896–1966), ein Geistlicher, war ein Freund von →**Manuel de Fallas** Schwester **Maria del Carmen** und schrieb 1947 das wohl seltenste Buch des 20. Jahrhunderts, das mit Mallorca zu tun hat – den Bericht über den zweimaligen Aufenthalt des Komponisten auf der Insel: »Manuel de Falla en la Isla«. Das Buch wurde in nur fünfzig Exemplaren gedruckt – von denen nicht mal ein Dutzend erhalten sind.

Heinrich Thyssen-Bornemisza

Er war einer der reichsten Männer Europas (1921–2002), man schätzte ihn auf mindestens drei Milliarden Euro, nicht eingerechnet seine gigantische Gemäldesammlung, die jetzt in Madrid zu sehen ist. Im Herbst 1990 kaufte er in der c/. Dos de Mayo in Palmas Stadtteil El Terreno ein Palais für rund 600000 Euro, steckte weitere 800000 Euro in die Renovierung, blieb aber einige Handwerkerrechnungen schuldig. Fast alle schrieben sie in den Wind, der Steinmetz **Antòni Escartín** klagte jedoch, als mehrere Mahnungen unbeantwortet blieben, bekam vor Gericht Recht und kassierte 13000 Euro plus Zins, Zinseszins und Anwaltskosten. Nach dem Tode des Milliardärs soll seine Witwe das Palais ihrem Bruder überlassen haben.

Guillem Timoner

Wenn Sie mit der Sonne aufstehen und sich an die Straße von Felanitx nach Porto Colom stellen, dann sehen Sie ab und zu einen älteren Herrn auf dem Rennrad vorbeihuschen. Er trägt ein Regenbogentrikot und darf das: Der Herr heißt **Guillem Timoner** (Akzent auf dem -e-), wurde 1926 in Felanitx geboren und ist einer der erfolgreichsten Sportler, die Mallorca hervorgebracht hat. Timoner war von 1955 bis 1984 achtmal Weltmeister und siegte mehr als 1100 Mal. Zwar war er »nur« Profi-Steher (das sind Radfahrer, die hinter Motorrädern herrasen), aber immerhin, und die Muttergottes fuhr mit. Denn jedes Mal, wenn eine WM anstand, radelte Timoner zum San Salvador hoch und schloss folgenden Deal mit der Madonna: Schenk mir den Titel, dann bekommst du mein Regenbogentrikot. Fünfmal nickte die Madonna – fünfmal gewann Timoner. Im sechsten Jahr jedoch wurde er nur Zweiter – und aus Ehrgeiz untreu. Pilgerte hinauf zum Kloster Lluc und schloss seinen Deal mit der schwarzen Madonna, die noch viel näher beim Herrgott wohnen soll als die kleine Madonna vom San Salvador. Wieder gewann Timoner – und verlor im Jahr darauf. Diesmal flog er hinüber zum Festland und schlug seinen Deal der stärksten Madonna Spaniens vor, hoch oben auf dem Montserrat. Aber sie muss abgelehnt haben, denn Timoner wurde wieder nur Zweiter. Da kehrte er reumütig zurück zur Muttergottes auf dem San Salvador, die ihn in Gnaden aufnahm – und Timoner gewann zum achten Mal den Weltmeistertitel. Im Jahr darauf kamen dann das Alter und ein junger Berliner namens **Dieter Puschel** über Timoner, und der Halbgott Mallorcas beendete seine Karriere – mit unglaublichen 58 Jahren. Die sechs Regenbogentrikots der kleinen Madonna können Sie besichtigen, denn auch Timoner hielt sein Versprechen, und so hängen die Siegerhemden vor der Kirche auf dem San Salvador unter Glas.

Seine Mutter erzählte immer, dass die Familie eine Kuh verkaufen musste, um dem kleinen Guillem das erste Rennrad zu finanzieren. Ein Verlust, den er hundertfach eingefahren hat.

Tipp: Eine Sportausrüstung sollte man in Felanitx im Geschäft Timoners kaufen und dabei ein paar Worte mit dem freundlichen Herrn wechseln. Hier trägt übrigens die große Sportarena am Ortsausgang nach Campos seinen Namen: Guillem Timoner.

Tipp: Wer sich auf dem San Salvador für mehr interessiert als für Regenbogentrikots, der sollte sich das Relief rechts vom Hochaltar anschauen: Es ist die einzige gotische Steinschneidearbeit auf Mallorca, gehauen aus dem Mares aus Santanyí.

Joaquín Tintoré

Er ist einer der großen Wissenschaftler des Landes und Direktor des Imedea-Instituts für Mittelmeerforschung in Esporles. Sein Spezialgebiet sind Meeresströmungen, für seine Leistungen auf diesem Gebiet bekam er 2003 von König →**Juan Carlos** den »Spanischen Forschungspreis«, der jedes Jahr an maximal fünf Wissenschaftler verliehen wird.

»Tito's«

Legendärer Nachtklub in Palma, der mal Weltformat hatte. 1935 gegründet, traten hier Stars wie **Marlene Dietrich** und **Josephine Baker** auf. Ein Besuch lohnt in jedem Fall, denn »Tito's« ist die oberste Etage eines Hochhauses am Paseo Marítimo, ein gläserner Fahrstuhl fährt hinauf und man sitzt open air mit tollem Blick.

Todesstrafe

Gab es sie noch in der Neuzeit auf Mallorca? Kam es je zu einem so kapitalen Verbrechen, dass sie in Friedenszeiten vollstreckt wurde? Wie und wo wurde hingerichtet, wer war der Henker? Und vor allem: Wer war der Letzte, der von Henkershand starb – und doch nicht etwa zu einer Zeit, als Mallorca schon ins Zeitalter des Massentourismus aufgebrochen war?

Doch. Aber unbemerkt von den Reisenden und nur diskret in den in Madrid erscheinenden Zeitungen erwähnt. »Das Volk« sollte nicht beunruhigt werden, vor allem nicht auf den Balearen. Es war Franco-Zeit, eine Ära der Zensur und Regime-Glorifizierung, der zwanghaften Ordnung und der Unterdrückung autonomer Tendenzen. Damals kam einer vor Gericht, der sich zuvor im Café »Formentor« an der Plaça Constitució mit seinem Freund so laut auf Mallorquin unterhalten hatte, dass andere es hören konnten.

Es war der 21. Februar 1951, ein Tag, der mit einem eiskalten Morgen begann. Ein historisches Datum für Mallorca – und trotz aller Tragik im Nachhinein ein glücklicher Tag: weil danach niemand mehr hingerichtet wurde. Aber das wusste man damals noch nicht, und den Verurteilten, der vier Jahre in der Todeszelle gesessen hatte und bemerkenswert tapfer zum Schafott schritt, macht es weder wieder lebendig, noch tröstet es die Angehörigen.

Wer war der Mann? Er hieß Pere Tuduri Vidal, war 42 Jahre alt, stammte aus Es Castell auf Menorca, wohnte in Valldemossa und arbeitete als Färber in Palma. Ein gut aussehender, schlanker Mann mit leicht ergrautem Seitenhaar, buschigen Brauen, hohen Wangenknochen, markanten Falten um die Mundwinkel, tief liegenden Augen und einem Gesichtsausdruck, der immer so etwas wie spöttische Heiterkeit ausdrückte – anscheinend ein angeborenes Lächeln.

Übrigens: Die Tuduris sind keine unbekannte Familie auf Menorca, sie hat prominente Geistliche und Publizisten hervorgebracht, und sie stehen heute noch häufig im Telefonbuch. Wieso es Pere Tuduri nach Mallorca verschlug, ist allerdings in Vergessenheit geraten.

Und was hatte er verbrochen? Man warf ihm vor, 1945 und 1946 drei Menschen ermordet, zerstückelt und die Leichenteile im Ofen der Färberei, in der er arbeitete, verbrannt zu haben. 1947 wurde er verhaftet, vor Gericht gestellt, für schuldig befunden und zum Tode verurteilt. Wobei man ihm die Grausamkeit der Tat vorwarf – und seine tief liegenden Augen, die man als »*typisch für Mörder*« bezeichnete.

Wie wurde Tuduri hingerichtet? Wie üblich in Spanien mit der Garotte, dem Würgeeisen. Dem Delinquenten, der gefesselt auf einem Stuhl sitzt, wird eine Art Metallkrause um den Hals gelegt, in der hinten eine Schraube steckt, die mit einer Kurbel gedreht wird. Der Tod tritt auf doppelte Weise ein: Der Delinquent wird stranguliert und/oder die Schraube bricht ihm Genick und Zungenbein. Eine grausame Prozedur, schmerzhaft und riskant. Der Henker kann die Prozedur nach Gutdünken verlängern oder abkürzen. Der Delinquent erlebt, sozusagen, sein eigenes Sterben minutenlang.

Wer war der Henker? Ein geheimnisvoller Mann, über den man damals so wenig wusste wie über den Mann im Mond – Florencio Fuentes aus Valladolid, der spanische Staatshenker. Mallorca hatte keinen eigenen Henker, also musste Fuentes mit dem Schiff anreisen, in seinem Gepäck ein schwarzes Lederköfferchen mit der zerlegten Garotte: Metallringe, Kurbeln, Schrauben, Muttern, ferner eine schwarze Kapuze mit Augenlöchern, die er überzog, bevor ihm der Delinquent gebracht wurde. Fuentes war ein etwas korpulenter, aber eleganter Mann mit schweren Lidern, der gern Zigaretten aus der Spitze rauchte und breitkrempige Hüte trug, dazu schwarze Fliege, oft eine Blume im linken Knopfloch, eine Uhr an der Kette und kleine Ordenskokarden am Revers. Niemand hätte in ihm den Mann vermutet, der viele Todesurteile vollstreckte. Fuentes war das Urbild des jovialen »Kaffeehaus-Spaniers«. Und doch brachte er die Kälte auf, hinter die Verurteilten zu treten und die Kurbel zu bedienen, die eine spitze Schraube in den Nacken trieb, bis das Zungenbein brach – mit einem hörbaren Knacken, wie es heißt.

Wo wurde auf Mallorca hingerichtet? An einem Platz, der so nicht mehr existiert – unter freiem Himmel im hoch ummauerten Hof des alten Gefängnisses von Palma, das Capuchinos hieß.

Starb Tuduri einsam? Ja und nein. Von seiner Familie war niemand zugelassen, dennoch drängten sich neun Personen um den Stuhl, auf den er gefesselt war: der Henker, der Gefängnisdirektor, ein Arzt, ein Priester, zwei Aufseher (die Tuduri trotz der Fesseln an seinen Armen festhielten), ein Vertreter des Justizministeriums und zwei Zeugen, deren Identität unbekannt ist, die aber aus den Familien der Opfer stammen mochten.

Aber war Tuduri wirklich schuldig? Es gibt in den Akten keinen einzigen schlüssigen Beweis. Tuduris Verteidiger hat noch Jahre danach darauf bestanden, dass sein Mandant unschuldig gewesen sei. Tragisch: Rechtsexperten, die das Urteil immer wieder studiert haben, sind heute der Meinung: Wäre Tuduri nicht 1951, sondern 2001 angeklagt worden, hätte er das Gericht höchstwahrscheinlich als freier Mann verlassen: mangels Beweisen. Aber es war Franco-Zeit. Und wenn der Staat es damals für opportun hielt, einen Täter zu finden – dann geschah das.

Catalina Tomàs

Die einzige Heilige Mallorcas (1531–1574) stammt aus Valldemossa und wurde laut Legende vom Teufel durch den Ausguss eines Waschbeckens verbal und als Dampf bedroht. Als ihr Haus abgerissen wurde, erwarb →**Robert Ranke-Graves** das Becken und ließ es in seinem Haus in Deià einbauen. Das Fest ihr zu Ehren heißt »Beata« und wird in rund einem Dutzend Gemeinden gefeiert.

Joaquín Torrents Llado

Maler und Mal-Lehrer. 1946 in Badalona (Katalonien) geboren, kam er 1968 nach Palma und lebte dort bis zu seinem Tod 1993. Seine Freunde und Fans nannten ihn nur »Xim«. Sein Haus in der

Altstadt ist heute Museum, in dem man nicht nur das Werk von Torrents besichtigen kann, sondern auch seinen üppigen Lebensstil – man beließ die Räume so, wie sie in seiner Todesstunde aussahen. Sein Haus liegt rechts neben dem Museo de Mallorca. Er war einer der letzten großen Porträtisten im dramatisch herrschaftlichen Stil von **Velázquez** und **Tizian**, schuf wunderbare Zyklen mallorkinischer Landschaften, etwa auf der Halbinsel Formentor, entwarf Plakate und Etiketten, zum Beispiel für Cordoníu, malte abstrakt und die schönsten Teich-Bilder seit **Monet**. Da es Torrents ein Anliegen war, seine Kunst weiterzugeben, gründete er eine bis heute florierende Malschule, die Escuela Libre del Mediterráneo. In den achtziger Jahren pilgerten Prominente nach Palma, um Torrents Modell zu sitzen – die berühmtesten Porträts malte er von **Caroline von Monaco** und **Christina von Kent**. Ein witziges Lob machte ihm → **Robert Ranke-Graves** in einem Brief, der im Torrents-Haus ausgestellt ist: *Joaquín ist Maler. Die meisten Maler glauben, Maler zu sein. Joaquín ist wirklich einer.*

Xavi Torres

Der schwerstbehinderte Schwimmer (* 1969) ist ein Weltstar: Er gewann fünf Goldmedaillen bei den Paralympics, war dreimal Weltmeister und holte 74 spanische Meistertitel.

Totenklage

Es war 1973. Der 6. Mai, ein Tag im Frühling, der so warm war, dass er einen heißen Sommer versprach. Ein tief trauriger Tag: Meine Großmutter war gestorben. Mit 79 Jahren nach glücklichen Jahrzehnten auf Mallorca. Um 20.18 Uhr. Und dann passierte es …

Sind die Mallorkiner Europäer?

Ich saß auf den Steinstufen zu unserem Haus und vermochte nicht zu begreifen, was die mallorkinischen Frauen mit uns anstellten. Trotz meiner Trauer. Wegen meiner Trauer. Wie sie die Verantwortung an sich gerissen hatten. Wie sie die Initiative übernahmen – außerhalb jeder mir bekannten Trauernorm. Archaisch. Seltsam. Befremdlich. Urgewaltig. Orientalisch.

In diesem Moment überkam mich der Verdacht, dass die Mallorkiner überhaupt keine Europäer sind. Weil in den Momenten ihres tiefsten Gefühls, des Verlustes, Mechanismen griffen, über die ich bisher nur gelesen hatte: So war getrauert worden, als die Briten steinerne Pharaos auf offenen Barken den Nil hinuntertransportiert und Tausende von Frauen an den Ufern geschrien, sich die Brust zerkratzt und Asche aufs Haupt gestreut hatten.

Ich wohne in einer ländlichen Gegend Mallorcas, meine Nachbarn sind Bauern. Sie heißen Vadell, Busquets, Sureda und Benassar. Alle heißen so, denn alle sind verwandt. Viele sind Analphabeten, ehrliche, fröhliche, fleißige, schlichte Leute. Aber ein Adel der roten, steinigen Erde. Könige auf ihrem Land hoch über dem Meer mit Blick auf zwanzig Kilometer Küste. Mandel-, Oliven-, Schaf- und Schweine-Bauern. Die Jungen gehen arbeiten in die Hotellerie von Cales de Mallorca. Und der Liebe Gott der Christenheit war hier nie stärker als das mächtige Wetter mit seinen Dämonen Sturm, Regen, Hitze und Dürre. Das sind die wahrhaft höheren Gewalten in so einer Gegend und für die Menschen. Sie bestimmen das Leben. Sie muss man sich gewogen machen. Gott kann da wenig ausrichten. Gott ist nur für die Menschen zuständig, die Angst haben. Das glauben meine Nachbarn.

Und dann starb meine Großmutter, die sie »Abuela« (Großmutter) nannten, wenn sie jung waren, und »Tía« (Tante), wenn sie alt waren. »Tía Carlotta« – sie liebten die stille, sanfte, gütige, schöne Frau, die aussah wie die Mutter der netten Fee in alten Märchenbüchern.

Ich war nach dem letzten Atemzug meiner Großmutter zum nächsten Hof gegangen, zweihundert Meter entfernt von unserem Haus, und hatte die Trauernachricht verkündet. Aber sie wussten es schon. Ich begreife nicht wie, zumal ich es selbst erst seit ein paar Minuten wusste. Meine Nachbarn brauchten nur die offizielle Bestätigung durch mich, um zu beginnen: Mit einem schrillen Tremolieren fast ohne Pause, das die Frauen produzieren, in dem sie einen möglichst hohen Ton anstimmen und die Zunge möglichst schnell zwischen dem oberen und unteren Gaumen bewegen. Das ist arabisch, biblisch, östlich. So schreien Klageweiber zwischen

Rabat und Quetta ihre Trauer heraus – oder halten böse Geister im Zaum, die versuchen, die Seele zu vertreiben und von der sterblichen Hülle Besitz zu ergreifen.

Das schrille Tremolieren pflanzte sich fort von Hof zu Hof, bis unsere gesamte Landschaft bedeckt war mit einem Teppich akustischer Trauer, denn immer mehr Frauen stimmten in die Klage ein, die man über Kilometer hören kann in dieser Tonlage. Und dann kamen sie gerannt: Schwarze Frauen wie flatternde Krähen, immer noch tremolierend, zwischendurch ein »Aiii!« kreischend wie Adler hoch oben in den Bergen. Die Frauen drangen ins Haus ein, wussten instinktiv, wo meine tote Großmutter lag, nahmen sie in die Arme, drückten sie liebevoll, nahmen Abschied von Körper zu Körper und holten sich schließlich die typischen Stühlchen, auf denen sie beim Sitzen kaum über die Bettkante blicken konnten, und begannen zu rezitieren.

Wussten sie was? Kannten sie den Text so, dass sie ihn hätten aufschreiben können, hätten sie schreiben können? Und was ist mit der Melodie? Vermochten sie sie anzustimmen, wenn nicht getrauert wurde? Beherrschten sie den Gesang auch dann? Ich bezweifle es. Sie sprachen zwar und sie sangen, aber es war wie das monotone, automatische »Om mani padme hum« tibetischer Mönche. Eine Leier. Ein Ur-Text und eine Ur-Melodie. Ein Atmen der Trauer. Über das Atmen denkt man ja auch nicht nach, außer man ist außer Atem. Sie holten den Text und die Melodie aus ihrem Unterbewusstsein, Abteilung Trauer, so schien mir, und blieben die ganze Nacht. Am Morgen kam der Bestatter und holte meine Großmutter, und die Frauen, die keine Sekunde geschlafen hatten – oder vielleicht hatten sie singend geschlafen und schlafend gesungen –, begleiteten den Wagen mit dem Sarg den steilen Schafsweg hinunter bis zur Straße, ununterbrochen weitertremolierend und mit dem Adlerschrei »Aiii!« dazwischen.

Aber ihr Dienst an meiner, an ihrer geliebten Toten war damit noch nicht getan. Sie kamen zurück, flatterten die Straße hinauf, durch unseren Garten und ins Haus zurück. Sie rissen, ohne mich zu fragen, die Bettwäsche herunter und nahmen die Sachen, die meine Großmutter im Sterben getragen hatte, ehe sie sie im Tod neu ankleideten, und verbrannten alles im Garten. Bezogen das Bett neu und weißelten das Zimmer. Wahrhaftig – zwei der Frauen waren mit einem Eimer voll Kalkfarbe und kräftigen Pinseln erschienen, hatten mich zur Seite gedrängt, verschoben die Möbel – und in zehn Minuten hatten sie den Tod aus dem Zimmer gestrichen. Selbst von der Decke. Es war nicht mehr das gleiche Zimmer, und das war der Sinn der Sache: Jetzt konnte wieder ein Lebender einziehen. Das Totenzimmer war wieder ein Lebenszimmer geworden.

So musste es sein. Ein alter Brauch. Uralt, archaisch, vernünftig. Wenn man nur darauf vorbereitet gewesen wäre. So saß ich, stumm und gedankenleer vor Trauer, auf den Stufen zum Haus und ließ über mich ergehen, was sie mit meiner Großmutter und ihrer Behausung, die jetzt meine war, anstellten.

Dann kapierte ich, wie tröstlich das war, was sie taten. Nur – als ich es kapiert hatte, waren Jahre vergangen und ich wohnte längst im Zimmer meiner Großmutter und schlief in ihrem Bett, das aus dem frühen 19. Jahrhundert stammt und ehrwürdig mallorkinisch ist. In ihrem Zimmer schwebte nur noch die Erinnerung an die wunderbare, lebendige Frau, die Spuren des Todes und der Toten waren verschwunden.

Ich habe die Klageweiber, die eigentlich meine lieben Nachbarinnen und im normalen Leben schwer arbeitende Landfrauen waren, nie wieder so gehört. Ich befürchte, die professionellen Bestatter, die nichts wissen von alten Bräuchen, haben die Trauer mit ihren modernen Hygienevorschriften als »Nachruf-Business« übernommen. Es wäre spannend zu erfahren, was die guten Seelen und die bösen Geister dazu sagen.

Peter von Tresckow

Zeichner (* 1936) mit Wohnsitz in Alaró seit rund zwanzig Jahren. Leser der »FAZ« kennen seine künstlerischen Kommentare (»Skizzen aus Alaró«), viele seiner Arbeiten hängen in privaten Sammlungen und Museen, schmücken Bücher und erscheinen in anderen Zeitungen. Tresckow ist Mallorca-Fan: *»Die Insel besitzt eine große Energie und erweitert meine Perspektive.«*

Emilio Trilla

Man unterschätzt ihn, wie er da so zwischen Postkarten, Briefmarken und Münzen im winzigen Glaskiosk (Nr. 13) von Telefonzellenformat auf der Via Roma sitzt. Aber der stille Mallorkiner ist ein großer Sammler, und auch wenn er etwas nicht sammelt, weiß er darüber besser Bescheid als andere. Niemand macht ihm etwas vor bei den alten Postkarten Mallorcas, den →Münzen des Königreiches und Memorabilia aus dem Bürgerkrieg. Trilla ist ein sprudelnder Quell des Wissens, man muss ihn nur zum Reden bringen – das ist nicht leicht.

Trinkspruch

Der bekannteste ist natürlich »Salud i pesetas i amor« – Auf die Gesundheit, das Geld und die Liebe. Pesetas gibt es nicht mehr, also muss man jetzt sagen: »Salud i Euro i amor«. Was den Mallorkinern nicht so in den Kram passt und auch holprig klingt. Lieber sagen sie deshalb, und die Mallorkinerinnen erheben dafür gern ihre Gläser: »Salud i pesetas i una nina con buenas tetas« – Auf die Gesundheit, das Geld und ein Mädchen mit mächtigem Busen. →**Sexualität**

Josep Truyols

Selbst intime Mallorca-Kenner wissen nichts anzufangen mit dem Namen, dabei hat Truyols mehr für die Popularität der Insel getan als viele andere: Er hat um 1900 die Postkarte eingeführt. Die war seit 1870 weltweit in Gebrauch, aber es dauerte dreißig Jahre, bis sie nach Mallorca kam, und da Truyols Fotograf war, fiel es ihm leicht, aus seinen Fotos Postkarten zu machen, schwarzweiß oder koloriert und oft gestaltet wie kleine Kunstwerke, mit einem historischen und einem zeitgenössischen Bild auf der Vorderseite. Sinnigerweise konnte keine Inseldruckerei seine Postkarten herstellen, deshalb schickte er Fotos und Entwürfe nach Leipzig, von dort kam das fertige Produkt wieder nach Palma – und nicht selten ging es frankiert nach Leipzig zurück. Truyols Karten sind Raritäten, unter zehn Euro ist keine zu bekommen, die er mit der nach links geneigten Signatur zeichnete: J. Truyols Fotógrafo.

Übrigens: Postkarten vor 1906 erkennt man daran, dass sie auf der Bildseite beschrieben sind. Erst nach 1906 erlaubte der Weltpostverein Nachrichten auf der Adressenseite. Noch etwas: Auf Mallorca stirbt die Postkarte aus. 1985 wurden noch rund vierzig Millionen verschickt, 2003 waren es nur noch etwas mehr als zehn Millionen.

Moise Tshombé

Der Kongo war das Weltthema der sechziger Jahre des 20. Jahrhunderts. Die Belgier verließen ihre reichste Kolonie, das Land versank in blutigen Wirren, Söldner und ihre Armeen trieben ihr Unwesen, mit **Patrice Lumumba** (1961 ermordet) bekam Schwarzafrika den ersten Freiheitshelden. Doch internationale Geheimdienste und Rohstoffkonzerne gingen derart rücksichtslos zu Werke, dass selbst der Generalsekretär der UN, **Dag Hammarskjöld**, ebenfalls 1961 im Busch ermordet wurde. Namen wie Katanga, »Kongo-Müller«, Kasavubu, Mobutu – und Moise Tshombé tauchten auf. Bis heute hat sich der Kongo nicht beruhigt. Immer noch sterben täglich Hunderte von Menschen. Der Kongo ist eine offene Wunde des Globus.

Moise Tshombé war damals die Hoffnung der Welt. 1919 geboren, mit dem Kindergesicht einer Barock-Putte, ein Don Juan und »Freund des Westens«. Am 11. Juli 1960 spaltet er seine unermesslich reiche Heimatprovinz Katanga (»Das Land des Kupfers«) vom Kongo ab, diese wird 1963 mit Hilfe von UN-Truppen erobert und wieder eingegliedert, Tshombé entkommt ins Exil und wird, weil es im Moment keinen Besseren gibt, im Juli 1964 zum Premier des Gesamtkongo ernannt. Er kehrt zurück, wird aber schon im Oktober 1965 gestürzt, muss erneut fliehen, wird am 13. März 1967 in absentia wegen Landesverrats zum Tode verurteilt – und nun kommt Mallorca ins Spiel …

Entführung aus dem Paradies

Eigentlich lebt Tshombé, damals 48, in der c/. Dr. Fleming, 43 in Madrid, beschützt von fünf Bodyguards des spanischen Innenministeriums. Aber Madrid im Winter ist dem Kongolesen zu kalt. Deshalb werden fünf Zimmer im »Hotel del Mar« in Palma für ihn reserviert – auf ein Jahr. Dorthin reist er am 29. Juni 1967 mit einer Linienmaschine der Iberia und lässt seine Frau und zehn Kinder in Madrid zurück. In seiner Begleitung: die schöne und goldblonde **Nina di Mambro**, eine 27-jährige Britin, die er sich als Aushilfssekretärin bei der Madrider Agentur »Steno-Services« ausgeliehen hat. Tshombé bezieht im »Hotel del Mar« Zimmer Nr. 711, die Sekretärin wird eine Etage tiefer in der Nr. 607 einquartiert.

Heute weiß man: Tshombé wurde nach Mallorca gelockt. Angeblich wartete ein belgischer Bankier auf ihn, um gemeinsam Millionen auf Ibiza zu investieren. Es ging um den Kauf mehrerer Millionen Quadratmeter Land, um zwei Hotels und die Planung einer Luxus-Urbanisation plus Yachthafen. Angeblich. Aber immerhin – so schätzt man – hatte Tshombé zwischen fünfzig und hundert Millionen Dollar mit ins Exil genommen, sie sollen heute noch im Depot einer Schweizer Bank liegen. Angeblich. Der nächste Tag, 30. Juni 1967: Tshombé macht einen Stadtbummel, trinkt einen Espresso in der Bar Bosch und fährt um zwölf Uhr in einer Limousine mit Chauffeur zum Flughafen. Um 13.15 Uhr soll ihn ein gecharterter, zweistrahliger Jet vom Typ Hawker Siddeley 125 nach Ibiza fliegen. Dann ein kleiner erotischer Zwischenfall: Tshombé kauft sich am Zeitungskiosk die französische Tageszeitung »France-Soir« und ist hingerissen von der Verkäuferin **Juanita Julia**, 30. Ganz Charmeur flüstert er ihr zu: »*Sie sollten sich auch mal ein paar schöne Stunden machen. Fliegen Sie mit uns nach Ibiza. Wir sind eine flotte Gesellschaft!*« Sie lehnt ab und lacht dabei schallend.

Die flotte Gesellschaft: Tshombé, die britischen Piloten David Taylor und Trevor Coplestone, die spanischen Leibwächter Luis Meana und Santiago Gonzales, das belgische Bankiersehepaar Sigal, ein Franzose namens François Bodenan und der belgische Geheimdienstler Hambursin, der in Brüssel Millionen verwaltet, die Industrielle gesammelt haben, um Tshombé wieder an die Macht zu bringen – und sich in den Besitz der Rohstoffkonzessionen des Kongo.

Dieser Putschversuch trug den Decknamen »Kerillis I« und

wurde, das weiß man heute, im Zimmer 711 des »Hotel del Mar« besprochen. Deshalb war die Hawker Siddeley für fünf Tage gechartert worden – lang genug, damit Tshombé in Palma abwarten konnte, was aus Angola eingeschleuste Söldner und treu ergebene Katanga-Krieger in Kinshasa erreichen würden. Im Falle ihres Sieges wäre er dann schnell eingeflogen. Hätte das geklappt, wäre die Geschichte Afrikas anders verlaufen, und ein Blatt der Weltgeschichte wäre im Zimmer 711 des »Hotels del Mar« auf Mallorca geschrieben worden.

Doch zurück zu Tshombés Zeitplan am 30. Juni 1967, einem Freitag: Mittagessen in Ibiza-Stadt, danach Besprechungen und Besichtigung der Immobilien, 18.30 Uhr Rückflug nach Palma, 21 Uhr große Party, von der Sekretärin Nina di Mambro in der Zwischenzeit organisiert.

Alles verläuft unverdächtig. Die Maschine hebt pünktlich um 13.15 Uhr in Palma ab, auch auf Ibiza keine Zwischenfälle. Tshombé telefoniert noch mit der Sekretärin und ist zufrieden, als sie ihm Planungsdetails der Party am Abend schildert. Um 18.15 Uhr sind alle in der Maschine, sie startet nach Palma, und dann passiert's: Einer – bis heute ist unklar, wer das war – erhebt sich, feuert zwei Warnschüsse in die Sitzpolster und teilt Tshombé mit, dass er sich als entführt zu betrachten habe. Zeit: 18.42 Uhr, siebzehn Minuten nach dem Start in Ibiza, Mallorca ist schon in Sicht. Der Pilot meldet sich per Funk bei den Flughäfen auf Ibiza und in Palma: »*Achtung, Kontrollturm! Hier Flugkapitän Taylor, Pilot der Maschine G-ASNU HS 125. Meuterei an Bord, ich werde gezwungen, Kurs auf Algier zu nehmen.*« Später gelingt es Taylor, das Ziel zu präzisieren: »*Bufarik in Algerien.*«

Inzwischen marschieren Söldner und Katangesen auf Kinshasa und werden aufgerieben. Denn der Mann, der Tshombé entführte, verriet auch die Details seines Plans »Kerillis I«.

Am Abend landet die Maschine, Tshombé wird dem Obristenregime Algeriens übergeben und kommt ins Gefängnis. Ein zweijähriger Leidensweg beginnt, denn was als Entführung begann, endet als Attentat. Tshombé wird von Festung zu Festung geschleppt, gefoltert und in Algier vor Gericht gestellt. Ein Staranwalt aus Paris bekommt keine Zulassung, Tshombé wird von dem Algerier Ben Abdallah vertreten und zur Auslieferung an seinen Todfeind Mobutu verurteilt. Die Algerier wollen sich die Hände nicht schmutzig machen. Verzweifelt kämpft Madame Tshombé von Paris aus um das Leben ihres Mannes, bietet fünf Millionen Dollar für seine Befreiung. Auch deshalb schleppen die Algerier Tshombé jede Woche in ein anderes Gefängnis. Am 29. Juni 1969, fast auf den Tag zwei Jahre nach der Entführung, gibt Algerien plötzlich bekannt, Tshombé sei am frühen Morgen erschossen worden. Hingerichtet? Ohne Urteil? Eher ermordet. Der Täter? Ein von Mobutu bestochener Aufseher, ein Killer des algerischen Geheimdienstes – wahrscheinlich ein Mitgefangener, der sich damit die Freiheit erkaufte. Jedenfalls wurde niemand für den Mordplan, der im Zimmer 711 des »Hotel del Mar« in Palma begonnen hatte, zur Rechenschaft gezogen. Das Kapitel Moise Tshombé wurde stillschweigend und ungesühnt geschlossen.

Ufo

Um »Unbekannte Flugobjekte« kümmert sich eine starke Fraktion Scifi-Gläubiger. Ihrer Meinung nach tauchen Ufos am häufigsten rund um Sóller auf – und ein Phänomen beschäftigt sie besonders: unerklärliche Unterwassertöne zwischen Dragonera und Cap Formentor, von denen sogar ein Realist wie der dreifache Weltmeister im Unterwasserfischen, **Josep Amengual**, berichtet: *»Es klingt, als ob gewaltige Metallröhren auf den Boden geworfen werden.«* Für die Ufologen ist das ein Hinweis, dass sich 100 bis 1500 Meter vor der Küste eine Unterwasserbasis der Außerirdischen in einer bisher nicht entdeckten Höhle am Meeresgrund befindet.

John Ulbricht

Ein amerikanischer Maler, der 1926 in Havanna (Kuba) geboren wurde, seit Jahrzehnten mit seiner Frau **Angela von Neumann** (ebenfalls Künstlerin) in Galilea lebt und nicht in der Lage ist, ein schlechtes Bild zu schaffen. Berühmt sind seine großflächigen Gemälde von Blumenwiesen, die er so perfekt hinkriegt, dass man glaubt, die Leinwand dufte.

Miguel de Unamuno

Der spanische Schriftsteller und Philosoph (1864–1936) kam im Juni 1916 nach Mallorca, lebte in Manacor, Santa Maria und Valldemossa, unternahm ausgedehnte Wanderungen in die Tramuntana und beteiligte sich intensiv am geistigen Leben der Insel. Seine Insel-Reflexionen kann man in drei Kapiteln seines Buches »Andanzas y visiones españoles« (1922) nachlesen.

Urkunden

Die Archive der Insel sind voll von herrlichen historischen Urkunden – je älter, desto kostbarer, und *»mittelalterliche Urkunden aus Mallorca kommen am Markt fast nicht vor«*, sagt **Wolfgang Mecklenburg**, Geschäftsführer des Berliner Auktionshauses Stargardt. Das heißt: Es gibt die Dokumente zwar, aber sie werden nicht verkauft, und wenn, löst das immer eine gewisse Hektik aus. So geschehen Mitte Oktober in Basel, als eine 43 × 42 Zentimeter große

Urkunde aus dem Jahr 1370 versteigert wurde: Verbrieft vom Notar **Guillelmo de Crocio** auf Pergament, verkaufte der Kaufmann **Michael Sabateri** seine Einkünfte aus einem Grundstück an einen gewissen **Berengarius de Monta Acuto**. Solche Seltenheit schlägt sich im Preis nieder – das Pergament wurde bereits mit rund 1160 Euro aufgerufen.

Peter Ustinov

Kommt der Sommer, kommt der große Ustinov, hieß es. Jedes Jahr schipperte Sir Peter auf seiner alten Yacht »Nitchevo« in die Bucht von Formentor, wohnte entweder in seiner Kabine oder in einer Suite des Hotels. Das Multitalent (1922–2004), in London aufgewachsen, am Genfer See lebend, war mehr als vierzig Jahre lang Mallorca-Fan und besaß auch mal ein Haus in Port d'Andratx. Seinen spannendsten Fall als Detektiv Hercule Poirot löste er auf der Insel: »Das Böse unter der Sonne« – es tummelte sich rund ums »Formentor«.

Jörn Utzon

Der Erbauer der berühmten Oper von Sydney, ein Däne (* 1918), hat sich 1973 auf einer Meeresklippe bei Porto Petro ein Privathaus namens »Can Lis« hingestellt, zu dem Architekturstudenten pilgern – so viele tolle Dinge sind zu sehen. So stoßen etwa die steinernen Wände nicht aufeinander, weil zwischen ihnen schmale Glasfugen liegen. Das bewirkt, dass das Haus eine unerklärliche Leichtigkeit ausstrahlt und zu schweben scheint. Der Zwei-Meter-Hüne aus Kopenhagen erbaute sich später ein weiteres Haus, ähnlich dramatisch, in s'Horta – »Can Feliz«. Seit 1971 verbringen Utzon und seine Frau die Winter auf der Insel. Auch sein zeitweiliger Schwiegersohn **Alexander Popov**, Architekt und Architekturprofessor in Australien, hinterließ seine Spuren mit futuristischen Häusern im Umland von Porto Petro.

Horst K. Vaith

Der Erfinder aus Rottach-Egern (* 1939) pendelt zwischen Tegernsee und Mallorca, wo er am Golfplatz Bendinat wohnt. Vaith, dem ein fast schon genialer IQ von 143 nachgesagt wird, hält 140 Patente, sein neuestes ist ein Spray, der gegen den 2003 plötzlich weltweit auftretenden Lungenvirus SARS eingesetzt werden kann.

Rudolfo Valentino

Der mit Abstand populärste Stummfilmstar (ein Italiener, 1895–1926, »The Sheik«) löste auch auf Mallorca kurzfristig heftige Hysterie seiner Fans aus: Als er für einige Tage in der »Villa Merito« in Cala Fornells Station machte und plante, ganz auf die Insel zu ziehen – was sein Ableben im selben Jahr vereitelte. Seine Witwe →**Natasha Rambova** (1897–1966) zog 1926 nach Mallorca, wohnte in Genova und Cala Fornells und erwarb sich eigenartigerweise besondere Verdienste um die Erforschung und Elektrifizierung der Höhlen von Genova. Bei Ausbruch des Spanischen Bürgerkrieges verließ sie Mallorca in Richtung USA.

Gaspar Valero i Martí

Einer der großen Denker Mallorcas. Er ist Historiker, lehrte früher an der Universität in Palma und hat, so zähle ich jedenfalls, die drittmeisten Bücher über die Insel geschrieben. Valero steht dem Einmarsch der Ausländer kritisch, aber abgeklärt gegenüber, pflegt aber besonders das Mallorquin. In dieser Sprache führt er auch ein privates Kulturprogramm durch, bei dem jeder mit seiner Hilfe in die Geheimnisse der Insel eindringen kann – wenn er Mallorquin spricht.

Angel Vallejo Pons

Der Mallorkiner (* 1983), genannt »Paco«, ist Jurastudent – und Schachgroßmeister. In der Weltrangliste liegt er um Rang dreißig, seine Künste stellt er auch der deutschen Bundesliga zur Verfügung: Er spielte etwa für den Klub »Turm Emsdetten«. Der einzige Großmeister der Insel ist er allerdings nicht: Als erste Frau Spaniens bekam auch **Monica Calzetta** den Titel.

Vandalen

Sie vertrieben 426 nach Christus die →Römer von der Insel, konnten sich aber nur wenige Jahre halten und wurden ihrerseits von den Westgoten verjagt. Spuren der Vandalen findet man kaum – bis auf ein paar Worte im traditionellen Mallorquin, z.B. »Spitz« für Ahle oder »rich« für reich – eindeutig germanische Begriffe.

Mario Vargas Llosa

Der Schriftsteller und Politiker aus Peru (* 1936) besuchte Mallorca regelmäßig in den Jahren 1968 bis 1993, wollte sogar ein Haus kaufen (aber die, die ihm angeboten wurden, mochte er nicht), wanderte viel und meist allein durch die Berge und schrieb einen einzigen Text über die Insel: »La trompeta de Deià«. Ich habe ihn vergeblich auf Deutsch gesucht.

Jules Verne

Französischer Autor (1828–1905) fantastischer, oft in die Zukunft weisender Geschichten. Nach der Lektüre von »Die Balearen« des Erzherzogs →Ludwig Salvator baute er in sein Buch »Clovis Dardentor« von 1896 eine Episode ein, die auf Mallorca spielt. Highlight ist eine Szene, in der eine Maultierkutsche am Schloss →Bellver durchgeht und erst vor dem Altar (!) der Kirche Santa Eulalia in der Altstadt von Palma gebremst werden kann.

Trotz der Realitätsnähe, die Verne auszeichnet, hat die Art seines Schreibens bei diesem Roman etwas von der eher hochstaplerischen Arbeitsweise von **Karl May**. So heißt es bei der Ankunft in Palma: »*Wenn es ein Stück Erde gibt, das man gründlich kennen kann, ohne es je besucht zu haben, so ist es die herrliche Gruppe der Balearen … Wirklich, nach dem, was über diese Oasen des Mittelmeers, wie für kein anderes Land der Erde, geschrieben und gedruckt worden ist, hat man es gar nicht mehr nötig … sein Haus zu verlassen … ist es unnütz, hinzugehen, um die den Touristen gerühmten Naturwunder aus eigener Anschauung kennenzulernen.*« Und wie konnte Jules Verne dann Mallorca derart detailliert beschreiben? Auch darauf gibt er eine Antwort, als seine drei Helden in Palma ankommen: »Wenn man ein Land nicht kennt, tut man am besten, seinen Baedeker zu Rate zu ziehen …« Diesen Baedeker von 1896 hätte man gern – aber er ist nur noch für ein Vermögen zu bekommen. Die Mallorkiner haben übrigens die Episode über ihre Insel unter dem Titel »Viaje a Mallorca« aus »Clovis Dardentor« gefiltert und mit witzigen Illustrationen, die in den meisten Ausgaben fehlen, 1952 in Palma als schmales Bändchen veröffentlicht.

Auch zur Geschichte »Die Reise zum Mittelpunkt der Erde« hatte ihn die Insel inspiriert – nachdem ihm sein Freund → **Martel** eine Höhlenbegehung geschildert hatte. Er verlegte die Reise allerdings nach Island.

Versteckspiel

Societysport, akribisch betrieben aus gutem Grund: Meist weiß die Steuer nichts von der Liegenschaft, zudem wurde sie in der Regel zum Teil mit Schwarzgeld erworben. Neid wird ebenso befürchtet wie Neugier, zumal viele Promis ihre Villen so pompös gestalten, dass man sich nach Florida versetzt glaubt – oder nach Bel Air. Andere Gründe für das Versteckspiel: Entfremdete Ehemänner parken gern ihre Frauen auf der Insel (deren Zahl geht in die Hunderte, man glaubt es kaum), fremd gehende Ehemänner finden hier Refugien für ungestörte Tage mit der Geliebten. Und Entertainer, Politiker und Weltverbesserer, die sich in Deutschland als soziales Gewissen gerieren, leben auf Mallorca wie überkandidelte Milliardäre – inklusive Gesindehaus, Gärtner und Gerichtsbeschlüssen, die das Fotografieren ihres Anwesens verbieten. Darunter welche, die auf dem freien Markt bis zu zwölf Millionen Euro kosten würden, aber natürlich nie auf den Markt kommen. Denn wenn die Herrschaften verkaufen, tun sie dies natürlich nur unter der für Insider eindeutigen, nach außen unverdächtigen Formel »Preis auf Anfrage«. Das heißt: Der Preis wird nicht genannt, weil lediglich ein Teil der Kaufsumme legal gezahlt wird, der Rest bar oder – wie das in Fachkreisen heißt – »schwarz auf die Kralle«.

Ein Verstecken ganz anderer Art spielten Ende der sechziger Jahre einige Mallorkiner mit Ausländern: Sie ließen sie in die Irre fahren und nicht an einer Neuerung teilhaben. Das ging so:

Wie man eine Straße unsichtbar macht

Zugegeben, sie ist nicht sehr beeindruckend. Rund acht Kilometer lang, zwei knappe Spuren breit, entsetzlich kurvig und kaum befestigt. Sie führt von der 401-4 (Port Colom-Portocristo) zur C 714 (Felanitx-Manacor), bindet das nette Dorf → Son Macià ans Verkehrsnetz und führt durch eines der schönsten Täler der Insel. Na ja, es war mal eines der schönsten, ehe Ausländer der Kauf- und Bäuerlein der Verkaufrappel packte. Jetzt steht das Tal voller Villen – die Berge hinauf und die Täler hinab. »*Permunt*« und »*Pervall*«, wie die Mallorkiner sagen.

Aber die Straße verkürzt den Weg von der Küste in die große Stadt Manacor um rund zehn Kilometer. Vor 1968 gab's da nur einen einspurigen Schotterweg, dessen Geröll Reifen und Scheiben gefährdete, gerade mal zwanzig Stundenkilometer erlaubte und voller Fußgänger, Schafsherden, Eselskarren, Landmaschinen und Schlaglöcher war. Und dann kam ein Mann namens **Pedro Fons Pascual**, Gott hab' ihn selig. Den kennt kaum einer mehr, er hatte jedoch ein Hobby, das ihn quasi unsterblich gemacht hat: Er baute die Straße aus und verschaffte ihr eine Asphaltdecke. Eigenhändig, eigenfinanziert, eigensinnig. 1968 war das. Sie bekam keine amtliche Nummer beim Katasteramt oder auf den Straßenkarten, weil sie so klein ist, und auch deshalb betrachtete sie Don Pedro als sein Eigentum.

Das er schützen und bewahren wollte. Was er aber nur konnte, wenn möglichst wenige sie benutzten, soll heißen: möglichst wenige von ihrer Existenz wussten. Vor allem keine Ausländer mit ihren starken Motoren und ihrer rücksichtslosen Fahrweise. Zumal sie damals mehr Autos besaßen als die Eingeborenen, vor allem im Sommer. Mochten sie doch die 401-5 nehmen, auch wenn Manacor dadurch zehn Kilometer weiter weg war. »*Tametäisch*« – ist uns doch wurscht …

Also bauten die Eingeweihten ein künstliches Gebüsch von rund acht Meter Breite, zwei Meter Höhe und fünfzig Zentimeter Dicke. Ein Gebüsch auf Brettern mit unsichtbaren Griffen links und rechts, damit man es bewegen konnte. Ab und zu wurde das Gebüsch mit frischen Zweigen erneuert, damit nicht auffiel, dass es künstlich war und vertrocknete. Das zogen sie dann so geschickt vor die Abzweigung, dass alle vorbeifuhren, die nicht eingeweiht waren. Ich auch. Wir alle, die Ausländer der Gegend, Festlandspanier inklusive. Und Mallorkiner, die weiter weg wohnten als zehn Kilometer, ebenfalls. Fast ein Jahr lang. Aber wenn ein Eingeweihter daherkam, bremste er. Wenn keiner hinter ihm war und keiner ihm entgegenkam, lief er zum Gebüsch, zog es auf, fuhr rasch in die neue Straße und versteckte sie wieder. Schwupps, weg war sie.

Tja, und dann verplapperte sich doch einer an der Bar des »Ca'n Gusti«, der Kneipe an der 401-4, etwa zwei Kilometer von der versteckten Straße entfernt. Weil er sich dazu hinreißen ließ, mir beweisen zu wollen, wie blöd ich sei und alle anderen dazu. Weil wir nicht gemerkt haben, dass es die neue Straße gibt, und wir immer noch – haha – den Umweg über die 401-5 nehmen. Seine Kumpels an der Bar hätten ihn fast geohrfeigt dafür, aber – das Geheimnis war keins mehr. Da vergatterten sie mich, und das Wort passt da gut, mich als Eingeweihten zu betrachten und niemandem was zu sagen.

Nun ja, Sie wissen, wie das ist. Mal nimmt man seine Großmutter mit, mal seinen Vater, die Ehefrau, Kinder, Freunde, staunend erleben sie, wie man das Gebüsch beiseite räumt und eine unbekannte Straße sich öffnet, natürlich erzählen sie es weiter – und heute gibt es kein künstliches Gebüsch mehr. Seit etwa 1969. Heute gibt es Hinweistafeln auf Son Macià und Manacor, Verkehrsschilder und an einigen Stellen sogar Warnungen, dass man ohne Mittelstreifen fahren muss. Aber eine Nummer hat die Straße immer noch nicht.

Dafür etwas anderes – ein gekacheltes Denkmal für Pedro Fons Pascual in der ersten Kurve, wenn man vom Meer her kommt. Auf dem ist in gebrannter Handschrift die Widmung vermerkt: *Dem Mann, der mit dem Einfallsreichtum seines Geistes, dem Schweiße seines Körpers und der Hilfe seiner Nachbarn diese Straße gebaut hat.* Und dem es fast ein Jahr gelang, sie zu verstecken. Das waren sie ihm, sich und den dummen Ausländern schuldig.

Antonio Vich

Der Mallorkiner ist eine erfreuliche Erscheinung und bei vielen beliebt: Er gewann 2004 die erste Kellner-Meisterschaft der Balearen und vertrat den Archipel bei den Landesmeisterschaften. Vich war zur Zeit seines Sieges im »Arabella Sheraton«-Hotel beschäftigt.

Albert Vigoleis Thelen

Der Schriftsteller (1903–1989) serviert kein leichtes literarisches Brot. Denn sein Buch »Die Insel des zweiten Gesichts« ist in einer Sprache geschrieben, bei der viele Worte nicht im Duden stehen – der fast schon geniale Autor hat sie formuliert wie ein Maler, der mit dem Pinsel nie gesehene Striche ausführt. Aber es ist ein fabelhaftes Buch, informativ, heiter und von einer Genauigkeit, die man abwandern kann. Vigoleis war lange Jahre der Sekretär von →**Robert Ranke-Graves** und hat nach »Die Insel des zweiten Gesichts« nichts mehr geschrieben, auf das man hinweisen müsste. Doch wie gesagt: Man schafft sein Mallorca-Buch erst nach mehreren Anläufen und eigenartigerweise auch erst, wenn man die vierzig überschritten hat.

Mikko Viherjuuri

Hiermit sei, soweit bekannt, der einzige prominente Insel-Finne vermeldet! Viherjuuri (* 1950) ist in seiner Heimat gefeierter Schauspieler, Regisseur und Intendant, leitet das Theater der Stadt Tempere, und Ehefrau **Tiure** ist der bekannteste Bühnenstar Finnlands. Sie besitzen ein Sommerhaus an der Playa de Canyamel.

Tono Vila

Mallorcas Spitzenarchitekt, dessen Meisterstück die perfekte, weil bis aufs letzte Stuckornament originaltreue Restaurierung des Carrer Colom in Palma ist – bei gleichzeitigem Einbau moderner Komfortwohnungen.

Vicenta Vila Mira

Man muss die Mallorkinerin (* 1949 in Sóller) einfach erwähnen, zu skurril ist ihre Leistung: Die Señora ist spanische Meisterin

1984, 1985, 1987, 1988, 1990 und 1992 im langsamen Pfeiferauchen. Darin hält sie auch den Landesrekord mit 1:38:20 Stunden für eine Tabakfüllung.

Macià de Viladesters

Einer der bedeutendsten und dabei leider unbekanntesten Mallorkiner. Der zum Christentum konvertierte Jude lebte um 1400 als Kartograph, erfand die Längen- und Breitengrade und damit das wichtigste Werkzeug der Geografie und der Seefahrt. Leider stahl ihm sein niederländischer Kollege **Mercator** (1512–1594) mehr als ein Jahrhundert später die Erfindung, er gilt heute als Schöpfer der gedachten, die Erde umspannenden Linien – Viladesters ist fast vergessen.

Joseph Vilsmaier

Der erfolgreiche Regisseur (* 1939, »Herbstmilch«, »Comedian Harmonists«, »Stalingrad«, »Marlene«) gehört zu jenen, die klammheimlich auf Mallorca wohnen, aber seine Liebe zur Insel liest sich wie ein interessantes Drehbuch. Mit seiner tschechischen Frau, der Schauspielerin **Dana Vavrova**, und den zwei Kindern kam der Bayer 1994 zum ersten Mal, war *»total überrascht, wie sehr Mallorca dem Klischee nicht entsprach«*, wollte nicht mehr weg und mietete für seine folgenden und regelmäßigen Aufenthalte jeweils eine Finca. Etwa um 1999 kaufte er sich eine ländliche Immobilie bei Santanyí, stellte aber bald fest, dass Kosten, Mühe und Sorge ums Anwesen keinen gekauften Besitz lohnten – *»dafür war ich dann doch einfach zu wenig da«*. 2004 verkaufte er sein Haus und schaute sich wieder nach Miet-Fincas um, denn nach Mallorca will er wie bisher mit der Familie regelmäßig kommen. *»Nein, nein, die Insel verlasse ich nicht mehr, dazu ist sie viel zu schön. Ich fühle mich sehr wohl und kreativ hier«*, sagt er. Interessant für Filmfans: Seine Insel-Häuser nutzte er auch beruflich, oft brachte er seine Vertrauten mit (Drehbuchautor, Kameramann, Regie-Assistent) und entwarf mit ihnen hier die Kinohits.

Violante von Mallorca

Es gibt zwei Königinnen des Namens:

1. **Violante von Ungarn**, zweite Ehefrau von **Jaume I.** (1208–1276) und Mutter von **Jaume II.** (1243–1311).
2. **Violante de Vilaragut**, zweite Ehefrau von **Jaume III.** (1315–1349).

Um die Frauen ranken sich faszinierende Legenden, deren sich wiederholt die Trivialliteratur bemächtigt hat. 1963 schrieb z.B. **William H. Ruedt von Collenberg** die Biografie der zweiten Violante (hier heißt sie allerdings **Yolande**), die – man glaubt es kaum – eine Prinzessin von Braunschweig war. 1988 veröffentlichte die deutsche Autorin **Gaby de Winter** (* 1949 in Passau) einen herrlichen Herzschmerz-Roman namens »Violante Königin der Balearen«, und darin bekommt die Biografie eine noch dramatischere Wendung – vom kleinen Maurenmädchen und armen Opfer der Inquisition zur schönen und klugen Königin von Mallorca.

Um es noch verwirrender zu machen: Nach Mallorca hatte sich um 1395 eine dritte Königin des Namens vor der Pest auf dem Festland geflüchtet – **Violante de Bar**, zweite Frau von König **Joan I. von Aragón** und Schwester von **Karl V. von Frankreich**.

Lothar Vosseler

Halbbruder von →**Gerhard Schröder**, der im Kielwasser des Kanzlers merkwürdige Karriere machte: Kanalarbeiter, Parade-Arbeitsloser und Grüßaugust des mallorkinischen Touristikunternehmens, das die Tauchfahrten mit dem Mini-U-Boot »Nemo« anbietet. Als er im »Mallorca Magazin« eine Kolumne begann (*»Lieber Gerd … Dein Lothar«*), in der er sich Gedanken über Mallorca und die Welt machte, reagierten viele Leser mit Unverständnis oder sogar Zorn.

Yannick Vu

Schöne und kreative Künstlerin (* 1942), in Frankreich geborene Eurasierin (Tochter des vietnamesischen Malers **Vu Cao Dam**), Exehefrau von →**Doménico Gnoli**, Ehefrau von →**Ben Jakober** und seit 1963 auf Mallorca. Sie malt, bildhauert, schafft Objekte, wirkt auch an der Kunst ihres Mannes mit – und züchtet Rosen in dem verwunschenen Märchengarten. Sie ist außerdem eine hervorragende Kunsthistorikerin, die sich besonders mit ihrem speziellen Sammlersujet beschäftigt: Kinderbildern des 16. bis 19. Jahrhunderts.

Gaston Charles Vuillier

Schriftsteller, Zeichner und Maler aus Perpignan (* 1847). Er hat Mallorca auf qualitativ kaum wiederholbare Weise in seinem 1893 erschienenen Buch »Les Iles oublieés« gewürdigt – mit Text und Illustrationen. Er war es, der → **Martel** auf die Schönheit der Drach-Höhle hinwies, worauf dieser sie bis in die hinterste Erdspalte erkundete.

Daniel Vulic

Sprecher und Programmdirektor des deutschen Inselradios auf der Frequenz 95,8. Er wohnt in Cala d'Or. Sein Sender bedient die Hörer rund um die Uhr auf Deutsch und gehört dem Immobilienkönig → **Matthias Kühn**.

Henner Wachholtz
Ein Verleger aus Neumünster, der sich aus der Belletristik raushält (zumindest wenn sie nicht lokal ist) und damit hervorragende Bilanzen schafft. Mit seiner Frau **Gabi** hat er sich ein Prachthaus in Camp de Mar zugelegt, spielt Golf und lebt in einer Zurückhaltung, die seine Bedeutung geschickt verschleiert. Wer sich in die Internet-Adresse des Verlages einklickt (www.wachholtz.de), wird erstaunt sein, auf welcher Bandbreite das Unternehmen operiert.

Doris Wagner
Ein interessanter Fall: Sie (* 1955) war mal Verwaltungsangestellte und Bezirksverordnete der SPD in Berlin-Tempelhof. Ihr Mann **Jürgen** brachte es zum SPD-Abgeordneten im Berliner Senat. Und nun – sind sie Imker! Denn auf ihrer Finca Es Niu bei Llucmajor, die sie schon 1988 erwarben, pflegen die beiden 250 000 Bienen und produzieren achtzig bis hundert Kilo Honig. *»Bei Einladungen bringen wir als Gastgeschenk ein Glas Honig mit, auf Nachbarfincas tauschen wir Honig gegen andere Naturprodukte«*, sagt Doris Wagner. Übrigens: Als der Regierende Bürgermeister **Klaus Wowereit** 2004 auf Mallorca Urlaub machte, tat er dies bei den Wagners.

Wolf-Siegfried Wagner
Urenkel des Komponisten Richard Wagner, verheiratet mit der Inneneinrichterin →**Nona von Haeften** und von seinen Freunden »Wummi« genannt. Er wohnt in einem raffiniert und luxuriös eingerichteten Haus bei →Son Macià und arbeitet als Architekt und Immobilienmakler.

William »Bill« Waldren
Der amerikanische Maler, Bildhauer, Archäologe, Paläontologe und Oxford-Professor (* 1924 in New York) hatte es auf sich genommen, die Vorgeschichte Mallorcas als One-Man-Show zu erforschen: Etwa fünfzig Jahre lang sah man ihn einsam durch die Berge streifen, den Geologenhammer stets bei sich. Fast alle Erkenntnisse über die frühe Besiedelung der Insel und ihre Tierwelt sind ihm zu verdanken. Zwangsläufig tragen daher viele Exponate

im Museo de Mallorca seinen Namen. Ende November 2003 verstarb er unerwartet in London. Waldren schuf sein eigenes Museum in Deià, das man nach frühzeitiger Terminabsprache besichtigen kann. Postkarte genügt: Waldren-Museum, Deià. Seine kongeniale Ehefrau und Assistentin **Jacqueline** veröffentlichte intelligent-amüsante Bücher, 2002 das Standardwerk über die Beziehungen der Insulaner zu Ausländern am Beispiel ihrer Heimatgemeinde: »Mallorquins, estrangers i forasters. Paradis i realitat a Mallorca. El cas de Deià«.

Thomas Walldorf

Der Berliner Musiker, Komponist und Produzent hatte Erfolg mit dem Remix des Welthits »Kung Fu Fighting« – und als Kartenleger. Das Talent hat er von seiner Mutter geerbt, die bis zu ihrem Tod 1985 unter dem Namen **Waluscha** vielen Stars die Zukunft aus Karten vorhersagte. Der Sohn praktiziert sein Metier auf einer Finca zwischen Port de Pollença und Alcúdia.

Dorothee Walter

Im Zeitschriften-Business bekannte Illustratorin, die seit 1988 auch auf Mallorca wohnt und sich seitdem zur Malerin, Bildhauerin und Objekt-Künstlerin gemausert hat. Sie schafft »Nutzkunst«, wie sie sagt, also Dinge, die man benutzen kann (vom Leuchter bis zum Bett), aber auch Werke, die schmunzeln lassen und aus überraschend kombinierten Materialien bestehen.

John Wayne

Der Westernheld (1907–1979) landete mit seiner Yacht »Wild Goose« im Juli 1963 in Palma, wohnte in mehreren Hotels, darunter dem »Formentor«, und fiel dadurch auf, dass er auf der Insel seine Grabinschrift entwarf: Drei spanische Worte, die alle mit F beginnen – Fuerte, Feo y Formal (Stark, hässlich und anständig).

Dieter Wedel

Der Regisseur großer Fernsehfilme und -serien zieht sich immer dann in seine Wohnung in Port d'Andratx und ein Hotel in der

Nähe zurück, wenn er ein neues Drehbuch schreibt. 2004 erweiterte er seine Immobilie um ein Türmchen, das neidige Nachbarn für »*zu hoch*« halten.

Wegerecht

Eine verteufelte Sache auf Mallorca. Denn es ist vorgekommen, dass einer ein Haus kaufte, aber den Weg zum Haus nicht benutzen durfte – weil ein anderer das Wegerecht besaß. Aus diesem Grund kann eine Deutsche in Sóller seit Jahren ihre Finca nicht renovieren und natürlich nicht bewohnen. Beim Kauf einer Immobilie muss man also immer die eigentlich banale Frage stellen: Das Wegerecht gehört mir ja wohl auch, oder?

Als **Jil Sander** das Landgut Raixa für rund acht Millionen Euro kaufen wollte, hätte sie beispielsweise akzeptieren müssen, dass ein öffentlicher Weg und jede Woche Hunderte von Passanten mitten über das Land und sogar durch den Innenhof von Raixa geleitet werden.

Hans Cornelius Weiler

Reiseschriftsteller (Pseudonym: **Hans Cornelius**, 1921–1985), der ab 1970 eine Fülle von Publikationen verfasst hat. 1981 wurde er vom Foment de Turisme mit einer Silbermedaille für sein Buch »Así me gusta Mallorca« geehrt, 1983 bekam er die »Medalla de Bronze al Mérito Turístico« des spanischen Tourismusministeriums. Weiler wurde in Calvia bestattet, aber sein Grab verkümmert, da er keine Angehörigen hinterließ.

Weihnachten

Eine akustische Kostbarkeit, um 1980 aufgenommen, ist die CD »Villancicos de Portocristo«: ein Mitschnitt des bis heute alljährlichen Weihnachtslieder-Festivals in der Pfarrkirche des Ortes (immer am 20. Dezember). Sie beweist den Stimmenreichtum singender Amateure Mallorcas und den Reichtum an Weihnachtsliedern: Ein Fachmann hat 83 gezählt, da muss sich Deutschland anstrengen.

Wein

Im Frühjahr 2002 zeichnete man beim 3. Internationalen Weinsalon in Madrid den »Gran Vinya Caules '99« des mallorkinischen Winzers **Miquel Gelabert** aus Manacor als besten Wein Spaniens aus.

Adresse c/. Sales, 50
Telefon +34971/821444.

Eine ähnliche Ehre widerfuhr im Herbst 2003 dem Rotwein »Crianza, Jahrgang 2000« von **Macià Batle** in Binissalem: Er bekam in Madrid einen goldenen Orden als einer von hundert besten Weinen Spaniens. Der Orden schmückt jetzt das Etikett.

Nur eine einzige Rebensorte ist ein mallorkinisches Urgewächs: die »Gargollasa«. Man vermutete früher, sie habe das große Rebensterben von 1890 nicht überlebt – aber dann stieß die Winzerin **Maria Antònia Oliver** aus Binissalem durch Zufall im Garten eines Bekannten im Zentrum der Insel auf fünf uralte, knorrige Gargollasa-Stöcke. Aus diesen konnten bisher rund hundert junge Ableger gewonnen werden.

Ein Kuriosum ist Ànima Negra. Bei weitem nicht der beste Rotwein der Insel, aber der schickste, gesuchteste und manchmal teuerste. Er wird in einem Außenbezirk von Felanitx von den jungen Winzern Pere Obrador, Francesc Grimalt und Miquel Angel Cerda produziert, das sind nicht nur gute Weinmacher, sondern auch PR- und Marketing-Genies: Der »Ànima Negra« (Schwarze Seele) stand schon als »Geheimtipp« in Zeitschriften wie »Petra« und »Der Feinschmecker«, bevor ihn jemand auf Mallorca kannte. Zur Popularisierung bedienten sich die drei Mallorkiner mehrerer Tricks: Sie verwenden eine besonders schlanke Flaschenform, fast schwarzes Flaschenglas und minimalistische Künstleretiketten, oft nur mit den Buchstaben AN oder An (Jahrgang auf einem Minizettel hinten) und von Stars wie →Miquel Barceló. Zudem verknappten sie das Angebot künstlich durch Unterproduktion. Ergebnis: Die Society in Deutschland hält »Ànima Negra« für den Spitzenwein Mallorcas, verschenkt ihn flaschenweise »statt Blumen«, und wer auf der Insel gesellschaftlich etwas gelten will, serviert ihn auf der Fincaterrasse.

Die Eckdaten der Winzerei: Die Trauben stammen von sieben eigenen Hektar, von weiteren zwölf Hektar werden sie dazugekauft. Die Rebstöcke sind zu sechzig Prozent Cabernet Sauvignon, zu vierzig Prozent regional-typische, sechzig Jahre alte Stöcke der Sorte Callet. Produziert werden rund 14000 Liter pro Jahr, und wer eine Flasche erwischt, die unter zwanzig Euro kostet, darf sich glücklich schätzen. Fazit: »Ànima Negra« trinkt sich gut, die Flasche sieht klasse aus, die Etiketten sind kleine Kunstwerke zum Sammeln – aber er ist viel zu teuer, und es gibt weit bessere Weine.

Deutsche Bezugsadresse: Champa Vins Français GmbH, Am Glasofen 9, 52222 Stolberg.

E-Mail: info@champa-vins.com
Fax: 02402/84161
Telefon: 02402/95990

Weinetiketten

Auch auf Mallorca ist man in letzter Zeit darauf verfallen, Weinflaschen dadurch zu adeln, dass man ihre Etiketten von Künstlern gestalten lässt. Sie werden dadurch nicht nur zu önologischen, sondern auch zu grafischen Sammelstücken. Besonders aktiv ist dabei die Winzerei **Jaume Mezquida** in Porreres, die zum Beispiel ihre Muscat-Etiketten des Jahrgangs 2001 vom Maler **Manuel Pico** gestalten ließ, oder eben Anima Negra in Felanitx. Die meisten Winzer verkaufen limitierte Grafik-Editionen ihrer Etiketten, die sich gerahmt erstklassig an der Wand machen – als Beispiel sei Macià Batle in Santa Maria del Camí genannt.

Weißbrassen

Winzige Fische (zwei bis fünf Zentimeter lang), die im Sommer 2003 große Schlagzeilen machten: Touristen, und soweit bekannt nur die, wurden beim Baden in den Calas von Porto Cristo, Capdepera, Artà, Felanitx und Santanyí von den an sich völlig harmlosen Meeresbewohnern gebissen und gezwickt. Das Fischerei-Ministerium hatte dafür keine Erklärung, vermutet aber, dass die Fische, die auf Mallorquin »Sargo« heißen und in Schwärmen auftreten (allerdings nicht in Küstennähe), in dem exzeptionell warmen Wasser dieses Sommers größere Formate als sonst erreicht haben – und somit das Maul und die Frechheit, so große »Fische« wie Schwimmer zu attackieren …

Wellen

Das Meer rund um Mallorca sieht immer so friedlich aus, und man würde nie vermuten, dass eine ozeanische Dünung möglich ist. Aber der Chefmeteorologe **Agustí Jansa** von der Wetterstation in Porto Pi berichtete nach dem großen Unwetter vom September 2001 von bis zu siebzehn Meter hohen Wellen, mit Bojen seien 7,5 Meter sicher gemessen worden.

Renate und Ulrich Werthwein

Die deutsche Botanikerin (* 1939) lebt seit 1973 auf Mallorca, veranstaltet ständig ausgebuchte Kurse über Blumen, Pflanzen und Gartenkunst und hat an zwei Büchern über die Bäume und Gärten der Insel mitgearbeitet. Ihr Ehemann Ulrich Werthwein ist der beste Gärtner und größte Spezialist für Zierpflanzen (* 1929), er lebt seit 1954 auf der Insel und schrieb drei Standardwerke über endemische Balearen-Pflanzen, die Bäume Mallorcas und mediterrane Gartenkunst.

Valeriano Weyler Nicolau

Der größte Feldherr Spaniens wurde 1838 in Palma geboren und starb 1930 in Madrid. Er befehligte Truppen – und Beamte, denn er war auch Generalgouverneur von Kuba. Obwohl er 1898 den Krieg gegen die USA und damit Spanien die karibischen Besitzungen und die Philippinen verlor, gilt er als legendärer Sohn Mallorcas, der den alten Insel-Adelstitel **Marques de Tenerife** trug und mit einem zentralen Teil von Palma unsterblich wurde: der Plaça Weyler.

Peter Wilcox

Er war der Kapitän des Greenpeace Schiffes »Rainbow Warrior«, das der französische Geheimdienst im Juli 1985 im Hafen von Auckland (Neuseeland) in die Luft sprengte und versenkte. Wilcox lebt heute in Alaró und ist weiterhin für Greenpeace aktiv.

Ernst Willareth

Wer im Restaurant des Hotels »La Reserva Rotana« sitzt und die großformatigen Bilder bewundert (mit Buntstiften gemalt!), fragt sich unwillkürlich: Wer kann so etwas? Die Antwort: Der Schweizer Ernst Willareth (* 1913), der oberhalb des Hotels in einer winzigen, nicht restaurierten Original-Finca wohnt, die selbst als Museum gelten kann. Willareth hat Anspruch auf einen Eintrag ins imaginäre »Mallorca Buch der Rekorde«, denn nach einem schweren Autounfall auf der Piste Manacor–Palma fühlte er sich nicht besonders, fuhr ins »Rotana« zurück, wurde von →**Juan Ramón Theler** sofort ins nächste Krankenhaus geschafft – und da stellte man einen Genickbruch fest …

PS: Viele stimmen darin überein, dass »Don Ernesto« die gütigsten Augen der Welt hat.

Moritz Willkomm

Deutscher Botaniker (1821–1895), der Mallorca mehrmals besuchte und dem ein Großteil des Wissens über die Flora der Insel zu verdanken ist. Sein 1891/92 entstandenes Buch »Illustrationes Florae Hispaniae insularumque Balearium« ist bis heute ein Standardwerk.

Die Windsors

1934 kam der britische König **Edward VIII.** auf seiner Yacht »Rosaura« nach Mallorca und komponierte einen Marsch für Dudelsäcke, den er »Majorca« nannte. Die Scots Guards mussten ihn einüben, erstmals öffentlich gespielt wurde er 1936 am Londoner Tower. Mit seiner Frau **Wallis Simpson** kehrte Edward, der ihretwegen als König abgedankt hatte und nun Herzog von Windsor hieß, 1957 auf der Niarchos-Yacht »Creole« zurück auf die Insel.

Eckart Witzigmann

Europas Jahrhundertkoch aus Österreich hat für einen deutschen Software-Unternehmer ein Gourmet-Imperium in Sóller aufgebaut. Dazu gehörten »Ca's Puers« (bis 2004) und »Ca's Xorx«. 2002 lief sein Vertrag aus, er behielt eine Wohnung in Port de Sóller. →**Klaus Plönzke**

Tony Woodcock

Fußballfans erinnern sich mit Wehmut an den Briten (* 1955): Fair, aufopfernd und ziemlich genial spielte Woodcock 42-mal für England, von 1974–1979 bei Nottingham Forest, von 1979–1982 für den 1. FC Köln, bis 1986 bei Arsenal, danach gab er Gastspiele als Stürmer, und Manager erneut beim 1. FC und bei Fortuna Köln, beim VfB Leipzig und bei Eintracht Frankfurt. 2000 kaufte Woodcock eine Ferienvilla in Bendinat und tat etwas, das erstaunlich häufig vorkommt unter Mallorca-Residenten: Er vermietete das Haus und verbringt seine Urlaubstage mit Ehefrau und drei Töchtern im Hotel.

Diane von Württemberg

Die Hochadelsdame (* 1926), Tochter des Grafen von Paris, bewohnt mit Ehemann **Karl** seit 1972 den Palast »Flor de Lis« in Esporles. Hier zeigt sie ihre Skulpturensammlung im Park, betreibt mehrere Stiftungen (z.B. »Promúsica de Balears«) und die Bildhauerei. In Palma liegt außerdem ihre fabelhafte Yacht »No lo sé«.

Greville Wynne

Britischer Geheimagent (* 1919), der – als Geschäftsmann getarnt – westliche Spione hinter dem Eisernen Vorhang steuerte, darunter den Top-Verräter, Sowjetoberst **Oleg Penkowski**. Er flog 1962 auf, wurde in Budapest gekidnappt, kam in Moskau ins Gefängnis, wurde 1964 ausgetauscht und verbrachte seinen Lebensabend in einem Apartment am Paseo Marítimo in Palma. Dort schrieb er seine Aufsehen erregenden Memoiren (»The Man from Moscow«) und mehrere Bücher über Spionage. Dass er vielleicht noch ganz andere Dinge tat, darf man vermuten, wenn man den auf der Insel spielenden Fall → **Thomas Harris** genau anschaut.

Yachten

Sie lag im Hafen von Porto Colom, und keiner wagte sich an Bord. Nicht unbeachtet, aber unnahbar dümpelte sie rum, wurde mit jedem Monat älter und wertloser, und nach zwei Jahren musste eine Lösung gefunden werden: Kein Hafenmeister, der etwas auf sich hält, möchte seinen Gästen ein Wrack bieten. Die Yacht, einst ein schönes weißes Ding mit allem technischen Krimskrams wie Echolot und Radar, hatte einem Niederländer gehört. Mehrfach hatte er sie von Rotterdam aus auf die Balearen und zurück geschippert, bis man drauf kam, dass er Geld damit verdiente – als nobler Drogenkurier. Ein Millionengeschäft, denn es ist viel Platz auf einer zwanzig Meter langen Yacht, und wenn man dann noch mit Frau und Kindern segelt (die ja nicht die eigene Familie sein müssen), kommt nur ein Narr auf die Idee, sie könne voll gestopft sein mit Kokain und Heroin. Aber die Fahnder in Holland bekamen den Landsmann ins Visier, weckten Interpol auf, und von dort informierte man die spanische Drogenpolizei – der Yachtbesitzer wurde mit frischer Ware an Bord verhaftet. Er sitzt eine mehrjährige Haftstrafe ab, und deshalb dümpelte sein Schiff zwei Jahre lang herrenlos im Hafen von Porto Colom.

Als man entschieden hatte, es aufs offene Meer zu schleppen und dort zu versenken, passierte erst gar nichts – und dann etwas Grauenhaftes: Ein Mann ging an Bord, vertäute die Yacht an einem Schlepper, brachte eine Sprengladung an, holte den Anker hoch und ging wieder von Bord. Aber draußen auf dem Meer, als die Sprengladung hochgegangen war und der weiße Traum in Zeitlupe in den Fluten versank – da verließen die Ratten das sinkende Schiff: Hunderte, tausende. Eine graubraune Flut ergoss sich über die Reling ins Meer wie ein wandernder Teppich, wie ein Pelzmantel des Grauens. In Todesangst stürzten sich die, die das Schiff erobert hatten in den zwei Jahren, ins Wasser und ersoffen. Wahrscheinlich waren sie high vom Kokainstaub, der immer noch in den Ritzen des Kiels steckte. Vierbeinige Junkies. Die mallorkinischen Bootsleute schauderten, und sie machten fortan einen weiten Bogen um die Stelle, die erst von den um ihr Leben schwimmenden Ratten und dann von einem Ölfleck markiert wurde. Die

Fischer von Porto Colom machen heute noch den weiten Bogen drumherum.

Übrigens: Ein Liegeplatz in Portals Nous kostet auf fünfzig Jahre rund drei Millionen Euro – und einer zahlte so viel, obwohl schon elf von fünfzig Jahren verstrichen waren. Die Hafenbehörde der Stadt Palma verfügt über 1326 Anlegeplätze – ebenso viele Namen stehen auch auf der Warteliste. Das erklärt, warum der Mann so zahlungswillig war. Grundsätzlich wird so gerechnet: Der jährliche Unterhalt einer Yacht kostet etwa ein Zehntel ihres Neupreises, aber mindestens 50000 Euro. Jeder Bootsbesitzer, der das bestreitet, verschließt die Augen vor der Wahrheit und wird sich noch wundern.

Tipp: **Eckard Höppner** restaurierte liebevoll die wunderschöne Motoryacht »Addaya«, die ein spanischer Pharmazeut 1965 bauen ließ. Sie verfügt über vier Kabinen und kann für etwa dreitausend Euro am Tag gechartert werden. Kontakt: dahm-international, Club de Mar, Palma.

Anekdote: Eine Deutsche, die mit Freunden im Club Náutico in Palma die Yachten besichtigte, sah ihren Mann unverhofft auf einem Schiff wieder – er war vor fünfzehn Jahren »*Zigaretten holen*« gegangen und nie zurückgekommen. Verschreckt täuschte er Gedächtnisschwund vor, tat so, als erkenne er sie nicht, und segelte aus dem Hafen.

Ein Sonderfall ist das Schiff von König → **Juan Carlos**: Es wurde von etwa dreißig Anhängern gesponsert und kostete rund zehn Millionen Euro. Sponsoren sind 28 Mallorkiner und zwei Deutsche, einer ist **Klaus Graf**. Der Bau der neuen Yacht wurde nötig, nachdem das alte Königsboot mehrmals abgesoffen war. Im übrigen muss man unterscheiden: Der König hat diese Motoryacht und eine Segelyacht. Mit der startet er erfolgreich in Regatten, das tuckernde Boot ist so was wie das spanische Flaggschiff.

Und dann gibt es noch Horst P. Mehr will er nicht verraten, natürlich könnte man das P. enttarnen, aber warum? Lassen wir ihm doch die fragile Anonymität. P. (* 1946) lebt auf seiner Yacht »Thago«. Sie gehörte mal dem Großindustriellen Quandt, misst gewaltige 33 Meter, verfügt über acht Kabinen, Entsalzungsanlage,

Whirlpool an Deck und 1350 PS. P.'s Credo: »*Ich möchte nie mehr in einem Haus wohnen. Ich finde es langweilig, täglich denselben Ausblick zu haben. Mit meinem Schiff kann ich jeden Tag eine neue Bucht erkunden.*« Was kostet so ein Schiff wie die »Thago«? P.: »*250000 Euro pro Yachtmeter*« – mehr als acht Millionen Euro für das ganze Schiff. Und wieso kann sich der Düsseldorfer das leisten? Er hat sich mehr als achtzig Erfindungen patentieren lassen, darunter den geknickten Strohhalm, das Scherengitter und einen automatischen Flaschenöffner. → **Lady Moura**

William Butler Yeats

Der irische Poet und Literaturnobelpreisträger von 1923 kam im November 1935 aus Dublin in Calamajor an. Zuerst wohnte der damals Siebzigjährige im Hotel »Terramar«, dann in einer Herrschaftsvilla namens »Casa Pastor«. Er blieb ein paar Jahre und starb 1939 bei Nizza.

Erik Zabel

Skandalfreier Radrennfahrer (* 1970), jahrelang der Gewinner des Grünen (Punkte-)Trikots bei der Tour de France. Zabel trainierte erst nur auf Mallorca, und weil das so gut klappte, legte er sich schließlich 2002 einen Zweitwohnsitz bei Llucmajor zu – ist halt doch schöner, wenn man nach dem Training nach Hause radeln kann.

Domingo Zapata Heredia

Ein erstaunlicher Mann: Der gelernte Automechaniker aus Jaen, der 1963 nach Mallorca kam, sparte eisern – und eröffnete 2003 auf der Finca Son Llinas aus dem 17. Jahrhundert das »Centro Cultural La Hacienda de Zapata«: eine Galerie und Begegnungsstätte mit vierzehn Ausstellungs-, Vortrags- und Konferenzräumen, einem Restaurant und 1200 Quadratmetern Garten als Skulpturenpark. Adresse: Carretera Vieja de Sineu, Kilometer 2,4, Son Ferriol.

Zigeuner

Sie führen ein recht armseliges Leben in einem Getto östlich von Palma, dessen primitive Anlage man sich kaum vorstellen kann – es erinnert an Slums der Dritten Welt. Sie sprechen eine eigene Sprache, die »Cale« heißt. Die berüchtigten »Nelkenfrauen« in der Innenstadt Palmas – Taschendiebinnen, die mindestens paarweise auftreten und »Claveleras« heißen – sind leider meist Zigeunerinnen, was nicht gerade den guten Ruf dieser von Vorurteilen belasteten, jedoch unter vielen Aspekten bewundernswerten Sinti und Roma fördert. Die Zigeuner gehören im Übrigen zur Geschichte, Kultur und Tradition der Insel wie die Buchten und Berge und stellen die besten Musiker und Tänzer. Ihre Anzahl zu bestimmen gelingt nicht mal dem fabelhaften Mallorca-Lexikon, aber man liegt sicher nicht falsch, wenn man von maximal tausend Menschen ausgeht.

Anton Zischka

Wirtschaftsjournalist und Schriftsteller (* 1904 in Wien), der seit 1935 in Cala Vicente lebte. Zischka erfreute sich mit radikalen, weil großdeutschen Thesen enormer Beliebtheit in den dreißiger Jahren (es gibt Leute, die ihn als Chefideologen der Nazis zum Thema Wirtschaft beschimpfen), schrieb später auch für internationale Zeitungen und veröffentlichte noch 1995, zwei Jahre vor seinem Tod, das Buch »Der Dollar. Glanz und Elend der Weltwährung«. Er ist jedoch vergessen und hat das wohl auch mit seinem stillen Inselleben im Nordwesten geplant.

Register

Städte, Dörfer und Locations

Schlösser, Fincas, Domizile

Hotels, Restaurants, Bars

Bücher, Schmöker, Folianten